KCA 한국상담학회
상담학 총서 __ 04

집단상담 ^{2판}

Group Counseling

정성란 · 고기홍 · 김정희 · 권경인 · 이윤주 · 이지연 · 천성문 공저

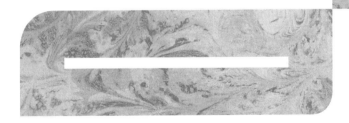

학지사

[2판 발간사]

2013년 상담학 총서가 출간된 후 어느덧 6년이라는 시간이 흘렀다. 1판 발간 당시에는 상담학 전체를 아우르는 상담학 총서 발간에 대한 필요성을 절감하며 한국상담학회 제6대 김성회 회장과 양명숙 학술위원장이 주축이 되어 학술위원회에서 13권의 총서를 발간하기로 하고 대표 저자 선생님들과 여러 간사의 헌신적인 노력으로 상담학 총서를 출간하였다. 이를 계기로 상담학 총서는 상담의 이론뿐 아니라 상담의 실제 그리고 반드시 알아야 할 상담학 연구 등 다양한 영역의 내용을 포괄하여 상담학이 독립된 학문으로 자리 잡을 수 있도록 기초를 다졌다. 이러한 첫걸음은 상담학에 대한 독자의 균형 있고 폭넓은 이해를 도와 상담학의 정체성을 확립하는 디딤돌이 되었다.

이번에 발간되는 상담학 총서는 앞서 출간된 『상담학 개론』 『상담철학과 윤리』 『상담이론과 실제』 『집단상담』 『부부 및 가족 상담』 『진로상담』 『학습상담』 『인간발달과 상담』 『성격의 이해와 상담』 『정신건강과 상담』 『심리검사와 상담』 『상담연구방법론』 『상담 수퍼비전의 이론과 실제』의 개정판과 이번에 새롭게 추가된 『중독상담학 개론』 『생애개발상담』으로 구성되어 있다. 이처럼 여러 영역을 아우르는 총서는 상담학을 접하는 다양한 수요자의 특성과 전문성에 맞추어 활용될 수 있다는 장점이 있다. 각각의 총서는 상담학을 처음 공부하는 학부생들에게는 상담의 이론적 기틀 정립에 도움을 주고 있으며, 대학원생들에게는 인간을 보다 깊이 이해하고 상담학의 체계적인 연구 방법을 배울 수 있도록 한다. 또한 전문 상담자들에게는 상담의 현장에서 부딪힐 수 있는 다양한 어려움과 문제점을 해결할 수 있도록 구체적인 방안을 제공하는 실용서로 자리매김하고 있다. 이처럼 상담학 총서의 발간은 상담학의 학문적 기틀 마련과 전문 상담자의 전문성 향상이라는 학문과 실용의 두 가지 역할을 포괄하고 있어 상담학의 발전에 크게 기여하였다고 자부한다.

최근 우리 사회는 말로 표현하기 힘든 여러 가지 사건과 사고로 심리적인 어려움을 겪었고, 소통과 치유의 필요성은 날로 커지고 있다. 이에 따라 상담자의 전문성 향상에 대한 목소리가 높아지고 있으나, 이러한 때에도 많은 상담자는 아직도 상담기법만 빨리 익히면 성숙한 상담자로 성장할 수 있을 것이라 생각하여 기법 배우기에만 치중하는 아쉬움이 있다. 오랜 시간과 정성으로 빚어 낸 전통 장의 깊은 맛을 손쉽게 사 먹을 수 있는 시중의 장맛이 따라갈 수 없듯이, 전문 상담자로서의 전문성을 갖추기 위해서는 힘든 상담자의 여정을 견뎌 내는 시간이 필요하다. 선배 상담자들의 진득한 구도자적 모습을 그리며 성숙한 상담자가 되기 위해 노력하는 많은 분께 상담학 총서가 든든한 버팀목이 되었으면 한다.

1판의 경우 시작이 있어야 발전이 있다는 책무성을 가지고 어려운 난관을 이겨 내며 2년여의 노력 끝에 출판하였지만 좀 더 다듬어야 할 필요성이 제기되고 있었다. 이에 쉽지 않은 일이지만 편집위원들과 다시 뜻을 모아 각각의 총서에서 시대적 요구를 반영하고 새롭게 다듬어야 할 부분을 수정하며 개정판을 준비하였다. 개정되는 상담학 총서는 기다림이 빚는 우리의 장맛처럼 깊이 있는 내용을 담기 위해 많은 정성과 애정으로 준비하였다. 그러나 아직 미흡한 점이 다소 있을 수 있음을 양해 바란다. 부디 이 책이 상담을 사랑하는 의욕적인 상담학도들의 지적ㆍ기술적 호기심을 채워 줄 뿐 아니라 고통에서 벗어나 치유를 이루어야 하는 모든 사람에게 하나의 빛이 되기를 기원한다.

바쁜 일정 중에서도 함께 참여해 주신 여러 편집위원과 간사님들 그리고 상담학 총서의 출판을 맡아 주시고 물심양면으로 지원해 주신 학지사 김진환 사장님과 최임배 부사장님을 비롯하여 더 좋은 책이 될 수 있도록 그 많은 저자에게 일일이 전화와 문자로 또는 이메일로 꼼꼼한 확인을 마다하지 않은 학지사 직원 여러분께도 진심으로 감사를 전한다.

2018년 7월
한국상담학회 제9대 회장 천성문

[1판 발간사]

　대화와 상호작용을 통해 도움을 주고받는 것이 상담이라고 정의한다면, 상담은 인류의 시작과 함께 시작되었다고 볼 수 있다. 그러나 우리나라에서 현대적 개념의 상담이 시작된 것은 1952년 미국 교육사절단이 정신위생이론을 소개한 이후부터라고 할 수 있을 것이다. 1953년 대한교육연합회 내부기관으로 중앙교육연구소가 설립되었고, 이 기관의 생활지도연구실을 중심으로 가이던스, 카운슬링, 심리검사가 소개되면서 상담에 대한 관심이 대단히 높아졌다.

　상담에 대한 이러한 관심은 주로 교육학과나 심리학과를 중심으로 시작되어 그 밖의 분야까지 확산되었다. 1961년 중·고등학교 교도교사 100여 명이 '전국 중·고등학교 카운슬러 연구회'를 창립하였고, 이 연구회가 발전하여 1963년의 '한국카운슬러협회' 창립으로 이어졌다. 그리고 심리학회에서 1964년에 창립한 임상심리분과회의 명칭을 1974년에 '임상 및 상담심리분과회'로 변경하면서 상담심리가 그 이름을 드러냈다. 상담학이 교육학이나 심리학 등 특정 학문의 하위 학문으로 머물러 있는 한 발전이 어렵다는 공감대 아래, 2000년에 그 당시 이미 학회 활동을 하고 있던 대학상담학회, 집단상담학회, 진로상담학회 등이 주축이 되어 상담학의 독립화와 전문화 및 대중화를 목표로 한국상담학회를 창립하게 되었다.

현재 한국상담학회의 회원만 1만 4,000명이 넘는 등 상담의 대중화는 급물살을 타고 있다. 이러한 추세와 더불어 많은 대학에서 상담학과를 신설하고 있고, 전문상담사를 모집하는 기관도 늘어나고 있다. 그러나 아직도 상담학을 독립된 학문으로 인정하지 않는 사람들이 많고, 전문상담사들이 수혜자들의 요구 수준을 완전히 충족시키지 못하고 있다는 지적이 있다. 이러한 문제에 대해 한국상담학회에서는 수련 시간을 늘리고 전문상담사의 전문적 수준을 높이는 등 전문상담사의 자격관리를 철저히 함은 물론 상담학의 이론적 틀을 확고히 하려는 노력을 여러 방면에서 계속해 왔다.

그 노력 중 하나가 상담학 총서 발간이다. 우리나라에 상담학이 도입된 지 60년이 넘었고, 최초의 상담 관련 학회인 한국카운슬러협회가 창립된 지 50년이 다 되었지만 어느 기관이나 학회에서도 상담학 전체를 아우르는 총서를 내지 못한 것에 대해 전문상담사들의 아쉬움이 컸다. 상담학 총서 발간에 대한 필요성은 제4대 회장인 김형태 한남대학교 총장께서 제의하였으나, 학회 내의 여러 사정상 그동안 이루어지지 못하고 있던 차에 본인이 회장직을 맡으면서 학술위원회에 상담학 총서의 발간을 적극적으로 요구했다.

이에 따라 양명숙 학술위원장이 주축이 되어 학술위원회에서 13권의 총서를 발간하기로 하고 운영위원회의 위임을 받아 준비에 들어갔다. 가급적 많은 회원이 참가할 수 있도록 하기 위해 자발적 참여자를 모집하였고, 이들이 중심이 되어 저서별로 대표 저자를 선정하고 그 대표 저자가 중심이 되어 집필진을 변경 또는 추가하여 최종 집필진을 완성한 후 약 2년간에 걸쳐 상담학 총서의 발간을 추진했다. 그 사이 13권 각각의 대표 저자들이 여러 번의 회의를 했고, 저자들이 교체되는 등의 많은 어려움도 있었다. 그러나 양명숙 학술위원장을 비롯하여 학술위원이자 총서 각 권의 대표 저자인 고홍월, 김규식, 김동민, 김봉환, 김현아, 유영권, 이동훈, 이수연, 이재규, 임은미, 정성란, 한재희 교수와 여러 간사의 헌신적인 노력으로 상담학 총서를 출간하게 되었다. 이에 관련된 모든 분께 감사드린다.

상담학 총서 중 일부는 이전에 같은 제목으로 출판되었던 것도 있지만 처음

출판되는 책들도 있다. 처음 시도된 분야도 있고, 다수의 저자가 참여하다 보니 일관성 등에서 부족함도 있을 것이다. 그러나 시작이 있어야 발전이 있기에 시작을 하였다. 이후 독자들의 조언을 통해 더 나은 책으로 거듭나기를 기대한다. 이번 상담학 총서 발간은 상담학의 발전을 위한 하나의 초석이 될 것으로 확신한다.

끝으로, 상담학 총서의 출판을 맡아 주시고 물심양면으로 지원해 주신 학지사 김진환 사장님과 최임배 전무님을 비롯하여, 더 좋은 책이 될 수 있도록 그 많은 저자에게 일일이 전화로 문자로 또는 메일을 통해 꼼꼼하게 확인하는 것을 마다하지 않은 학지사 직원 여러분께 진심으로 감사드린다.

2013년 2월
한국상담학회 제6대 회장 김성회

[2판 머리말]

2013년에 상담학총서 집단상담 제1판이 발간되고 나서 어느덧 6년이라는 시간이 흘렀습니다. 그동안 저자들은 이 책을 사용하면서 수정이나 보완해야 할 내용들을 정리해 왔습니다. 그리고 이 책을 읽은 수많은 독자분도 수정이나 보완해야 할 내용들에 대해 알려 주었습니다. 2판은 1판의 전체적인 틀은 유지하면서 일부 내용을 수정·보완하였습니다. 특히 최근의 과학적 연구결과나 축적된 임상적 경험을 반영하고자 노력하였습니다.

제1부 집단상담의 기초는 그 내용을 수정·보완하면서 더 정교화하고자 노력하였습니다. 특히 집단상담 과정과 발달단계는 임상적 결과들을 반영하여 그 내용을 질적으로 향상시키고자 노력하였습니다. 제2부 집단상담의 이론, 그리고 제3부 집단상담의 요소에서는 일부 최신의 연구결과를 반영하여 보다 정확도를 높이려고 하였는데, 주로 집단상담 과정과 관련된 내용을 중점적으로 수정·보완하였습니다. 제4부 집단상담의 실제에서는 임상적 경험들을 반영하려고 노력하였습니다. 특히 집단상담의 구성에서는 집단상담을 계획할 때 현실적으로 고려해야 할 내용들을 중심으로 수정·보완하였습니다. 그리고 집단상담 평가에서도 실무에서 고려해야 할 내용들을 중심으로 평가에 대한 정의, 평가의 설계, 평가의 과정 등을 수정·보완하였습니다. 또한 집단상담 수퍼비전에서도

실무적 측면들을 고려하여 수정·보완하였는데, 특히 수퍼비전 사례보고서의 실제 사례들을 추가하였습니다.

집단상담 2판의 저자들은 처음부터 함께 고민하고 작업했던 저자들이 그대로 함께 2판을 위한 작업에 참여하였습니다. 저자들은 모두 20년 이상의 학문적·임상적 경험을 가진 분들로, 이 책에는 저자들의 오랜 학문적·임상적 경험들이 반영되어 있습니다. 집단상담 제2판이 독자들에게 도움이 될 수 있기를 바랍니다. 그래서 후학들에게 경험을 나누고, 작은 힘이나마 집단상담의 발전에 기여할 수 있기를 바랍니다.

집단상담 2판을 출판하는 데 많은 지원을 해 주신 한국상담학회 제9대 회장 천성문 교수님, 학지사 김진환 사장님과 최임배 부사장님, 그리고 김순호 편집이사님과 강대건 선생님, 그 외 편집실 직원들께도 진심으로 감사의 마음을 전합니다.

2019년 3월
대표저자 정성란

[1판 머리말]

상담학 총서 4권, 『집단상담』은 전문상담사 자격을 취득하려고 하는 사람, 학부나 대학원에서 집단상담 수업을 듣는 사람, 집단상담에 관해 공부하고 싶은 사람, 집단상담에 관심을 가진 사람, 집단상담을 진행하거나 전문적인 실습이나 훈련을 받고자 하는 사람 등을 위해 쓰인 책이다.

그래서 집단상담에 관해 알아야 할 가장 기초적인 내용으로 시작하여 핵심적이면서도 실제적인 내용으로 연결되는 구조로 책의 방향을 구성하였으며, 4부로 되어 있다. 전체적인 구성을 먼저 살펴보면, 1부는 집단상담의 기초, 2부는 집단상담의 이론, 3부는 집단상담의 요소, 4부는 집단상담의 실제로 구성되어 있다.

제1부 '집단상담의 기초'는 집단상담에 관해 알아야 할 가장 기초적이면서도 중요한 내용들로, 집단상담의 개념, 집단상담 과정과 발달단계, 집단상담의 치료적 요인의 순으로 기초적 내용들이 제시되어 있다. 집단상담의 개념에는 집단상담의 역사, 집단상담의 정의, 집단상담의 강점과 약점, 집단상담 규범 등의 내용을 포함하고 있다.

제2부 '집단상담의 이론'은 집단상담 이론들 중에서 가장 정통적이라고 할 수 있는 집단상담 이론에 해당하는 것들을 집단상담 이론 I에, 일반적으로 많이 공

부하거나 활용되고 있는 이론들을 집단상담 이론 II로 구분하여 서술하였다. 집단상담 이론 I에는 T집단, 참만남 집단, 감수성 훈련 집단의 주요 개념과 실제적인 내용들이 정리되어 있다. 집단상담 이론 II에는 정신분석 집단상담, 행동주의 집단상담, 합리적 · 정서적 · 행동적 집단상담, 형태주의 집단상담, 본성실현 집단상담에 대한 주요 개념, 집단상담자의 역할, 집단상담 과정과 기법 등이 제시되어 있다.

제3부 '집단상담의 요소'에서는 집단상담을 진행하거나 집단의 역동을 파악하는 데 있어 중요하다고 할 수 있는 집단상담의 구성요소에 대해 서술하였다. 집단원의 역할과 기능, 집단상담자의 역할과 기능, 집단상담 역동, 집단상담 기법의 순으로 요소를 제시하였다.

제4부 '집단상담의 실제'는 실제로 집단상담을 준비하거나 계획할 때 고려할 점, 홍보와 모집, 집단원 선발, 집단 종결 후 평가, 수퍼비전 등의 내용을 마지막으로 포함하고 있다. 4부는 집단상담의 구성, 집단상담 평가, 집단상담 수퍼비전의 순으로 집단상담의 실제적인 내용들이 제시되어 있다.

상담학총서 4권, 『집단상담』의 출간을 결정하고 나서 약 2년간의 시간이 흘렀고, 수차례의 편집회의와 수정 및 보완 작업을 거쳐 드디어 그 결실을 보게 되었다. 이 책의 필진으로 참여해 주신 여러 교수님들의 적극적인 참여와 지원이 없었다면 결실을 맺기 어려웠을 것이다. 필진으로 참여해 주신 여러 교수님들의 책임감과 열정, 그리고 헌신에 진심으로 존경과 감사의 마음을 전한다. 특히 한국에서 상담학의 위상을 정립하신 한국상담학회 김성회 회장님과, 상담학 총서의 출간을 위해 누구보다 애쓰고 수고하신 양명숙 학술위원장님께 깊은 감사를 표한다. 마지막으로 출간을 허락해 주신 학지사의 김진환 사장님과, 여러모로 지원해 주신 최임배 전무님, 그리고 편집실 직원들에게도 감사의 마음을 전한다.

2013년 2월
대표저자 정성란

[차례]

제1부 집단상담의 기초

제2부 집단상담의 이론

제3부 집단상담의 요소

제1부

집단상담의 기초

제1장
집단상담의 개념

| 정성란 |

　흔히 집단상담을 개인상담의 보충 수단으로 인식하는 경향이 있기 때문에, 개인상담의 이론과 기술만 습득하면 그대로 집단상담에서도 활용될 수 있다고 생각하거나, 개인상담에 유능하면 집단상담 장면에서도 유능할 것이라고 생각하는 경향이 있다. 그러나 집단상담 및 집단 관계란 일대일의 관계보다는 훨씬 복잡한 것이어서 집단역동과 집단 과정에 대한 명확한 이해와 전문적 기술 없이 집단상담을 효과적으로 이끌기는 매우 어렵다(이형득, 2006). 이 장은 집단상담에 관한 기초적인 개념과 내용으로 구성되어 있다. 여기서는 집단상담에 대한 이해를 돕기 위해 집단상담의 역사, 정의, 목적과 목표, 유형, 대상, 강점과 약점, 집단상담 규범의 순으로 구분하여 설명하고자 한다.

1. 집단상담의 역사

　집단상담은 개인상담에 비해 짧은 역사를 가졌음에도 상담의 주요한 방식으로 인식되어 다양한 형태로 실시되고 있다. 특히 여러 영역에서 집단상담의 효과를 검증받게 되면서 더욱 급속한 성장을 하고 있다(권경인, 지희수, 2010). 한국의 집단상담은 1970년대부터 시작하여 1978년에 대구 지역의 '금요모임' 이후 '발달상담학회' '한국발달상담학회' '한국집단상담학회' 등의 이름으로 발전해 왔다. 우리나라에서 이루어진 집단상담의 역사는 이제 한 세대를 넘어섰으며, 우리나라에서의 집단상담의 도입, 발전, 정착을 위해 여러 전문가들이 다방면으로 노력해 왔다. 현재 전문상담사 자격 과정에서나 상담자 교육에서 집단상담은 빼놓을 수 없는 확고한 위치를 차지한 것으로 보인다.

먼저 이형득(1992, 2006), 이형득과 설기문(1993), 설기문(1998), 구본용(1988), 천성문, 함경애, 박명숙, 김미옥(2017), 양명숙, 한재희, 전지경, 김윤희, 진선해(2017), 한국상담학회 집단상담학회 홈페이지 등을 참고로 하여 집단상담의 역사를 정리하였다. 우리나라 집단상담은 미국의 정신치료에 뿌리를 두고 있기 때문에 미국의 집단상담 역사를 먼저 살펴볼 필요가 있다. 미국에서는 병원을 중심으로 시작된 집단교육을 통해 집단상담이 형성되기 시작하였다.

집단상담의 역사를 이해하기 위해서 미국의 집단상담의 역사를 간략하게 살펴보고 난 후, 우리나라 집단상담의 역사를 제시하고자 한다.

1) 미국 집단상담의 역사

오늘날 집단상담은 괄목할 만한 성장과 발전을 이루었지만, 미국에서 초기 집단운동은 사회적으로나 학문적으로 크게 환영받으며 발전하지는 못했다. 대부분의 대학이나 학술 및 정부단체 그리고 기존의 임상심리학자나 정신의학자들이 집단상담 활동에 대해 초기에는 충분히 인정하지 않았다. 미국에서의 집단상담은 아동지도, 직업지도, 사회사업, 집단작업, 집단역동, 인간 잠재력 운동 등과 같은 사회과학 내의 여러 인접 분야와 상호 연관된 가운데 직·간접적으로 발전해 왔다. 집단상담이 발전하기 시작한 초기에는 오늘날 통용되는 집단상담의 고유한 의미보다는 집단지도와 집단치료 등의 의미로 혼용되었다. 엄격하게 구분해서 집단상담의 범주에 들어갈 수 있는 유형은 T집단, 감수성 훈련집단, 참만남 집단 정도를 들 수 있다.

집단상담이라는 용어가 문자화된 기록으로 등장한 것은 1931년에 Allen 이 「A Group Guidance Curriculum in the Senior High School」이라는 논문을 Education이라는 잡지에 발표하면서부터다. 1958년에 Driver가 저술한 Counseling and Learning through Small Group Discussion(소집단 토의를 통한 상담과 학습)은 집단상담에 관해 기록한 최초의 교과서로 알려져 있다. 1961년에 Lifton이 저술한 Working with Groups는 내담자 중심의 상담이론을 집단활동에 광범위하게 적용하였다. 이후 1969년에 Mahler가 Group Counseling in the School을, 1970년에 Mahler와 Caldwell이 Group Counseling을, 그리고 Kemp 가 Foundations to Group Counseling을 저술하면서 집단상담 분야의 단행본이 계속해서 발간되기 시작하였다.

1966년에 Arnold는 오늘날 ACA(American Counseling Association)로 알려진 미국생활지도학회(American Personnel and Guidance Association)의 회원 중 집단상담 분야에 관심 있는 100명을 중심으로 'interest group(동업자 집단)'을 만들었다. 이 그룹은 Arnold에 이어 1968년에 Gazda가 지도자 역할을 하면서 회원 수가 1500명 수준으로 증가하였다. Gazda는 이를 기반으로 1973년에 미국생활지도협회 내의 한 분과인 집단작업전문가학회(Association for Specialists in Group Work)를 창설하여 초대 회장이 되었고, 집단상담, 집단지도, 집단치료 분야를 망라하는 활발한 연구 및 학술활동을 하였다.

30년 넘게 주로 개인상담과 치료에 집중해 왔던 Rogers는 1935년을 기점으로 집단상담에 대한 관심을 키워 가다가, 1960년대 초반부터 집단에 대해 보다 집중적인 연구를 하게 되었다. 그는 집단상담을 '금세기에 가장 급속하게 퍼져 나가는, 그리고 가장 강력한 영향력을 가진 사회적 발명품'이라고 하였다. 1970년에 Rogers가 설명한 미국 집단상담의 역사는 동부와 서부 지역을 중심으로 두 가지 흐름으로 정리될 수 있다. 첫 번째 흐름은 동부 지역에서 Lewin을 중심으로 한 MIT 심리학자들이 인간관계 기법 훈련의 중요성을 인식하게 된 후부터이다. 1947년에 처음으로 T집단이 NTL(National Training Laboratory-Bethel, Maine)에서 시작되어 유명해지면서 특히 산업계를 중심으로 확산되었다는 것이다. 두 번째 흐름은 서부 지역에서 1946년과 1947년에 시카고 대학교의 상담센터에서 Rogers와 동료들이 처음으로 상담자 훈련 장면에서, 특히 개인 성장과 대인 간 의사소통 및 관계 개선에 초점을 둔 집중적인 집단 경험을 도입한 것이었다. 이 시카고(Chicaco) 집단은 후에 참만남 집단(Encounter Group)으로 발전되었으며, 캘리포니아를 중심으로 발전된 성장 지향적인 특성을 가진 인간 잠재력 운동으로 통합되었다.

2) 우리나라 집단상담의 역사

우리나라는 어느 정도 발전한 형태로 집단상담이 도입되었기 때문에 성장이나 발달의 개념보다는 정착과 확산의 개념이 더 적절하다.

1979년 최초의 집단상담 저서인 『집단상담의 실제』가 이형득 박사에 의해 출간된 이후 지금까지 우리나라 집단상담은 눈부시게 발전되어 왔다. 우리나라에서는 다양한 형태의 집단상담이 실시되었을 뿐만 아니라, 집단상담 및 집단상담 프로그램에 관한 양적 · 질적 연구들이 많이 이루어져 왔다. 1998년에는 우리나라에서 처음으로 집단상담을 전문적으로 연구하고 보급하기 위한 한국집단상담학회가 창설되어 집단상담 발전의 역사에 새로운 전기가 마련되었다.

우리나라 집단상담의 역사를 거슬러 올라가 보면 상담과 관련된 가이던스(guidance) 개념이 처음으로 도입된 1953년 미국 교육사절단의 활동이 상담 관련 활동의 시작이라 할 수 있다. 그 후 1957년 서울시 교육위원회가 처음으로 학교 카운슬러 양성을 위한 강습회를 개최하면서 좀 더 조직적인 상담운동이 전개되기 시작하였다.

우리나라에서 집단상담이 언제부터 시작되었는지에 관한 명확한 기록은 없지만, 1970년 한국카운슬러협회 제6차 연차대회에서 처음으로 집단상담에 관한 이론적인 논의가 이루어졌다고 한다. 그리고 집단상담의 실제가 처음으로 소개된 1971년에 광주와 대구를 중심으로 시작된 집단상담 활동이 본격적인 계기가 되었다고 할 수 있다. 1971년에 광주와 대구를 중심으로 발전된 우리나라 집단 상담의 역사를 간략하게 정리해 보면 다음과 같다.

전남 광주 지역에서 시작된 집단상담 운동은 1971년 한국 카운슬러협회 전남지회의 초청으로 일본 카운슬러협회 전문가들이 우리나라에 와서 광주에서 T집단 형태의 감수성 훈련을 실시한 것이 계기가 되었다. 이는 나중에 호남 지방과 서울을 중심으로 한 집단상담 운동에 큰 영향을 미쳤다. 이어서 1971년부터 1975년까지 총 12회의 연수회에서 일본 카운슬러협회 회장 이토 등의 전문가들이 우리나라에 와서 감수성 훈련을 실시하였다. 역시 1971년 광주에서 오늘날 인성개발수련원의 모체가 된 T집단 형태의 인성개발 집단수련이 실시되었고, 1983년에는 Rogers의 Encounter Group을 번역하는 등 학술적인 연구 활동이 이어졌으며, 1992년에는 『심성훈련 프로그램집』이 발간되었다.

대구에서 발전된 집단상담의 역사는 같은 해인 1971년 이형득 박사에 의해 시작되었다. 이형득 박사는 세인트루이스 대학교(Saint Louis University)에서 집단상담과 인간관계 훈련을 중심으로 한 상담자 교육 전공으로 목회학 박사학위를 받고 귀국한 후, 그가 소속된 계명대학교를 중심으로 다양한 집단상담 활동을 소개하고 실시하였다. 이 일은 당시의 보수적인 대학 풍토에서는 대단히 선구적인 일이라 평가받고 있다. 1971년에 국내에서 최초로 집단상담에 관한 논문(이상로, 이형득)이 발표되었고, 1978년부터 경북대학교의 변창진 교수와 함께 '금요모임'이라 불리는 집단상담 모임을 매주 1회씩 4년간 이끌면서 집단상담 활동을 하였는데, 이 모임이 집단상담의 발전에 기여한 바가 매우 크다고 할수 있다. 1979년에는 최초의 집단상담 저서인 『집단상담의 실제』(이형득)가 출판되었고, 계명대학교에서 국내 처음으로 소집단 경험을 위주로 하는 '집단역동(group dynamics)' 과목을 개설하여 전문적으로 집단상담 분야를 발전시켰다.

초창기 금요모임이 활성화되면서 1982년 12월에는 이 모임의 회원을 중심으로 한국상담연구회가 결성되었다. 1986년에는 집단상담이 치료적 차원에만 머무르는 것이 아니라, 지역사회 정신건강 증진을 위한 예방 및 발달적 접근에 의한 체계적인 활동으로 나아가야 한다는 취지로 발달상담학회가 시작되었다. 이러한 과정에서 1980년 국내에서는 처음으로 이형득 박사에 의해 개발된 구조적 집단상담 프로그램인 '자기성장 프로그램'이 대학생, 상담자, 상담 관련 분야의 전문가, 일반인 등에게 참 만남과 자기성장의 경험을 제공하였고, 이 모델은 다양한 집단상담 프로그램의 개발을 촉진하게 되었다. 1988년에는 발달상담센터를 개설하여 후에 한국발달상담연구소로 명칭을 변경하였으며, 전국적인 차원에서 좀 더 전문적인 집단상담을 보급하고 연구하기 위해 1998년에는 한국집단상담학회가 창설되었다. 한국집단상담학회는 집단상담의 제도적 정착을 위한 전문가 집단의 형성, 집단상담자의 전문성 함양을 위한 자격증 제도의 도입, 집단상담 연수회 등의 다양한 활동을 하고 있으며, 한국상담학회의 창립 및 발전 과정에서 주도적인 역할을 수행하였다.

그 밖에 집단상담이 전문적으로 보급되고 발전한 데는 대학 학생생활연구소의 활동, 한국카운슬러협회나 한국상담학회, 한국상담심리학회 등과 같은 상담학회 활동, 사회단체와 기관 및 산업체의 활동을 빼놓을 수 없을 것이다. 사회단체와 기관 및 산업체에서 대표적인 활동으로 꼽을 수 있는 것은 1980년부터 실시되어 온 용타스님의 동사섭 프로그램(지리산 백장암에서 실시된 집중적인 마라톤 형태의 소집단 훈련), 김인자 박사의 한국심리상담연구소 활동, 이종헌 박사의 성장상담연구소, 한국청소년상담복지개발원의 전문적 역할과 기능, 이와 함께 전국 각 시·군·구 청소년상담복지센터 등에서 이루어진 집단상담과 관련된 다양한 학술활동, 보급활동을 들 수 있다.

2. 집단상담의 정의

집단상담은 개인상담과 유사하면서도 또 다른 점이 있다. 상담의 기본적인 원리와 기법 측면에서 보면 공통 요소도 많지만, 집단상담에서는 집단원 간의 관계와 상호작용 및 집단역동과 관련되는 고유한 특징과 현상이 있다. 개인상담과 달리 집단상담은 여러 명의 내담자가 참여한다. 상담자가 개인상담을 잘한다고 해서, 반드시 집단상담을 잘하는 것은 아니다. 집단상담자는 집단의 특성과 발달단계, 대인관계의 역동 및 집단역학에 대한 전문적 지식과 함께 집단상담에 대한 경험적이고도 전문적인 훈련 과정을 거쳐야 한다. 집단상담자 혹은 리더는 보통 한 명이지만 보조 리더를 두는 형태를 취하기도 한다. 집단상담은 내담자들의 병리적 문제보다는 주로 생활 과정상의 발달 및 적응 문제와 자기성장 주제를 다룬다.

집단 구성인원의 결정은 내담자들의 연령, 문제유형, 문제 심각성 등에 따라 달라질 수 있지만, 일반적으로 8~12명이 바람직하다. 집단상담이 교육적이거나 훈련적인 목적이 강할 때는 집단의 수가 더 많아질 수 있다(노안영, 2018).

Glasser(2001)에 따르면, 사람에게는 다른 사람들에 대해 알고 싶어 하고 정신적으로 성장하고 싶은 욕구가 있기 때문에 집단에 속하고자 하며, 자신뿐만 아니라 다른 사람들에게 이해받고 싶어 한다(강진령, 2005 재인용). 대상관계 이론에서도 인간은 근본적으로 대상을 추구하는 존재로 태어나므로 대상과 관계를 맺고자 하는 동기, 즉 대인관계를 추구하는 경향성을 인간의 기본욕구로 보았다. 이런 맥락에서 볼 때, 집단상담은 인간의 기본적인 욕구와 동기를 충족하는 데 유용한 장면이라고 할 수 있다.

이장호와 김정희(1992)는 집단상담이란 "생활 과정상의 문제를 해결하고 보다 바람직한 성장과 발달을 위하여 전문적으로 훈련된 상담자의 지도와 동료들의 역동적인 상호 교류를 통해 각자의 감정, 태도, 생각 및 행동 양식 등을 탐색하고 이해하며, 보다 성숙된 수준으로 향상시키는 과정"이라고 정의하였다. 덧붙여서 집단상담은 각자의 대인관계적인 감정과 반응 양식, 특히 사회적 태도가 집중적으로 탐색되고, 명료화되며, 수정되고, 그 결과가 확인되는 절차와 과정들로 이루어진다고 하였다. 여기서 중요한 점은 이러한 탐색, 명료화, 수정 등의 절차들이 상담자의 안내하에 주로 집단원들에 의해서 제기되고 검토된다는 것이다.

강진령(2005, 2011)에 따르면, 집단(集團, group)이란 상호 의존적인 관계에서 사회적 상호작용을 통해 서로 영향을 주고받는 상호 독립적인 개인들의 집합체를 말한다. 그는 집단이 되기 위한 다섯 가지 조건을 심리적 유의성(집단이 집단원들에게 심리적으로 의미 있는 특성을 지니는 것), 직접적 의사소통, 유의한 상호작용, 역동적 상호 관계, 생산적 상호 의존이라고 보았다.

이형득(2006)은 집단상담은 비교적 적은 수의 정상인들이 한두 사람의 전문가의 지도하에 집단 혹은 상호 관계성의 역동을 토대로 하여 신뢰롭고 수용적인 분위기 속에서 개인의 태도와 행동의 변화 혹은 한층 높은 수준의 개인의 성장 · 발달 및 인간관계 발달의 능력을 촉진하려는 의도에서 이루어지는 하나의 역동적인 대인관계 과정이라고 정의하였다. Gladding(2003)은 집단상담이란 특정 집단원 혹은 주제에 주의를 기울이는 것이 모든 집단원들과 집단 과정에 영향을 주는 상호작용 시스템이라고 정의하였다(강진령, 2011 재인용).

강진령(2008)은 『상담심리 용어사전』에서 집단상담(集團相談, group counseling)을 비교적 정상적으로 기능하는 개인들을 대상으로 집단 기법과 전략을 적용하여 그들 사이에 발생하는 역동적인 상호 교류 과정을 통해 문제해결, 의사결정 또는 인간적 성장을 목적으로 구성 · 운영되는 상담의 유형으로 정의하였다. 대집단으로 이루어지는 집단지도와는 달리 일반적으로 5~8명의 소집단 형태로 이루어지므로, 흔히 '소집단상담(small group counseling)'으로 불린다고도 하였다.

이장호(2011)는 집단상담은 한 사람의 상담자가 동시에 몇 명의 내담자들을 상대로 각 내담자의 관심사, 대인관계, 사고 및 행동 양식의 변화를 가져오게 하려는 노력이라고 하였다. 다시 말해, 집단원 간의 상호작용적 관계(역동적 관계)를 바탕으로 내담자 개개인의 문제해결 및 변화가 이루어지는 '집단적 접근 방법'이라고 정의하였다.

노안영(2011)은 전문적 훈련을 받은 집단 지도자인 상담자와의 조력을 필요로 하는 2명 이상의 집단원들이 집단상담 활동의 공동 주체로서 집단역동의 이해 및 적용을 바탕으로 집단원들의 자기자각의 확장을 통해 문제 예방, 발달과 성장, 문제해결을 달성함으로써 그들의 삶의 질을 향상시키기 위해 함께 노력하는 집단 과정이라고 정의하였다.

천성문, 함경애, 박명숙, 김미옥(2017)은 집단상담이 개인의 부적응 문제를 줄이고 적응력을 높여 행복한 삶을 살아가게 하기 위한 중요한 상담 개입방법으로, 집단상담은 같은 시간과 공간에 머물면서 서로 간의 상호작용을 중요하게 여기는 상담활동이라고 하였다.

집단상담의 초점은 보통 특정 유형의 문제인데, 이는 개인적, 교육적, 사회적인 것이 될 수 있다. 집단상담은 학교 Wee센터, 대학 학생상담센터, 지역사회 정신건강연구소, 기업체 상담실, 개인이 운영하는 상담 기관에서 종종 실시된다. 집단상담은 의식적인 문제를 다루기 때문에 성격 변화를 그 목표로 삼지 않으며, 보다 심각한 심리적·행동적 장애의 치료에는 관심을 두지 않는다는 점에서 집단치료와는 구분할 필요가 있다. 집단치료는 사람들의 정상적인 기능을 방해하는 특정의 정서적 혹은 행동적 장애를 수정할 목적으로 구성된 것이다. 그러므로 치료집단에 속한 상당수의 사람들에게는 발달적·예방적 작업보다는 교정치료가 필요하다. 집단치료의 관심은 무의식적 요소와 개인의 과거, 성격의 주요 측면의 재구성에 있으며, 일반적으로 다른 집단에 비해 그 기간이 길다(김명권 외, 2000).

이상의 논의들을 종합해 보면, 집단상담의 개념 정의에는 집단상담자, 집단원, 집단상담 과정, 집단상담의 지향점과 같은 요소들이 포함되어 있다는 것을 알 수 있다. 먼저 집단상담자는 집단상담의 과정, 대인관계 및 집단역학 등에 대한 전문적인 지식과 실제적인 훈련 과정을 거친 전문가다. 집단상담에 참여하는 집단원은 비교적 정상 범위의 적응 수준에 속하는 건강한 정상인이다. 그리고 집단상담 과정에서 가장 중점을 두는 부분은 지금-여기에서 일어나는 집단원들 간의 역동적 상호작용이며, 집단상담에서 지향하는 것은 인지적·정서적·행동적 측면의 변화를 통한 개인의 성장이라고 할 수 있다.

따라서 집단상담이란 8~12명 내외의 비교적 건강한 정상인들이 집단상담에 대한 전문적 훈련 과정을 거친 집단상담자의 지도하에 집단원들 간의 역동적인 상호작용 과정을 통해 자기이해, 자기수용, 자기개방 및 자기주장을 통한 자기성장과 변화를 지향하는 상담 경험이라고 정의 내릴 수 있다.

3. 집단상담의 목적과 목표

집단상담의 목적과 목표는 집단상담에서 지향하는 이론적 근거에 따라 다르다. 집단상담에서 'purpose'가 'goal'이나 'object'로 대체될 때도 있지만 왜(why) 집단상담을 하는지에 대한 답은 목적(purpose)에 가깝고, 집단상담을 통해 무엇 (what)을 달성해야 하는지는 목표(goal이나 object)에 더 가깝다고 할 수 있다(이형득, 2006). 다시 말해, 목적은 결과적으로 추구하는 것을 의미하고, 목표는 목적을 달성하기 위한 세부적인 과정이라는 의미가 있는 것이다.

집단의 목적이나 목표를 명확하게 하는 것은 배워야 할 집단 리더십 개념 중에서 가장 중요한 것이라 할 수 있다. 집단 지도자에게 집단의 목적과 목표는 지도(map)와 같은 역할을 하므로, 지도자가 집단의 궁극적인 목적과 세부적인 목표를 명확하게 이해할 때 지도자의 역할, 주제, 집단의 크기, 집단원의 자격, 회기 시간과 횟수 등을 더 쉽게 결정할 수 있다. 뿐만 아니라 지도자가 적절한 활동과 적절한 질문을 하고, 부적합한 논의는 중단한다면 유의미한 '집단 과정'을 유지하는 데 도움이 된다(김춘경, 2006).

이장호와 김정희(1992)에 따르면, 집단상담의 목적은 자신의 문제, 감정 및 태도에 대한 통찰력(또는 정확한 지각)을 계발하고, 보다 바람직한 자기관리와 대인관계적 태도를 터득하는 데 있다고 하였다. 이와 같은 목적을 달성하기 위한 집단상담의 목표로, 첫째 자기이해, 자기수용 및 자기관리 능력의 향상을 통한 인격적 성장, 둘째 개인적 관심사와 생활상의 문제에 대한 객관적 검토와 그 해결을 위한 실천적 행동의 습득, 셋째 집단생활 능력과 대인관계 기술의 습득을 들고 있다.

집단상담은 예방적이고 교육적이며 성장 지향적인 목적을 가지고 있으므로, 개인 내적인 힘의 자원을 발견하고, 최적의 발달과 성장을 가로막는 장애 요소들을 건설적으로 다룰 것을 강조한다. 집단상담은 비교적 건강한 사람들이 대인관계 수준에서 더 잘 기능할 수 있도록 돕기 위해 집단 경험을 제공한다. 그래서 성격 문제를 치유하기 위해서라기보다는 생애 발달적인 적응에 중점을 두고, 집단상담 경험이 제공하는 지지와 도전을 통해 솔직한 자기평가를 하여, 자신의 사고, 감정, 행동 양상을 변화시키는 특정한 방식을 결정할 수 있도록 돕기 위해 집단상담을 실시한다(김명권 외, 2000).

이형득(2006)은 집단상담의 목적을 개인의 태도와 행동의 변화 혹은 한층 높은 수준의 개인의 성장·발달 및 인간관계 발달의 능력을 촉진하기 위한 개인의 성장이라고 하였다. 그리고 이와 같은 목적을 달성하기 위한 집단상담의 목표는 자기이해, 자기수용, 자기개방 및 자기주장이라고 하였다. 자기이해는 자신의 긍정적인 측면과 부정적인 측면을 모두 포함하여 자신의 있는 그대로의 모습을 객관적으로 이해하는 것으로, 다른 사람에 대한 이해를 촉진시킨다. 자기수용은 이해한 그대로의 자신을 인정하고 받아들이는 것이며, 이를 토대로 상대방까지 수용할 수 있게 되는 것을 의미한다. 자기개방은 이해하고 수용한 자신을 솔직하게 나타내는 것으로, 타인의 개방 또한 촉진시켜서 집단원 상호 간의 이해의 폭을 넓히고 대인관계의 깊이를 더하게 하는 것이다. 그리고 자기주장은 상대방에게 피해를 주지 않으면서도 자신이 나타내고자 하는 바를 구체적으로 표현하는 학습된 행동이다.

노안영(2011)은 집단상담은 자기자각의 확장을 통해 문제 예방 및 발달과 성장, 문제해결을 달성함으로써 집단원들의 삶의 질을 향상시키기 위한 것이라 하였으며, 강진령(2008)은 문제해결, 의사결정 또는 인간적 성장을 목적으로 한다고 하였고, Haney와 Leibsohn(2001)은 집단상담을 자각 수준을 높이고, 변화 가능성을 탐색하며, 집단 내에서 변화와 관련된 것을 실행에 옮기기 위하여 상호작용하는 것이라고 하였다(강진령, 2011 재인용).

천성문, 함경애, 박명숙, 김미옥(2017)에 의하면 집단상담의 목적은 생활 장면에서 문제해결, 개인의 태도와 행동의 변화, 높은 수준의 개인의 성장, 집단원들의 삶의 질 향상, 집단원의 변화 가능성 탐색, 변화와 관련된 것을 집단 내에서 연습하고 실행에 옮기는 것이라고 하였다.

이상의 논의들을 종합해 보면 집단상담은 공통적으로 개인의 성장과 변화를 그 목적으로 한다는 것을 알 수 있다. 개인의 성장과 변화에 대한 측면을 좀 더 구체적으로 살펴보면 생활 과정상의 문제 해결 및 바람직한 성장·발달을 위한 것(이장호, 김정희, 1992), 개인의 태도와 행동의 변화 혹은 한층 높은 수준의 개인의 성장·발달 및 인간관계 발달의 능력을 촉진하기 위한 개인의 성장(이형득, 2006), 문제해결, 의사결정 또는 인간적 성장(강진령, 2008), 집단원들의 삶의 질의 향상(노안영, 2011), 자각 수준의 향상, 변화 가능성 탐색, 집단 내에서 변화와 관련된 것을 실행에 옮기기 위함(강진령, 2011)이라고 정리할 수 있다.

구체적인 목표의 설정은 집단상담의 효과와 이에 대한 평가를 위하여 필수적이다. 분명한 목표를 지녔을 때, 집단원들은 비로소 무슨 이유로 집단에 참여하고 있으며, 집단에서 무엇을, 어떻게 할 것인지를 명확히 알 수 있게 될 뿐 아니라, 어느 정도의 성과나 행동 변화를 가져왔는지도 평가할 수 있게 된다. 그래서 집단원들은 보다 능동적이 되고 또 책임을 지게 된다. 목표의 설정은 전체적인 집단의 목적에 준하여 이루어져야 한다. 집단의 목표에는 과정적 목표와 개인적 목표의 두 가지가 있다. 과정적 목표는 집단 과정의 발달을 돕는 데 도움을 주는 목표에 해당한다. 즉, 집단원들이 어떻게 행동하면 집단이 활성화되고 신뢰 관계가 형성되어 깊이 있게 발달하겠는가에 관련된 목표다. 개인적 목표의 설정은 그 개인이 도움을 받고자 하는 특정 문제나 집단상담에 참여하는 주된 이유를 탐색하고 난 후 설정할 수 있다(이형득, 1998).

이장호(2011)는 집단상담의 일차적 목표는 개인으로 하여금 자기이해와 대인관계의 능력을 향상시키고, 생활환경에 보다 건전하게 적응할 수 있도록 하는 것이라고 하였다. 이 목표를 달성하기 위하여 흔히 정서적인 차원에서 개인적 문제를 먼저 다루어야 한다고 보았다.

집단상담은 참여자들이 집단의 방향을 결정하는 개방적 구조를 지닌 집단에서 특정한 영역을 중심으로 운영되는 집단에 이르기까지 다양하다. 그러나 이들 모두는 다음과 같은 공통의 목표를 갖는다(김명권 외, 2000).

- 보다 긍정적인 태도와 개선된 대인 기술을 갖도록 돕는다.

- 행동 변화를 촉진하는 방식으로서 집단 과정을 이용한다.
- 집단에서 새롭게 습득한 기술과 배운 행동을 실생활에 응용하도록 돕는다.

Corey(2008)가 제시한 집단원들이 공유하는 일반적인 목표의 예로는 다음과 같은 것들이 있다(노안영, 2011 재인용).

- 자신과 다른 사람에 대한 신뢰를 배운다.
- 자기수용, 자기신뢰, 자기존중을 높이고, 자신과 타인에 대한 새로운 관점을 확립한다.
- 자기자각을 증진시키고, 자신의 독특한 정체감을 발달시킨다.
- 건강하고 건설적인 방식으로 자신의 정서를 표현하는 방법을 배운다.
- 집단원들의 요구와 문제의 공통성을 인정하고, 연대감을 발달시킨다.
- 타인을 위한 관심과 연민을 발달시킨다.
- 좀 더 효과적인 사회기술을 학습한다.
- 집단원들이 의미 있고 친밀한 관계를 형성하는 방법을 배우도록 조력한다.
- 다른 사람들의 요구와 느낌에 좀 더 민감해진다.

이와 같이 집단상담의 목적을 달성하기 위한 집단상담의 목표는 집단상담자가 상담에 대한 어떤 이론적 근거를 갖고 있는가에 따라 매우 다양한 과정 목표를 설정할 수 있다. 몇몇 학자들이 제시한 집단상담의 목표를 구체적으로 살펴보면 자기이해, 자기수용, 자기개방 및 자기주장(이형득, 2006), 자기이해, 자기수용 및 자기관리 능력의 향상을 통한 인격적 성장, 개인적 관심사와 생활상의 문제에 대한 객관적 검토와 그 해결을 위한 실천적 행동의 습득, 집단생활 능력과 대인관계 기술의 습득(이장호, 김정희, 1992), 보다 긍정적인 태도와 대인기술의 습득, 행동 변화 촉진 등(김명권 외, 2000)으로 정리할 수 있다.

만약 집단상담 지도자가 감수성을 계발하기 위한 이론적 근거를 가지고 집단상담을 실시한다면 지금-여기에서의 느낌 자각 훈련에 강조점을 둘 것이고, TA(의

사거래 분석) 집단상담을 실시한다면, 자아상태 분석이나 의사거래 분석이 주된 목표와 과정이 될 것이며, 정신분석적인 이론적 근거를 가지고 집단상담을 실시한다면 무의식적 역동에 관한 통찰을 달성하는 것이 주된 과정과 목표가 될 것이다.

그러므로 집단상담자는 집단상담의 목적과 목표를 명확하게 할 필요가 있다. 집단상담을 시작할 때 집단원들과 함께 의논하여 집단 전체의 목적을 설정하고, 집단상담 경험을 통해 달성하고자 하는 집단의 과정 목표 및 구체적인 개인 목표를 설정하는 것이 바람직하다. 집단상담 참여에 대한 분명한 목적과 목표 설정은 집단의 방향을 분명히 하는 데 도움을 주고, 불필요한 혼란과 비생산적인 활동을 줄여 줌으로써 집단원들의 상호작용과 집단상담 경험이 보다 유의미한 과정이 될 수 있도록 도와준다.

4. 집단의 유형

학자별로 집단의 유형을 분류하는 준거는 다양하다. Jacobs, Masson과 Harvill(1998)은 교육집단, 토론집단, 과업집단, 성장 · 경험 집단, 상담 · 치료 집단, 지지집단, 자조집단(강진령, 2005; 김춘경, 2006 재인용)으로 집단 유형을 제시하였다. Gladding(2003)은 집단지도, 집단상담, 집단 심리치료로 집단 유형을 구분하였다(강진령, 2011 재인용).

강진령(2005, 2011)은 정신건강과 인간의 성장을 도모하는 집단의 유형에 초점을 맞추어 7가지 유형을 제시하였는데, 상담집단, 치료집단, 교육집단, 성장집단, 과업집단, 자조집단, 지지집단이 그것이다.

이형득(2006), 이장호와 김정희(1992)는 집단상담, 집단지도, 집단치료를 구분하여 제시하였다. 집단지도는 바람직하고 건전한 학습 및 생활 태도를 촉진하기 위해 주로 학교 장면에서 정보와 자료 제공을 포함한 교육적 경험의 내용을 주제로 다루는 것이라고 하였으며, 집단치료는 주로 임상 장면에서 환자들을 대상으로 무의식적 동기에 관심을 기울여 정서적 장애를 치료하는 것을 주된 목적으로 하는 형태라고 하였다. 반면 집단상담은 집단원 개개인의 발달적 문제나 태도와 행동의 변화에 강조점을 두는 것이라고 하였다.

이장호(2011)는 보편적 이름, 집단원의 종류, 크기, 초점, 목표 등의 10가지 차원에서 지도집단, 훈련집단, 상담집단, 치료집단의 네 가지로 집단을 분류하였다.

이형득(1998)은 집단상담을 크게 과정중심 집단과 내용중심 집단으로 구분하였다. 과정중심 집단은 자기성장이나 자아실현과 같은 목표에 도달하는 방법을 훈련하는 과정에 초점을 두는 집단이며, 내용중심 집단은 자기주장 훈련이나 사회성 훈련과 같이 구체적인 내용 또는 문제를 가진 사람들이 그 문제를 극복하도록 도와주는 데 초점을 둔 집단이라고 하였다.

여기서는 ① 집단의 구조와 형태, ② 집단의 기능, ③ 집단상담 영역, ④ 집단상담 이론의 네 가지 범주에 따라 집단의 유형을 구분하여 제시하고자 한다. 집단의 구조와 형태에 초점을 둔 집단 유형으로는 구조화 집단과 비구조화 집단, 개방집단과 폐쇄집단, 집중집단과 분산집단, 동질집단과 이질집단, 자발적 집단과 비자발적 집단을 제시하였다. 집단의 기능에 초점을 둔 집단 유형으로는 교육집단, 과제해결 집단, 성장집단, 심리치료 집단, 지지집단, 자조집단을 들었다. 집단상담 영역에 초점을 둔 집단 유형으로는 집단치료, 집단상담, 집단지도를 제시하였다. 마지막으로 집단상담 이론에 초점을 두어 구분한 집단의 유형은 정신분석 집단상담, 형태주의 집단상담, REBT 집단상담, 행동주의 집단상담, 본성실현 집단상담이다. 구체적으로 살펴보면 다음과 같다.

1) 집단의 구조와 형태

(1) 구조화 집단과 비구조화 집단

① 구조화 집단

구조화 집단은 이형득(1998)이 제시한 내용중심 집단을 의미한다. 구조화 집단에서는 집단상담자가 집단의 목표와 과정, 내용, 절차 등을 체계적으로 구성해 둔 상태에서 집단을 주도적으로 이끌어 가는 형태로, 집단상담자가 구조화된 프로그램으로 집단을 진행시킨다.

구조화 집단은 집단상담자의 관심이나 집단원들의 요구에 따라 달라지기도 하지만 어떤 특정한 주제에 초점을 맞추어 진행되는 것으로, 집단원들에게 인생의 특정한 문제를 더 잘 인식하게 하고, 그것에 보다 잘 대처할 수 있는 방법과 경험을 제공하기 위해 실시되는 집단의 형태다. 구조화 집단에서는 구조화된 연습문제, 활동지, 읽을거리, 과제, 약속 등을 활용하며, 집단의 초기와 종결 시에 집단원들의 변화와 향상 정도를 평가하는 질문지 등을 사용하기도 한다(김명권 외, 2000). 자기주장 훈련, 가치 명료화 프로그램, 의사소통 기술 훈련, 진로 의사결정 프로그램, 스트레스 대처 훈련 등이 여기에 해당된다.

② 비구조화 집단

비구조화 집단은 과정중심 집단을 의미한다. 비구조화 집단에서는 집단의 내용과 활동 방법 등에 대해 순차적으로 구성하지 않은 상태에서, 집단의 과정 자체와 집단원들 간에 일어나는 지금-여기에서의 상호작용에 초점을 두는 집단의 형태다. 비구조화된 집단에서 집단상담자는 회기별로 오늘은 어떤 내용을 어떤 순서로 진행할 것인지에 대해 구체적으로 가르쳐 주지 않는다. 이러한 비구조화된 집단 상황은 집단원들에게 애매모호함과 부담감을 안겨 주기 때문에 비구조화 집단의 특성, 집단 규범, 목표 등에 대해 구조화하고 교육한 후에 비구조화 집단을 진행해야 한다.

그러나 비구조화 집단이라고 해서 지도자가 아무것도 하지 않는다거나 아무것도 계획하지 않는다는 의미가 아니다. 오히려 구조화된 집단보다 지도자의 전문성이 더욱더 요구된다고 할 수 있다. 비구조화 집단을 이끄는 집단상담자는 비구조화 집단상담 경험이 풍부해야 하며, 집단 및 집단원이 가지는 치유적 힘을 신뢰할 수 있어야 한다. 감수성 훈련집단이나 T집단, 참만남 집단이 대표적인 비구조화 집단의 유형에 해당된다. 강진령(2005)에 따르면, 비구조화 집단은 활동 내용이 이미 정해져 있는 구조화 집단에 비해 훨씬 폭넓고 깊은 자기탐색이 이루어질 수 있다는 장점이 있다고 한다.

(2) 개방집단과 폐쇄집단

① 개방집단

개방집단은 집단이 허용하는 범위 내에서 이미 집단상담이 진행되고 있더라도 새로운 집단원을 받아들이는 집단 형태를 말한다. 새로운 집단원이 들어오는 것과 관련해 의사소통의 문제나 갈등이 있을 수 있으므로, 집단 전체와 사전에 논의가 되어야 하며, 이러한 불안정성을 극복하고 치료적으로 활용할 수 있는 전략을 지니고 있어야 한다.

② 폐쇄집단

폐쇄집단은 집단상담이 시작될 때 참여했던 사람들로만 끝까지 운영되는 집단이다. 도중에 탈락자가 생겨도 새로운 집단원을 받아들이지 않으므로 집단상담의 회기 도중에 새로운 집단원이 참여할 수 없다. 폐쇄집단은 집단의 안정성이 높으므로, 집단원 상호 간의 교류와 집단 응집력이 강한 편이다.

(3) 집중집단과 분산집단

① 집중집단

집중집단은 일정한 기간 동안 집중적으로 집단상담을 실시하는 형태를 취한다. 2박 3일, 3박 4일 혹은 3일간 집중적으로 집단상담 경험을 하게 된다. 집중적 집단상담은 일상적인 장면에서 벗어나 집단상담 장면에 깊이 몰입하게 되는 경험을 제공하기 때문에, 보다 심도 있는 통찰과 역동적인 상호작용이 활발하게 나타나는 특성이 있다. 마라톤 집단이 집중집단의 형태에 해당된다.

마라톤 집단은 며칠 동안 집중적으로 회기를 가짐으로써 집단원들의 방어를 감소시키는 한편, 친밀감을 높여 보다 집중적이고 심화된 상호작용의 활성화를 기반으로 인간적 성장을 꾀하기 위한 집단이다(강진령, 2011).

② 분산집단

분산집단은 보통 주 1회의 형태로 나누어서 미리 계획된 전체 회기가 마무리될 때까지 집단을 실시하는 형태를 말한다. 집중집단만큼 집단상담 경험 자체에 깊이 몰입되기는 어려울 수 있지만, 집단상담에 참여하고 난 후 나머지 일주일 동안 일상생활 장면에서 집단에서 배운 것을 숙고해 보고 적용하거나 실천해 볼 수 있다는 장점이 있다.

(4) 동질집단과 이질집단

동질집단과 이질집단은 집단원들이 가진 동질성과 이질성을 중심으로 구분하는 것이다. 동질집단과 이질집단은 그 나름대로의 장단점을 지니고 있다.

① 동질집단

동질집단은 집단원들이 가진 배경이 서로 비슷하거나 동질적인 사람들로 구성된 집단을 말한다. 같은 전공을 공부하는 대학원생들로 구성된 집단, 초급과정을 수료하고 다 함께 중급과정에 참여한 집단원들로 구성된 집단 등이 여기에 해당된다.

② 이질집단

이질집단은 서로 배경이 다른 사람들끼리 구성된 집단을 말한다. 참여 동기, 학력, 연령, 사전 집단 경험 유무, 개인적·경험적 배경 등이 매우 상이한 집단원들로 구성된 집단을 말한다.

(5) 자발적 집단과 비자발적 집단

자발적 집단과 비자발적 집단을 구분 짓는 것은 집단에 참여하는 동기적 측면에서의 구분이다.

① 자발적 집단

자발적 집단은 참여 동기가 자발적인 사람들로 구성된 집단으로, 집단 프로그램 참여 안내문 등을 보고 스스로 성장과 변화의 동기를 가지고 집단에 참여한 사람들로 구성된 집단을 말한다.

② 비자발적 집단

비자발적 집단은 보호관찰 명령 등으로 자신의 의지나 동기와는 상관없이 의무적으로 집단에 참여한 사람들로 구성된 집단을 말한다. 자발적 동기를 가지고 집단에 참여했느냐, 그렇지 않느냐에 따라 집단의 과정이나 역동은 달라지게 된다. 비록 자발적인 동기는 없었더라도, 집단상담자의 전문성과 의미 있는 상호작용 경험 등이 참여자들에게 성장 지향적이고 치유적인 경험이 될 수 있다.

2) 집단의 기능

집단의 기능에 초점을 두어 구분한 집단 유형은 교육집단, 과제해결 집단, 성장집단, 심리치료 집단, 지지집단, 자조집단이다.

(1) 교육집단

집단의 주된 목적이 집단원들에게 어떤 내용을 가르치는, 교육에 있는 집단을 말한다. 대체로 훈련집단이 여기에 해당된다. 예를 들면, 의사소통 기법 훈련집단, 부모 역할 훈련집단, 집단상담 수련생(인턴 실습생)을 위한 집단 등이 교육집단에 해당된다.

(2) 과제해결 집단

과제해결 집단은 집단원들에게 당면한 과제가 있고, 그 과제를 해결할 필요가 있을 때 운영되는 집단을 의미한다. 이때 과제란 사회적 이슈가 되는 혹은 도움을 필요로 하는 현안 사건이 발생하여 당면한 해결 과제가 있을 때, 그 과제를 해결하기 위하여 집단상담을 실시하는 것을 말한다. 예를 들면, 학교 폭력 피해자 집단, 성폭력 피해자 집단 등을 말한다.

(3) 성장집단

성장집단은 집단의 주된 목적을 성장에 두는 집단을 의미한다. 성장집단은 정신병적인 환자를 치료하거나 당면한 문제를 해결하기 위한 집단이 아니라, 자기성장에 대한 욕구를 가진 일반인을 대상으로 운영되는 집단이다. 예를 들면, 참만남 집단, 자기성장 집단, 감수성 집단이 대표적으로 여기에 해당된다.

(4) 심리치료 집단

심리치료 집단은 정신장애, 성격장애 등 주로 임상 장면에서 환자들을 대상으로 운영되는 집단을 의미하며, 정신의학적 배경이나 임상심리학적인 배경에 대한 전문성을 가진 전문가가 집단을 이끌게 된다. 심리치료 집단의 주된 목적은 병리적인 증상의 제거 및 완화를 위한 정신장애 치료, 심리치료에 있다. 예를 들면, 사회공포증 극복을 위한 심리치료 집단, 우울증 치료를 위한 환자집단 등이 여기에 해당된다.

(5) 지지집단

'지지'란 쓰러지지 않게 받쳐 준다는 의미가 있다. 지지집단은 집단의 주된 초점이 대인 간 지지, 정서적 및 심리적 지지, 사회적 지지에 있는 집단을 말한다. 즉, 집단의 목적이나 기능이 대인 간 정서적·사회적 지지에 있다는 의미다. 자조집단도 지지집단의 특성이나 성격을 가지고 있지만, 지도자가 간접적인 도움을 제공하는 자조집단과 달리 지지집단에는 대체로 적극적인 역할을 하는 전문적 집단 지도자가 있다. 예를 들면, 가족의 사별을 주제로 하는 집단원들을 지지하기 위한 집단 등이 여기에 해당된다.

(6) 자조집단

자기조력 집단, 즉 자조집단은 지도성에 초점을 두고 구분한 집단의 유형이라 할 수 있다. 자조집단은 지도자의 전문적 도움 없이 집단원들 간에 서로를 돕는 특성이 강한 집단을 말한다. 자조집단에서는 핵심적인 공통 관심사나 어려움을 경험하였던 사람들끼리 집단을 이끌어 간다. 이때 지도자는 간접적인 도움을 제공해 준다. 예를 들면, 치매노인 가족집단, 자폐아동 부모집단, 회복기의 알코올중독 환자집단 등이 여기에 해당된다.

3) 집단상담 영역

집단상담의 영역에 초점을 두어 구분한 집단 유형은 집단치료, 집단상담, 집단지도가 있다. 집단에 참여하는 대상 측면에서 구분하면, 집단치료는 임상 장면의 환자, 집단상담은 발달 및 적응상의 어려움을 가진 대다수의 정상인, 집단지도는 주로 교육 장면에 있는 학생들을 대상으로 한다. 이형득(2006), 이장호와 김정희(1992)가 제시한 내용을 바탕으로 이 세 가지 유형을 간략하게 정리하면 다음과 같다.

(1) 집단치료

집단치료는 주로 임상 장면에서 환자들을 대상으로 무의식적 동기에 관심을 기울여 정서적 장애를 치료하는 것을 주된 목적으로 하는 형태다. 집단치료의 지도자는 정신의학적 혹은 임상심리학적인 배경을 가진 전문가다.

(2) 집단상담

집단상담은 집단원 개개인의 발달적 문제나 태도와 행동의 변화에 강조점을 둔다. 즉, 집단상담의 역동이나 발달단계 등에 관한 전문적 훈련과 자격을 갖춘 집단상담자가 생활 과정상의 어려움 혹은 발달 및 적응상의 어려움을 가진 대다수의 일반 정상인을 대상으로 집단원들의 자기성장을 목표로 하는 집단을 의미한다.

(3) 집단지도

집단지도는 주로 학교 장면에서 이루어지는 것으로, 바람직하고 건전한 학습 및 생활 태도를 촉진하기 위해 정보와 자료 제공을 포함한 교육적 경험의 내용을 주제로 다루는 집단상담의 형태를 의미한다.

4) 집단상담 이론

마지막으로, 어떤 이론적 접근을 취하는가에 따라 구분한 집단의 유형은 정신분석 집단상담, 형태주의 집단상담, REBT 집단상담, 행동주의 집단상담, 본성실현 집단상담을 들 수 있다. 각 이론별 집단상담의 주요개념, 과정과 기법, 집단상담자의 역할은 제5장에 제시되어 있다.

5. 집단상담의 대상

집단상담에서는 내담자들의 병리적 문제보다는 주로 발달의 문제를 다루거나 생활 과정상의 문제를 다룬다. 즉, 대인관계와 관련된 태도·정서·의사결정 과정 등에 초점이 맞추어진다(이장호, 2011). 그러므로 집단상담의 대상은 비교적 정상 범위의 적응 수준에 속하는 사람들이다. 정신병리나 신경증 혹은 성격장애를 갖고 있는 사람들은 집단상담의 대상이 아니라(강진령, 2005; 이형득, 2006), 치료의 대상이 된다.

집단상담에서 주로 취급되는 문제는 성격 구조의 변화나 심각한 정서적 문제가 아니고, 누구나 살아가다 보면 겪게 되는 발달과업상의 문제 또는 정상인의 태도나 행동의 변화다. 즉, 주된 강조점이 치료보다는 성장과 적응에 있다. 집단상담이 누구에게나 가능하다는 그릇된 생각은 여러 가지 문제를 야기한다. 의심증이 심한 사람이나 지나친 적대 감정에 사로잡힌 사람, 기타 심한 정서적 장애를 경험하고 있는 사람들은 집단상담의 대상으로는 적합하지 않다(이형득, 2006). 뿐만 아니라 낮은 지능을 가진 사람, 기질적 문제가 있는 사람, 심각한 말더듬, 심각한 의학적 질병, 편집증, 급성 정신병이나 자살 경향성, 반사회성, 약물중독 등을 가진 사람들도 집단상담의 대상에서 제외시켜야 한다(김창대 외, 2004).

집단상담에서 효과를 얻을 수 있는 대상이 되는 사람들을 선정하는 일반적 지침이 있다. 내담자는 반드시 도움을 받기를 원해야 하고, 자신의 관심사나 문제를 기꺼이 말해야 하며, 집단 분위기에 잘 적응하는 내담자일수록 좋다. 반대로 지나치게 공격적이거나 수줍은 사람은 집단상담이 제 기능을 발휘하기 어렵게 만든다. 보다 정직하게 자기개방을 하게 하려면 친한 친구나 친척들을 같은 집단에 배치하지 않는 것이 좋다. 집단원을 선정할 때는 성별, 연령, 과거 배경, 성격 차이 등도 고려하여야 한다. 흔히 흥미나 문제가 비슷한 사람들을 모집해야 한다고 생각하지만 반드시 그렇지는 않다. 때로는 문제의 다양성이 집단의 과정과 경험을 더 풍부하게 할 수도 있다. 요컨대, 집단상담의 목적과 기능에 따라 집단상담에 참여하는 대상자를 선정해야 할 것이다(이장호, 2011).

그러므로 집단상담의 대상을 선정할 때는 집단상담자가 프로그램을 홍보하는 과정에서부터 이 프로그램이 어떤 특성과 목적, 내용을 갖고 있는지 등에 관해 간략하면서도 분명하게 공지하여야 한다. 혹은 집단상담자가 개별 사전 면접을 통해 오리엔테이션을 실시하거나 집단상담 참여에 부적합한 대상을 선별할 필요가 있다. 집단원도 스스로 집단상담에 참여함으로써 무엇을 얻을 수 있겠는가에 대하여 탐색해 보는 것이 도움이 된다.

6. 집단상담의 강점과 약점

집단상담이 가치 있는 이유는 모든 문제는 궁극적으로 대인관계의 문제이기 때문에, 집단상담 장면이 내담자의 대인관계 문제에 도움을 줄 수 있다는 것과 개인상담과는 다른 종류의 독특한 성장 경험을 제공해 줄 수 있다는 점이다. 집단상담 경험은 타인과 관계를 맺는 능력이나 집단 및 조직에서 기능하는 능력을 향상시킬 수 있으며, 타인에 대해 좀 더 공감할 수 있게 되므로, 수용적인 태도를 배울 수 있다. 그 밖에 부가적인 이점도 있는데, 예를 들면 고립된 삶을 사는 내담자에게 지원체계를 제공할 수 있다는 점, 상담에 대한 교육을 받을 수 있다는 점, 다른 집단원들의 성공 경험을 들음으로써 희망을 가질 수 있게 된다는 등의 이점이 있다(김창대 외, 2004).

노안영(2011)은 집단상담이 가지는 이점으로 '실생활의 축소판, 효율성, 대리적 학습, 풍부한 피드백, 지지와 이해를 통한 격려, 다양한 자원과 관점, 역할연기를 통한 학습'의 일곱 가지를 제시하였다. 좀 더 구체적으로 살펴보면, 첫째 다양한 인구학적 배경을 가진 집단원들이 포함되므로 실생활의 축소판으로 실생활과 가까운 상호작용이 이루어지고, 둘째 개인상담에 비해 동시에 여러 명의 내담자들에게 서비스를 제공하기 때문에 효율성을 가지며, 셋째 다른 집단원을 관찰하면서 자신의 문제에 대한 통찰을 얻을 수 있기 때문에 자기효능감의 향상에 도움을 받을 뿐만 아니라 대리적 학습의 효과를 얻을 수 있고, 넷째 참석한 모든 집단원 간에 풍부한 피드백 주고받기가 가능하며, 다섯째 집단 응집력을 바탕으로 서로에게 지지와 이해를 통한 격려를 주고받을 수 있고, 여섯째 정보를 공유하고, 문제를 해결하며, 개인적 가치를 탐구하고, 공감대를 형성하는 과정에서 다양한 관점을 가지고, 자원을 제공받을 수 있으며, 일곱째 실제 환경에서 새로운 기술이나 행동을 시도하기 전에 집단의 지지적인 환경에서 새로운 기술과 역할행동을 연습할 수 있다는 것이다.

강진령(2008, 2011)이 제시한 집단상담의 강점은 경제성과 실용성을 포함한 효율성, 성장을 위한 환경의 제공, 새로운 행동의 실험실, 상담에 대한 긍정적인 인식 확대, 다양한 자원의 제공, 실생활의 축소판, 문제 예방이다. 이와 같이 집단상담 경험은 비슷한 문제를 안고 있는 내담자들을 집단의 형태로 구성함으로써 동시에 여러 내담자들을 상담할 수 있고, 상담자 대 내담자의 관계뿐만 아니라, 집단원들 사이에도 역학 관계가 형성되어 원조적 효과를 거둘 수 있다. 또한 내담자가 지닌 문제의 대부분은 대인관계의 어려움에서 생긴 것이므로, 그 해결도 복잡한 대인관계가 있는 집단 장면에서 터득하는 것이 일대일로 이루어지는 개인상담보다 훨씬 더 현실에 가깝다는 것이다.

반면, 약점으로는 비밀 유지 및 보장의 한계, 집단 압력의 가능성, 개인에 대한 관심 미약, 집단상담자 수의 부족, 역효과의 가능성을 제시하였다. 여기서 역효과의 가능성이라는 것은 집단상담 경험이 어떤 사람들(예: 비자발적인 사람, 준비가 되지 않은 사람)에게는 부적합할 수 있으며, 특히 뇌손상, 정신병, 성격장애나 자살 생각이 있는 사람들이 집단상담을 통해 얻을 수 있는 효과는 극히 제한적이라는 의미다. 집단 압력의 가능성은 특히 다른 집단원들과 판이하게 다른 특성이나 배경을 가진 사람이 있을 경우, 집단에서 지배적인 집단원들의 기대나 가치관에 동조해야 할 것 같은 미묘한 압박감을 느낄 수 있다는 것을 말한다.

이장호와 김정희(1992), 노안영(2018)은 집단상담의 강점을 개인상담에 비해 상황이 보다 자연스럽고 현실적이라는 것, 상담자의 시간과 기술을 보다 경제적으로 사용한다는 것, 특히 청소년들은 집단상담에 참여함으로써 타인과 상호 교류할 수 있는 능력이 계발된다는 것, 실제 생활에 근접한 사회 장면을 제공한다는 것, 같은 내용이라도 개인적인 조언은 거부하거나 저항하지만 동료들의 집단적인 공동 의견은 잘 받아들이는 경향이 잇다는 것, 문제해결적 행동을 보다 구체적으로 실천가는 하다는 것, 상담자의 지시나 조언이 없이도 참여자들이 상호 간에 깊은 사회적 교류 경험을 가질 수 있는 것이라고 하였다. 반면 집단상담의 약점은 특정 내담자의 개인적인 문제가 충분히 다루어지지 않을 가능성이 많다는 것, 심리적으로 준비가 되기 전에 '내 속마음을 털어놓아야 한다.'는 집단의 압력을 받기 쉽다는 것, 동질성과 이질성의 문제(비슷한 연령과 생활 배경 및 수준을 가진 참여자들로 구성되면 공통적인 문제가 주로 논의되기 쉬우므로, 다른 새롭고 다양한 관점을 학습할 기회가 적고, 반면 너무 이질적인 참여자들로 구성되면 초기 단계에서 원활한 상호 교류나 공감적 이해가 힘들거나 집단 응집력이 약하다는 제한점)를 제시하였다. 따라서 집단상담자는 전문적인 경험을 토대로 하여 집단원들의 기대나 상담 목적에 가장 적합하도록 상담집단을 구성해야 한다.

이상의 논의를 종합하여 집단상담의 강점과 약점을 정리해 보면 다음과 같다.

1) 집단상담의 강점

① 대인관계 기술 및 능력 학습

집단상담 장면 자체가 가지는 특성으로 인해 다양한 대인관계 경험과 상호작용이 가능하다. 개인이 가지는 대부분의 문제는 결국 대인관계와 관련 있기 때문에, 실생활의 축소판으로서의 집단상담 장면에서 좀 더 효과적이고 기능적이며 적응적인 대인관계를 맺는 능력을 경험·학습할 수 있다.

② 경제성과 효율성

개인상담에 비해 한두 사람의 전문 상담자가 동시에 여러 내담자를 상담할 수 있으므로 경제성이나 효율성의 측면에서 효과적이다.

③ 자신에 대한 인식 확장 및 타인의 수용 폭 확대

집단상담에 참여한 다양한 집단원들이 피드백을 주고받음으로써 자신에 대한 인식을 확장할 뿐만 아니라, 타인에 대한 이해와 수용의 폭도 넓어지게 된다.

④ 대리학습

집단상담 장면에서는 다른 집단원들이 자신의 문제를 어떻게 표현하고 해결해 나가며 상담받는지를 관찰함으로써 자신이 가진 문제에 대한 해결 의지와 자기효능감 등을 향상시킬 수 있는 대리학습의 장을 제공해 준다.

⑤ 상담 장면 참여에 대한 적은 부담감

개인상담 장면에서는 상담자와 내담자가 일대일 관계와 그 상호작용에 집중해야 하지만, 집단상담 장면에서는 본인의 선택에 따라 때로 뒤로 물러나 있을 수도 있기 때문에 상담에 참여하는 것에 대한 부담감이 적다.

⑥ 소속감과 지원체계의 발달

신뢰롭고 수용적인 분위기에서 집단원들과의 교류 및 집단상담 경험 자체가 주는 지지적이고 성장 지향적인 경험이 개인의 성장 및 발달에 도움이 된다. 또한 소속감이나 지원체계 및 동료 의식을 발전시키는 데도 도움이 된다.

⑦ 보편성 획득

집단상담에 참여하기 전에는 혼자만 가지는 어려움이나 문제라고 생각하지만, 집단상담에 참여해서 자신의 고민과 비슷한 주제를 가진 다른 집단원들의 고민을 들으면서 나 혼자만의 문제가 아니라는 안도감과 보편성을 획득하게 된다.

⑧ 새로운 행동 연습의 장

집단상담 장면은 개인으로 하여금 어떤 외적인 비난이나 징벌에 대한 두려움 없이 새로운 행동에 대하여 현실 검증을 해 볼 수 있는 기회를 제공해 준다. 즉, 실제 현실 장면에서 새로운 행동을 시도하기 전에 집단상담이라는 지지적인 장면에서 역할 연습이 가능하다.

⑨ 지도성의 분산 효과

지도성의 측면에서 볼 때 집단상담 장면은 개인상담보다 유리한 측면이 있다. 개인상담에서는 일대일의 관계이기 때문에 상담 장면에서 상담자가 가지는 지도성과 책임감이 집단상담보다 더 크다고 할 수 있다. 반면 집단상담 장면에서는 집단상담에 참여한 집단원들이 골고루 지도성을 발휘할 수 있다는 이점이 있다.

2) 집단상담의 약점

① 집단상담자의 전문성 문제

대부분의 집단상담자는 집단역학이나 대인관계 특성에 대한 전문적인 지식과 훈련 과정을 거친 전문가다. 그러나 간혹 학문적·전문적 배경이나 집단지도 경험이 부족한 지도자가 집단상담을 진행할 경우, 집단원들에게 부정적이고 왜곡된 인식을 갖게 하거나, 파괴적인 결과를 초래할 수도 있다.

② 집단 압력의 가능성

어떤 집단원들로 구성되어 있는가, 집단 응집력이 어느 정도인가 등에 따라 집단상담 경험이 개인에게 주는 영향력이나 의미가 다를 수 있다. 한 사람씩 돌아가면서 '뜨거운 자리(hot seat)'에 앉는 식의 진행은 성장 지향적이고 치료적으로 다루어질 수도 있지만, 자칫 잘못하면 준비가 되지 않은 한 집단원에게 집중적으로 직면을 제공하면서 집단 희생양을 낳을 수도 있다. 특히, 집단의 대부분을 차지하는 집단원들과는 다른 이질적인 배경을 가진 집단원 혹은 심리적인 준비가 충분히 되지 않은 집단원이거나, 신뢰 관계가 구축되기 이전일 경우 더욱 그러하다.

③ 개인 초점에의 제한성

구조화 집단인지 비구조화 집단인지에 따라 집단의 과정이 달라질 수 있지만, 집단상담 장면에서는 집단 전체의 역동적인 상호작용에 초점을 두므로, 한 개인의 문제나 역동이 충분히 다루어지기에는 제한적이라는 측면을 갖고 있다.

④ 집단 장면 자체의 중독성

집단상담 경험이 개인에게 유의미하고 성장 지향적인 경험을 제공하는 것은 맞지만, 일부 사람들은 집단상담 경험 그 자체에 중독되어 자칫 잘못하면 현실 회피 혹은 현실과의 괴리감이 생길 소지가 있다. 즉, 집단상담에서 배운 것을 현실 장면에 적용해 보거나 자기성장이나 대인관계 개선을 위해 적극적으로 노력하지 않고, 부적응적이고 문제가 있는 현실을 그대로 내버려 둔 채 오직 집단상담 장면에서만 긍정적이고 적극적인 태도를 보이고, 일정한 성과 없이 반복적으로 이 집단, 저 집단에 참여하는 문제가 있을 수 있다.

7. 집단상담의 규범

집단 규범(group norm)은 집단 규칙(group rule)과는 다르다. 집단 규칙은 충분한 이유 없이 깨져서는 안 되는 것으로, 집단상담자에 의해 명확히 정해져야 하며, '집단 동의서' 또는 '집단 계약'의 형태로 문서화하는 것이 바람직하다. 집단원들이 반드시 지켜야 할 규칙에는 비밀 보장, 참석 및 시간 엄수, 술이나 약물 복용 금지, 신체적 폭력 금지 등의 내용이 포함된다(김창대 외, 2004).

집단 규범이란 그 집단에서 바람직하다고 생각되는 역할행동 혹은 표준적이라고 생각되는 태도나 행동 양식을 의미한다. 집단 규범은 집단상담자가 집단원들과의 논의를 거친 후에 명시화하는 것이 바람직하다. 집단 규범은 집단의 목표 달성에 중요한 역할을 하는 것이므로, 명시화하여 집단 규범을 지킴으로써 집단원들이 좀 더 의미 있고 성장 지향적인 상호작용을 할 수 있도록 해야 한다.

집단 규범은 일반적인 행동 지침으로 구성되어 있으며, 집단상담자와 집단원 간의 상호 협력으로 형성되는 것이다. 특히, 집단의 초기 단계에서 집단상담자는 집단원들에게 집단 규범을 가르칠 필요가 있다. 집단 규범은 대부분 집단상담자가 제시하지만, 어떤 경우에는 집단원들이 스스로 규범을 확립할 수 있도록 해야 한다. 예를 들면, 집단원들이 자신의 감정에 대해서 솔직하게 말하고, 자신과 다른 집단원들의 내면과 심리적 문제에 대해 탐색하는 것은 매우 중요한 치료적 규범이다. 이러한 규범이 없는 집단은 불필요한 제삼자에 관한 이야기나 지루한 잡담으로 빠져들기 쉽다. 혹은 집단원 중에 한 사람이 상처를 드러냈을 때 다수가 공격하거나 직면하는 것, 집단에 결석한 사람에 대해 이야기하는 것, 집단원 간의 성적 매력에 대해 이야기하는 것은 바람직하지 않다. 이와 같이 집단 규범은 집단에서 허용되지 않는 행동을 기술한 금지 규범과 집단에서 가치가 있거나 선호하는 행동을 기술한 긍정적인 규범이 있으며, 때때로 집단 규범은 자연스럽게 논의되고, 바뀌며, 확장된다(김창대 외, 2004).

이형득(2006)은 집단의 과업 성취를 돕는 역할행동, 집단의 유지 및 발전에 기여하는 역할행동, 개인중심적 역할행동을 구분하여 제시하였는데, 이 중에서 앞의 두 가지는 집단의 유지, 발전 및 효과적인 집단상담에 도움이 될 뿐만 아니라 집단원 간의 관계나 집단 응집력을 높이는 데 기여하는 행동이다. 예를 들면, 솔선해서 제안하기, 활기를 띠게 하기, 진행을 돕기, 격려하기, 조화시키기, 따르기 등의 역할행동이다. 반면 참여하지 않기, 독점하기, 충고하기, 공격하기, 집단과 관계없는 이야기하기, 지성에만 호소하기, 문제없는 사람으로 자처하기와 같은 개인중심적인 역할행동은 집단의 의미 있는 상호작용을 방해하는 태도라고 할 수 있다.

노안영(2018)은 집단이 보다 잘 기능하도록 도우기 위해서는 과거보다는 현재를 다루는 것이 보다 생산적이라고 하였다. 그러므로 집단 규범은 집단상담 경험이 집단원들에게 의미 있고 가치 있는 과정이 되도록 도울 뿐만 아니라 집단의 유지, 발전 및 과업 성취에 도움을 주는 태도나 역할행동, 규칙 등으로 구성되는 것이라고 할 수 있다.

이상의 논의들을 종합해 보면, 집단상담에서 제시할 수 있는 집단상담 규범에는 다음과 같은 것들이 있다.

- 비밀 지키기   집단에서 알게 된 내용을 집단 밖에서 이야기하지 않도록 한다.
- 시간 약속을 지키고 출석 잘하기   아무런 예고 없이 결석, 지각, 조퇴, 이탈을 하지 않도록 한다. 불가피할 경우에는 사전에 동의를 구하도록 한다.
- 적극적으로 참여하기   개인적이고 의미 있는 내용을 서로 나누고, 경험활동과 평가활동(경험 보고서 작성)에 적극 참여하며, 개인적인 행동 변화를 시도하는 등 집단상담 장면에 적극 참여하도록 한다.
- 나와 너의 이야기하기   집단상담 장면에서 불필요한 제삼자의 이야기나 사적인 잡담 혹은 지적인 토론을 하는 것이 아니라 지금-여기, 나·너·우리, 느낌과 행동에 초점을 두고 이야기하도록 한다. 옆 사람과 속삭이지 않

고, 할 말이 있으면 집단 전체와 나눈다.

• 피드백 주고받기　너의 말이나 행동이 나에게 미친 구체적인 영향을 즉시성 있게 피드백을 나누도록 한다.

• 자기이해와 자기개방, 자기성장 지향　집단상담에 참여하는 주된 목적은 사교적 만남이 아니라 '자기이해와 자기개방, 자기성장'을 지향하기 위한 것이므로 목적을 분명히 한다.

• 지지적 의사소통하기　집단상담 과정에서 다른 집단원에 대한 평가·판단·비판·충고 반응을 제한하며, 경청·수용·공감하기를 통한 지지적 의사소통을 더욱 많이 나누도록 한다.

• 술이나 약물, 폭력적 행동 금지하기　집단상담에 참여하는 과정 중에 술, 담배, 약물, 파괴적이거나 폭력적인 행동을 금지한다.

• 혼자서 독점하지 않기　집단상담 장면에 집단원이 골고루 참여할 수 있도록 하며, 혼자서 장면을 독점하지 않도록 한다.

• 휴대전화 사용하지 않기　집단상담에 참여할 때는 휴대전화의 전원을 끄도록 한다.

• 깨끗한 시설 사용과 정리 정돈　집단상담실을 사용할 때는 모두 함께 깨끗하게 사용하고, 사용 후에는 정리 정돈을 하도록 한다.

제2장
집단상담 과정과 발달단계

| 고기홍 |

　집단상담 과정이란 '시간의 경과에 따라 변화하는 집단상담의 추이(推移)'를 의미한다. 특정한 집단에서 전개되는 집단상담 과정은 특수성이 있다. 즉, 모든 집단상담은 서로 다른 조건에서 실시하기 때문에 어떤 집단상담도 똑같은 과정이 전개되지는 않는다. 하지만 이 장에서 설명하는 집단상담 과정은 이러한 특수성을 고려하지 않았다. 즉, 개별적인 집단상담 간의 차이는 무시하고, 그 대신 공통요소에 초점을 두고서 일반화시킨 인위적이고 가설적인 모형이다.

　역사적으로 많은 학자들이 집단역동에 대한 연구나 임상적 관찰을 토대로 집단상담 과정 모형을 제시해 왔다(Lewin, 1948; Knowles, 1964; Reid, 1969; Rogers, 1970; Gazda, 1971; Napier & Gershenfeld, 1973; Tuckman, 1977). 이 장에서는 먼저 학자들이 제시한 기존의 집단상담 과정 모형들을 살펴보고, 이들의 '공통요소'을 찾아낸 후에 이렇게 찾아낸 공통요소을 중심으로 집단상담 과정 모형을 구성하여, 이를 중심으로 집단상담 과정을 설명하고자 한다.

1. 집단상담 과정 모형

이 절에서는 '기존 집단상담 과정 모형의 내용'을 분석하고, 이들의 '공통요소'을 찾아내며, 이러한 공통요소을 중심으로 '집단상담 과정 모형'을 제안하고자한다.

1) 기존의 집단상담 과정 모형

집단상담 과정 모형은 다양하게 제시되어 왔는데, 이형득(1986)은 그의 저서『집단상담의 실제』에서 집단상담 과정 모형을 정리한 바 있다. 이를 요약하면다음과 같다.

- Knowles(1964)는 집단상담 과정을 '시작 단계, 정보교환 단계, 감정교환 단계, 정서적 조우 단계, 자율성과 상호의존성 확립 단계'로 구분하였다.
- Reid(1969)는 집단상담 과정을 '의존 단계, 저항 단계, 반항 단계, 독립 단계, 상호의존 단계'로 구분하였다.
- Rogers(1970)는 집단상담 과정을 '혼돈과 무질서, 사적 자기노출에의 저항, 과거 느낌의 진술, 부정적 느낌의 표현, 개인에게 의미 있는 자료의 표출과 탐색, 집단 내에서 대인 간의 즉시적인 느낌의 표현, 집단 내에서의 치료적 능력의 발달, 자기수용 및 변화의 시작, 가면의 파괴, 피드백 주고받기, 맞닥뜨림, 집단 밖에서의 조력관계 발전, 참만남, 긍정적 느낌과 친근감의 표현, 집단 내에서의 행동변화'로 구분하였다.
- Gazda(1971)는 집단상담 과정을 '탐색기, 과도기, 활동기, 종결기'로 구분하였다.
- Tuckman(1972)은 집단상담 과정을 '형성기, 격정기, 규준기, 성취기'로 구분하였다.

- Schutz(1973)는 집단상담 과정을 '소속 단계, 통제 단계, 애정 단계, 종결단계'로 구분하였다.
- Napier와 Gershenfeld(1973)는 집단상담 과정을 '시작 단계, 맞닥뜨림을 향한 움직임의 단계, 타협과 융화의 단계, 정서와 과정 양 측면의 연합을 통한 재평가의 단계, 해결과 재순환 단계'로 구분하였다.
- Hansen 등(1976)은 집단상담 과정을 '시작 단계, 갈등 단계, 응집성 발달단계, 생산단계, 종결단계'로 구분하였다.

이 외에도 많은 학자들이 집단상담 과정을 다음과 같이 제시해 왔다.

- Toseland와 Rivas(1984)는 집단상담 발달단계를 '초기 단계, 중기 단계, 종결단계'로 구분하였다.
- Donigian과 Malnati(1997)는 집단상담 발달단계를 '오리엔테이션 단계, 갈등과 직면 단계, 응집력 단계, 작업 단계, 종결단계'로 구분하였다.
- Kottler(2001)는 집단상담 발달단계를 '도입 단계, 경험 계약 단계, 응집성 계약 단계, 해약 단계'로 구분하였다.
- Jacobs 등(1994)은 집단상담 발달단계를 '시작 단계, 작업 단계, 종결단계'로 구분하였다.
- Corey 등(2004)은 집단상담 발달단계를 '초기 단계, 전환 단계, 작업 단계, 종결단계'로 구분하였다.

2) 집단상담 과정 모형

상기된 집단상담 과정 모형들을 살펴보면, 각 모형마다 집단상담 과정을 서로 다르게 기술하고 있다는 것을 알 수 있다. 하지만 그 내용을 좀 더 자세히 살펴보면, 서로 유사하거나 같은 내용, 즉 공통요소도 찾을 수 있다. 이러한 공통요소에 초점을 두고 하나의 통합된 집단상담 과정 모형을 도출한다면, 〈표

2-1〉의 통합적 집단상담 과정 모형과 같다.

ooo **표 2-1   통합적 집단상담 과정 모형**

- **시작단계**   첫 단계는 시작단계이다. 이 단계는 기존 모형의 '의존, 혼돈과 무질서, 탐색, 형성, 소속, 초기, 오리엔테이션, 도입, 포함' 등에 해당한다.
- **갈등단계**   둘째 단계는 갈등단계이다. 이 단계는 기존 모형의 '감정교환, 저항, 반항, 사적 자기노출에의 저항, 과거 느낌의 진술, 부정적 느낌의 표현, 통제, 과도기, 격정기, 규준기, 전환, 갈등과 직면' 등에 해당한다.
- **생산단계**   셋째 단계는 생산단계이다. 이 단계는 기존 모형의 '자율성과 상호 의존성 확립, 독립, 상호의존, 개인에게 의미 있는 자료의 표출과 탐색, 즉시적 대인간의 느낌의 표현, 집단 내에서의 치료적 능력의 발달, 자기수용 및 변화의 시작, 가면의 파괴, 피드백 주고받기, 맞닥뜨림, 참만남, 긍정적 느낌과 친근감의 표현, 행동의 변화, 애정, 활동기, 성취기, 타협과 융화, 응집성 발달, 작업, 중기, 응집력' 등에 해당한다.
- **종결단계**   넷째 단계는 종결단계이다. 이 단계는 기존 모형의 '종결, 해결과 재순환, 해약' 등에 해당한다.

한편 상기된 집단상담 과정 모형에는 '발달단계'에 대한 다음과 같은 가정들이 포함되어 있다. 즉, '집단상담 과정에는 서로 다른 양상을 보이는 구분 가능한 국면이 존재한다. 이러한 국면들은 유동적이기는 하지만 비교적 일정한 순서에 따라 일어나는데, 이 때문에 서로 다른 국면들을 발달단계로 구분할 수 있다. 각 발달단계마다 집단 발달과제가 존재한다. 각 발달단계에서 집단 발달과제를 성취하지 못하면 집단의 발달은 지연되거나 정체될 수 있다.' 등이다.

이러한 발달단계에 대한 가정과 모순되지만, 집단상담 과정 모형의 또 하나의 기본 가정은 '소집단 역동에 대한 가정'이다. 일반적으로 역동(力動)이란 '힘의 움직임', 즉 '여러 가지 힘들이 복잡한 상호작용을 하면서 시시각각 변화하는 양상'을 의미한다. 따라서 소집단 역동이란 '소집단을 구성하는 여러 가지 요소들이 복잡한 상호작용을 하면서 시시각각 변화하는 양상'을 의미한다. 앞에서 언급한 소집단 역동에 대한 가정이란 결국 '집단상담 과정이 발달단계에 따라 항상 일관되게 나타나는 것이 아니라, 오히려 소집단을 구성하는 여러 가지 요소들이 복잡한 상호작용을 하면서 시시각각 변화한다는 것, 즉 일관되지 않게 나타난다는 것'을 의미한다.

집단상담 과정 모형에는 '발달단계에 대한 가정'과 '소집단 역동에 대한 가정'이 모두 포함되어 있다. 하지만 이 장에서는 소집단 역동에 대한 가정보다는 발달단계에 대한 가정을 기반으로 설명하였다. 즉, 집단상담 과정은 시작단계, 갈등단계, 생산단계, 종결단계와 같은 비교적 일관된 발달단계를 거친다는 가정을 토대로 설명하였다.

2. 집단상담 발달단계

이 절에서는 집단상담 과정을 '시작단계, 갈등단계, 생산단계, 종결단계'로 구분하고, 각 단계별로 주된 특징과 발달과제에 대해 설명하고자 한다.

1) 시작단계

시작단계란 집단상담 발달단계의 첫 단계로, 집단상담을 시작하는 시점에서 나타나는 기대, 혼란, 불안, 의존성 양상을 보이는 단계이다.

(1) 시작단계의 특징

집단상담 시작단계에서 나타나는 전형적인 특징은 '기대, 혼란, 불안, 의존성'으로 요약할 수 있다. 먼저 시작단계의 첫 번째 특징은 기대다. 집단원들은 시작단계에서 대체로 집단상담에서 얻을 수 있는 긍정적인 성과에 대한 기대를 가지고 있다. 이러한 기대들은 현실적이고 합리적인 것도 있지만 비현실적이거나 비합리적인 것도 포함되어 있다.

집단원들의 기대는 개인차가 있다. 대체로 기대가 높은 집단원들은 내적 환상이나 기대 그리고 설렘 등을 직간접적으로 표현하면서 집단상담 활동에 적극적으로 참여하는 경향이 있다. 반면 기대가 낮은 집단원들은 한발 뒤로 물러서서 관망하는 태도로 다소 소극적으로 참여하는 경향이 있다. 이런 개인차가 있음에도, 시작단계에서는 전체적으로 긍정적인 기대가 지속되는 경향이 있다.

시작단계의 두 번째 특징은 혼란이다. 집단상담은 전체적인 집단상담 구조가 형성되지 않은 상태에서 출발한다. 즉, 집단상담의 방향 및 목표, 내용 및 과정, 역할 및 규범과 같은 집단상담 구조가 형성되지 않은 상태에서 집단상담이 시작된다. 집단원들은 집단상담 구조를 잘 모르고 있거나, 설사 알고 있다고 하더라도 자신이 통제할 수 없는 외적 조건에 의해서 집단상담의 구조적 형태가 만들어지기 때문에 혼란과 함께 긴장이나 불안을 경험한다.

집단원들은 불확실함 속에서 '집단상담 구조'에 대해 민감하게 반응한다. 즉, '이 집단이 어떤 방향으로 나아가는지, 어떤 활동 내용이 어떤 순서로 진행되어 나가는지, 지도자는 어떤 사람이고 집단원들은 어떤 사람들인지, 누가 어떤 역할을 하는지, 어떤 행동은 수용되거나 권장되고 또 어떤 행동은 거부되거나 비난을 받는지' 등에 대해 민감하게 반응하면서 집단 내에서 자신의 위치와 역할 그리고 행동 규범 등을 찾으려고 노력한다.

시작단계의 중·후반기가 되면, 집단상담의 구조적 윤곽이 점차 갖추어지기 시작한다. 즉, 집단상담의 방향 및 목표, 내용 및 순서, 역할 및 규범 등의 형태가 점차 갖추어지기 시작한다. 그럼에도 시작단계에서는 여전히 집단상담 구조가 명확하지 않기 때문에 혼란감이나 긴장감 또는 불안감 등이 없어지지 않고 유지되는 경향이 있다.

시작단계의 세 번째 특징은 불안이다. 인간은 새롭고 낯선 상황에서 불안을 경험하는 경향이 있다. 시작단계에서의 낯선 상황적 조건은 대체로 두 가지다. 하나는 앞에서 설명한 비구조적 상황이다. 즉, 구조가 없는 혼란스럽고 낯선 상황은 집단원들에게 불안을 유발한다.

또 다른 하나는 낯선 사람들과 만나는 상황이다. 일반적으로 특정한 집단상담에 집단원들을 선별 및 배정할 때는 가급적 집단원들을 이질화시키는 경향이 있다. 이 때문에 새로 시작되는 집단원들끼리는 서로 모르는 사이이거나, 이미 알고 있던 사이라고 하더라도 서로 친하지 않은 경우가 많다. 설사 서로 잘 알고 친한 사이라고 하더라도 모두 다 그런 것은 아니며, 보통은 집단상담자를 포함해서 낯선 사람들이 몇 명씩은 섞여 있기 마련이다. 따라서 시작단계는 비교적 낯선 사람들이 소집단원이 되어 서로 만나면서부터 시작되고, 이런 낯선 사람들과 만나는 상황적 조건은 집단원들에게 긴장과 불안을 유발한다.

대체로 시작단계의 초기에는 서로 경계하면서 긴장과 불안을 느끼면서도 동시에 기대와 호기심을 느낀다. 시작단계의 중·후반기가 되면 집단원끼리의 정서적 유대, 즉 친밀감은 비교적 빠르게 증가한다. 하지만 시작단계에서 집단원들은 집단의 안전성이나 유익함을 충분히 확신하지 못하기 때문에 어느 정도의 잔존 불안은 유지된다.

시작단계의 네 번째 특징은 의존성이다. 시작단계에서 집단 지도자는 주도적이고 적극적으로 행동하는 반면, 집단원들은 의존적이고 소극적으로 행동하는 경향이 있다. 집단원들은 동조적이어서 집단상담자의 요구에 비교적 잘 따르지만 다소 방어적으로 행동하는 경향이 있다.

(2) 시작단계의 집단발달과제

집단상담 시작단계의 집단발달과제는 '집단상담구조화, 초기 집단응집성 형성, 집단상담 문제 및 목표의 설정' 등이다.

시작단계의 첫 번째 발달과제는 집단상담구조화다. 집단상담구조화란 '소정의 성과를 낳게 하는 집단상담의 구조적 틀을 집단상담자가 주도적으로 만들어 나가는 과정'을 말한다. 즉, 집단상담자가 집단원들에게 집단상담의 방향과 목표, 내용과 절차, 역할 및 행동 규범 등에 대해 설명하고, 이에 대해 동의를 이끌어 내며, 이를 집단원들에게 요구하면서 점진적으로 성과를 낳게 하는 구조적 틀을 구축해 나가는 과정을 말한다(박태수, 고기홍, 2007).

집단상담구조화의 실패는 집단발달을 지연 또는 정체시키는 비교적 명백한 요인이다. 시작단계에서의 집단상담구조화는 구조화 집단상담뿐만 아니라 비구조 집단상담에서도 마찬가지로 주된 발달과제다. 여기서 '비구조'란 용어가 혼란을 줄 수 있는데, '비구조 집단상담'은 구조화를 하지 않는 것이 아니라, '지도자가 구조를 제시하지 않는 형태로 구조화를 하는 것'이다.

시작단계의 두 번째 발달과제는 초기 집단응집성을 형성하는 것이다. 초기 집단응집성이란 친밀성과 소속감에 기반을 둔 집단원들(집단상담자를 포함함) 간의 정서적 유대를 말한다. 초기 집단응집성 형성의 실패는 집단발달을 지연 또는 정체시키는 요인이다.

시작단계의 세 번째 발달과제는 개인별 집단상담 문제의 선정이나 집단상담 목표의 설정이다. 집단상담 문제의 선정이란 개별적인 집단원이 집단상담 과정에서 다룰 문제를 선정하는 작업을 말한다. 일반적으로 집단상담에서 효과적으로 다룰 수 있는 문제는 '대인관계 상황에서 활성화되는 역기능적인 정서적·인지적·행동적 반응'이다.

그리고 집단상담 목표의 설정이란 개별적인 집단원이 집단상담의 결과로서 성취하고자 하는 목표를 설정하는 작업을 말한다. 참고로 집단상담 목표는 집단상담 문제를 다르게 진술한 것이기 때문에 집단상담 문제의 선정과 집단상담 목표의 설정은 비슷한 말이라고 할 수 있다. 일반적으로 시작단계에서의 집단상담 목표의 설정은 보통 양적으로 진술하기보다는 질적으로 진술하는 경향이 있다.

집단원의 개인별 집단상담 문제나 집단상담 목표 설정의 실패는 집단발달을 지연 또는 정체시키는 요인으로 작용한다.

2) 갈등단계

갈등단계란 집단상담 발달단계의 두 번째 단계로, 집단상담 초중기 시점에서 나타나는 갈등과 저항 양상을 보이는 단계이다.

(1) 갈등단계의 특징

갈등단계의 전형적인 특징은 '갈등과 저항'이다. 먼저 갈등단계의 첫 번째 특징은 '갈등 현상'이다. 즉, 갈등단계에서는 집단원들의 부적 경험과 부적 표현이 증가하고, 그에 따라 집단갈등도 증가하는 현상이 나타난다. 더 구체적으로 설명하면, 갈등단계의 집단원들은 집단상담자, 다른 집단원, 집단상담 활동, 집단상담의 환경적 조건 등에 대한 불편감, 불만족감, 좌절감, 실망감, 불신감, 분노, 미움, 질투심, 경쟁심, 대립감, 적대감, 무시, 비난, 경멸감 등과 같은 부적 경험을 상대적으로 더 많이 경험한다.

이런 집단원들의 부적 경험은 언어적 비언어적 방식으로 자연스럽게 겉으로 표현된다. 한 집단원의 부적 경험에 대한 직접적 표현은 나머지 다른 집단원들에게 영향을 미치는데, 보통은 다른 집단원들의 부적 경험과 부적 표현을 유발하게 된다. 이렇게 유발된 부적 경험과 부적 표현은 또 다른 집단원들의 부적 경험과 부적 표현을 유발하는 악순환으로 이어지면서, 집단원들 간의 갈등은 급격히 증가한다. 이때 나타나는 집단원 간의 갈등은 흔히 논쟁이나 경쟁, 저항, 반항, 동맹과 투쟁 등과 같은 적극적인 힘겨루기 형태로 나타나거나, 아니면 무시, 무관심, 관심과 사랑의 철회, 경멸, 배척, 소외시키기 등과 같은 소극적인 힘겨루기 형태로 나타날 수도 있다.

갈등단계의 두 번째 특징은 집단원들의 '저항 현상'이다. 집단상담에서의 저항이란 치료적 진전에 역행하는 집단원들의 반응이나 상호작용을 의미한다.

저항은 전 과정에서 나타나는데, 대체로 갈등단계에서 나타나는 저항은 집단상담구조화나 집단상담 문제 선정과 밀접한 상관이 있다. 예를 들면, 갈등 단계에서 집단원들은 '심리치료, 문제해결, 성장을 추구하는 과업 지향적 행위'에 저항할 수 있다. 또는 '자신의 사적인 문제나 취약성을 노출하지 않는 행위, 지금-여기에서의 부적 경험을 개방하지 않는 행위, 노출 및 개방을 하더라도 불일치하게 진술하는 행위, 구체화하지 않고 일반화하여 진술하는 행위, 내재화하지 않고 외재화하여 진술하는 행위, 활성 주제를 피하고 비활성 주제를 진술하는 행위' 등을 하면서 저항할 수도 있다. 또는 상담구조화를 통해 제시되는 행위 규범을 따르지 않는 행동을 통해 저항할 수도 있다. 가령 제안된 집단활동을 거부하거나 마지못해 하는 행동, 침묵 행동, 집단상담 중에 걸려온 휴대전화를 받는 행동, 휴대전화로 문자를 주고받는 행동, 소곤거리는 행동, 결석, 지각, 조퇴, 이

탈행동 등을 통해 저항할 수도 있다.

(2) 갈등단계의 집단발달과제

갈등단계의 첫 번째 발달과제는 자연스럽게 발생하는 집단원들의 '있는 그대로의 부적 경험과 문제행동 그리고 갈등과 역기능적 상호작용'을 억제시키지 말고, 오히려 자연스럽게 발생하도록 허용 또는 촉진하는 것이다. 그러면서 동시에 인위적으로 부가될 수 있는 '부적 경험과 갈등'은 예방적 차원에서 최대한 억제하는 것이다.

먼저 집단원 개개인의 성격이나 행동양식, 특히 역기능적인 인식, 선택, 조절, 표현 및 행동양식은 소집단갈등 장면에서 자연스럽게 활성화되면서 부적 경험과 문제행동 양상으로 표면화될 수 있는데, 이는 치료적으로 매우 의미 있는 사건이다. 이렇게 자연스럽게 활성화되는 부적 경험과 문제행동 그리고 이에 대한 인식과 표현을 억제하지 않고 오히려 촉진하는 것은 감정 정화 및 일치, 자기이해, 대안 설정, 행동 형성과 같은 상담의 효과와도 밀접하기 때문에 치료적으로 매우 의미 있는 일이라고 할 수 있다.

또한 역기능적인 힘겨루기와 같은 집단원들 간의 갈등과 역기능적 상호작용도 소집단갈등 장면에서 자연스럽게 활성화될 수 있는데, 이 역시 집단발달 측면에서 매우 의미 있는 사건이다. 자연스럽게 활성화되는 집단원 간의 갈등과 역기능적인 상호작용을 허용하거나 촉진하는 것 그리고 이에 대한 객관적인 인식과 솔직한 표현을 주고받도록 허용하거나 촉진하는 것은 개인의 성장과 집단발달로 이어진다. 즉, 자연스럽게 활성화되는 갈등이나 역기능적 상호작용을 허용하거나 촉진하는 것은 집단원 개개인의 치료 및 성장을 촉진할 뿐만 아니라 집단원 간의 갈등과 역기능적 상호작용을 점검하고, 대안적 경험이나 상호작용을 학습하는 기회가 된다. 또한 앞으로도 일어날지 모르는 부적 갈등이나 상호작용에 대한 내성을 기르는 기회가 될 수 있다. 부수적으로 부적 경험과 갈등은 '지금-여기'로 초점을 맞추게 하고, 정적 경험과 정적 상호작용에 대한 동기를 유발시키는 기능을 한다. 대체로 갈등 이후에 집단원 간의 정서적 유대와 경계,

위계질서는 보다 바람직한 방향으로 변화하는 경향이 나타난다. 또한 집단원들의 자기중심성은 줄어들고, 대신 공동체 지향성은 증가하는 경향도 나타난다. 따라서 부적 경험과 갈등, 이에 대한 인식이나 표현은 집단발달 측면에서 보면 퇴행이 아니라 오히려 집단이 진전되었음을 나타내는 신호로 해석될 수 있다.

다른 한편으로 '불필요한 부적 경험과 갈등'은 최대한 억제하는 것이 필요하다. 그런데 이 주제를 다루려면, '자연스러운 부적 경험 및 갈등'과 '불필요한 부적 경험 및 갈등'의 차이에 대해 먼저 다룰 필요가 있다.

일반적으로 자연스러운 것과 불필요한 것에 대한 구분은 개념 수준에서 다음과 같이 구분할 수 있다. 우선 '자연스러운 부적 경험과 갈등'이란 상담자의 인위적인 개입 이전에 발생하고, 상담자 요인이 아닌 집단원의 개인역동 또는 집단원 간의 집단역동에 의해 발생하는 것을 말한다. 가령 집단원 개인의 역기능적 인지도식 · 욕구 · 선택 · 방어기제 · 언어표현 · 행동양식 등과 같은 반응양식이 활성화되면서 나타나는 부적 경험과 이로 인해 촉발되는 집단갈등은 자연스러운 것일 수 있다. 예를 들면, 투사 방어기제를 사용하는 집단원은 집단갈등 장면에서 투사 방어기제가 활성화되면서 부적 경험을 할 수 있고, 또 자신의 특질을 다른 집단원에게 투사하여 타인을 비난하거나 배척하거나 경멸함으로써 집단갈등을 유발할 수 있는데, 이는 자연스러운 부적 경험과 갈등이라고 할 수 있다. 또한 집단을 둘러싼 물리환경적 · 사회환경적 조건, 소속집단의 문화적 차이로 인해 부적 경험과 갈등이 유발될 수 있는데, 이 역시 자연스러운 부적 경험과 갈등이라고 할 수 있다. 이와 같이 자연스럽게 발달하는 부적 경험과 갈등은 억제하지 말고 오히려 촉진하는 것이 적절하다.

반대로 '불필요한 부적 경험과 갈등'이란 집단원의 개인역동이나 집단원 간의 집단역동에 의해 발생하는 것이 아닌 상담자의 사전준비 부족, 역기능적 개입, 사후관리 부족 등에 의해 발생하는 것을 지칭한다. 예를 들면, 사전에 집단상담 프로그램의 부적절한 구성, 부적합한 구성원 사전 선별 부족, 집단배정 오류, 집단상담 준비의 부족 등으로 인해 발생하는 것을 말한다. 또한 '집단상담이 진행되는 도중에 상담자의 지나친 통제 또는 방임, 상담자의 부적절한 활동이나 과제의 제안, 집단원의 부적절한 활동 제안에 대한 상담자의 부적절한 반응, 상담자의 반복되는 폐쇄질문이나 이중질문, 지나친 자기노출이나 자기과시, 지나친 투사적 공감이나 이른 해석, 비난, 경멸, 위협적인 언어 사용, 차별하는 행동, 비윤리적 행동, 무식함, 둔감성, 불안행동'과 같은 상담자의 역기능적인 행동이나 개입으로 인해 발생하는 것을 말한다. 또 사후에 사례관리의 부족 등으로 인해 발생하는 것들을 말한다. 이와 같은 불필요한 부적 경험과 갈등은 사전준비, 적절한 개입 그리고 사후관리 등을 통해 최대한 억제되어야 한다. 하지만 불필요한 부적 경험이나 갈등이 이미 발생한 상황이라면, 이를 억압하지 말고 가급적 개방적으로 다루는 것도 집단발달을 위해 필요하다.

만약 집단원들의 자연스러운 부적 경험과 갈등을 허용 및 촉진하는 데 실패한다면, 그리고 불필요한 부적 경험과 갈등을 예방적 차원에서 최대한 억제하는데 실패한다면, 이는 집단발달을 지연시키는 요인으로 작용한다.

갈등단계의 두 번째 집단발달과제는 '당면한 저항을 처리'하고, 더 나아가 앞으로 일어나게 될 '저항에 대한 내성이나 처리 능력을 기르는 것'이다. 개인역동적 측면에서 보면, 저항의 이면에는 방어기제, 안전과 효과에 대한 불안 그리고 관련된 신념이나 과거 경험 등이 존재한다. 따라서 저항은 집단원의 저항행동, 내적 방어기제, 내적 불안, 관련된 신념이나 과거 경험의 활성화 등과 관련 있기 때문에, 이를 다룰 수 있는 중요한 기회가 될 수 있다. 그리고 집단역동적 측면에서 보면, 저항은 집단발달의 시작단계에서 갈등단계로 진전되었음을 나타내는 신호다. 이와 동시에 저항은 집단이 더 발전하기 위해서는 집단원 개개인의 부적 경험과 행동 그리고 집단원들 간의 부적 상호작용을 바람직한 방향으로 해결해 나가야 함을 알리는 신호이기도 하다.

갈등단계에서의 '당면한 저항을 처리한다.'는 말은 지금-여기에서 일어나고 있는 저항행동 및 상호작용을 허용 및 촉진하고, 이를 객관적으로 인식하게 한 후, 솔직하고 직접적으로 표현하면서 나눌 기회를 가지며, 그 결과 집단원들의 저항행동 및 상호작용이 감소하는 대신 대안행동 및 상호작용이 증가되는 것을 의미한다. 여기서 대안행동 및 상호작용이란 '자기노출 및 자기개방, 저항행동 및 상호작용 분석 및 평가, 대안행동 및 상호작용 탐색 및 선택, 대안행동 및 상호작용 수행 능력 평가, 학습과 실험 그리고 행동규범을 따르는 행동과 상호작용, 타인에 대한 민감성과 관심 기울이기, 존중, 공감, 타당화 행동과 상호작용 등'을 의미한다. 적절한 저항처리는 저항에 대한 집단의 내성과 처리 능력을 증진시켜 집단발달을 촉진한다.

갈등단계의 세 번째 집단발달과제는 집단상담 초기의 정서적 친밀감을 넘어서서 '안전과 능력에 대한 신뢰감'을 형성하는 것이다. 먼저 안전에 대한 신뢰감이란 개별적인 집단원들이 자신의 사적인 취약성을 다른 집단원들에게 노출 및 개방하더라도 안전할 것이라는 믿음과 그에 수반된 집단 상호작용을 의미한다. 그리고 능력에 대한 신뢰감이란 개별적인 집단원들이 자신의 사적인 취약성을 다른 집단원들에게 노출 및 개방하면, 집단상담자나 집단원들이 문제 이해 및 해결 능력을 가지고 있어서 자신의 문제를 깊이 있게 이해하고, 바람직한 방향으로 해결할 수 있도록 도와줄 것이라는 믿음과 그에 수반된 집단 상호작용을 의미한다.

안전과 능력에 대한 신뢰감은 초기의 정서적 친밀감에 비해 상대적으로 더디게 발달하는 경향이 있다. 일반적으로 안전과 능력에 대한 신뢰감은 부적 경험과 집단갈등에 대한 집단상담자나 집단원들의 반응에 영향을 받는다. 집단상담자의 일치성, 무조건적 긍정적 존중, 공감적 이해, 중립적 탐색, 적절한 감정이나 인지 및 행동에 대한 지도, 갈등의 중재와 대안적 상호작용에 대한 지도 등과 같은 촉진적 태도 및 개입은 안전과 능력에 대한 신뢰감을 촉진한다. 또한 집단발달상 집단원 간의 친밀성과 신뢰감의 발달, 즉 집단응집성의 발달은 갈등단계를 거치면서 점진적으로 증가하는 경향이 있다. 바꿔 말하면, 집단갈등이란 시험을 거쳐야만 치료적인 친밀성이나 신뢰감, 즉 집단응집성이 점진적으로 발달한다고 할 수 있다.

갈등단계의 네 번째 집단발달과제는 '기능적인 집단상담 구조를 유지하는 것'이다. 일반적으로 갈등단계는 그 어떤 시기보다 기능적인 집단상담 구조가 도전을 받는다. 즉, 집단상담의 방향 및 목표가 도전받고, 효율적인 집단상담 과정이 도전받으며, 바람직한 집단상담자나 집단원들의 역할이 도전받고, 바람직한 행동규범이 도전받는다. 여기서 '도전을 받는다.'는 표현에는 '기능적 집단상담 구조의 변질 위험성'이 내포되어 있다. 따라서 갈등단계에서의 집단발달과제 중 하나는 기능적 집단상담 구조를 유지시키는 것이다.

그러나 기능적 집단상담 구조를 유지시킨다는 말이 경직성과 폐쇄성을 의미하는 것은 아니다. 왜냐하면, 기능적 집단상담 구조는 유연성과 개방성을 갖추고 있어야 하기 때문이다. 예를 들면, 특정 집단원들이 집단상담의 심리치료, 문제해결, 성장과 같은 과제 지향성에 도전하면서 과제 회피나 유희 추구로 방향을 전환하려고 시도한다면, 이러한 역기능적인 시도에 맞서면서 집단의 과제 지향성을 유지시켜 나가야 할 것이다. 그러나 반대로 집단상담이 과제를 회피하고 유희를 추구함으로써 치료적 과제 지향성을 유지하지 못한 채 혼란에 빠져 있을 때 특정 집단원이 집단상담 방향의 적합성에 의문을 가지고 도전해 온다면 이러한 시도는 오히려 강화되어야 하고, 집단상담의 방향은 점검 및 재설정되어야 할 것이다.

또한 '지금-여기에서의 자신의 반응을 인식하고 표현하라.'는 활동 및 행동규범을 사전에 구조화했음에도 불구하고 특정 집단원들이 '좋아하는 연예인에 대한 이야기를 나누자.'고 제안하고 일부 집단원들이 여기에 동조한다면, 이러한 역기능적인 시도에 대해 맞서면서 '지금-여기에서의 자신의 반응을 인식하고 표현하라.'는 기능적 행동규범을 유지시켜 나가야 할 것이다. 하지만 이와는 달리 '지금-여기에서의 자신의 반응을 인식하고 표현하는 행동지침에 대한 주관적 정서적 불편함'을 호소한다면, 이러한 행동의 시도는 강화되어야 할 것이다. 그리고 더 나아가 관련된 행동규범에 대해 공개적으로 점검하고, 일정한 경계 내에서 재설정이 요구될 수도 있다.

또한 집단상담자가 시작단계부터 초기 갈등단계까지는 전제형 지도자 역할을 했고, 이에 대해 잘 따르던 집단원들이 갈등단계에서는 전제형 지도자의 역할 필요성에 불만과 의문을 제기한다면, 이에 대해 개방적으로 논의하면서 지도자 역할을 점검하고, 민주형 지도자로 역할을 바꾸는 것이 필요할 수도 있다.

만약 갈등단계에서 기능적 집단상담 구조를 유지하는 것에 실패한다면 이는 집단발달을 지연시키는 요인으로 작용한다.

3) 생산단계

생산단계란 집단상담 발달단계의 세 번째 단계로 집단상담 초중기, 중기, 중하기 등의 시점에서 나타나는 응집성과 생산성 양상을 보이는 단계이다.

(1) 생산단계의 특징

집단상담 생산단계의 특징을 요약하면, '집단응집성'과 '생산성'이다. 그런데 이 두 가지 특성은 서로 다른 발달적 양상을 보이기 때문에 여기서는 생산단계를 집단응집성 국면과 생산성 국면으로 세분하여 설명하였다.

① 집단응집성 국면의 특징

집단응집성 국면의 전형적인 특징은 다음과 같다. 집단응집성 국면의 첫 번째 특징은 말 그대로 '집단응집성 현상'이다. 즉, 이 국면에서는 집단원들의 '정적 경험과 정적 표현'이 증가하고, 이에 따라 '집단응집성'도 급격히 증가하는 것이 특징이다. 여기서 말하는 정적 경험의 증가란 집단원들이 집단, 집단상담 활동, 집단상담자와 다른 집단원들에 대한 정서적 유대와 관여가 증가하고, 동일시와 소속감이 증가하며, 이들에 대해 긍정적으로 평가하고 기대하는 행동이 증가하는 것을 말한다. 또 정적 표현의 증가란 상기된 정적 경험에 대해 표현하는 행동이 증가하는 것을 말한다. 여기에는 집단원들의 저항과 갈등이 줄어들고, 대신 자기노출, 자기개방, 관심 기울이기, 공감, 타당화, 정적 피드백, 정적 질문과 같은 친밀하고 협력적인 행동이 증가하는 것이 포함되어 있다. 그리고 한 집단원의 정적 경험에 대한 표현은 나머지 다른 집단원들에게도 영향을 미치는데, 보통은 다른 집단원들의 정적 경험과 정적 표현을 유발하게 된다. 이렇게 유발된 정적 경험과 정적 표현은 또 다른 집단원들의 정적 경험과 정적 표현을 유발하는 선순환으로 이어지면서, 집단원 간의 친밀성과 신뢰감이 증가하는 현상이 바로 집단응집성이다.

집단응집성 국면의 두 번째 특징은 '관계 지향성'이 '과제 지향성'보다 강해지는 현상이다. 즉, 친밀성과 유희와 같은 관계를 추구하는 경향성이 심리치료, 문제해결, 학습 및 성장과 같은 과제를 추구하는 경향성보다 강해진다는 말이다.

집단응집성 국면의 세 번째 특징은 '하위집단'의 증가다. 하위집단이란 집단 속의 작은 집단을 말하는데, 일반적으로 갈등단계에서 생산단계로 접어들면 집단응집성이 발달하고, 이에 따라 자연스럽게 하위집단도 증가하는 경향이 있다. 이렇게 발달한 하위집단은 대체로 개방적이고 기능적이다.

그런데 갈등단계가 장기간 지속되거나 갈등단계의 집단발달과제를 제대로 해결하지 못한 상태에서 응집성 발달 국면으로 들어서면, 전체 집단원들 간에 고르게 집단응집성이 발달하는 것이 아니라 일부 집단원들끼리만 집단응집성이 강하게 발달할 수 있다. 이때 나타난 하위집단의 경계는 개방적이기보다는 폐쇄적이어서 마치 끼리끼리 어울리는 양상을 보이면서 서로 간에 무관심, 대립, 배척하는 양상을 보일 수 있다. 이는 결국 집단상담의 치료적 작업을 저해할 수 있다.

한편 하위집단에도 여러 가지 유형이 있다. 즉, 소집단 전체 집단원들에게 알려진 '공개된 하위집단'도 있고, 반대로 알려지지 않은 '비공개 하위집단'도 있다. 또 집단원들 중에서 누구라도 선택만 하면 소속이 가능한 '개방적 하위집단'도 있고, 반대로 선별된 일부 집단원들로만 구성된 '폐쇄적 하위집단'도 있다. 또한 집단상담 시간이나 휴식 시간에, 기타 상담실 공간 속에서 형성되는 '상담실 하위집단'도 있고, 반대로 상담 회기가 끝난 이후의 시간에, 실생활 공간 속에서 형성되는 '실생활 하위집단'도 있다. 또한 전체 집단에 도움이 되는 '기능적 하위집단'도 있고, 반대로 전체 집단에 도움이 안 되거나 피해를 주는 '역기능적 하위집단'도 있다. 일반적으로 역기능적 하위집단은 비공개적이고 폐쇄적인 실생활 하위집단인 경우가 많다.

한편 일단 하위집단이 형성되면, 집단상담 구조와는 다른 하위집단 자체의 구조, 즉 하위집단의 목적 및 목표 그리고 역할 및 규범 등이 만들어질 수 있고, 이러한 하위집단 구조는 전체 집단상담 구조와 다르거나 심지어 대립된 것일 수도 있다. 하위집단원들은 전체 집단에 충성하기보다 곧잘 하위집단에 충성하는 것을 우선시한다. 하위집단원들은 서로 이면 교류를 하면서 필요에 따라 집단지도자나 집단원 그리고 집단구조에 도전한다. 이 때문에 치료작업은 종종 좌초되고, 집단 따돌림과 같은 갈등이 발생하기도 한다. 하위집단에 소속된 집단원들은 빈번하게 장외교류를 하면서 집단상담에서 다룰 주제를 집단상담 밖에서 처리하기 때문에 정작 집단상담을 할 때는 치료작업에 덜 참여한다. 따라서 일단 역기능적 하위집단이 형성되면 집단응집성 발달뿐만 아니라 전체적인 집단상담 발달이 지연될 수도 있다.

② 생산성 국면의 특징

생산단계의 두 번째 국면은 생산성이다. 생산성 국면의 전형적인 특징은 다음과 같다. 생산성 국면의 첫 번째 특징은 '소집단 자주성의 발달'이다. 일반적으로 생산성 국면에 접어들면, 치료작업을 위한 집단상담 구조가 안정된다. 즉, 생산성 국면에서 집단원들은 치료작업에 저항하거나, 관계 및 유희 추구에 매달리는 데서 벗어나 '심리치료, 문제해결, 학습 및 성장'의 방향으로 나아가고자 한다. 또한 이를 성취하기 위해 권장되었던 치료적 절차와 수반된 역할 및 행동 규범을 따르는 경향이 구축된다.

이와 관련하여 집단원들은 다른 집단원을 조력할 수 있는 능력이 증가한다. 즉, 집단원들의 지도성이 증가한다. 전반적으로 집단상담자의 조력행동은 다소 줄어들지만, 집단원들의 조력행동은 상대적으로 증가한다. 하지만 훈련받는 집단상담자와 달리 집단원들의 지도성이나 조력행동은 종종 역기능적이 되어 부정적인 결과를 낳기도 한다.

생산성 국면의 두 번째 특징은 '치료작업과 치료성과'다. 생산성 국면에 이르면, 집단원의 과제 지향적 행동이 증가한다. 즉, '자기노출, 자기개방, 자기주장, 타인과 집단의 이해, 현실수용, 선택과 계획, 학습, 실행' 등의 과제 지향적 행동이 증가한다. 또한 '돌봄과 도전'으로 요약되는 집단원들 간에 지지적이면서 동시에 과제 지향적인 상호작용도 증가한다. 즉, 서로 문제에 대해 관심, 공감, 타당화, 정적 질문과 같은 정서적 지지를 제공하는 동시에 문제행동에 대한 질문, 직면, 해석, 피드백, 대안 제시, 대안 학습과 실천의 요구와 같은 도전을 제공하는 과제 지향적이고 생산적인 상호작용이 증가한다.

생산성 국면에서 과제 지향적 행동과 상호작용은 치료적 성과로 이어진다. 즉, 집단원들의 문제행동은 감소하고 대안행동은 증가한다. 보다 구체적으로 감정 정화 및 일치 경험, 이해 경험, 대안 설정, 행동 학습 및 실행이 증가한다. 또 자기관리 능력과 함께 인간관계 및 조력 능력이 증가한다.

한편 생산성 국면의 역기능적 결과는 집단원들의 공격성 증가와 이로 인한 피해가 발생하는 것이다. 지나친 도전은 흔히 공격성으로 변질되며, 이는 원하지 않는 부적 결과를 유발할 수도 있다.

(2) 생산단계의 집단발달과제

집단상담 생산단계의 집단발달과제는 '집단응집성 발달을 촉진하는 것, 하위집단 조치를 취하는 것 그리고 작업 지향성을 형성하는 것, 성과를 산출하는 것, 취약한 집단원을 보호하는 것' 등이다.

생산단계의 첫 번째 집단발달과제는 '집단응집성 발달을 촉진하는 것'이다. 집단응집성은 치료작업의 기반으로 작용한다. 바꿔 말하면, 집단원들이 자신의 취약한 문제행동을 드러내어 탐색하고, 대안행동을 찾고, 이를 배우고 실천하도록 이끌기 위해서는 친밀하고 안전한 사회적 지지체계, 즉 집단응집력이 필요하다. 그리고 집단응집성 경험은 점차 집단원 내부로 통합되면서 내재화된다. 즉, 집단으로부터 받은 지지 경험은 세상에 대한 신뢰감과 자기존중감의 일부로 통합되어 나간다. 또한 집단응집성은 선순환 상호작용 구조를 만들어 낸다. 즉, 집단응집성은 집단원들의 집단에 대한 친밀성과 신뢰감을 높인다. 이는 집단원의 친밀성이나 신뢰감과 관련된 정적 행동을 증가시키고, 또한 솔직한 자기노출과 개방을 유도한다. 특정 집단원의 정적 행동과 사적 자기노출 및 개방은 다른 집단원들로부터 지지행동을 유발하고, 동시에 다른 집단원들도 정적 행동과 사적 노출 및 개방을 하도록 유도한다. 이는 다시 집단응집성을 강화하면서 선순환 상호작용 구조를 만들어 낸다. 일반적으로 집단응집성 발달의 실패는 집단발달을 지연 또는 정체시키는 명백한 요인이다.

생산단계의 두 번째 집단발달과제는 '역기능적 하위집단의 처리'다. 생산성단계에서 기능적 하위집단과 함께 역기능적 하위집단도 증가하는 경향이 있다. 이러한 역기능적 하위집단에 대한 관리의 부족은 집단발달을 지연 또는 정체시키는 원인이 되기 때문에 하위집단의 처리는 중요한 집단발달과제라고 할 수 있다. 역기능적 하위집단에 대한 일차적 개입은 역기능적 하위집단 자체를 억제하는 것이다. 역기능적 하위집단을 억제하는 기초적인 방법은 상담구조화다. 보통은 집단원들에게 '장외에서 하위집단을 만들지 말 것'을 규범으로 권장한다. 그러나 '만약 장외에서 하위집단을 만들었거나, 그 속에서 집단상담과 관련된 사건이 일어난다면 이를 집단상담 장면에서 보고할 것'을 규범으로 권장한다. 역기능적 하위집단을 억제하는 또 다른 방법은 응집성 증대를 촉진하는 활동이다. 즉, 집단응집성을 증대시키기 위한 방법으로 상담구조화 외에 여러 가지 놀이나 신체활동이 이루어질 수 있다. 가령 '자리섞기 신체활동'은 역기능적 하위집단을 예방하는 효과적인 방법 중 하나다.

그런데 자연스럽게 발생하는 모든 하위집단을 억제하는 것은 현실적으로 한계가 있다. 따라서 일단 하위집단이 발생하면, 이를 민감하게 알아차리는 것을 포함한 하위집단에 대한 사후 지도 및 관리가 필요하다. 이미 형성된 역기능적 하위집단을 처리하는 일차적인 방법은 이를 개방적으로 논의하고 함께 대안을 모색하는 것이다. 이때 행동 및 상호작용 반영, 관심 기울이기, 공감, 타당화, 직면, 피드백, 자기개방, 자기노출, 해석, 즉시성, 중립적 탐색, 상담 재구조화 등과 같은 상담기법들이 요구된다.

생산단계의 세 번째 집단발달과제는 '작업 지향성을 형성하는 것'이다. 특히, 집단응집성 국면에서 '역기능적인 관계나 유희 지향성'이 발생할 때 '작업 지향성을 형성하는 것'은 중요한 집단발달과제다. 즉, 집단원들이 관계나 유희를 추구하기보다는 심리치료, 문제해결, 학습 및 성장 작업을 추구하도록 하고, 정서적 지지와 돌봄의 상호작용을 넘어서서 심리치료, 문제해결, 학습 및 성장을 위해 서로 도전할 수 있도록 하는 것이 필요하다. 만약 응집성 발달 국면에서 작업지향성 형성에 실패한다면 이는 집단발달을 지연 또는 정체시키는 요인으로 작용한다.

생산단계의 네 번째 집단발달과제는 '생산적인 성과를 산출하는 것'이다. 생산단계에서 심리치료, 문제해결, 학습 및 성장을 위한 시도나 지속적인 노력은 매우 중요하다. 하지만 더 중요한 것은 결국 생산적인 성과를 산출하는 것이다. 따라서 생산적인 성과를 산출하는 것은 가장 중요한 집단발달과제라고 할 수 있다. 생산적인 성과란 집단원들의 역기능적인 행동이나 상호작용이 감소하고 대안행동이나 상호작용이 증가하는 것이다. 보다 구체적으로 감정 정화 및 일치 경험, 이해 경험, 대안 설정, 행동 학습 및 실행에 대한 행동 및 상호작용이 증가하는 것이다. 만약 생산단계에서 생산적인 성과의 산출에 실패한다면, 이는 집단발달을 지연 또는 정체시키는 명백한 요인으로 작용한다.

생산단계의 다섯 번째 집단발달과제는 '집단원 보호'다. 생산단계의 역기능적 측면은 집단원들의 '과잉 노출이나 개방, 과잉 주장, 과잉 도전' 등이다. 특히 지나친 도전은 쉽게 공격성으로 변질되며, 이는 원하지 않는 정신적 피해나 심각한 갈등을 유발할 수도 있다. 따라서 집단원을 보호하는 것은 중요한 과제다. 만약 생산단계에서 '집단원을 보호'하는 데 실패한다면 이는 집단발달을 지연 또는 정체시키는 요인으로 작용한다.

3) 종결단계

종결단계는 집단상담 발달단계의 마지막 단계로, 집단상담 종결시점에서 나타나는 집단상담 마무리와 종결 이후 준비 양상을 보이는 단계이다.

(1) 종결단계의 특징

집단상담 종결단계의 전형적인 특징은 다음과 같다. 종결단계의 첫 번째 특징은 '집단원들의 종결반응 및 상호작용의 증가'다. 일차적인 종결반응과 상호작용은 '종결인식'이다. 즉, 집단원들은 종결시점이 되었음을 인식하고 종결과 이별을 예상한다. 집단원들은 대체로 종결인식과 관련된 경험을 소극적인 형태로 나누고 공유한다.

또 다른 종결반응과 상호작용은 '집단상담의 종결 그리고 집단원들과의 이별에 대한 양가감정'이다. 즉, 집단원들은 집단상담 종결에 대해 아쉬움과 상실감을 느끼면서도 동시에 집단으로부터 벗어나는 해방감과 일상으로의 복귀를 소망한다. 또한 집단지도자나 집단원들과의 이별에 대해 아쉬움과 슬픔과 상실감을 느끼면서도 동시에 이들로부터 벗어나고 싶은 충동을 느낀다. 집단원들과의 우정이 지속되기를 바라지만 동시에 분리와 이별을 소망한다. 집단 상호작용에서 이와 관련된 주제는 대체로 억압되거나 숨겨진 안건이 된다. 그러면서도 소극적인 형태로 이와 관련된 경험을 나누고 공유한다.

또 다른 종결반응과 상호작용은 '종결평가'다. 즉, 집단원들은 집단상담 결과를 평가하면서 만족이나 불만족을 경험하는데, 이 시점에서는 대체로 집단상담 성과에 대한 만족이 증가하는 경향이 있다. 그리고 집단원들은 종결해야 할 시점임을 받아들이기 시작하고, 이에 따라 종결에 대한 동기도 증가한다. 집단원들은 소극적인 형태로 이와 관련된 경험을 나누고 공유한다.

또 다른 종결반응과 상호작용은 '종결과 이별 이후에 대한 인식'이다. 즉, 집단원들은 집단상담을 종결한 이후와 집단원들과 이별한 이후에 대해 생각하는 시간이 증가한다. 집단원들은 새로운 삶의 긍정적인 변화를 기대하면서도 동시에 난관과 실패, 재발을 우려한다. 집단 상호작용에서 이와 관련된 주제는 대체로 억압되거나 숨겨진 안건이 된다. 그러면서도 소극적인 형태로 관련된 경험을 나누고 공유한다.

또 다른 종결반응과 상호작용은 '종결작업 회피와 자기관여의 감소'다. 즉, 집단상담 종결과 관련된 여러 가지 조건들은 집단원들에게 이별과 상실 그리고 자립과 관련된 종결갈등을 유발할 수 있다. 하지만 집단원들은 대체로 종결갈등이 활성화되더라도, 이러한 주제에 대한 경험을 억압하고, 이를 집단에서 노출하거나 개방하는 것을 피하는 경향이 있다. 또한 집단원들은 집단상담자나 다른 집단원 그리고 집단활동에 대한 애착과 정서적 관여가 감소한다. 전반적으로 공동체 활동은 줄어들고 그 대신 하위집단 활동이나 개별활동은 증가한다. 또한 전반적으로 결석, 지각과 같은 출석률이 다소 낮아지고, 과제나 숙제에 대한 수행률도 낮아진다. 집단원들은 집단활동 전반에 대해 소극적이고 수동적으로 행동하는 경향이 증가한다.

종결단계의 두 번째 특징은 '종결과 이별'이다. 이제 실제로 집단상담 종결이 공식적으로 선언되고, 집단원들은 인사를 나누며 서로 헤어진다. 하지만 종결 이후에 일부 집단원들은 서로 종종 만나거나 연락을 주고받으면서 집단상담에 대한 추억과 그리움을 나눈다. 어떤 집단은 공식적으로 추후모임을 갖기도 한다.

(2) 종결단계의 집단발달과제

종결단계의 첫 번째 집단발달과제는 '종결작업 회피 경향'을 줄이고, 대신 '종결작업 지향성'을 형성하는 것이다. 일반적으로 종결작업 회피는 치료적 종결작업을 방해하는 동시에 종결이나 이별과 관련된 학습과 성장 기회를 빼앗아 갈 수 있다. 따라서 종결작업 회피 경향을 줄이고, 대신 종결작업 지향성을 형성하는 것은 중요한 집단발달과제다.

종결단계의 두 번째 집단발달과제는 '종결논의 및 종결합의'다. 종결작업 회피 경향으로 인해 집단원들은 직접적으로 종결이나 이별에 대해 언급하고 논의하는 것을 피하는 경향이 있다. 그러나 종결이나 이별에 대한 개방적인 논의는 종결과 관련된 감정을 처리하고, 현재 상태를 이해하며, 현안 과제를 확인하고, 필요한 결정과 준비를 하도록 이끌기 때문에 중요하다. 따라서 집단상담 종결 시점에 대해 개방적으로 논의하고, 수반된 종결 여부와 시간과 절차, 방법 등에 대해 합의하며, 수반된 종결감정을 처리하는 것은 중요한 집단발달과제다.

종결단계의 세 번째 집단발달과제는 '집단상담 평가'다. 집단상담을 실시한 이후에 그 결과를 확인하는 것 그리고 결과와 관련된 요인을 확인하는 것은 종 결작업을 위해 반드시 필요한 일이다. 따라서 '집단상담 결과를 확인하는 것', 이를 토대로 '성과나 미성과를 확인하는 것' 그리고 '성과나 미성과의 관련 요인 을 찾는 것'은 중요한 집단발달과제다.

종결단계의 네 번째 집단발달과제는 '집단상담 마무리 조치'다. 집단상담을 성공적으로 마무리하려면 수반된 수행과제가 발생하는데, 이를 잘 처리해야 한 다. 따라서 집단상담 마무리 조치는 성공적인 집단상담에서 중요한 집단발달과 제다. 일반적으로 집단상담 마무리 조치에는 '개별 집단원들의 집단상담 성과와 관련된 기능적 반응행동을 찾아서 강화하는 것, 미해결 문제에 대한 대처 방안 을 수립하고 수반된 정서·인지·행동 지도를 하는 것, 종결 이후를 예견하면서 난관과 재발을 예견하고, 자립 계획이나 대처행동 계획을 수립하는 것, 종결 선 언과 인사 나누기와 같은 집단상담 관계를 마무리하는 것' 등이 포함된다.

이상에서 집단상담 과정을 '시작단계, 갈등단계, 생산단계, 종결단계'의 네 단 계로 나누어 설명하였다. 그런데 집단상담 과정을 지금까지 설명한 것처럼 '발 달단계 모형'으로 설명할 수도 있지만, 이와는 달리 집단상담 과정을 '집단상담 실무과정'을 중심으로 구분하여 설명할 수도 있다. 집단상담 실무과정 모형의 예를 들면, 다음 〈표 2-2〉와 같다.

○○○ 표 2-2 집단상담 실무 중심의 집단과정

• 준비 과정	'집단상담 계획 및 프로그램 구성, 홍보 및 모집, 신청 및 접수면접, 사전 집단 모임 등'과 같은 본 집단상담 이전에 실시하는 준비 과정
• 본 과정	'첫 회기'를 포함한 초기과정, '갈등이나 응집, 그리고 생산성 양상을 보이는 중 간 회기'를 포함한 중기과정, '종결 회기'를 포함한 종결기 과정 등과 같은 본 집단상담 과정
• 사후 과정	'집단상담 행정처리, 집단상담 사후지도' 등과 같은 집단상담 사후 과정

그런데 집단상담 과정에 대한 흔한 오해 중 하나는 '집단상담 발달단계 모형'과 '집단상담 실무 중심의 집단과정 모형'을 동일한 것으로 보는 것이다. 집단상담 과정을 바르게 이해하기 위해서는 이 둘을 구분하는 것이 중요하기 때문에, 여기서는 그와 관련된 오해에 대해 간략히 설명한 후, 이 장을 마무리하고자 한다. 다음에 제시된 것은 집단상담 과정에 대한 오해와 이에 대한 논의다.

- '첫 회기에는 시작단계의 발달 양상만 일어난다.'는 오해다. 실제로 첫 회기에는 시작단계의 발달 양상이 두드러진 것이 사실이다. 하지만 첫 회기에도 갈등·생산·종결단계의 양상이 일어난다. 즉, 집단상담 실제에서는 하나의 단위 회기 안에서도 시작·갈등·생산·종결단계의 발달 양상이 혼재되어 있다. 따라서 첫 회기를 계획 및 준비할 때는 시작단계의 양상을 우선적으로 고려하되, 추가적으로 갈등·생산·종결단계의 양상도 충분히 고려해야 한다.
- '초기나 초중기의 회기에는 집단상담 갈등단계의 양상만 일어난다.'는 오해다. 또한 '중기의 회기에는 집단상담 생산단계의 양상만 일어난다. 종결기의 회기에는 집단상담 종결단계의 양상만 일어난다.'는 오해다. 앞에서와 마찬가지로, 초기나 초중기의 회기에는 갈등단계의 발달 양상이 두드러진 것은 사실이다. 또한 중기의 회기에는 생산단계의 발달 양상, 그리고 종결기의 회기에는 종결단계의 발달 양상이 두드러진 것은 사실이다. 그러나 초기, 중기, 종결기의 회기 안에도 시작·갈등·생산·종결 단계의 양상이 혼재되어 나타난다. 따라서 초기나 초중기의 회기를 계획 및 준비할 때 갈등단계의 양상을 우선적으로 고려하되, 추가적으로 다른 시작단계나 생산단계나 종결단계의 양상도 충분히 고려해야 한다. 마찬가지로 중기나 종결기의 회기를 계획 및 준비할 때도 각각 생산단계나 종결단계의 양상을 우선적으로 고려하되, 추가적으로 다른 단계의 양상도 충분히 고려해야 한다.
- '시간이 흐르면, 모든 집단은 다 자연스럽게 발달단계의 정점에 이른다.'는 오해다. 일반적으로 집단은 시간이 흐르면 변화한다. 그러나 집단의 변화

가 바람직한 방향으로 일어날 수도 있고, 반대로 바람직하지 않은 방향으로 일어날 수도 있다. 또한 질적 변화와 함께 발달단계의 정점에 이를 수도 있지만, 질적 변화 없이 일정한 발달단계에 머무르거나 이전 단계로 후퇴할 수도 있다.

• '모든 집단상담 과정이 아주 일정한 단계에 따라 전개된다.'는 오해다. 지금까지는 '개인차와 소집단 역동에 대한 가정'은 무시하고, '발달단계에 대한 가정'을 토대로 집단상담 과정을 설명하였다. 이 때문에 '모든 집단상담 과정이 일정한 단계에 따라 이루어지는 것처럼 오해'할 수도 있다. 그러나 집단상담 실제에서는 개인차와 소집단 역동 때문에 제시된 집단상담 발달단계 모형과는 전혀 다른 양상으로 집단상담 과정이 전개될 수 있음을 고려해야 한다. 또 집단상담 실제에서는 집단상담 발달단계 양상이 각각 독립적으로 나타나기보다는 서로 혼재되어 나타난다는 점도 고려해야 한다.

제3장
집단상담의 치료적 요인

| 김정희 |

집단상담은 상담자와 비교적 정상 범위에 속하는 소수의 집단원이 모여서 집단원 개인의 성장과 발달을 목표로 하여 그들 간에 일어나는 역동을 다루는 과정이다. 집단상담은 태동된 후 지금까지 다양한 현장에서 활용되고 있으며, 여러 상담의 장에서 조력의 한 부분을 담당하며 그 효율성을 인정받고 있다.

집단상담의 효과는 많은 연구 결과에서 밝혀졌으므로, 효과적인 측면에 대해서는 더 이상 논의할 필요가 없으리라 본다. 집단상담이 다양한 형태로 여러 장에서 널리 보급되고 있다는 것은 집단상담의 치료적 기능을 입증해 주는 것이라 할 수 있다. 집단의 치료적 기능은 집단 내에서 발생하는 집단역동이 집단활동과 개인의 변화에 어떻게 작용하는가에 달려 있기도 하다. 집단역동은 집단의 진행 과정이나 발달에 영향을 미치는 주요 요소라고 할 수 있다. 따라서 집단상담자는 변화 요인으로 작용하는 치료적 요인에 대해 정확히 이해하여야 하며, 나아가 집단역동이 생산적으로 기능하도록 하는 능력을 갖추어야 한다.

이 장에서는 치료 요인을 상담자 변인, 집단원 변인, 집단 환경적 변인으로 나누어 다룰 것이며 집단역동으로 작용하는 요소와 집단역동에 영향을 미치는 요인에 대해서는 제8장에서 구체적으로 제시할 것이다.

1. 치료 요인

집단상담의 태동은 1930년대 미국을 기점으로 지금까지 세계적으로 파급되어 성장 · 발전되어 오고 있다. 우리나라의 경우도 1970년대부터 시작하여 현재에 이르기까지 아동, 청소년, 부부, 가족, 노인 등 다양한 사람들을 대상으로, 학교, 기업체, 군부대, 교도소 등 여러 장에서 실시되고 있다. 이렇게 오랜 기간 광범위하게 진행되고 있다는 것은 집단상담이 개인의 변화를 이루게 하는 치료적 효과가 있음을 나타낸다(김정희, 2010). 집단상담의 치료적 효과는 집단상담이 파급되고 있는 현상뿐만 아니라, 여러 연구자들에 의해 제시되고 있는 집단상담 관련 연구물에 의해서도 입증되고 있다(김정희, 1983, 1987, 1999, 2010; 이형득, 2002; Yalom, 1995, 2005).

집단상담이 집단원 개인의 변화와 성장에 효과적인 기능을 하는 것은 치료 요인으로 작용하는 요소들이 있기 때문이다. 즉, 상담의 목표가 집단원의 문제를 해결하는 것이든, 집단원 행동의 변화 혹은 개인의 성장과 발달을 촉진하는 것이든 간에 목표 달성에 긍정적으로 작용하는 요인이 집단상담에 존재한다. 집단상담 과정에서 집단 지도자와 집단원, 집단원 간, 집단과 집단원 간에 일어나는 상호작용에 의해 집단원들은 인지적 · 정서적 · 행동적 변화를 통해 성장한다.

이러한 성장과 변화에 영향을 미치는 치료적 요인은 많은 집단상담 연구자들에게 관심 영역이 되어 왔다. 집단상담 연구자들은 집단에 참여하고 있는 집단원들의 상호작용—집단원과 집단상담자, 집단원과 집단원, 집단원과 집단 간의 상호작용 과정—을 통하여 집단원이 어떠한 도움을 받는가에 주로 관심을 가져왔다. 집단상담 중 일어나는 집단원의 치료적 변화 경험은 다양하고 복잡한 상호작용적인 특징에 의해 일어나며, 이러한 특징을 치료적 요인(therapeutic factor, curative factors)이라 할 수 있다(Yalom, 1985).

집단상담의 치료적 요인은 집단상담자, 집단원, 다른 집단원, 집단활동 등의 상호작용을 통하여 집단원의 변화, 성장, 발달을 촉진하는 기제다. 집단상담자는 효과적인 집단 운영을 위해 지금까지의 연구에서 밝혀진 치료적 요인에 대해 이해하고, 이를 잘 활용할 수 있어야 한다. 집단상담은 다양한 집단원으로 구성되며, 이들은 집단활동 중에 집단원 간에 일어나는 집단역동에 의해 움직여지기 때문에, 집단상담자는 집단상담을 운영함에 있어서 치료적 요인을 적절히 사용하여 집단의 효과를 극대화하도록 이끌어야 한다. 집단상담자가 집단의 치료적 요인에 대해 제대로 이해할 때 자신이 집단상담의 성과를 위해 무엇을 해야 하는지에 대한 지표를 얻게 되고, 자신의 역할에 대해 정확히 알아차릴 수 있게 된다.

집단에서 일어나는 상호작용 과정에는 집단원 간의 언어적 요소뿐 아니라 비언어적 요소도 작용한다. Hanson, Warner와 Smith(1980)는 신뢰 부족, 관여 부족, 권력 게임, 집단원 간의 갈등, 집단원 간의 강한 동맹, 관심 추구 행동 등을 치료 요인으로 보고 있다. 그들은 이러한 치료적 요인을 인식하는 것이 집단상담자가 집단을 이끌어 가기 위해서 갖추어야 할 필수 능력이라고 하였다. Ohlsen, Horen과 Lawe(1988)는 치료적 요소는 대부분의 집단 상황에서나 나타난다고 설명한다. 집단원들은 ① 집단에서 수용됨과 ② 기대되는 바, ③ 그들이 소속되어 있음, ④ 안전함 등을 느끼기를 원한다. 이것이 집단의 치료적 요소가 되는데, 이런 요소가 부재할 때 집단원들은 부정적이고, 적대적이며, 위축되고, 냉담함을 느끼게 되며, 나아가 개인의 변화와 성장을 달성하기가 어렵게 되는 것이다. 집단상담자가 관심을 가지고 집단상담에서 활용해야 할 치료적 요인으로는 목적의 명확성, 집단원을 위한 목표의 적절성, 집단의 규모, 각 회기의 시간, 모임의 횟수, 모임의 장소, 실시 시간대, 집단상담자의 태도, 개방집단과 폐쇄집단, 집단원의 자발성 정도, 집단원의 호의도, 집단원의 신뢰 수준, 집단상담자에 대한 집단원의 태도, 집단상담자의 경험과 진행을 위한 준비, 협동, 리더십 등을 꼽을 수 있는데, 이들은 상담자 측면의 요인, 집단원 측면의 요인, 집단 과정의 요인 등으로 크게 나누어 살펴볼 수 있다.

집단상담의 치료적 요인에 대한 대표적인 이론으로는 Yalom(1995, 2005)의 이론이 널리 알려져 있다. Yalom은 집단심리치료에 관한 연구를 통해 집단 내에서 집단원들에게 긍정적인 영향을 미치는 치료적 요인으로서 11가지 요인을 제시한 바 있다. 그가 제시한 치료적 요인에는 ① 희망고취(삶의 희망을 느끼게 하는 것), ② 보편성, ③ 정보 공유, ④ 이타주의(다른 집단원에게 베푸는 것), ⑤ 일차 가족집단의 교정적 재연(집단원 중 어떤 사람이 가족 내에 있는 것처럼 느끼고, 그 경험을 통해 배우게 되는 것), ⑥ 사회화 기술의 발달, ⑦ 모방행동 혹은 동일시(집단원이나 집단상담자를 모델링하는 것), ⑧ 대인관계 학습, ⑨ 집단 응집력, ⑩ 정화(정서와 감정을 해소시키는 것), ⑪ 실존적 요인 등이 해당한다. 지지집단이나 치료집단 내에서의 치료 요소로 더 큰 기능을 하는 얄롬의 치료적 요인에 대해 간략히 설명하면 다음과 같다.

- **희망고취** 희망고취(Instillation of hope)란 삶의 희망을 느끼게 하는 것을 말한다. 희망을 심어 주고 그것을 유지하는 일은 모든 상담에서 매우 중요하다. 이것은 내담자가 계속해서 상담을 받음으로써 다른 치료적 요인이 효과를 낼 수 있게 한다. 또한 상담 방법에 신뢰를 갖는 일 그 자체가 치료적으로 효과적일 수 있다. 집단상담자들은 집단의 효용성에 대한 내담자의 믿음과 확신을 증가시킴으로써 희망고취 요인을 부각시킨다.

- **보편성** 보편성(Universality)이란 자신의 문제가 혼자만의 고통이나 어려움이 아니라 다른 사람들도 비슷한 환경이나 문제를 가지고 있다는 것을 깨닫는 것이다. 이는 자신에 대한 불필요한 방어를 해제하도록 해 주며, 수치심이나 무가치한 느낌을 줄여 준다. 또한 자존감을 증가시켜 주며, 스스로를 받아들이도록 도와준다.

- **정보 공유** 정보 공유(Imparting information)란 집단상담자나 다른 집단원들이 제공하는 충고, 제안, 직접적인 지도 등이 포함되며 집단상담자가 제

안하는 정신건강에 관한 강의도 이에 속한다. 문제해결 중심 집단에서 특정한 이슈에 대한 정보를 제공받는 것 자체가 도움이 될 수 있다. 그러나 상호작용 집단에서는 덜 중요하게 다룬다.

- 이타주의　이타주의(Altruism)는 다른 집단원에게 베푸는 것이다. 이는 집단원 개인의 자존감을 높여 주며, 힘든 상황을 스스로의 힘으로 극복할 수 있는 능력을 길러 주는 요소가 된다. 다른 사람에게 도움이 된다는 경험을 통해 자신의 존재감을 느끼게 한다.

- 일차 가족집단의 교정적 재연　일차 가족집단의 교정적 재연(Corrective recaptitulation of the primary family group)은 가족원 중 어떤 사람이 집단 내에 있는 것처럼 느끼고, 그 경험을 통해 배우게 되는 것을 의미한다. 내담자들은 가족 내에서 만족스럽지 못한 경험을 한 이력을 가지고 집단상담을 받으러 온다. 이들은 집단 내에서 초년기 가족 경험에 따라 집단원과 상담자에게 예전에 부모 및 형제와 상호작용했던 것처럼 행동한다. 중요한 점은 집단에서 초년기 가족 갈등이 재연되지만, 그것이 교정적으로 일어난다는 점이다. 집단에서 자신의 경직되고 완고한 역할에 끊임없이 도전함으로써 새로운 행동을 시험해 보고 과거에 풀리지 않았던 문제를 해결해 가는 것이다.

- 사회화 기술의 발달　사회화 기술의 발달(Development of socializing technique)을 통해 내담자들은 자신의 적응적인 사회행동에 관한 정보를 얻을 수 있다. 또한 자신도 모르는 사이에 사회적 관계에 손상을 주었던 여러 가지 사회적 습성을 알 수 있다. 특히, 친밀한 대인관계가 부족한 집단원들에게 대인관계에 대한 피드백을 접할 수 있는 좋은 기회가 될 수 있다.

- 모방행동 혹은 동일시　치료적 요인으로서의 동일시(Imitative behavior)란 집단원이나 집단상담자를 모델링하는 것을 말한다. 집단상담에서 집단원들은 흔히 집단상담자 또는 자신과 유사한 문제를 가진 다른 내담자에 대

한 작업을 관찰함으로써 도움을 얻는다. 설사 모방행동이 지속되지 않는다 해도 새로운 행동을 실험함으로써 현재의 자기 모습이 바람직하지 않음을 알아차릴 수 있게 되면서 자기 발견을 향해 나아가는 것이다.

• 대인관계 학습   다른 집단원들로부터 피드백을 받는 대인관계—다른 사람과 관계하는 데 좀 더 적절한 방법을 시도하는 대인관계—투입과 산출 요인을 합쳐서 대인관계 학습(Interpersonal learning) 요인이라고 명명하였다. 집단원들이 방어 없이 행동할 수 있도록 집단이 운영된다면 그들은 가장 생생하게 자신의 문제를 집단에 내보이게 되고, 집단상담자는 집단 내에서 나타나는 부적응적 대인관계 행동을 알아차리고 이를 치료적으로 활용할 수 있다.

• 집단 응집력   응집력(Group cohesiveness)이란 함께 있다는 느낌에 대한 적절한 수준으로서 여러 다른 치료적 요인을 촉진하기 위한 전제 조건이며 다른 사람들에게 수용된다는 느낌이다. 응집력은 집단에 대한 매력과 정서적 요소 그리고 생산적인 상담 작업과 관련된다.

• 정화   정화(Catharsis)는 집단 과정에서 중요하고 필수적인 요소다. 정서의 개방적인 표현은 집단 과정에 절대적으로 필요하며 만약 집단에서 정서 표현이 없다면 집단은 메마른 학술적 연습으로 전락할 수도 있다. 그러나 정화는 집단의 한 부분일 뿐 그것만으로 충분하지 않으며, 인지적 학습과 같은 다른 요인에 의해 보완되어야 한다.

• 실존적 요인(Existential factors)   집단상담을 통해 집단원들은 자신들이 타인들로부터 받을 수 있는 지도와 도움에 한계가 있다는 점, 자신들의 삶을 영위하는 데 대한 궁극적인 책임은 자신의 것이라는 점 그리고 아무리 절친한 사이라 할지라도 타인과는 함께할 수 없는 어떤 부분이 있다는 점을 깨닫게 된다.

앞서, 치료적 요인은 상담자 측면의 요인, 집단원 측면의 요인, 집단과정 측면의 요인으로 나누어 볼 수 있다고 기술한 바 있다. 이 절에서는 각 차원별로 해당하는 치료 요인을 제시하고자 한다.

1) 상담자 측면의 치료 요인

(1) 집단상담자의 자질

집단상담자의 자질로는 인간적 자질과 전문적 자질로 나누어 생각해 볼 수 있다. 전문적 자질은 상담에 대한 학문적인 지식을 갖추고 상담 기술을 잘 습득하여, 집단상담 장면에서 그 지식과 기술을 효과적으로 활용하는 능력이라 할 수 있다. 하지만 아무리 뛰어난 전문적 자질을 갖추었다 할지라도 인간적 자질을 갖추지 못한 채 그 기술을 사용한다면 내담자의 변화를 기대하기는 어려울 것이다. 전문적 자질도 중요하지만 기술과 학문을 사용하는 상담자의 됨됨이가 더 중요하다고 할 수 있다. 집단상담자가 긍정적 인간관과 인간에 대한 사랑, 무조건적 수용과 존중, 상담자의 자기이해, 변화에 대한 끊임없는 시도와 용기, 가치판단의 자유로움, 사고의 융통성, 민감성, 솔직성 등과 같은 인간적 자질을 갖추어 집단상담을 진행한다면 집단원의 참여도를 향상시킬 수 있으며, 집단원의 역할모델이 되어 집단원의 변화를 도모할 수 있게 된다.

(2) 집단상담자의 지도성과 역할

집단상담자가 어떤 형태로 지도성을 나타내는가에 따라 집단의 효과가 달라질 수 있다. 집단상담자가 지나치게 주도적으로 집단을 이끌어 가는 경우는 집단원의 자발성과 자율성을 떨어뜨리고, 집단원으로 하여금 오히려 의존적이 되게 하므로 바람직하지 않다. 집단상담을 진행함에 있어서 집단상담자는 다음에 제시하는 최소한의 역할을 수행하여 집단원의 응집력이나 자발성을 발휘하도록 장려하는 것이 집단의 치료 효과를 극대화하는 데 도움을 줄 수 있다. 즉, 집단상담자에게 형식상 정해진 역할은 없고 오히려 자신의 언행을 통해 집단의 분위기를 자유롭게 조성하도록 돕는 것이 가장 잘 기능하는 것이라 볼 수 있다. 집단상담자가 다음과 같은 최소한의 역할을 하여 집단원들의 적극적인 참여를 돕는 것이 가장 바람직하다.

- 집단의 시작을 돕는다.
- 집단의 방향을 제시하고, 규준의 발달을 돕는다.
- 참가자들이 쉽게 자신을 노출할 수 있도록 신뢰롭고 허용적인 분위기를 조성한다.
- 행동의 모범을 보인다.
- 상호작용을 촉진한다.
- 집단원을 보호한다.
- 집단의 종결을 돕는다.

2) 집단원 측면의 치료 요인

(1) 자발성

집단원의 자발성은 집단원 측면에서 가장 큰 요인으로 작용한다. 집단원의 자발성 정도에 따라 집단 시작의 성패가 달려 있다고 보아도 과언이 아닐 것이다. 자발성은 집단원으로 하여금 변화에 대한 동기부여가 일어나게 하므로 치료 효과를 향상시킨다. 또한 자발성은 자기개방에 대해서도 자발성을 가지게 하므로 집단의 효율적인 진행에도 도움을 준다. 집단상담에서는 자기개방의 정도가 클수록 자기이해의 폭도 넓어지며, 타인들로부터도 더 많이 이해받을 수 있게 된다. 그 결과, 변화에 대한 치료 효과도 높일 수 있게 된다.

(2) 자기투입과 적극적 참여

집단상담은 참여자들 스스로가 집단 내에서 자신들의 상호작용이 어떻게 일어나는지 관찰하고 분석하는 활동을 중심으로 이루어진다. 따라서 상담의 목표를 달성하기 위해서 참여자 개개인은 심신을 투입하여 적극적으로 집단활동에 참여해야 하며, 거기에는 용기도 필요로 한다.

(3) 신뢰 수준

집단원이 집단이나 집단상담자, 다른 집단원을 얼마나 신뢰하는가에 따라 집단에서 다루어지는 내용의 질이 달라질 수 있다. 집단원의 신뢰 수준이 높을수록 각자가 심층적인 자기개방을 할 것이고, 이러한 집단원의 자기노출을 통해 집단 문제의 깊이를 가늠할 수 있게 된다.

(4) 진실성

있는 그대로의 자기를 꾸밈없이 개방하는 것이 변화를 빨리 이루게 한다. 비록 모험이 따르기는 하지만, 한 집단원의 진실한 자기노출이 다른 집단원의 노출을 격려하고, 서로에 대해 더 많이 이해하고 수용할 수 있게 한다.

(5) 집단원의 능력: 인지 능력과 과제 수행 능력

집단원의 인지 능력은 다양한 상황에서 문제를 다루는 대처 능력과 관련이 있다. 집단상담자와 집단원 간의 인지 능력의 편차가 심하면 지도력을 발휘하기가 어렵다. 대체로 지능이 높은 집단원일수록 집단활동에 더 도움이 된다고 보지만 지능의 높고 낮음을 떠나 평균 이상의 인지 능력을 갖춘 집단원으로 집단을 구성하는 것이 바람직하다.

3) 집단 과정의 치료 요인

(1) 자기노출

자기노출(self-disclosure)은 자신의 생각과 느낌을 집단원에게 전함으로써 집단원간의 상호이해를 촉진하는 원동력이 된다. 집단 내의 개방적 대화를 촉진하며, 집단원 개인의 더 깊은 자기이해와 통찰을 돕는다. 자기노출은 집단원이나 집단상담자에게 의미 있는 치료적 요소가 된다. 집단상담자의 자기노출은 집단원에게 모범이 되어 집단원의 자기노출 수준을 더 깊게 하여 집단의 응집력과 신뢰 수준을 높이는 데 도움을 준다. 자기노출을 많이 하면 할수록 자신의 문제를 객관적으로 볼 수 있으며, 문제에서 자유롭게 되므로 자기노출이 치료 요인으로서 기능하게 된다.

자기노출이란 자신에 관한 일이나 자신의 느낌을 있는 그대로 솔직하게 내담자에게 나타내는 것이다. 만약 우리가 주위의 사람들에 대하여 이해할 수 없거나 그의 행동을 예측할 수 없다면, 우리는 그들을 두려워하고 경계할 수밖에 없을 것이다. 상담자와 내담자의 관계에 있어서도 내담자가 상담자를 이해할 수 없거나 상담자의 행동을 예측할 수 없다면, 내담자는 상담자를 두려워하고 경계하게 되어 바람직한 상담이 이루어질 수 없을 것이다. 자기노출을 효과적으로 하는 방법은 다음과 같다.

- 내담자와 신뢰로운 관계가 형성된 후에 자기노출을 해야 한다.
- 자기노출을 하기 위해서는 모험을 감행해야 한다.
- 자기노출을 할 때는 반드시 자기 자신에 관한 일이나 느낌을 표현해야 한다.
- 내담자가 관심을 가지고 있는 문제에 대해 자기노출을 해야 한다.

(2) 맞닥뜨리기(직면하기)

맞닥뜨림(confrontation)이란, 상담자가 내담자의 행동에 나타나는 모순, 특히 언어적 표현과 비언어적 행동 간의 모순을 지적해 주는 것이다. 바꾸어 말하자면, 집단원이 자신에 관하여 이야기한 내용과 실제로 그가 행동하는 것 사이의 불일치를 지적해 줌으로써 자신을 각성하게 도와주는 기술이다.

맞닥뜨림의 종류로는 경험적 맞닥뜨림과 교훈적 맞닥뜨림이 있다. 경험적 맞닥뜨림은 다음의 경우처럼, 상담자가 내담자와의 개인적인 경험에서 발견한 불일치를 지적하는 것이다. 맞닥뜨림을 효과적으로 활용하는 방법에는 다음과 같은 것이 있다.

- 집단원 개개인에게 초점을 둔다.
- 맞닥뜨릴 내용에 대해 상세히 기술한다.
- 시간적으로 최근의 주제에 초점을 둔다.
- 단순한 말보다는 구체적인 행동에 초점을 둔다.
- 집단원이 지금 하고 있는 말이나 행동이 서로 모순된다는 사실을 밝히기 위하여 그가 이미 한 말이나 행한 행동을 근거로 하여 맞닥뜨린다.

(3) 응집력과 보편성

집단의 응집력은 자기개방에서부터 시작된다. 초기 단계에서 이 갈등을 극복하고 집단원 간에 신뢰가 형성되면 응집력이 생기게 된다. 집단상담자는 집단원들에게 공통으로 나타나는 보편성에 초점을 두고 문제나 감정, 욕구 등을 다룸으로써 응집력을 높인다. 보편성은 문제 상황에 처하여 어려움을 느끼는 사람이 자기 혼자만이 아니라는 점과 다른 사람들도 자신과 비슷한 생각과 감정을 가지고 있다는 사실을 알게 되는 것인데 보편성을 통해 집단원과 동질감을 느끼게 되고 더 깊은 친밀감과 소속감을 경험하게 된다.

(4) 변화에 대한 희망과 기대

이 요인은 Yalom의 희망의 고취로서 변화가능성에 대한 믿음과 현재보다 나아질 것이라는 기대감을 말한다. 집단상담 경험을 통해 변할 수 있다는 기대감과 희망을 가지게 되면, 집단에 적극적으로 참여하게 되며 집단활동에도 의미를 가지게 된다. 희망은 그 자체만으로도 힘을 가지게 하며, 집단원들에게 지금까지와는 다른 선택을 할 수 있는 자신감을 가지게 한다. 희망과 기대가 가지는 치료적 의미는 플라세보 효과(Placebo effect) 이상의 결과를 나을 수 있으며 변화에 대한 강한 의지와 용기를 고취시킬 수 있는 원동력이 되기도 한다는 점이다.

(5) 관심과 이해

관심은 그 사람의 말을 들어 주고 이해하는 것이다. 관심은 친절, 연민, 배려, 지지, 반박, 함께 있어 줌 등이 해당된다. 관심은 진정한 이해를 가능하게 한다. 이해는 자신의 감정과 가치를 가지고 그것을 표현할 수 있는 권리를 지지하는 것이다. 관심과 이해는 타인의 괴로움을 진정으로 이해하는 공감으로 발전한다.

(6) 정 화

억압된 감정의 노출은 그 자체만으로도 치료적 효과가 있는데, 위협적인 감정을 억누르는 데 사용해 왔던 에너지가 분출되기 때문이다. 쌓였던 감정을 표출하고 나면 신체적·정신적 해방감을 느낀다. 감정의 표출은 신뢰감의 형성을 돕고, 응집력을 촉진한다.

(7) 인지적 요소

감정의 정화 후에는 그 감정과 경험이 갖는 의미를 이해하고, 새로운 결정을 내리는 것이 필요하다. 특별한 경험과 연관된 감정의 의미를 개념화하는 것이 치료 요인으로 작용한다. 인지적 요소라 함은 설명, 명료화, 해석, 사고의 정립, 인지적 구조의 재구성 등을 말한다. Yalom(1995)은 집단원들이 현재 경험하고 있는 것을 전체적으로 바라볼 수 있는 인지적 틀이 필요하다고 주장하였다.

(8) 허용성

집단상담의 장점 중 하나로는 집단상담 중에 자신의 행동에 대해 현실 검증을 해 볼 수 있다는 것이다. 일상생활에서는 다른 사람을 의식하면서 하지 못했던 행동을 집단활동 중에 해 보는 기회를 가지는 것이다. 집단상담은 가치판단 없이 수용하는 집단이므로, 자신의 생각과 행동, 정서 등이 타인에게 어떻게 비쳤는지 실험해 보고, 그 경험에 비추어 자신의 행동을 선택하게 하는 것이다.

2. 집단역동

집단은 다양한 요인의 작용에 의해 살아 숨 쉬는 역동적인 조직이다. 집단은 끊임없이 집단역동에 의해 역동적으로 작동한다. 집단역동이란 원래 하나의 공통 장면 또는 환경 내에서 일어나는 복합적이고 상호적인 힘을 지칭한다(Dinkmyer & Muro, 1979). 다시 말해, 집단역동은 '집단원들이 목적을 달성하기 위하여 노력할 때 일어나게 되는 상호작용적 힘'으로 정의하고 있다. Jacobs, Harvill과 Masson(1994)에 따르면, 집단역동이란 '집단원들과 집단상담자 사이에 일어나는 상호작용과 에너지의 교환'이라고 하였다. 이를 간략히 정리하면 집단역동이란 '집단에 작용하는 힘'을 말한다.

Gladding(1991)이 지적한 바와 같이 집단역동은 집단의 발달에 긍정적으로 작용할 수도 있지만, 집단원들에게 해를 끼칠 가능성도 있다. 그러므로 집단상담자는 집단에서 일어나고 있는 중요한 역동을 재빨리 감지할 뿐만 아니라 이것을 생산적인 방향으로 활용할 수 있어야 한다. 집단역동에 대해서는 제8장에서 다시 구체적으로 기술될 것이나 이 절에서는 치료적 요인으로서의 역동에 대해서 간략히 기술하고자 한다.

1) 집단역동과 집단상담

집단역동이 얼마나 다양하고 복잡하게 작동하는가에 대한 연구는 하나의 전문 영역으로 자리 잡아 지금까지 발달해 오고 있다(Forsyth, 1990).

집단은 둘 이상의 사람들이 모여서 규범, 신념 및 가치를 공유하며, 서로의 행동이 상대방에게 영향을 줄 수 있는 관계를 가지고, 특정한 목표를 이루기 위하여 상호작용하는 형태를 말한다. 집단이 존속하기 위해서는 공통되는 목표가 있어야 하며, 이 목표는 집단을 구성하는 사람들의 요구를 만족시켜 주어야 한다. 또한 집단원들 사이에 상호작용과 상호 의존성이 없는 집단은 생각할 수 없다. 즉, 집단은 정지해 있는 상태가 아닌 끊임없이 변화하는 역동적인 실체인 것이다.

집단역동은 '집단 과정'이라는 용어로 불리기도 한다. 이는 집단원들 간의 전체적 상호작용과, 이 상호작용에서 파생되는 집단 내 균형 및 변화를 의미한다. 다시 말해서, 집단역동은 집단과 그 집단원들 간의 상호작용 그리고 이 상호작용과 집단의 발달, 구조 및 목표와의 관계를 포함하는 집단의 고유한 성격을 말한다.

효율적인 집단상담의 진행을 위해서는 먼저 어떠한 것들이 집단의 역동으로 작용하는지, 그것에 관한 기본적인 사실을 이해해야 한다. 집단역동은 집단이 형성되는 전 단계부터 작용한다고 보고 있으므로, 집단상담을 시작하기 전에 집단역동에 대한 지식과 이해로 먼저 무장하고 있어야 할 것이다.

2) 집단역동으로서의 집단상담자

집단에서 집단상담자의 역할은 가장 중요한 요소 중 하나다. 집단상담자는 능력, 사회성, 동기 등의 면에서 여타 집단원들과 다른 특성을 가지고 있다. 일반적으로 집단상담자는 집단원들보다 지능, 학위, 상황에 대한 통찰력, 언어 표현력, 적응력 등이 우수하다고 볼 수 있다. 또한 집단상담자는 책임감, 사회적 참여, 협동심, 사회성 등이 높으며, 주도성이나 지속성과 같은 동기의 측면도 더 우수하다고 볼 수 있다.

집단상담자는 다른 사람보다 더 많은 의사소통을 하며, 집단의 결정에 더 많은 영향을 미칠 수 있다. 따라서 집단상담자는 집단원들의 주목을 받을 수도 있다. 집단상담자는 집단원을 지지하며, 외적인 권위에 의지하지 않고 집단원의 행동에 영향을 줄 수 있는 사람이다. 따라서 집단상담자는 다른 집단원들에게 긍정적인 영향을 줄 수 있으며, 다른 사람들이 그에게 준 것보다 더 큰 영향력을 주는 사람을 말한다.

이처럼 집단상담자는 그의 행동 양식과 사고방식에 따라서 집단에 다양한 영향을 준다. 독재적인 집단상담자의 경우에는 집단상담자 자신이 정한 목표를 향해 집단이 활동하도록 통솔할 것이다. 이와 대조적으로 민주적인 집단상담자의 경우에는 집단원 스스로 목표를 정하게 하고, 집단원 각자가 그 목표를 향해 활동하도록 도울 것이다. 일반적으로 독재적인 방법으로는 민주적인 행동을 가르칠 수는 없으며, 집단의 효율성을 높이는 데는 민주적인 집단상담자가 더 바람직할 것이다. 그리고 집단에서 주제를 명료화하는 데는 일방적인 강론보다는 협의가 더 효율적일 것이다. 또한 특정한 목표를 정하는 데 있어서 집단원들이 참여하도록 한다면 변화가 촉진된다고 볼 수 있다. 민주적인 집단상담자라고 해서 소극적일 필요는 없다. 민주적인 집단상담자는 적극적이나 집단원의 의견을 존중하고, 집단이 효율적일 수 있도록 집단원 전체의 생각을 확인해야 한다. 또한 그는 다른 사람의 비판이나 평가를 받아 낼 수 있어야 한다.

집단상담자는 집단원을 믿고 존중하며, 집단원 각자가 자신의 목표를 달성할 능력이 있음에 대해 확신하여 그들이 자신의 발달을 이룰 수 있고 나아가 집단을 위해 공헌할 수 있도록 조력하여야 하며, 상호작용을 돕는 역할을 해야 한다.

3) 집단 응집력

집단 응집력은 집단원이 집단에 남아 있기 위하여 활동하는 모든 힘의 산물, 집단에 대한 매력의 정도, 혹은 우리(We-ness)라는 의식과 소속감(Belongingness)을 기반으로 하여 일체화하려는 정도를 말한다. 집단 응집력은 집단활동과 집단의 유지에 큰 영향을 미치며 성공적인 상담의 필수요건이 된다. 이장호와 김정희(1992)는 응집력을 집단에 대한 매력, 집단원에 의해 나타나는 동기 수준 혹은 사기, 집단원의 조화된 노력 등으로 정의하기도 하였다.

3. 집단원

치료적 요인으로서 집단원의 특성은 집단원의 연령과 성으로 살펴볼 수 있다.

1) 집단원의 연령

연령과 상호작용 행동에 관한 연구들을 보면, 개인이 행하는 접촉의 유형과 행동의 질은 연령에 따라 다양하게 나타난다. 연령이 높을수록 집단활동 의도가 높고, 상호작용의 형태가 복잡하며, 타인에 대한 감수성과 사회성이 높다.

2) 집단원의 성

개인은 성 역할에 대한 문화적인 규범을 학습하면서 서로 다른 성격 특성을 지닌다. 성의 차이에 대한 성격 연구에 따르면, 남성은 여성에 비하여 공격적이고, 주장적이며, 지배적이고, 작업 지향적이다. 이에 비해 여성은 수동적이며, 복종적이고, 감정적이며, 인간 지향적인 것으로 보고되고 있다.

남성과 여성의 문화적 차이에서 기인하는 사회적 역할의 차이가 집단 과정에서도 나타난다. 이는 동맹 형성의 유형에서도 나타나는데, 남성의 경우 힘이 있는 집단원에게 협조적인 반면에 여성인 경우 반대의 경향을 나타낸다.

집단상담의 이론

제4장
집단상담 이론 I
– T집단, 참만남 집단, 감수성 훈련집단

| 이윤주 |

　상담자들이 알고 있고 활용하고 있는 집단상담의 이론과 기법의 대부분은 T집단, 참만남 집단, 감수성 훈련집단이라고 불리는 집단의 실행과 연구로부터 비롯되었다고 해도 과언이 아니다. T집단, 참만남 집단, 감수성 훈련집단은 인간관계 훈련집단, 실험실 집단 등으로도 불리며, 1947년부터 등장하여 전통적인 집단치료적 접근으로부터 현재 우리가 알고 있는 집단상담 이론과 실제 분야까지 집단상담의 고유한 특징과 과정, 기법이 성립되고 발전하는 데 결정적으로 중요한 역할을 하였다. 이들 집단은 레빈(Lewin)에 의해 주창된 T집단에서부터 그 역사적 배경이 시작되고, 로저스(Rogers)의 참만남 집단으로 이어지며, 이들 두 집단 접근의 이론적 가정과 철학에 근거하여 감수성 훈련집단이란 명칭으로 발전하게 되었다. 이 집단들은 대부분 비구조적인 소집단으로 지금-여기에서의 정서적 경험을 개방하고 피드백하여 자신과 타인에 대해 이해하고, 이를 통한 인간관계 능력과 기술 증진을 목표로 한다. 또한 인간관계 개선에서 더 나아가 집단의 역동과 조직에 대한 이해와 개선을 도모한다. 이러한 특징 및 장점으로 인해 이들 집단은 일반인 집단의 자기이해와 관계 개선은 물론 상담 전공자

들의 자기성장과 상담의 의사소통 역량 개발을 포함한 민감성 훈련, 그 밖에 대인 조력 직종 종사자의 자기이해와 전문 역량 개발 훈련, 기업 및 각종 조직 집단원의 조직 이해와 팀빌딩 훈련을 넘어 현재에 와서는 국내외적으로 군장병, 학생, 기타 임상집단에 이르기까지 폭넓은 대상에게 적용되고 있다.

1. 배경

T집단은 미국의 NEA(National Education Association)의 M.I.T(Massachusetts Institute of Technology)에서 활동했던 K. 레빈(Kurt Lewin, 1890~1947)이 사회 심리학 실행연구(action research) 분야의 연구 성과를 집단역동 연구의 새로운 방법으로 적용하려는 시도에 기원을 둔다. T집단은 1947년 여름에 미국의 메인주 베델(Bethel) 지역의 굴드 아카데미(Gould Academy)에서 전국훈련연구소(National Training Laboratories: NTL, T집단 중심 실험연구소) 주체로 처음으로 실시되었다. 이 당시의 T집단은 인간관계 기술의 습득이라는 목표로 시작하여 개인과 집단의 발전을 도모하는 훈련이었다. 레빈에 의해 집단의 리더로 선택된 브레드포드(Bradford), 리핏(Lippit) 그리고 벤(Benne)은 NTL의 시작부터 함께하여 그 후로도 정기적으로 T집단에 참여했다.

집단 훈련의 실험실 방법(laboratory method)이라는 취지로 시작된 T집단은 종전의 집단 형태가 심리치료적인 입장에서 활용되었던 것과는 여러 가지의 차이가 있었다. 첫째는 교육적인 훈련이란 면에 강조점을 두고 있으며, 둘째로 주로 집단적으로 실시되고, 셋째로 지적 학습이기보다는 정의적(affective) 체험학습이며, 넷째로 의지적이며 행동화를 중시하고 있다는 특징이 있다.

T집단은 집단역학(Group Dynamics)과 장이론(Field Theory)에 근거를 두고 있다. 초기에 T집단을 인도하던 사람들과 T집단 연구자들은 T집단 과정을 통해 집단원들이 자신에 대한 이해와 의사소통 기술을 향상시키고, 다른 집단원들의 감정과 생각을 더 민감하게 알아차리고 반응하며, 집단 과정에 대한 통찰이 증

진되는 것을 관찰하게 되었다.

이후 T집단은 인간의 상호작용과 집단 과정의 특성을 관찰하는 인간관계 기법에 관한 훈련으로 집단원들이 자기발견을 통해 대인관계 기술을 습득할 수 있게 했다. T집단은 보다 높은 수준의 자아실현과 대인관계의 향상을 목적으로 했기 때문에 심리학자, 교육학자, 사회사업가, 의사 등의 전문가들이 각자의 고유한 영역과 입장에서 T집단의 발전에 공헌할 수 있었다. T집단은 인간관계를 중시하는 직업인, 기업인 등에게서도 환영을 받아 일반인들에게도 많이 인식되고 있다.

T집단 운동의 발전은 1946년에 시작된 코네티컷 워크숍의 저녁시간에 진행된 연구회의에서 이루어진 집단과정분석에서 출발했다고 할 수 있다. 이 연수회의 주 강사들 중에는 T집단 운동의 창시자로 집단의 진행에 지속적으로 참여했던 벤, 브레드포드, 리핏 등이 있었다. 이들은 참여자의 리더십을 향상시키기 위한 워크숍을 인도하던 중 집단상담자의 개입과 집단원 간의 상호작용으로 인하여 집단원들이 심리적으로 많은 영향을 받았다는 사실을 발견하였다. 그 후부터 리더십 연구에 대한 가장 중요한 정보의 자원을 대인 간의 상호작용에서 생기는 '지금-여기(here and now)'라는 학습의 장에 초점을 맞추게 되었는데, 이것이 곧 T집단 운동이 시작되는 계기가 되었다. 그 후 M.I.T와 미시간 대학은 이 활동을 계속 T집단 형태 및 그와 유사한 형태로 발전시켜 오다가 워싱턴에 전국훈련연구소(N.T.L) 조직을 두면서 지속적인 발전을 시도해 왔다.

이와 비슷한 시기에 시카고 대학의 로저스는 T집단을 금세기에 가장 의미 있는 사회적 발명품이라고 높이 평가하면서 이를 자신의 이론과 접목시켜 발전시켰고, 이는 후에 참만남 집단이라고 불리게 되었다. 참만남 집단은 다양한 교회나 종교 단체의 여러 프로그램에 녹아 들어가 현재까지도 많은 종교적 성장 체험(부부, 십 대, 약혼한 사람들, 가족, 이혼 및 사별자들의 모임, 자기탐색을 원하는 사람들의 피정)의 대부분이 참만남 집단과 유사한 상담과 의사소통 기술을 사용한다.

T집단은 다양한 형태로 발전되어 갔는데, 1960년대와 1970년대에는 산업체

를 중심으로 조직 활성화(team building)와 조직문화 개선에 초점을 두고 진행되었다. 이 시기에 '감수성 훈련'이라는 이름으로 연구된 논문에서 'T집단 기법을 사용한 감수성 훈련' '참만남 집단의 형태로 진행되는 감수성 훈련'이라는 표현이 등장하는 것으로 보아, 감수성 훈련이라 불리는 집단 형태는 T집단과 참만남 집단의 이론적 기반과 전제에서 출발한 것으로 추측된다. 감수성 훈련집단은 T집단, 참만남 집단, 체험집단, 관계 증진 훈련, 공감 훈련, 마이크로 카운슬링, 인간관계 훈련 등의 총칭이라고 주장되기도 한다(Faith, Wong, & Carpenter, 1995). 이후 T집단(인간관계 내에서의 훈련), 산업체 장면 중심의 감수성 훈련집단(대인관계 감수성 훈련), 로저스의 인간중심 접근에 바탕을 둔 참만남 집단 등의 이름으로 많은 실제 집단과 연구가 진행되어 왔다. 이러한 집단 훈련 과정은 각종 전문직 종사자나 상담을 전공하는 학생들을 대상으로 심리교육, 인간적 성장, 집단 과정 학습의 측면에서 널리 활용되고 있다(윤관현, 이장호, 최송미, 2006). 우리나라에서는 이상로와 이형득(1971), 이형득(1973, 1979)에 의해 이론적 소개가 되었고 그 실제가 한국인간행동연구회 상담분과 협의회를 통해 이루어졌다.

이들 집단은 레빈의 소집단역동 연구, 듀이(Dewey)의 실용주의 철학, 부버(Buber)의 대화의 철학 등을 이론적 기초로 한다. 인종집단 간의 갈등 및 집단역학을 연구하던 레빈은 소집단 형식의 협의와 교류를 통해 이러한 갈등을 가장 효과적으로 해결할 수 있다고 보고, 소집단 형식의 인간관계 훈련의 필요성과 효과를 역설하였다. 듀이의 실용주의 철학은 민주시민으로서의 바람직한 생활을 영위하기 위해서는 이론보다는 행동을, 개념이나 관념보다는 체험을, 미래지향적 전망보다는 현실적 실천을, 그리고 가정과 추리보다는 확인 및 적극적인 표현을 더 강조하고 이를 체질화하는 것이 필요하다는 관점을 갖는다. 부버의 대화 철학에서는 하나의 인간과 인간, 즉 나와 너를 연결하는 것이 바로 대화라고 보고 이 대화의 관계를 토대로 의미 있는 인생이 영위된다는 점을 강조하였다. 이러한 관점과 사상은 T집단, 감수성 훈련집단, 참만남 집단의 철학으로 자리 잡았다.

이들 집단의 국내 도입은 1970년대 초에 전남 광주와 대구를 중심으로 이루어졌다(설기문, 1998). 먼저 전남 지역에서는 한국카운슬러협회 전남지회의 초청으로 일본카운슬러협회 대표인 이토 회장을 비롯한 전문가들이 내한하여 T집단 형태의 감수성 훈련을 실시하였다. 이때 국내에서 참석했던 사람들은 주로 교육학 전공자 또는 생활지도 및 상담 분야를 전공하거나 이 분야에 종사하던 사람들이었고, 그중 이상훈은 몇몇 사람들과 함께 인성개발 집단훈련을 실시하였는데, 이것이 오늘날 한국인성개발원의 모체가 되어 지금까지 발전해 오고 있다.

또한 대구 지역에서는 1971년에 우리나라의 전문학자에 의해 처음으로 시작되었다. 미국에서 목회상담을 전공하고 계명대학교 교수로 활동하던 이형득은 대학생, 대학원생, 가정주부, 기독교 성직자를 대상으로 다양한 T집단을 활발하게 소개하였다. 그 후 유동수는 기업체 사원들을 대상으로 조직 내 집단원들의 감수성 훈련을 비구조적인 접근법으로 진행해 왔으며(유동수, 2005), 심상권 역시 비구조적 접근법으로 서로 모르는 개인들의 집단을 대상으로 실시해 왔다. 이장호와 이재창은 주로 청소년을 대상으로 구조화된 프로그램을 연구하고 실시해 왔다(이장호, 이재창, 1992). 감수성 훈련은 이 외에도 목회자들을 대상으로 인간관계 훈련이라는 이름으로 넓게 활용되어 왔으며, 최근에는 일반 성인과 상담수련생뿐만 아니라 군장병, 비행 청소년을 포함한 청소년층, 분열증 환자에까지 그 대상을 넓혀 실시하고 있다.

이처럼 이 집단들은 그 뿌리가 같은 동일한 이론적 배경을 가지므로, 주요 개념 역시 공유된다고 볼 수 있다. 이에 따라 주요 개념에서는 세 집단을 구분하지 않고 함께 제시하기로 한다.

2. 주요 개념

1) 집단의 정의와 특징

(1) T집단

T집단은 일종의 학습 실험실로서 '지금-여기'에서의 즉시적인 생각과 느낌 및 반응에 강조점을 두며, 학습하는 방법의 학습에 초점을 두어 10~15명의 집단원과 한두 명의 집단상담자의 도움하에 그들 자신의 인간관계 및 집단 관계의 개선을 탐색하는 데 목적이 있다. T집단은 집단원들이 목표 설정, 관찰, 피드백, 자료 분석, 활동 계획, 평가 등에 직접 관여하는 일련의 경험에 토대한 학습활동으로 진행된다(Lubin & Eddy, 1973). 또 다른 연구자들에 따르면, T집단은 집단원 간의 경험을 통해 각 집단 참여자가 성장하고 발전하는 데 중점을 두며, 서로가 협력자로서, 독특한 개인으로서 서로를 지지하여 동기를 유발하며, 집단 경험의 결과로서 대인관계 기술을 배우고 자신의 새로운 자아상과 현실적 가능성을 발견하는 집단이라고 한다(Bradford, Gibb, & Benne, 1964). T집단은 코네티컷 연수회로 넘어가는 진화와 발전의 과정 중에 훈련의 초점과 목적이 변화하였다. 초기에 T집단의 초점과 목적은 초기 인간관계 기술의 발달에 있었다. 이후 그 초점이 자신 및 자신과 타인들과의 관계에 대한 이해로 옮겨지면서, T집단의 목적은 집단 기능의 개선과 인간관계 기술의 발달을 위한 기법의 획득에서 개인의 전인적 발달을 위한 기법의 습득으로 옮겨 가게 되었다(Weschler, Massarik, & Tannenbaum, 1962).

T집단은 집단원의 행동이 바람직하지 않은 경우 집단 경험이 집단원에게 있어 치료적 성격을 가지게 되며, 집단원이 자신의 행동을 보통 이상으로 발달시키고자 할 경우 그 집단원에게 있어 T집단의 경험은 교육적 성격을 갖는다고 할 수 있다. 훈련의 과정(curriculum)은 처음에는 비교적 치료적이고 뒤로 나아감에 따라 교육적 성격이 강하게 나타나게 된다(장혁표, 강호기, 1987). 우리나라에서

진행되는 자아성장 집단의 내용을 살펴보면 대체로 T집단과 유사한 목적과 방법을 채택하고 있다고 할 수 있다.

(2) 참만남 집단

참만남 집단은 초기 T집단 모형인 인간관계 훈련집단 모형이 갖고 있는 유용성의 한계를 보완하려는 노력에 의하여 발전하였다. 참만남 집단은 실존적이고 인본주의적인 사상을 기초로 하여 초기 T집단의 형태에서 더 발전되었다는 특징을 갖는다. 참만남 집단은 로저스의 인간중심상담 이론의 배경에 기반하며, 집중적인 고도의 친교적 집단 경험을 통해 태도, 가치관 및 생활양식의 변화 등을 포함하는 개인적 변화를 이루는 데 목표를 두었다. 참만남 집단은 지금-여기의 상황에 초점을 두고, 개방성과 솔직성, 대인적 맞닥뜨림, 자기노출 그리고 직접적이고 강한 정서적 표현을 격려한다.

(3) 감수성 훈련집단

감수성 훈련집단은 '나 · 너 · 우리 관계'에 대한 감수성을 개발함으로써 자신의 내면세계에 대한 보다 정확한 인식과 조화를 기하고, 조직 속에서 타인과의 관계를 협동적이고 생산적으로 발전시키는 특수한 소집단 훈련이다(윤관현, 이장호, 최송미, 2006). 그리고 레빈의 소집단역학 연구와 로저스의 인간중심상담의 두 가지 개념을 토대로 이루어진 것이라고 정의되기도 한다(이장호, 김정희, 1992). 세키 카즈오는 "자기나 상대방의 기분과 표현하는 언어를 정확하게 느끼고 이해하는 훈련, 감정의 수련"이라고 정의하였다. 이러한 정의는 모두 T집단의 정의와 동일한 내용을 담고 있다. 즉, 자신과 타인 그리고 상호 관계에서 나타나는 감정과 마음의 흐름을 예민하게 감지하고 적절히 반응하는 감수성을 개발함으로써 자신의 내면세계에 대한 보다 정확한 인식과 조화를 기하고, 마음과 감정의 교류를 체험적으로 학습하며, 조직 속에서 타인과의 관계를 협동적이고 생산적으로 발전시키는 특수한 집단 훈련이라는 점에서 T집단의 정의와 일치한다. 다른 나라의 여러 백과사전에서도 감수성 훈련을 검색하면, '비조직적 소집단의 활용' '주로 정서적 반응과 경험의 개방 및 나눔을 격려함' '인간행동에 대한 학습' '행동의 개선을 유도하는 대인관계 증진 기법' 등의 내용을 포함하고 있어 T집단의 정의와 일치하며, 실험실 훈련, 참만남 집단 또는 T집단과 동의어로 사용된다고 밝히고 있다. 감수성 훈련의 목표는 자기 내면세계에 대한 탐구를 통한 '개인적 성장'과 다른 참가자들과의 참만남을 통해 '더불어 사는 능력의 획득'(유동수, 2005)인데, 감수성 훈련집단의 이러한 목표 역시 T집단과 거의 동일하다고 할 수 있다. 우리나라에서는 세 유형의 집단 중 감수성 훈련집단이 가장 높은 빈도로 진행되고 있는 것으로 보인다(이윤주, 2013).

2) 주요 개념

(1) 장이론과 집단 역학

레빈은 인간의 심리적 행동을 이해하는 연구 과정을 통해 각 개인은 자신이 조정할 수 있는 장(field)이라고 부르는 생활공간(life space)을 갖고 있다고 보았다. 그는 "생활공간은 개인과 개인에 대해서 존재하는 심리적 환경으로 이루어지며, 이것은 어떤 특정한 수단이 개인에게 영향을 주는 모든 심리적 요인의 총체라고 할 수 있으며, 생활공간은 그 당시의 개인이나 집단에 대해서 존재하지 않는 모든 것을 배제한다. 또한 생활공간 내의 여러 요소들은 상호 의존적인 관계에 있으며, 행동의 결정 요인은 행동이 일어난 한 시점에서 장의 성질에 의한다(Douglas, 1979)."라고 설명하고 있다.

또한 레빈은 집단역동성에 관한 연구에서 장이론과 집단역동에 관한 이론을 집단 운영 원리와 집단발달의 이론적 근거로 제시하였다. 레빈의 생각은 다음의 글에 잘 나타나 있다.

집단의 정수(essence)는 집단원들의 유사성 또는 이질성이 아니고 그들의 상호 의존성이다. 집단은 역동적인 전체(dynamic whole)라는 특징으로 이해될 수 있는데, 이것은 집단의 한 부분의 변화는 다른 어떤 부분을 변화시킨다는 것을 의미한다(Bradford, Gibb, & Benne, 1964).

레빈의 장이론이 갖는 핵심적 특징은 인간의 행동을, 행동이 일어나는 순간에 존재하는 장의 한 기능으로 여긴다는 것이다. 따라서 행동이 일어난 상황을 서로 다른 부분적 요소가 아니라 하나의 전체로 볼 때 인간행동의 분석이 가능해진다는 관점으로 요약될 수 있다. 따라서 레빈의 장이론은 생활공간에 관련된 위상학(位相學, topology), 욕구와 포부 등과 관련된 심리학, 영향력(force)과 집단역동 등과 관련된 사회학 등으로부터 통찰을 얻고 이를 통합하였다고 할 수 있다.

(2) 참여와 집단역동

T집단, 감수성 훈련집단, 참만남 집단은 8~15명의 비교적 작은 비조직적인 집단으로 집단원 모두가 학습자로 직접 참여하여 자기개방(self-disclosure), 피드백(feedback) 주고받기, 집단 과정(group process)을 관찰, 분석, 계획, 평가하는 직접적인 경험을 주로 한다(Shaffer & Galinsky, 1989; Bradford et al., 1964). 집단 경험의 결과로 기대되는 것은 대인관계 기술을 배우고, 자신의 새로운 자아상과 현실적 가능성을 발견하는 것이다(Suised, 1968). 즉, 인간관계에 대한 자기탐구의 집중적인 노력이며, 집단원들의 경험 자체를 자료로 하여 인간관계 기술의 개선 및 집단 역학적 현상의 이해 방법을 학습하려는 시도라 할 수 있다(이형득, 1982). 비교적 비구조화된 소집단에서 집단원 모두가 직접 참여하여 스스로 목표를 설정하고, 자신과 타인에 대해 더 깊이 배우며 이해할 수 있는 장이다. 이 장의 성공을 위해서는 집단역동과 집단역동을 효율적으로 일으킬 수 있는 집단원의 참여가 가장 중요한 핵심 요소다.

이들 집단의 모든 집단원들은 공동운명체라고 할 수 있을 만큼(Brown, 1988), 집단의 성과를 위해서는 집단 전체의 참여가 필수적이다. 참여는 신뢰의 발달, 피드백의 역할과 같은 핵심 요인과 함께 집단의 성과를 결정짓는 요인이다. 집단에 따라 집단 초기에 집단원 모두의 참여를 성공적으로 이끌어 낼 수도 있고,

끝까지 참여를 이끌어 내지 못할 수도 있다. 집단상담자와 집단원의 능력에 따라 집단원의 참여가 활발해질 때 집단응집성이 증진될 수 있고, 궁극적으로 집단 성과를 가져올 수 있다.

집단 전체의 참여가 필요한 이유는 다음과 같다.

첫째, 집단 전체가 자원으로 서로에게 작용해야 집단원 모두의 성장과 변화를 가져올 수 있다. 집단이 클수록 보다 크고 의미 있는 해결이나 결정이 가능해진다. 이는 집단상담자 역시 한 사람의 집단원으로서 민주적인 지도성을 발휘해야 하는 집단 특성과도 관련된다. 집단원이 함께 참여하여 자신의 몫을 다할 때 집단상담자는 집단을 지나치게 적극적으로 운영하지 않고, 한 사람의 집단원으로 참여할 수 있는 것이다.

둘째, 참여하지 않는 집단원이 성장하도록 돕기 위해서 집단 전체의 참여가 필요하다. 집단원 전체의 참여는 집단 속에서 앉아만 있으려는 소극적인 집단원을 집단에 적극적으로 참여하도록 초대하고, 이러한 참여가 다른 집단원의 적극적인 참여를 불러오는 일파만파의 작용을 할 수 있다.

셋째, 집단원 전체의 참여는 집단에서 이야기를 주로 독점하는 집단원에게도 도움이 된다. 자신이 화제를 독점하는 것을 알아차리고 집단에 함께 있는 다른 사람과 나눔을 통해 자신과 타인이 더불어 성장하는 경험과 학습의 기회를 가질 수 있다.

넷째, 집단 전체의 참여는 또한 집단 안에서 결정해야 할 여러 가지 문제들을 집단의 합의와 동의를 통해 결정하는 경험을 제공하며, 이를 통한 학습을 가능하게 한다. 이러한 전체적 의사소통을 통해 무엇인가를 결정하는 경험이 바로 집단원이 집단에서 학습해야 할 중요한 체험이 된다.

다섯째, 이들 세 유형의 집단은 집단 내에서 다루어지는 주제를 논리나 이성, 생각보다는 감정을 통해 다루기 때문에, 집단원 전체가 참여하여 자신과 다른 집단원의 행동에 관련된 감정을 적절하게 표현하고 전하는 방법을 학습할 수 있다. 이를 통해 집단원 자신과 서로를 더 잘 이해할 수 있고, 인간관계를 강화할 수 있다.

여섯째, 집단원들에 의한 집단원 전체의 참여 유도와 격려를 통해 집단 성과를 이루기 위해 필수적인 신뢰를 형성할 수 있다. 한 집단원이 성인군자와 같은 표정으로 그저 앉아 있기만 한다면, 다른 집단원들에 의해 "○○ 님은 말을 하지 않고 앉아 있는데 어떤 마음으로 그렇게 앉아 있는지 궁금해요. 우리는 ○○ 님이 어떤 마음인지 알고 싶어요." 등의 말로 집단에 참여하도록 초대할 것이다. 이 집단원이 참여를 통해 자신의 이러한 행동이 집단에 주는 영향을 알아차리게 된다면 이 집단원은 자신의 집단을 더 신뢰하게 될 것이다.

일곱째, 집단 전체의 참여는 집단원들 간의 친밀감을 증진시킨다. 보통 집단 내에서 서로 간에 친밀감을 느끼면 느낄수록 더 많은 학습이 가능해지는데, 한 집단원이 침묵을 지키며 앉아 있는 것이 마냥 허용된다면 다른 집단원들은 그에게 다가갈 방법이 없으며, 그 집단원의 성장을 도울 방법도 없다.

여덟째, 집단 전체의 참여는 위험을 감수하도록 격려하고 자극하기 위해 필요하다. T집단에서의 성장과 변화는 위험을 무릅쓰고 새롭고 더 완벽하고 의미 있는 방식으로 행동해 보는 실험에 의해 생긴다. 참여하지 않는 집단원에게 이러한 실험, 위험 감수의 첫 시도는 바로 집단 과정에 참여하는 것인데, 이러한 시도를 집단 전체가 지지해 줄 때 이 집단원의 실험은 성공으로 나아갈 수 있다.

마지막으로, 각 집단원의 목표는 서로 연결되어 있어서 각자 목표를 이루기 위해 참여할 때 집단 성과의 관건인 집단역동이 성공적으로 창출된다. 경쟁적인 사회와 조직에서는 한 개인의 성공은 다른 사람의 실패를 의미하지만, 이들 집단에서는 각 집단원의 성공이 모두의 성공이 된다.

(3) 교육, 훈련, 실험

T집단은 실험실적 방법을 도입한 것으로 잘 알려져 있는데, T집단의 핵심적 특징은 교육, 훈련, 실험실이라는 세 가지 개념으로 설명된다. 첫째, T집단은 교육적 집단이다. 레빈에 따르면, T집단의 목표 중 하나는 개인이 집단에 참가함으로써 새로운 종류의 교육적 경험을 얻게 하는 데 있다. 레빈은 T집단의 참가자들이 자기와 집단의 힘에 관하여 더 많은 것을 학습하게 되는 것이 진정한 교

육적 경험이라고 보았다.

둘째, T집단은 실험실적인 개념과 훈련의 개념을 가지고 있다. T집단은 위협이 없는 안전한 곳에서 집단원으로 하여금 습관처럼 행해지는 전형적인 행동 양식을 돌아보는 과정을 거쳐 바람직하지 못한 이전의 행동을 버리고 새로운 행동을 실험할 수 있는 기회를 준다. Golembiewski와 Blumberg(1970)는 다음과 같은 의미에서 T집단을 하나의 실험실이라고 하였다.

- T집단은 하나의 축소 사회(micro society)를 만들어 내려고 한다.
- T집단은 집단 과정을 통해 행동에 대한 조사, 탐구, 실험을 강조한다.
- T집단은 집단원들로 하여금 학습하도록 원조하는 방향을 지향한다.
- T집단은 학습을 쉽게 하게 하기 위하여 심리적으로 안정된 분위기를 만드는 것을 강조한다.
- 집단원들은 집단상담자의 도움을 받을 수 있지만, 무엇을 학습할 것인가는 그들이 스스로 결정한다.

집단원 각자가 이러한 실험을 통해 체험학습을 하는 것이 중요하며, 이에 따라 집단상담자는 물론 모든 집단원들은 서로를 가르치기보다는 각자가 실험을 통한 학습체험을 할 수 있도록 촉진하는 역할을 하는 것이 중요하다. 이를 위해서 집단원 각자가 자신을 드러내 보이고, 적극적으로 피드백을 주고받을 필요가 있다. 이를 통해 집단원들이 학습하는 것 중 가장 중요한 것은 학습하는 바람직한 방법을 학습하는 것이다.

(4) 피드백, 해빙, 참여자 관찰, 인지적 도움

얄롬(Yalom, 1995)은 레빈의 이론에 근거하여 T집단의 네 가지 중요한 요소로 '피드백' '해빙' '참여자 관찰' '인지적 도움'을 제시하였다. 첫째, 피드백은 레빈이 전기공학의 개념을 행동과학의 영역으로 적용한 개념이다. 과정이 어떠한 것인가 하는 것은 그것의 결과에 대한 정보에 의해 알려진다. 여기서 중요한 것은 바라는 결과와 실제 결과의 차이에 있다. 조직, 집단, 관계에서는 수행과 관련하여 어떤 결과가 나타나는지에 대한 정확한 정보의 부족으로 어려움을 겪을 수 있다. 피드백은 자신과 다른 집단원의 피드백을 검토하여 집단원 개인의 지각에 대한 왜곡을 감소시키고, 타당성을 검증받도록 돕는 가장 효과적인 방법으로 알려져 있다.

둘째, 해빙은 레빈의 변화 이론에서 도출된 개념이다. 보통 한 개인의 신념체계는 얼음처럼 단단해서 기존에 자신이 가진 신념과 상이한 경험을 쉽게 받아들이지 않는다. 해빙은 집단원 각자가 자신과 자신의 관계에 대해 고수해 온 수많은 가정들이 재검토되도록 돕는 작업과 관련이 있다. 집단상담자는 집단 과정에서 이들 가정을 다루어서 집단원들이 해빙을 경험하도록 도와야 한다. 이를 위해 집단상담자는 집단원들의 가치와 신념이 도전받을 수 있는 환경을 만들어야 한다.

셋째, 참여자 관찰은 집단 안에서 집단원들은 정서적이어야 함과 동시에 그들 자신과 집단을 객관적으로 관찰해야 한다는 강조점과 관련 있다. 구체적인 정서 체험과 분석적 해체를 함께 한다는 것은 쉬운 일이 아니지만, 이것은 사람들이 학습하고 발전하기 위해서 반드시 필요한 핵심적인 작업이다.

넷째, 인지적 도움은 심리교육적 집단과 인지행동적 집단에서 가져온 개념으로서 활동지나 적당한 읽을거리, 짧은 강의나 동영상 등을 통해 전달되는 것이다. 집단원들에게 '조하리의 창'을 설명한 읽을거리를 보여 주는 것이 하나의 예가 될 수 있다. 얄롬은 "이러한 인지적 모임에서 인지적 도움, 강의, 읽을거리 등은 T집단의 기본적인 충실함을 보여 주는 것으로서, 이러한 활동을 할 때 T집단은 교실이 되고, T집단의 참여자들은 학생으로 간주되었다."라고 묘사하였다.

3) 활동 목표

이들 집단의 학습 목표는 집단 형태나 연구자에 따라 다소 다르게 제시되지만, 공통적으로는 학습하는 방법의 학습, 자기이해력의 증진, 집단 기능에 대한 통찰력의 증진과 효과적인 집단원의 역할에 대한 학습, 구체적 행동 기술, 즉 의사소통 및 피드백 기술의 습득이라고 할 수 있다(Hansen, Warner, & Smith, 1977). 또 다른 연구자(Blumberg, 1973)에 따르면, T집단의 훈련 목표는 자아 제시(presentation of self), 피드백 주고받기, 신뢰할 수 있는 분위기의 창조, 인지적 학습, 실험, 실천, 적용, 학습 방법의 재학습으로 정리된다. 이러한 목표들은 논리적 단계에 따라 다음과 같이 정리될 수 있다.

(1) 자기 이해

집단활동의 목표는 참된 자기를 알게 하는 것이다. 집단 참가자는 집단 내에서 자신의 행동에 대한 다른 집단원들의 반응을 통해 자신의 행동에 대하여 깊이 자각하게 된다. 또 자신의 행동이 다른 집단원에게 주는 자극을 이해하여 자신을 객관적으로 볼 수 있게 된다. 집단은 '지금-여기'의 상황에 초점을 두고, 개방성과 진솔성, 대인적 맞닥뜨림, 자기노출 그리고 직접적인 정서적 표현을 통해 개인의 태도, 가치관 및 생활양식을 변화시키는 것을 목적으로 한다(Lakin, 1972). 이러한 자신의 경험, 즉 자기이해를 바탕으로 어떻게 배울 것인가를 학습하게 된다. 자기이해 영역의 하위 목표로서 자기탐색, 자기이해, 자기수용, 자기개방과 이를 통한 결과로서 긍정적인 자아개념의 확립을 들 수 있다.

(2) 타인 이해

자기를 이해한 만큼 타인을 이해할 수 있게 되긴 하지만, 집단활동에서는 자기 이해와 타인 이해가 동시에 이루어진다. 집단원은 다른 집단원들이 집단 안에서 어떤 행동을 취하며, 이런 것이 다른 사람들에게 수용되는 정도와 깊이를 이해하도록 한다. 타인에 대한 이해와 수용은 집단의 역동성을 이해하고, 보다 큰 조직의 원리를 배우며, 자신의 경험에서 어떻게 배울 것인가를 학습하는 바탕이 된다. 타인 이해 영역의 하위 목표로서 타인에 대한 이해 능력의 증진, 타인의 관점의 이해 습득, 존중감과 신뢰감 및 친밀감의 계발 등을 들 수 있다.

(3) 대인관계 역량 및 기술 증진

자기 이해와 타인 이해가 함께 작용하여 대인관계 역량과 기술을 증진하게 된다. 이들 집단은 일차적으로 자신과 타인의 감정을 탐색하고 표현하는 과정을 통해 집단원들 간에 상호적인 정서적 교류가 이루어지도록 하는 데 목표를 둔다. 이러한 일차적 목표를 토대로 하여 자신의 감정의 순화와 조화를 이루고, 정서적 경험의 확대 및 심화가 이루어지며, 타인과의 보다 바람직하고 생산적인 인간관계를 형성할 수 있게 된다. 대인관계 역량 및 기술 증진의 하위 목표로는 타인과의 관계 형성, 타인의 성장과 발달을 돕는 능력의 증진을 들 수 있다.

(4) 집단 과정 및 역동에 대한 학습

이러한 일차적 · 이차적 목표를 통해 집단원들은 집단이 어떻게 움직이며, 무엇이 집단을 움직이게 하는가를 이해하고, 보다 큰 사회 조직은 어떻게 움직이는지 이해하게 된다. 집단에의 참가를 통해 집단원은 집단의 기능이나 효과적인 집단원의 위치에 관하여 학습하도록 하여 집단 기능에 대한 통찰에 이르게 되는 것이다.

4) 집단상담자의 역할

여기서는 T집단과 참만남 집단에서 집단상담자의 역할을 제시하였다. 감수성 훈련집단의 경우 집단상담자의 역할은 T집단, 참만남 집단과 거의 동일하므로 생략하기로 한다.

(1) T집단

함영희(1988)는 T집단의 구성 요소에 대해 설명하였는데, 여기서는 집단상담자의 역할이 대부분을 차지하고 있다. 그에 따르면, T집단의 목적은 자아 인식의 발달 도모이고, 일반적인 조작 목표는 감춰져 있거나 알지 못하는 행동을 소멸시키는 것이다. 따라서 집단상담자의 기능은 집단원들의 정직과 안정성을 보장해 주고 격려해 주는 것이다. 집단상담자의 역할은 집단의 집단원이자, 상호작용자이며, 아울러 자원 제공자가 되어야 한다. 이러한 집단상담자의 기능과 역할에 따라 집단상담자가 해야 할 활동은 집단을 시작하고 집단을 유지시켜 거짓행동에 도전할 수 있는 분위기를 조성하는 것이다.

이형득(1977)은 T집단 상담자의 주요 역할로, 첫째 학습에 적합한 장면을 구성하기, 둘째 행동의 모범 보이기, 셋째 집단 규준의 발전과 유지를 돕기, 넷째 의사소통의 통로 열어 주기, 다섯째 전문적인 조력자이자 한 사람의 집단원으로서 집단에 참여하기를 들었다.

첫째, T집단의 목적이 학습하는 방법의 학습에 있으므로 집단상담자는 이러한 학습이 일어날 수 있는 분위기를 조성해야 한다. 특히, 집단 초기에 사회적 공백과 모호한 분위기가 지배적이므로, 집단상담자는 집단원들로 하여금 그들의 대인관계 상태와 집단의 역동을 탐색해 볼 수 있는 허용적 분위기와 심리적으로 안전한 분위기를 조성해야 한다.

둘째, 집단상담자는 각자 지금-여기에서의 감정과 생각을 표현하는 방법과 피드백을 주고받는 방법, 지금-여기에서 일어나는 일을 분석하고 다루는 방법을 자신의 행동을 통해 모범을 보여서 집단원들이 관찰학습할 수 있도록 해야 한다.

셋째, 집단 초기부터 집단상담자는 효과적인 T집단의 진행을 위해 필요한 규준의 발전·유지를 돕는 것이 바람직하다. 경험적으로, 말이나 글로 제시하는 것보다는 본보기와 체험을 통해 규준이 제시되는 것이 더 효과적이다.

넷째, T집단의 발달을 위한 관건 중 중요한 것은 효율적인 의사소통 체제를 확립하는 것이므로, 집단상담자는 의문을 제기하고, 문제를 명료화하며, 모든 집단원의 적극적인 참여를 권장함으로써 의사소통의 통로를 열도록 도울 수 있고, 이는 결국 상호 이해와 일치가 발달하도록(Tannenbaum, Weschler, & Massarik, 1973) 도와야 한다.

다섯째, T집단의 상담자는 집단을 지도한다기보다 집단원들이 학습 경험을 하도록, 그래서 집단의 마지막에는 스스로와 집단원들을 돕는 역할을 해야 한다. 따라서 집단상담자 역시 한 사람의 집단원으로 참여해야 한다. 이와 동시에 집단상담자는 전문성을 가지고 집단원들을 효율적으로 돕기 위해 조력해야 한다.

(2) 참만남 집단

얄롬(2001)은 참만남 집단의 집단상담자들을 관찰하고, 그들의 행동을 평정한 연구에서 관찰자들이 평정한 집단상담자의 행동 변인을 요인분석하여 정서적 자극, 돌봄, 의미 귀인, 집단 운영의 기본적인 지도력 기능을 제시하였다. 첫째, 정서적 자극은 도전, 직면, 집단 내 활동, 개인적으로 집단 내에서 위험을 감수하는 모습을 보이고, 자기개방을 많이 하는 모델링 등을 포함한다. 둘째, 돌봄은 지지, 애정, 칭찬, 보호, 따뜻함, 수용, 진실성, 집단원에 대한 염려를 보임 등으로 설명될 수 있다. 셋째, 의미 귀인은 설명, 명료화, 해석, 변화를 위한 인지적 틀을 제공하는 것, 감정과 경험을 의미와 사고로 돌려주기 등으로 구현될 수 있다. 넷째, 집단 운영 역할은 집단 내의 한계 설정, 규칙 및 규범 제시하기, 목표 설정, 시간 관리, 집단활동 속도 조정, 멈춤, 중재, 집단 내 절차의 제안 등으로 설명될 수 있다.

이러한 집단상담자의 네 가지 기능은 집단원들의 성과와 상당한 정도로 의미 있는 상관을 보였다. 집단상담자가 집단상담 과정에서 돌봄(지지, 애정, 칭찬, 보호, 따뜻함, 수용, 진실성, 집단원에 대한 염려를 전달함)의 기능을 많이 수행할수록, 그리고 집단 경험에 대한 의미 귀인(설명, 명료화, 해석, 변화를 위한 인지적 틀을 제공하기, 감정과 경험을 의미와 사고로 돌려주기) 활동을 많이 할수록 집단상담은 긍정적인 결과를 보였다.

다른 두 기능, 정서적 자극과 집단 운영적 기능은 집단의 성과와 역 U자 형태의 관계를 갖는 것으로 나타났다. 즉, 집단상담자의 정서적 자극과 집단 운영 행동이 너무 많거나 적으면 집단의 성과도 낮게 나타났다. 집단상담자에게서 제공되는 정서적 자극이 너무 적으면 집단이 지루해지고 집단의 분위기가 가라앉으며, 정서적 자극이 지나치게 많은 상황에서 특히 의미 귀인이 불충분해서 인지적 작업이 충분하게 이루어지지 않을 때, 집단원들이 통합할 수 있는 범위 이상으로 많은 정서적 상호작용이 일어나서 정서적으로 과부화된 분위기가 된다. 이럴 때 집단원들은 정서적 분위기에 머무를 뿐 이에 대한 통찰이나 통합적 과정이 없어서 정서적으로 버려진 것 같은 느낌을 받을 수 있다. 집단상담자가 방임적 형태의 지도성을 보여 집단 운영 기능이 너무 적으면 집단원들은 당황하고 갈팡질팡하게 되며, 집단 운영 기능이 과도하여 집단이 매우 구조화되고 권위적으로 되면 집단원의 자율성이 발달하지 못하고, 상호작용의 순서가 자유롭게 흐르지 못하게 되어 집단의 흐름이 매끄럽지 못하게 된다.

따라서 가장 효율적인 집단상담자는 적당한 정도의 정서적 자극을 제공하고, 적절한 정도로 집단 운영 행동을 하면서 돌봄과 의미 귀인을 많이 제공하는 사람이다. 연구에 따르면, 돌봄과 의미 귀인 중 어느 하나만이 충분한 것은 집단 성과를 충분히 보장할 수 없다. 돌봄 행동과 의미 귀인은 집단의 성과를 낳기 위해 모두 필수적이다. T집단, 감수성 훈련집단, 참만남 집단에 대한 이러한 발견을 통해 얄롬은 로저스의 공감, 진실성, 무조건적인 긍정적 존중이 내담자의 변화를 가져오는 필요충분조건의 모두로 보기 어려우며, 이러한 조건에 더해 집단상담자의 인지적 기능을 반드시 보완해야 한다는 점을 주장하였다.

얄롬에 따르면, 집단상담자는 여러 가지 방법으로 집단원이 인지적 작업을 통해 그의 경험을 통합하고 일반화하며, 다른 생활 상황에도 연결해 자신의 경험을 이해할 수 있도록 전달해야 한다. 따라서 집단상담자가 매 회기의 대부분을 지금-여기에서의 감정을 탐색하고 알아차리고 나누는 데 할애하더라도 각 회기의 끝에 집단원들이 모임에서 가장 의미 있는 사건이 무엇이며, 왜 의미 있었는지를 보고함으로써 인지적 통찰을 갖도록 하는 것이 집단원의 변화와 집단의 성과 창출을 위해 매우 중요하다고 할 수 있다.

참만남 집단의 모형으로는 크게 로저스의 모형, 슈톨러(Stoller)의 모형, 슈츠(Schutz)의 모형이 있으며, 각 모형은 각각 집단상담자의 역할을 제시하고 있다. 이형득 등(2002)이 정리한 내용을 살펴보면 다음과 같다.

① 로저스의 모형

이 모형에서는 집단상담자의 태도와 신념을 학문적 배경보다 더 중요하게 여긴다. 이 모형에 따르면 집단상담자는, 첫째 집단이 극히 비조직적인 형태로, 즉 어떤 유도된 목표나 진행 절차 없이 시작되기 때문에 심리적으로 안전한 분위기를 조성하기 위해 노력해야 한다. 둘째, 집단의 촉진자로서, 집단원의 한 일원으로서 타인과 사적인 수준에서 깊은 의사소통을 하기 위해 자신과 다른 집단원 간에 이루어지는 의사소통의 의미를 파악하려고 노력해야 한다. 셋째, 공격적·판단적 태도가 아니라 참된 자신의 모습으로 피드백하고, 집단원들을 직면시키려고 노력해야 한다. 넷째, 어떤 집단원이 원할 경우 그 감정 상태에 혼자 머무를 수 있는 특권을 그에게 주어야 하며, 그 감정을 표출하기를 원할 경우 집단 전체와 함께 그를 도와야 한다.

② 슈톨러의 모형

이 모형에서 집단상담자의 가장 중요한 역할은 행동의 모범이나 설명을 통해 집단원들이 가장 효과적인 집단활동을 할 수 있도록 돕는 것이다. 따라서 집단상담자는 집단원들에게 어떻게 하라고 말하거나 그들이 스스로 적합한 활동을 할 수 있도록 기다리는 대신에 모범을 보이거나 설명함으로써 집단을 이끌어 간다. 경우에 따라 집단상담자는 안전한 집단 분위기를 조성하는 한편, 이러한 안전한 분위기 속에서 자연스럽게 위험에 맞닥뜨릴 수 있도록 스스로를 위험 감수의 한 모델로 제시하기도 한다. 여기서 주목할 점은 이러한 역할은 기술이나 기법이 아니라 집단원에 대한 신뢰와 관심에 기반한 태도와 신념에서 나오는 것이라는 점이다.

③ 슈츠의 모형

이 모형은 개방적 참만남 집단 모형이다. 인간이 사회적·신체적 긴장감으로부터 해방될 때 실제적이고 보다 풍부한 감각으로 자신과 다른 사람들을 경험할 수 있다는 가정에 근거하여, 지적인 이해보다 행함과 경험을 강조한다. 따라서 이 모형에서 집단상담자는 신체를 통해 표현되는 핵심적인 정서적 문제를 파악하려고 노력하며, 집단원들에게 집중적인 정서적 경험을 제공하려고 한다. 이를 위해 집단상담자는 대인 간 의사소통이나 개인의 정화를 촉진할 수 있는 여러 가지 방법과 기술로서 언어적 방법을 포함하여 심리극, 도형, 신체 운동 연습, 명상 등의 방법을 이용한다. 그 과정에서 집단상담자는 경험을 무시하거나 혹은 그 경험의 성장을 위해 사용할 수 있는 집단원들의 권리와 자발적 능력을 존중하고 신뢰해야 한다.

3. 집단상담의 실제

1) 집단상담의 과정

T집단, 참만남 집단, 감수성 훈련집단은 이론적 배경이 같고, 함께 출발한 뒤 갈라진 역사가 있기 때문에 집단의 과정은 사실상 크게 다르지 않다. 여기서는 연구자들에 따라 각각의 이름으로 제시한 바를 토대로 재구성하기로 한다.

(1) T집단

레빈은 두 가지 기본 원칙으로 T집단의 기본 원리를 제공하고 있다. 첫째는 집단 내부에서 행동 변용화와 캡슐화(encapsulation)에 관한 그의 이론이다. 둘째는 피드백에 관한 그의 이론이다.

첫째, 레빈은 집단은 개인의 행동을 변화시키는 데 효과적인 조직으로서, 개인의 행동은 일대일의 환경에서보다 집단 배경에서 더욱 쉽게 변화할 수 있다는 점으로 행동의 변용화와 캡슐화를 설명하였다. 집단 내에서 개인의 과거 행동을 검증하고, 새로운 행동을 시행하는 데 많은 기회를 가질 수 있기 때문에, 집단 내 상호작용이나 집단역동(dynamics)은 보다 쉽게 행동 변화를 가져올 수 있다는 것이다. 그는 집단 환경에서 어떻게 영속적인 행동 변화를 이룩할 것인가에 깊은 관심을 가졌으며, 영속적인 행동의 변화를 위해 개인은 전적으로 집단에 속해야 한다고 주장하였다. 집단 내의 개인은 타인들이 그를 보는 것과 같이 스스로를 볼 수 있고, 자기를 위하여 어떤 사실을 발견할 수 있게 되면 그 개인의 태도 변화는 더욱 영속적인 것이 되는 경향이 있다(Marrow, 1969).

둘째, 피드백과 관련하여 레빈은 집단은 개인의 합이 아니며, '개인들의 상호작용에서'라는 이론을 제시했다(Bonner, 1959). 레빈은 개인의 변화를 위해 집단은 '해빙' '재구조화' '재결빙'의 세 단계를 거쳐야 한다고 주장하였다. 해빙은 집단원이 스스로와 다른 집단원에게 가지고 있는 신념과 가치, 특히 역할 기대의 변화에 관련된 것이다. 레빈은 목표가 애매하거나 없을 때 해빙의 과정이 더 촉진된다고 보았다. 다음으로 재구조화 단계에서 집단원은 새로운 인간관계를 수립하고, 새로운 행동을 시행하도록 스스로 고무되고, 집단원들에 의해 격려된다. 마지막으로, 집단이 종결에 가까워졌을 때 새로이 학습된 행동의 재결빙이 일어날 것이다. 재결빙은 집단에서 일어난 행동 변화가 영속적인 것이 되도록 할 것이다. 여기서 피드백에 관한 레빈의 이론이 밀접히 관련되는데, 해빙·재구조화·재결빙의 모든 단계에서 피드백이 일어나며, 각자가 받는 피드백이 집단원들의 행동을 변화시키는 데 중요한 도움을 준다.

T집단은 다음과 같이 8단계의 발전 과정을 거쳐 목표에 이르게 된다.

① 모호한 국면

T집단 초기에는 집단원 자신, 다른 집단원들 및 집단에 대한 집단원 자신의 지각을 투사하는 현상이 자연스럽게 일어나고, 상호작용과 행동을 평가하는 기회를 주기 위해 분명한 조직이나 순서, 구체적인 안건, 권위적인 지도성 없이 집단이 시작되고 진행된다

② 집단 정체감에 대한 압박 단계

집단원은 집단이 진행되면서 집단의 일체감에 대한 압력을 받게 된다. 이는 대체로 참여를 권유하는, 감정을 탐색하고 표현하도록 제안하는 내용으로 이루

어진다. 이 과정에서 집단원은 민감성이 증진되는 변화를 겪게 된다.

③ 자기탐색 또는 참여 단계

집단원은 집단 압력에 대한 불편감과 집단 참여 여부에 대한 심리적 갈등을 어느 정도 극복하면서 자신의 경험에 대한 탐구와 조사를 통해 집단에 참여하게 된다.

④ 협동 단계

각 집단원은 다른 집단원들과 함께하는 방법을 집단 내에서 일어나는 역동을 통해서 학습함으로써 서로의 탐색과 표현, 이해를 돕는 협동 단계에 들어간다.

⑤ 학습 동기 단계

집단원들은 이제 집단 내의 경험을 통해 자신과 타인, 관계에 대해 배우고자 하는 동기가 유발된다.

⑥ 피드백 단계

효과적인 피드백을 통해 의사소통의 새로운 통로가 집단 내에 열리게 되며, 개인적 성장과 행동의 변화를 위한 최적 조건이 형성된다.

⑦ 집단 규범의 발달

규범이란 집단원들이 그들 자신을 위하여 발달시킨 일련의 표준이며, 집단이 최초의 목적과 목표에서 이탈 없이 기능하도록 한다.

⑧ 촉진자의 개입

집단을 마치면서 집단상담자는 종결에 대한 집단원들의 감정적 처리를 도와준다. 종결 시기에 집단은 가장 구조적이다.

함영희(1988)는 이러한 집단의 발달 과정을 보다 간결하게 정리하여 기초단계, 재구성단계, 성숙단계, 종결단계의 네 단계로 제시하였다. 첫째, 기초 단계에서는 집단의 초기 과정과 집단 형성의 틀이 구성된다. 둘째, 재구성 단계에서는 협동 및 학습 동기가 유발되며, 집단원 간의 결속력과 집단의 목적이 명료화된다. 셋째, 성숙 단계에서는 피드백을 통한 의사소통과 집단의 가치가 형성되어 집단이 과업 수행에 에너지를 사용한다. 마지막으로, 종결단계에서는 집단상담자의 개입으로 집단 종결에 대한 감정 처리를 돕는다.

한편 스팀슨(Stimpson, 1975)은 집단의 발달에 따라 집단상담자와 집단원의 관계의 특징이 변화함을 관찰하고 정리하였다. 집단의 전개에 따라 집단상담자와 집단원들과의 관계는 평가(appraisal), 직면(confrontation), 재평가(re-evaluation), 내면화(internalization), 분리(separation)의 단계를 거친다. 첫째, 평가 단계에서 집단상담자는 새로운 상황에 들어온 집단원들에게 일어나는 불안이 어느 정도인지에 초점을 맞춘다. 집단원들은 불안을 줄이기 위해 집단상담자와 가까워지려고 하고, 자신의 이상적 자아를 집단상담자에게 투사한다. 이러한 욕구 때문에 집단원들에게 집단상담자는 좌절의 원천이다. 둘째, 직면 단계에서는 집단원들이 집단상담자가 자신들의 애정과 존경에 대한 보답을 만족할 만큼 하지 않는 데 대한 분노와 집단상담자의 권위에 대한 도전으로 적의나 불순종의 감정을 표출한다. 혹은 어렴풋이 예견되는 위험을 결정적인 것처럼 단정하는 모습을 보이기도 한다. 셋째, 재평가 단계에서 집단원들은 집단상담자의 모습에서 자신과 집단에 유익할 수 있는 면을 발견하고 재평가하게 되며, 집단원들 간의 피드백을 통해 자아상을 재검토하면서 집단상담자의 모습은 집단원들에게 중요한 비교의 수단이 된다. 넷째, 내면화 단계에서는 집단원들이 집단상담자를 자신의 내적 대상(object)으로 옮겨 가는 변화가 생긴다. 집단원들은 집단상담자에게서 내면화할 부분을 확인하고 동일시하며, 이러한 작업이 반복되면서 내적 대상화의 작업이 일어난다. 다섯째, 집단의 종결이 다가오고 예견되면서 집단원들은 집단상담자와 집단원들에 대한 상실감과 함께 슬픔을 느낀다.

(2) 참만남 집단

① 로저스 모형

집단 활동의 초기에는 거북한 침묵과 피상적인 교류 그리고 집단원에 따라 자기노출에 대한 저항감 등이 나타난다. 그러다가 상호 의사 교환의 횟수가 늘어남에 따라 점차적으로 과거 자신의 부정적 감정을 표현하게 되고, 부정적 감정에서 출발하여 지금-여기 집단 안에서 느끼는 대로인 감정을 즉시 표현하는 것도 가능하게 된다. 지금 여기에서의 감정을 표현하고 집단상담자와 집단원들의 피드백을 받으면서 점차로 자기수용적 태도와 그에 따른 행동의 변화가 일어나며, 상호 간에 보다 개방적이고 정직해지기 위해 맞닥뜨림의 위험을 감수하게 된다. 그리하여 일상적인 대인관계에서 사용하던 가면이 벗겨지고, 기본적인 만남이 이루어지며, 집단원 상호 간에 긍정적인 감정과 친밀감을 표현하면서 마침내는 행동 변화의 단계로 발전한다(Rogers, 1970).

② 슈톨러 모형

슈톨러의 모형은 '마라톤 참만남 집단'이라 불린다. 그는 시간 집중의 중요성을 강조하고, 피로나 시간 집중 자체가 집단이나 개인의 발달에 촉진 작용을 한다고 보아 수면 시간을 제외한 24~48시간에 집중적으로 활동하는 집단 과정을 시도하였다.

그는 집단의 과정을 세 단계로 나누었다(Stoller, 1972). 시작단계에서 집단원들은 어색함을 느끼고 서로에게 낯설다. 그래서 자신들의 감정을 서로 주고받는 대신에 외적인 사건이나 어떤 사태에 관해서 이야기를 주고받는다. 중간 단계에 들어서면 사실적 사건의 이야기로부터 긍정적인 것이든 부정적인 것이든 그들의 감정을 주고받는 변화가 일어난다. 이 단계에서 집단원 상호 간에 상당한 따뜻함과 이해가 발전하지만, 한편으로는 높은 공격성과 욕구좌절이 일어나기도 한다. 그러나 이러한 긍정적·부정적 정서의 상호 교류를 통해서 집단이 발전한다. 마지막 단계는 집단이 그 집단 과정의 목표에 접근해 갈 때 나타난다. 이 단계의 특징은 집단 내에서 방어적인 태도가 거의 없어지는 것이다. 집단원들은 자발적으로 자신의 감정을 표현한다. 두 번째 단계에서 일어났던 위기감이 해소됨에 따라 친밀감이 높아진다. 그리하여 마라톤 집단 경험을 통해 목표를 대체로 완수하였다는 완성감과 만족감을 갖게 된다.

③ 슈츠 모형

이 모형은 프로이트(Freud)의 정신분석적 접근, 빌헬름 라이히(Wilhelm Reich)의 신체활동의 강조점, 레빈주의의 집단역동 모형 등의 이론을 통합한 것으로서, 신체적 느낌과 에너지의 이완을 통한 개인의 정서적 문제 해결에 관심을 갖는다. '개방적 참만남 집단'이라고도 불리는데, 집단 과정은 사회적·신체적 긴장감에서 해방되면 자신과 타인에 대해 보다 풍부한 감각적 경험을 하게 된다는 가정에 근거한다. 그래서 집단 과정에서 관계성, 따뜻함, 친밀감을 깊고 풍부하게 하기 위하여 개방적이고 정직한 커뮤니케이션을 확립하는 것을 가장 중요하게 여긴다. 이러한 목표를 달성하기 위해 슈츠는 신체적 활동을 통한 환상이나 상상적인 신체활동을 이용한다. 왜냐하면, 신체적 활동의 환상은 문제에 관해 추상적으로 이야기하는 것보다 정서적으로 더 생생하게 만들 수 있고, 긴장 이완의 심상 작업 등의 활동을 통해 장애를 해소하는 과정을 경험할 수 있기 때문이다. 이를 위해 심리극, 신체운동연습, 이완훈련, 명상 등을 활용한다.

(3) 감수성 훈련집단

감수성 훈련집단은 비교적 소수의 인원으로 구성되며, 주로 개인 및 대인 관계 측면의 성장을 촉진하기 위한 집단원들 간의 사적인 상호작용에 초점을 둔다. 최대한의 허용적인 분위기가 이들 집단의 주요 특색이며, 개방성 및 정직성과 관련된 집단 규범이 집단 내의 의사소통에서 가장 중요한 가치로 받아들여진다.

감수성 훈련에서 중요시되는 기법 중에는 심리적으로 유의미한 개인적 정보를 노출시키는 대인 간 의사소통 기법이 포함된다(Truax & Carkhuff, 1967). 전통적으로 T집단과 마찬가지로 감수성 훈련에서는 집단원들 간에 교환되는 언어적 행동에 초점을 두는데, 그중 자기노출과 피드백을 중요한 대인 간 의사소통 기법으로 강조하고 있다.

자기노출은 자기 자신을 다른 사람에게 알려 주되, 현재 자신이 느끼는 감정을 있는 그대로 솔직하게 털어놓고 말하는 것이다. 자기노출은 의사소통과 인간관계에 절대적인 영향을 미치며, 언어적 수준에서 개인의 욕구나 감정을 털어놓는 것이 심리적인 정화 작용을 하므로, 집단에서의 자기노출은 정신 건강의 유지와 향상에 도움을 주며, 통합된 인격을 형성하는 데 중요한 역할을 한다.

또한 감수성 훈련에서 집단원은 다른 집단원들과 상호작용할 때 그들의 행동을 관찰하고, 또 자신의 행동이 다른 집단원들에 의해서 관찰된다. 그리고 집단원들은 서로 관찰한 행동에 대해서 피드백을 주고받게 된다. 이를 통해 억제나 왜곡이 감소되고, 즉각적이고 진실한 상호 피드백을 통해 집단원들은 인간관계에서 자신이 상대방에게 어떤 영향을 미치는가에 대한 정보를 제공받고, 자신의 행동 결과를 직접적으로 지각하고 인식할 수 있는 능력을 기르며, 개인의 비현실적인 기대가 정서적 고통을 가져오는 원인임을 자각하게 된다.

이러한 자기노출과 피드백은 집단원들의 감정, 태도, 지각의 변화를 자극하는 중요한 과정변인으로서, 이를 통해 더 적응적인 새로운 대인 간 행동 양식을 습득하게 된다. 자기노출과 피드백은 소집단 훈련 과정에서 가치 있는 요소로 인정되고 있는데, 특히 피드백은 참여자의 심리적 변화를 유도하는 직접적인 요소라는 점에서 더욱 중요시된다(Bednar & Kaul, 1978).

이러한 과정을 통해 감수성 훈련은 인간 및 인간관계의 문제를 보는 감각과 대처 양식을 스스로 체험하여 정립하도록 하며, 자신에 대한 인식 및 타인에 대한 자기개방적 태도를 배우게 하여 자신과 타인에게 알려져 있는 마음의 영역이 확대되어 보다 생산적인 인간관계와 행복한 생활을 영위할 수 있도록 한다.

그리고 개인에 대한 인격적 위협이 배제된 집단 특유의 분위기 속에서 실험적인 자기탐색과 검토를 하고, 지지적인 동료들의 집중적인 자극에 의해 고정관념이나 기존의 정서적 반응 양식이 융해된다. 또한 정서적 경험 및 인지적 관점

간의 연결 또는 집단에서 학습한 것을 현실의 사회 환경에서 조정·통합하는 능력을 키우게 된다.

감수성 훈련집단은 대체로 마라톤 방식으로, 한 기간에 집중적으로 진행된다. 감수성 훈련집단의 진행 단계별로 보편적으로 나타나는 경향은 로저스의 참만남 집단 모형과 동일하다. 여기서는 윤관현 등(2006)이 감수성 훈련집단의 발달단계로 제시한 것을 재정리하여 다음과 같이 제시한다.

① 배회 또는 모색

아직은 집단에 몰입하지 못하고 탐색하면서, 집단 참여의 의미를 모색하거나 집단 참여 자체에 회의를 느끼기도 한다. 집단원들에게는 어색한 질문, 예의를 차린 피상적인 교류가 특징적으로 나타나며, 발언의 순서, 진행 방식에 대한 관심을 표명한다.

② 개인적 표현 및 탐색에 대한 저항

집단원들은 이제 사적인 경험이나 개인의 내면세계를 노출하기 시작한다. 그렇지만 발언하는 집단원의 집단에 대한 신뢰는 아직 부족하며, 듣는 집단원들도 발언하는 집단원의 의도를 순수하게 받아들이지는 못한다.

③ 과거의 부정적 감정 표현

집단은 시작부터 '지금-여기'에서의 감정과 느낌을 이야기하도록 권유하지만, 아직은 초기로서 평소 습관적으로 이야기하던 방식대로, 일반적으로 개방하기 쉬운 과거사부터 이야기하게 된다. 과거의 느낌을 표현할 때도 상대적으로 안전한 집단 외부의 대상에 대해 과거에 가졌던 감정과 기분을 위주로 이야기하게 된다.

④ 의미 있는 개인적 관심사의 표현

초기의 당황, 저항 및 집단 밖의 이야기와 비판적 느낌이 어느 정도 표현된 후에는 서서히 개인적인 깊은 이야기가 나오기 시작한다. 집단원들은 집단에 대한 가치를 느끼고 소속감을 갖기 시작하면서 이제 자신의 관심사나 개인적 문제에 대해 이야기를 꺼내 놓게 된다.

⑤ 집단원에 대한 감정 표현

집단원들은 집단 내에서 서로에 대해 긍정적이거나 부정적인 감정을 표현하게 된다. 집단의 분위기에 대해 안심하고, 집단원들 간 그리고 집단상담자와 상호 신뢰의 분위기가 쌓여 감에 따라 집단원들이 표현한 느낌이나 쟁점에 대해 자신의 감정이 개입된 경험을 이야기한다.

⑥ 일상적인 방어적 태도의 와해

지금-여기에서 점차로 다른 집단원에 대한 느낌을 표현하고, 집단원들이 서로 이해하며 지지하는 분위기가 형성되면, 과거에는 당연히 예의 바르고 적절한 태도로 여겨졌던 행동이나 재치 있는 언행 및 침묵 등이 이제는 비판의 대상이 된다. 즉, 이 단계에서는 일상적으로 하는 반응 양식이나 가면에 대한 집중적인 지적이 나타난다. 간혹 상대방을 위한 지적이 공격적이거나 상호 대결 구도로 전개되어 갈등을 일으키고 충돌에까지 이르기도 하지만, 집단원들 간의 기본적 공감과 신뢰 등 응집성이 이미 어느 정도 형성된 집단 분위기 때문에 이러한 긴장과 갈등은 결국 적당한 선에서 융해되고, 이 과정에서 집단원 개인이 사회적으로 사용해 오던 가면이 벗겨지기 시작한다.

⑦ 기본적 만남 및 친밀감 형성

집단원들 사이에 솔직한 자기개방이 이루어지고, 가면이 와해되는 충격을 체험한 집단원들을 돕는 분위기가 뚜렷이 형성된다. 다른 집단원의 감정을 이해하고 공감을 전달하면서 '기본적 만남'이라고 불리는 깊은 감정적 만남을 체험하게 된다. "그 마음이 얼마나 아플까……. ○○ 님의 슬픔이 느껴져요. 제 마음도 먹먹해졌어요." 이런 반응이 자주 나타난다. 또한 상대방에 대한 부정적인 감정의 밑바탕에 있는 상대에 대한 진정한 애정과 관심을 스스로 이해하고, 이를 좀 더 긍정적인 감정으로 전달하게 된다. "지금 그 말은 나약하게 들려서 안타까워요. 아까는 긍정적인 힘이 있는 분으로 보였거든요. ○○ 님이 힘 있고 적극적인 모습이기를 내가 많이 바라나 봐요. 이렇게 화까지 살짝 나는 것을 보면." 이렇게 부정적인 감정 밑에 있는 긍정적인 감정과 성장하기를 바라는 소망을 나누게 되면서 집단원들 간에 친밀감이 형성된다.

⑧ 집단 내 행동 변화

집단원들이 마음과 마음으로 만나면서 온정과 신뢰는 더 깊어진다. 이렇게 되면서 집단원들은 집단을 처음 시작할 때와는 어조, 표정, 말의 내용 등이 눈에 띄게 달라지고, 집단 분위기도 더 개방적이고 자율적으로 점차 바뀐다. 집단원들은 "시작할 때와는 다르게 지금 저는 우울하지가 않아요. 나도 할 수 있겠다. 이런 희망이 생기고 자신감도 자라고 있어요." 이처럼 자신의 변화를 집단에 보고하는 모습도 점점 더 많이 나타난다.

2) 집단의 성과

(1) 집단원의 변화

NTL에서 진행된 초기 T집단은 집단을 통해 집단원들이 자기이해와 의사소통 기술이 증진되고, 다른 사람에 대해 더 민감해지며, 집단 과정을 통해 더 깊은 통찰을 얻는 변화를 발견하였다. 연구에 따르면, 집단원들의 변화는 집단상담자에 의해 다양한 영향을 받는다. 리뷰에 따르면 대학생들을 대상으로 한 연구에서 T집단이 진행된 후, 집단에 참가하기 전보다 집단원들의 자신에 대한 지각이 집단상담자의 자아상과 의미 있게 닮아 있었다(Stimpson, 1975). 우리나라의 감수성훈련집단에서 가장 많은 사람들이 자기이해의 증진을 보고하였으며 그 다음으로 수용과 응집력, 대인관계학습을 그 다음으로 많이 보고하였다(이윤주, 2013).

(2) 소감문에 나타난 치료적 요인

여기서는 이윤주와 유동수(2009)에서 제시된 것을 정리하여 구체적인 소감문과 함께 살펴본다. [그림 4-1]은 앞의 연구에서 제시된 마라톤 감수성 훈련집단의 치료적 요인 체험 모형이다.

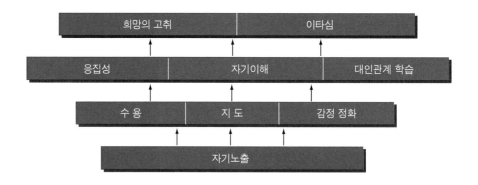

[그림 4-1] **마라톤 감수성 훈련집단의 치료적 요인 체험의 잠정 모형**

① 자기노출을 통한 수용과 감정 정화

집단원들은 대부분 자기노출의 치료적 요인을 체험했다고 할 수 있다. 이러한 자기노출은 수용이나 감정 정화의 체험으로 이어진다.

> "(집단원들은) 내가 하고 싶은 말을 다 할 때까지 옆에서 내 말을 들어 주었고, 매 순간 내 말을 경청하고 있음이 확인되어 너무나 뿌듯했고, 그 뿌듯함은 나에게 살아갈 힘을 주었다."

집단에 소속되고 수용받음을 인식한 경험과 마음속에 묻어 두었던 감정을 털어놓음으로써 마음이 편안해진 경험은 자기이해가 발생하는 토대가 된다.

> "나의 불안함과 억울함의 정체를 알게 되어 기쁘다."

② 자기이해를 통한 응집성 강화

자기이해 등의 학습이 일어나면 그 전까지는 자신에게 주어져 왔으나 인식하지 못했던 집단원들의 애정과 관심 등을 알아차리게 되어 치료적 요인으로서 집단 응집성을 체험하게 된다.

> "한참을 슬픔에 잠겨 있다가 알게 되었습니다. 본마음을 가진 내가 내 안에 있음을 찾으니 편안해질 수 있다는 것을요. 그리고 순간을 나누었던 사람들의 따뜻함이 참 크게 다가왔습니다."

③ 응집성 증진을 통한 이타성 강화

이렇게 체험된 응집성은 이타주의를 강화한다. 다른 집단원들의 관심과 도움이 자신의 학습을 도왔음을 인식하게 되면, 집단원들은 자연스럽게 이러한 감사함을 집단 속에서 갚으려는 마음이 생긴다.

> "많은 사람들과 스스럼없이 지내고, 전보다 더 많은 사람들을 받아들였다. 일일이 이름을 나열할 수 없을 정도로 많은 분들의 관심과 사랑을 받으면서, (보답으로) 내가 할 일은 무엇일까 하고 생각했다."

④ 희망 고취

대인관계 학습 등을 통해 자기이해를 증진하고, 수용과 이타성, 응집성 등의 치료적 요인을 통해 대인관계에서 향상을 체험하게 되면, 대부분의 집단원들은 희망을 체험한다.

> "나만의 것으로만 그치지 않고 이제는 사랑을 베풀려고 하는 나를 본다. 이제는 제대로 주고받을 수 있겠구나 싶어 나 자신이 든든하다. 나의 사랑 나무를 세월과 애정으로 풍성하게 키우는 미래를 그려 본다."

⑤ 지도

이러한 여러 치료적 요인이 함께할 때 집단상담자나 집단원들의 지도는 강한 힘을 발휘한다. 비교집단의 경우에도 소감문상에서 지도에 대한 내용이 많이 나타났으나, 다른 치료적 요인이 뒷받침되지 않았기 때문에 변화와 연결되지 않은 것으로 보인다.

> "저에게 너무나 많은 가르침을 주고, 사실을 알고, 그리고 제 자신을 처음 볼 수 있는 자리였습니다. …(중략)… 공부를 할 때도, 사람을 만날 때도 그 자체를 만나겠습니다. 가족들(집단원들)을 만나 알게 되고, 나를 사랑하게 되고, 그리고 너무나 크고 소중한 선생님(집단상담자)을 만나게 되어 행복합니다."

자신에 대한 이해를 통해 자신을 보다 긍정적인 시선으로 보게 될 때 이는 '희망 고취'라는 치료적 요인으로 쉽게 연결된다.

> "나를 온전히 이해하고, 상대도 수용되는 순간 …(중략)… 그리고 난 썩 괜찮은 사람이라는 것도 알게 되었다. …(중략)… 나의 사랑 나무를 세월과 애정으로 풍성하게 키우는 미래를 그려 본다. …(중략)… 나는 늘 가고 있었고, 그러면서 변화하고 있었다."

(3) 부정적 효과의 관련 변인

하르트만(Hartman, 1979)은 부정적 효과의 관련 변인으로 집단원 변인, 집단상담자 변인, 집단 변인 등을 통합적으로 고려해야 한다고 보았다.

① 집단원 변인

과거에 심각한 심리적 장애가 있었던 사람, 자존감이 심하게 낮거나 부정적 자아개념을 가진 사람, 특히 일상생활의 문제 해결 상황에서 관찰될 수 있는 비현실적으로 높은 기대를 가진 사람, 지나치게 높은 민감성(sensitivity)을 가지고 있어서 직접적으로 대처하기보다 위축되고 도피하는 경향이 있으며, 동료와 의사소통 경험이 부족한 사람, 집단 훈련을 통해 변화하고 성장하고 싶어 하는 욕구가 과도한 사람은 집단에서 성과를 나타내지 못하였다.

② 집단상담자 변인

수용이 부족하여 지나치게 공격적이며, 자신의 가치를 강요하거나 직면시키고, 집단원이 그에 상응해서 방어를 지나치게 해제하거나 빈번하게 부정적인 감정을 겪게 될 때 이러한 집단원의 부정적 감정을 구조화하기 위한 인지적 작업을 거의 하지 못하는 상담자, 집단에 거의 자극을 주지 않으며 자신을 모델로 사용하는 일이 전혀 없고, 직면이나 도전을 시키지 않으며, 단지 가끔 학습하는 방법에 대해서만 의사를 교환하는 사람, 구조화된 경험을 거의 제공하지 않는 상담자, 집단원들에게 일정한 거리를 두며 거의 격려를 하지 않는 냉담한 상담자(임성문, 1987)는 집단에서 성과를 가져오기 어렵다.

③ 집단 변인

연구에 따르면, 집단의 과업 지향성이 비교적 적은 특성을 보이는 경우 집단을 통해 도움을 받지 못한 집단원의 비율이 더 높으며, 집단 규범이 불분명한 집단에서 효과가 나타나지 않는 집단원의 비율이 높다(Liberman, 1999). 따라서 집단의 성과를 위해 집단 전체의 목표와 집단원 개인의 목표가 명료화될 필요가 있으며, 집단의 시작부터 전 과정에 걸쳐 집단 규범이 분명하게 발달되어야 한다. 또한 부정적인 영향을 최대한 줄이고, 집단 성과를 제고하기 위해서 집단원의 체계적인 선발 절차와 집단상담자의 전문적 자질, 효과적인 집단 운영이 고려되어야 한다. 또한 감수성 훈련집단에 대한 메타분석 연구(Faith, Wong, & Carpenter, 1995)에 따르면, 전체 집단 회기가 적을수록, 집단원의 규모가 작을수록 집단의 성과가 더 낮게 나타난다.

제5장
집단상담 이론 II
– 정신분석 · 행동주의 · REBT ·
형태주의 · 본성실현 집단상담

| 이지연 · 김정희 |

    이론은 집단상담 과정 전체를 이해하고 지도자가 집단원들의 성장과 발달을 도모하는 데 있어 기본이 되는 틀을 제공한다. 인간 이해에 사용되는 정신분석적 접근과 인지적 · 행동적 · 정서적 접근의 대표적 이론이라고 할 수 있는 REBT, 행동주의, 형태주의적 접근과 우리나라의 독특한 집단상담 이론인 본성실현 상담에 대한 이해를 돕기 위한 개념을 다음에 소개하겠다.

    정신분석학적 집단상담 혹은 집단 정신분석은 자유연상, 꿈과 환상의 분석, 저항과 전이의 해석, 훈습과 같은 정신분석적 기법을 이용하여 환자들을 집단으로 면접한다. 행동주의적 상담은 정상행동과 이상행동이 모두 학습 원리에 의해 학습된 것이라는 전제하에 보다 새롭고 적응적인 행동과 인지를 학습시키고, 기능 장애적인 행동과 인지를 없애거나 탈(脫)학습시키기 위하여 학습이론에 입각한 행동수정 전략을 사용한다. 인지정서행동치료는 사람들은 자신의 현재나 초기의 생활 경험으로 인해 장애를 가지는 것이 아니라, 의식적이며 무의식적으로 자신을 괴롭히는 강한 선천적인 경향이 있다고 가정한다. 형태주의 상담 모형에서는 오직 지금(now)-경험(experience)-각성(awarness)-현실(reality)에만 초점을 두고 있다. 즉, 이 접근이 강조하는 점은 '지금'과 '각성'이란 두 단어로 요약할 수 있으며, 각성 중에서도 특히 신체적인 면의 각성을 강조하는 점이 특색이다. 그러니까 이 모형에서는 순간순간의 경험에 중점을 두고, 현재의 경험에 대한 연속적인 각성을 강조한다. 본성실현 상담은 기독교, 불교, 도교, 유교, 우리나라의 전통 사상에서 강조하는 원리를 주된 이론적 배경으로 삼고 치료, 문제해결적 접근과 예방적 · 발달적 측면을 모두 인정하고 활용하려는 이론적 입장을 취하고 있는 것이 특징이다.

집단상담을 이끌어 가는 상담자가 어떤 상담 이론을 활용할 것인가? 이것은 지도자가 인간을 어떤 존재로 규정하고 어떤 인간관을 가지고 있는가, 또 인간의 문제를 무엇으로 보는가, 집단 참여자들이 가지고 오는 문제가 어떤 성질의 것인가와 밀접하게 관련되어 있다.

여기서는 다양한 집단상담 이론 가운데 정신분석 집단상담 이론과 인지적 · 정서적 · 행동적 접근, 또 우리나라 집단상담의 새로운 이론적 모델을 제시한 이형득의 본성실현 집단상담 이론을 소개하고자 한다.

1. 정신분석 집단상담

마음의 병이 신체의 병을 만들 수도 있다는 것, 간밤에 꾼 꿈이 마음속 깊이 간직하고 있는 생각이나 바람을 나타낼 수도 있다는 것, 어린 시절의 경험이 한 사람의 인격이나 인생에 지대한 영향을 미칠 수도 있다는 것, 요즘의 기준으로 보자면 참으로 상식적인 이야기다. 그러나 이러한 현상들이 상식으로 대접받게 된 것은 약 백 년밖에 되지 않았다. 또한 심리상담소나 정신과 진료실에서 환자가 자신의 경험과 감정을 상대방에게 털어놓고, 이야기를 듣는 사람은 그 내용으로 환자를 분석하고 치료하는 모습도 많이 보았을 것이다. 놀라운 것은 이 모든 일이 정신분석학의 아버지, 프로이트(Freud)로 인해 가능해졌다는 사실이다.

정신분석학 집단상담 혹은 집단 정신분석은 자유연상, 꿈과 환상의 분석, 저항과 전이의 해석, 훈습과 같은 정신분석적 기법을 이용하여 8~11명의 환자들을 집단으로 면접하는 것이다.

정신분석 집단상담의 근간을 이루는 고전적 정신분석 이론은 프로이트의 심리적 결정론(psychic determinism)과 무의식이라는 두 가지 기본 개념에 기초를 두고 있다. 다시 말하면, 인간의 행동은 본능을 충족시키고자 하는 욕구와 어렸을 때의 경험에 의해 크게 좌우된다는 것이다. 그리고 무의식적 심리 과정이 인간의 생활에 커다란 영향을 미친다고 가정한다. 대표적인 것이 꿈과 말실수와 같은 것이다.

정신분석 집단상담은 주로 전이의 분석으로 이루어지기 때문에, 집단은 가능한 한 다양한 특성을 가진 사람들로 구성되는 것이 좋다. 다양성은 다면적인 상호작용과 다면적인 전이를 촉진하기 때문이다.

따라서 정신분석적 상담을 시도하려는 상담자는 집단원을 선발하는 데 있어서 예비적인 개별 면접의 과정을 통해 선별(screening)할 필요가 있다. 이 접근의 주된 노력은 집단활동을 통하여 과거의 일을 재경험하도록 함으로써 무의식적 갈등을 의식화하게 하여 그 갈등을 해소할 수 있는 경험의 기회를 제공해 주려는 데 있다.

1) 주요 개념

고전적 정신분석 이론에 따르면, 인간의 성격의 골격은 무의식적 동기와 생물학적 욕구 및 충동 그리고 생후 약 5년간의 생활 경험에 의해 결정된다. 따라서 집단상담에서도 유년기 및 아동기의 경험에 그 뿌리가 있는 것으로 보이는 미해결된 무의식적 갈등에 초점을 맞추게 된다.

1923년에 프로이트는 『자아와 이드』라는 책을 발표한다. 그는 이 책에서 원초아(id), 자아(ego), 초자아(superego)라는 새로운 정신의 구조를 제시한다. 원초아라는 본능적인 욕구가 성장하면서 건강한 자아로 형성되고, 자아는 본능적인 원초아를 이끌면서 살아가게 된다. 초자아는 가장 마지막에 발달하면서, 원초아를 판단하고 억누르는 내면의 목소리로 구실하는 양심이나 도덕과 같은 것이다. 쉽게 설명해 원초아는 '배가 고프니 당장 뭘 좀 먹어야겠다.'라고 한다면, 자아는 '배가 고프지만 이 음식은 상했으니 안 먹어야지.'라고 이성적인 분석을 하고, 초자아는 '배가 고파도 이 음식을 안 먹는 건 더 가난한 사람에게 양보하기 위해서야.'와 같이 도덕적 행동을 하는 것이다.

이러한 심리적 장치의 기능이 조화를 이루지 못할 때, 긴장, 갈등, 불안 등이 생긴다고 본다. 다시 말해서, 행동의 조정자이며 집행자인 자아가 다른 성격 구조(원초아, 초자아)를 적절히 통합하지 못할 때 부적응적인 행동이 형성된다. 따라서 치료에서는 해석을 통해서 원초아, 자아, 초자아 등이 어떻게 기능하고, 서로 어떤 관계에 놓여 있는가를 탐색하며, 자아의 힘과 조정 기능을 강화시킨다.

고전적 정신분석 이론에서는 심리치료에서 부딪히는 여러 문제들의 근원이 생후 약 5년간의 가족 관계 경험에서 이루어진 행동장애에 있다고 본다. 이 행동장애의 증상은 대개의 경우, 무의식적인 원망(wish)과 그것에 대한 주위 사람들의 부정적인 평가 간의 갈등의 형태로 나타난다. 원망과 갈등이 나타나는 양상과 이에 대한 반응은 표면적으로는 다양할 수 있으나, 그 기저에 깔린 부적응적인 과정은 동일한 것이라고 할 수 있다. 이러한 인식에 기초하여 정신분석 집단상담에서는 상담자가 내담자로 하여금 증상 뒤에 숨겨진 갈등의 성격을 이해시키려고 노력하며, 억압된 충동에 대한 자아의 통합적 기능을 강화시키려는 노력을 한다.

2) 집단상담자의 역할

집단상담자는 전이(과거의 갈등을 현재 관계에서 재현함)와 저항(무의식적 자료에 맞닥뜨리기를 회피하는 언행)에 대하여 항시 주의를 기울여야 하고, 적절한 때에 이들에 대하여 해석해 주고, 언어화를 통해 통찰하도록 도와주며, 집단원들로 하여금 어린 시절의 경험을 재생할 수 있도록 도와야 한다.

볼프(Wolf, 1969)는 집단상담자는 자신에게 향한 집단원들의 전이행동을 지각하고 잘 처리할 수 있어야 한다고 보았다. 즉, 집단원들이 그를 아버지로 혹은 권위자로 보고 그에게 나타내는 적개심이나 칭찬 등을 감당하고 이를 잘 활용하기를 배워야 한다. 집단 내에서 이루어지는 여러 가지 갈등을 원만히 해결하는 기술도 터득해야 한다. 집단에 대하여 권위자로서 독단적인 태도를 취하지 말아야 하며, 여러 가지 문제의 심층에 깔린 역할을 이해하고 적절히 해석할 줄도 알아야 한다.

슬랩손(Slavson, 1964)은 집단상담자의 기능으로 다음의 네 가지를 들고 있다.

- 지도적 기능 집단상담자는 그 집단이 해결하려고 노력하고 있는 밑바탕에 깔려 있는 숨은 주제를 지적해 주어, 그 집단으로 하여금 그 주제에 초점을 맞춰 활동을 계속해 나가도록 도와주어야 한다.

- 자극적 기능 집단상담자는 집단으로 하여금 활기를 되찾게 하기 위하여 보다 능동적으로 질문하고, 앞서 토의한 생각을 재생시키기도 한다.

- 확충적 기능 집단상담자는 집단원들의 의식적 자아와 무의식적 자아 사이에 관련을 지어 주는 역할을 해야 한다.

- 해석적 기능 집단상담자는 집단원들의 마음속에 숨은 무의식을 의식화하려는 노력을 한다. 이 해석의 기능은 적절한 때에 이루어져야 한다. 그 개인이 억압과 저항을 충분히 해결했을 때나 통찰을 위한 준비가 되었다고 판단될 때에 한해서만 주어져야 한다.

3) 집단의 과정과 기술

정신분석 집단상담이 궁극적으로 추구하는 목표는 내담자의 성장과 발전을 저해하는 신경증적 갈등을 경감시켜 내담자의 인격적 성숙을 도모하는 것이다. 구체적으로는, 첫째 다양한 환경적 압력을 현실적으로 대처해 나갈 수 있도록 판단하는 능력과 행동 기능의 회복을 돕고, 둘째 내담자가 부적응행동(증상)에서 벗어날 수 있도록 자기 내면세계에 대한 통찰을 얻게 하는 것이다.

이러한 목표를 달성하기 위해서 치료자는 집단 장면에서 유발된 전이를 분석하거나, 자유연상 및 해석 등의 정신분석적 기법을 통해 집단원들의 심리 과정과 행동을 다룬다.

정신분석적 입장의 상담자 또는 치료자는 집단에서 대체로 다음과 같은 세 가지 작업을 한다. 첫째, 내담자로 하여금 자신의 문제를 숨김없이 드러내도록 격려하고, 제시된 문제의 뿌리 또는 원인을 탐색한다. 둘째, 집단원들의 언행, 꿈, 환상 등에 어떤 무의식적인 재료(충동, 방어 등)가 내포되어 있는지를 유의하고, 필요한 경우에는 그 의미를 언급해 준다. 셋째, 집단상담자는 집단원들 간의 표면적 의사소통이 나타내는 진정한 의미(접근, 저항, 동조 등)에 주목하고 해석을 가한다.

정신분석 집단상담은 상담자가 주로 자유연상, 꿈과 환상의 분석, 저항의 해석, 전이의 해석, 훈습 과정을 인도한다. 여기서 공통적으로 적용되는 주요 기법은 무의식적인 동기에 대한 해석이다.

(1) 자유연상, 꿈, 환상의 분석

집단 장면에서는 집단원들이 자발적으로 자기를 표현할 때 그러한 표현이 다른 집단원에 의해 방해받거나 제지당하는 경우가 많다. 그래서 정신분석가들 중에는 집단 장면에서 자유연상(free association)이 자유롭게 일어날 수 있을지에 대해 의문을 갖는 사람도 있다. 그러나 개인 분석에서조차 자유연상은 어느 정도까지는 제한되고 범위가 한정되기 마련이다. 즉, 자유연상은 어떠한 경우에든 선택적으로 사용될 필요가 있다. 어떤 의미로는, 한 집단원의 자유연상이 다른 집단원에 의해 제지당할 수도 있다는 것에 상담자가 너무 신경을 쓴다는 것은 집단상담에서 그 집단원에 대한 개인 분석을 하고 싶은 상담자 자신의 욕구가 작용하기 때문일 수 있다.

또한 집단에서의 자유연상은 다른 집단원들에 의하여 제지당하거나 촉진될 수 있다. 어떤 집단원이 자유연상을 하는 도중에 다른 집단원에 의해 제지를 받는다면, 상담자는 다른 집단원의 방해적인 자유연상도 복수적인 측면의 해석으로 함께 또는 이어서 분석할 수도 있을 것이다.

집단에서 꿈과 환상이 분석되는 구체적인 절차를 살펴보기로 하자. 첫 번째나 두 번째 회기에서 상담자는 집단원들에게 자주 꾸는 꿈이나 최근의 꿈 이야기를 해 보라고 한다. 꿈을 기술하게 하는 주요 목적은 집단원들의 참여를 유도하고 집단원들 간에 상호작용이나 토론이 이루어지도록 하기 위한 것이다. 어떤 집단원이 꿈 이야기를 하면, 그 꿈의 내용에 대해 떠오르는 대로 거리낌 없이 모두 이야기하라고 자유연상을 권유한다. 또는 그 꿈에 대해 잘 생각해서 해석을 내려 보라고 하거나 현재의 환상이나 백일몽도 이야기하게 한다. 여기서 특히 상담자가 유의해야 할 점은 다른 집단원들이 꿈이나 환상을 말하는 집단원에게 그 꿈의 내용 등에 대한 비난을 함부로 하지 못하게 하는 것이다. 또한 어떤 집단원이 말한 무의식적 내용을 토대로 다른 집단원들이 자기 나름대로 연상되는 것을 말할 경우, 상담자는 그 사람의 성격, 특징, 연상 내용 그리고 관련된 꿈 등을 종합하여 분석한다.

꿈을 말하게 하는 것 외에도 집단 참여를 유도하는 다른 기법들이 있다. 가령 각자의 문제를 간단하게 이야기하게 하거나, 집단에 참여하여 느끼는 점을 돌아가면서 표현하도록 하는 기법이 있다. 특히, 이 방식은 별로 말하지 않는 집단원을 위해 좋은 방법이다. 또는 집단원 각자에 대해 생각나는 점을 떠오르는 대로 자유롭게 말하게 하기도 한다. 이 방법은 자유연상의 원리를 활용하는 것이라고 볼 수 있다.

(2) 저항의 분석

상담의 진전을 방해하고, 상담자에게 협조하지 않으려는 내담자의 무의식적인 행동을 '저항(resistance)'이라고 한다. 대개 저항은 집단 내에서 방관하는 형태로 나타난다. 또는 자신에 대한 성찰을 회피하기 위하여 다른 집단원의 신경증적 행동에만 관심을 표명하기도 하고, 불필요하게 긴 이야기, 동정을 구하는 눈물 흘림 등으로 나타난다.

내담자가 저항하는 이유는 자신의 억압된 충동 때문인데, 대개의 경우 단점이 노출되었을 때 느끼게 되는 불안으로부터 자아를 보호하기 위해서다. 집단상담에서는 각 집단원의 자유연상 등이 계속되는 동안 저항이 일어나게 된다. 그러한 저항의 발생을 감지하고 검토하여 저항을 제거하도록 상담자가 개입할 수 있다.

집단상담에서 발생하는 저항은 비교적 쉽게 그리고 빨리 다루어질 수 있다. 집단에서는 다른 집단원들이 졸거나 지속적인 침묵을 지키고 있도록 집단원들이 내버려 두지 않기 때문이다. 즉, 집단에서 고립되거나 집단 과정을 독점하려는 집단원, 강박적으로 자신에게만 집착하는 집단원에게 집단원들은 압력을 가하거나 새로운 행동을 하게끔 요구한다.

(3) 전이의 분석

정신분석 집단상담에서 가장 중요한 것은 전이(transference)의 발견과 분석 및 해결이다. 이 단계에서의 목적은 집단원들이 다른 집단원과 상담자에게 자기의 부모나 형제 및 다른 중요 인물들의 특성을 투사하는 정도를 각 집단원으로 하여금 깨닫게 하는 것이다. 개인 분석과 달리, 집단 분석은 다양한 집단원들로 이루어지기 때문에 다면적 전이 현상이 유도되어 보다 폭넓은 전이 관계가 관찰될 수 있다. 이 단계는 상담자가 전이의 중요성과 무엇이 전이 현상인가를 설명함으로써 시작될 수 있다.

(4) 훈습

훈습(working-through) 과정이란 현재 상황에서 지속되고 있는 전이적 왜곡 반응을 좀 더 이성적이고 현실적인 대안으로 바꾸어 나가는 의식적인 노력을 말한다. 한 집단원이 비현실적이고 병리적인 증후를 나타내는 언행을 보이면 즉각 다른 집단원들의 주목이나 지적을 받기 쉽다. 이를 통해 그 집단원은 자신의 병리적 행동을 자각하게 되며, 자신의 행동이 타인에게 미치는 영향을 의식하게 된다. 훈습 과정에서는 각 집단원들과 상담자가 여러 종류의 도움을 제공하게 된다. 상담자는 집단원들이 미처 상대방이 받아들일 준비가 되어 있지 못한 통찰(insight)이나 시의성(timing)이 없는 해석을 제공하지는 않는지에 대해 관심을 가져야 한다.

(5) 자유연상

집단원들로 하여금 무의식적 감정과 동기에 대하여 통찰을 얻게 하려면 우선 그들의 마음속에 떠오르는 것이 무엇이든지 서슴없이 말하고 아무런 구애도 받지 않은 채 표현하도록 격려하여야 한다. 볼프와 슈바르츠(Wolf & Schwartz, 1962)는 자유연상의 한 방법으로 '돌림차례법(go-around technique)'을 사용하였다. 예를 들면, 차례로 돌아가면서 한 사람씩을 택하여 모든 집단원들이 그 사람을 볼 때 마음에 연상되는 것이 있으면 무엇이든지 이야기하게 하는 것이다. 이렇게 함으로써 집단활동이 활발해질 뿐 아니라 각 집단원은 자신이 타인들의 눈에 어떻게 비치며, 또 왜 그렇게 보이는가에 대한 통찰을 얻게 된다.

2. 행동주의 집단상담

정신분석이 아무리 정신의학으로서의 지위를 확보하고 있었다고 해도, 인간의 모든 행동을 '마음'이라는 내적 동기로 환원시키는 정신분석은 학문으로서 약점이 있다. 그 약점은 바로 프로이트가 정신분석이라는 거대한 성을 쌓는 데 사용한 무의식, 자아와 같은 벽돌들이 객관적, 과학적으로 검증이 불가능하다는 것이었다. 정신분석을 떠받치고 있는 개념들은 실험실에서 데이터로 측정하거나 눈으로 볼 수 있는 실재가 아니었다. 프로이트의 반대자들은 정신분석이 기초하고 있는 개념이 단지 프로이트가 만들어 낸 것에 지나지 않는다는 점을 가지고 정신분석을 맹렬히 공격했다. 이에 과학적으로 관찰 가능한 행동에 초점을 두고 인간행동을 연구하기 시작한 것이 바로 행동주의 이론이다. 대표적으로 학습에 초점을 둔 파블로프(Pavlov)의 학습 개념에 토대한 행동주의적 심리치료와 유관 강화(類關强化)를 통한 관찰 가능한 행동의 변화에 강조점을 두고 있는 스키너(Skinner)의 방법에 토대한 행동수정이 그것이다.

행동주의적 접근 모형은 개인이 제시하는 특수한 행동의 수정을 주목적으로 하기 때문에 주로 개인상담 및 심리치료의 형식을 취해 왔으나, 최근에는 집단상담 및 집단 심리치료에도 효과가 있음이 판명되었다.

행동주의적 상담은 정상행동과 이상행동이 모두 학습 원리에 의해 학습된 것이라는 전제하에 보다 새롭고 적응적인 행동과 인지를 학습시키고, 기능장애적인 행동과 인지를 없애거나 탈(脫)학습시키기 위하여 학습이론에 입각한 행동수정 책략을 사용한다. 그러므로 행동적 집단상담은 사회기술 훈련 등 내담자에게 필요한 사회행동을 학습시키는 행동치료와 왜곡된 신념과 사고방식을 수정하는 인지적 재구성 그리고 문제해결적 사고방식의 훈련을 목표로 하는 '인지적 훈련' 등이 배합된 접근 방법이라고 할 수 있다.

1) 주요 개념

내담자의 외적인 행동에 관심을 보이고, 행동이 일어나기 전의 선행 사건과 행동, 이후의 결과를 면밀히 관찰·평가하는 것이 중요하다.

행동주의에서 많이 사용되는 주요 개념 가운데, 강화(reinforcement)란 특정한 자극에 대하여 바람직한 반응을 했을 때 어떤 보상을 줌으로써 자극과 반응 사이의 유대를 강하게 하여 그 반응을 더 자주 일으키도록 하는 것을 말한다. 이때 보상으로 사용되는 물질을 강화물이라고 한다. 정적 강화는 바람직한 행동을 할 때마다 보상을 주어 그 행동을 강화시키는 방법이다. 강화물에는 음식, 수면 등 생리적인 욕구를 충족시켜 주는 것과 미소, 인정, 칭찬, 돈, 선물과 같은 사회적 욕구를 충족시켜 주는 것이 있다.

이 강화는 스키너의 이론에서 발달되었다. 스키너는 이른바 '변동비율 강화'라는 것을 통해 쥐에게서 강박적인 행동을 이끌어 냈다. 스키너는 지렛대를 누를 때마다 먹이를 주던 것을, 어떤 때는 지렛대를 수없이 누른 다음에야 주었고, 어떤 때는 단 한 번만 눌렀는데도 주었으며, 어떤 때는 수없이 누르고 난 다음에도 주지 않았다. 일정한 비율로 강화물을 준 것이 아니라, 들쭉날쭉한 비율로 강화를 주었던 것이다. 상식적으로 보았을 때, 만약 여러분이 쥐의 입장이라면 '에잇, 치사하다. 이제 다시 지렛대를 누르나 봐라.'하는 반응을 보일 것이라고 생각할지도 모르나 쥐의 반응은 오히려 반대였다. 쥐는 강박에 사로잡힌 인간처럼, 실로 미친 듯이 지렛대를 눌러 댔던 것이다. 언제 굴러 떨어질지 모르는 먹이에 대한 강박적인 희망에 사로잡혀서 말이다.

이러한 모습은 우리 인간에게도 나타난다. 카지노에 앉아 가진 돈을 모두 탕진하며 잭팟(jackpot)을 기다리는 도박꾼, 한 방을 기대하며 전답을 모두 팔아 화투판에 앉아 날이 새는 줄도 모르는 노름꾼의 경우도 여기에 속한다. 보상이 비정기적으로 이루어질 때 행동이 소거되기가 가장 어렵다. 쉽게 말해 보상이 불확실할 때, 인간은 더 목을 매게 되고, 그 행동을 멈추기가 어렵다는 의미로 인간의 부적응적 행동에 대해 설명하면서, 이를 통해 적응적 행동을 학습하게 하기도 한다.

(1) 소거

소거(extinction)의 원리는 행동수정이 필요한 대상이 바람직하지 않은 행동을 보일 때 행동수정에 임하는 상담자나 교사나 부모가 그에게 관심을 보이지 않음으로써 그러한 행동이 점차로 사라지도록 하는 방법이다. 예를 들면, 초등학교 교실에서 교사가 무언가를 설명할 때 학생이 귀를 기울일 때는 관심을 보여 주고, 학생이 분주하고 산만할 때는 관심을 철회하여 좋은 수업 태도를 갖도록 지도하는 것이다.

(2) 모델링

모델링(modeling)이란, 인간은 다른 사람이 행동하는 것을 보고 그런 행동과 반응을 그대로 모방할 수 있기 때문에, 시범자(model)가 먼저 바람직한 행동을 보여 주고 내담자가 그것을 모방하도록 하는 것이다.

(3) 토큰 보상

토큰 보상(token economy) 치료 또는 대리 경제체제란 바람직한 행동을 인정해 주는 것만으로는 별로 효과가 없을 때, 토큰(token)을 주어 나중에 내담자가 원하는 물건이나 권리와 바꿀 수 있도록 하는 치료 절차다.

(4) 자기지시

자기지시(self-instruction)는 불안이나 기타 부적응행동에 대해 불안을 줄이거나 적응행동을 할 수 있도록 자기 자신에게 지시하거나 자기 스스로 말하는 것(self-statement, 자기진술)이다. 이 자기지시에는 정서적 안정을 위하여 근육을 이완하도록 하는 지시, 비합리적인 생각을 합리적인 생각으로 바꾸도록 하는 지시 그리고 구체적인 행동을 하도록 하는 지시가 있다. 이러한 자시지시는 자기지도(self-direction)나 자기통제(self-control) 등의 프로그램에서 많이 사용되고 있다.

(5) 사고 중지

이 기술은 내담자로 하여금 비생산적이고 자기파괴적인 생각을 억제하거나 제거하게 함으로써 이러한 생각들을 통제하도록 도와준다.

사고 중지 과정을 요약하면, 먼저 상담자가 내담자에게 강박적인 사고를 하도록 요구한다. 그리고 강박적인 사고가 떠오르면 손가락으로 신호를 하게 한다. 상담자는 내담자의 손가락을 보고 있다가 내담자가 신호를 보내면 아무런 예고 없이 큰 소리로 책상을 치면서 "중지!"라고 소리를 지른다. 이렇게 되면 대부분의 내담자들은 놀라게 되며, 잠시 뒤에 그 생각에서 벗어나게 된다.

(6) 단계적 둔감화

단계적 둔감화 또는 체계적 둔감화는 울프(Wolpe)가 고안한 것으로서 상호제지의 원리에 따라 공포 및 불안을 제거하는 데 사용하는 방법이다. 이는 불안과 양립할 수 없는 이완 반응을 끌어낸 다음, 불안을 유발하는 경험을 상상하게 함으로써 불안 유발 자극의 영향을 약화시키는 방법이다.

구체적인 절차로는 불안을 유발하는 자극을 분석하고, 불안의 정도에 따라 불안 위계 목록을 만든다. 그리고 근육 이완 훈련을 시킨 다음 내담자가 눈을 감고 이완 상태에서 편안한 장면을 상상하고 있는 도중에 이어서 불안 위계 목록 중 불안을 가장 적게 일으키는 장면부터 떠오르게 한다. 이완 상태에서 불안 위계가 가장 높은 것을 상상해도 내담자가 불안하지 않게 되면, 내담자는 그 문제에 대한 불안이 사라졌다고 보아 상담이 종료된다.

(7) 행동 조성

행동 조성(shaping)이란 바람직한 행동을 여러 단계로 나누어 강화시킴으로써 점진적으로 바람직한 행동에 접근하도록 유도하는 방법이다. 예를 들면, 어느 집단원에게 근면성을 기르게 하기 위해서 먼저 상담자는 그에게 아침 일찍 일어나는 습관을 체득하게 한다. 이것이 성공하면 숙제를 다 마치는 행위로, 또 이것이 성공하면 자기 방을 정돈하는 습관을 체득하게 하여 궁극적으로는 근면성이라는 자질을 함양하게 도울 수 있다.

2) 집단의 과정과 기법

집단을 진행하는 과정에서 집단상담자는 집단원을 수용하고 이해해 줌으로써 그들과 좋은 관계를 맺어야 문제행동의 수정을 위한 작업을 시작할 수 있다.

집단상담자는 집단의 참여자인 동시에 관찰자로서 문제행동의 전제, 그 행동의 특성, 강화인 등에 대해 알아보기 위해 직접 질문을 한다. 집단원들에게 문제행동의 원인을 제시하고, 그 행동을 변화시키기 위해 필요한 활동 과정을 설명하는 직접 강의도 한다. 또한 집단 토의, 역할놀이, 역할 연습, 심리극 및 시범 보이기 등의 기술을 활용하며, 스스로 선택한 목표를 향해 나아가도록 암시를 주고, 진보가 나타날 때는 즉시 강화를 한다.

집단상담에서 행동수정의 이론과 기법을 응용할 때는 상담자가 집단원 각자에게 다음과 같은 절차를 거친다.

(1) 목표 설정
집단원이 수정하고자 하는 행동이 무엇인가를 분명히 밝힌다.

(2) 표적행동의 설정과 정의
집단원이 수립한 목표를 달성하기 위하여 습득해야 할 구체적인 행동(예: 독서 습관)이나 제거해야 할 행동(예: 비만증을 초래하는 식사 습관)을 선정하여 객관적 용어로 정의하는 일이 선행된다.

(3) 행동의 기초선 측정
다음에 행동수정에 들어가기 직전까지의 행동이 얼마나 빈번하게 또는 오랫동안 일어나고 있었는가, 즉 평소 행동의 양을 측정한다.

(4) 적응행동의 증강과 부적응행동의 약화
기초선을 측정한 이후에는 상담 과정에서 정적강화, 부적강화, 벌 또는 소거 등의 기법을 적용해서 바람직한 행동을 증강하고, 부적응행동은 약화시키거나 제거해 나가도록 한다.

행동주의적 접근에서는 행동과 상황 조건에 대한 체계적 관찰 결과를 중요시한다. 그래서 어떤 집단원들은 하루에 몇 번씩 불안 감소를 위한 조처를 취했는가를 보고하게 하며, 또 어떤 집단원에게는 자신이 지난 주간에 가진 사회적 접촉 시간을 시간 단위로 보고하게 한다. 이렇게 해당 문제에 관한 자료의 수집 및 결과에 관련된 보고와 검토가 상담 전반에 걸쳐서 수행된다.

(5) 행동수정된 효과의 일반화
어떤 바람직한 행동이 획득된 다음에는 그 행동이 집단원의 생활환경에 확대

되어 유지되도록 기도한다. 집단상담을 통하여 이루어진 행동 변화가 외부 환경에까지 전이되도록 돕기 위하여 먼저 상담자는 현실 장면과 유사한 행동 연습을 집단 장면에서 집단원에게 연습시킨다. 이어서 이렇게 연습한 행동을 자기가 살고 있는 현실 장면에서 실행해 보도록 숙제를 내 주고, 그 결과를 다음 모임에서 검토 및 보완하게 한다. 또는 행동 연습의 현실적 성과를 높이기 위해 해당 집단원의 가정에서 모임을 갖거나, 두 사람이 한 조가 되어 지역사회(직장, 학교 장면 등)로 나가서 역할 연습을 지원하기도 한다.

3. 합리적 · 정서적 · 행동적 집단상담(REBT)

1) 주요 개념

합리적 · 정서적 · 행동적 집단상담(REBT, 인지정서행동치료)은 정서적 성숙을 향한 인본주의적이고 행동 지향적인 접근이다. 이는 정서를 표현하는 개인의 능력, 현재에 초점을 맞춤으로써 과거를 극복하려는 의지, 선택할 수 있는 힘과 현재 패턴에 대한 만족스러운 대안의 실행을 강조한다. REBT는 심리치료에 대한 포괄적인 접근으로서 정서적 · 행동적 장애만을 다루는 것이 아니라, 인지적 구성 요소를 강조한다. '좋은 것이나 나쁜 것은 아무것도 없다. 다만 생각이 그렇게 만드는 것이다.'

REBT는 사람들은 자신의 현재나 초기의 생활 경험으로 인해 장애를 가지는 것이 아니라, 의식적으로나 무의식적으로 자신을 괴롭히는 강한 선천적인 경향이 있다고 가정한다. 내담자는 그들의 가족과 문화에서 비롯된 우선적인 목표, 규준, 가치를 흡수하고, 그것을 명백하고 암묵적인 '반드시' '꼭' '……하지 않으면 안 된다(should, ought, must).'와 같은 생각으로 바꾸어 자신과 타인에 대한 기대를 강요하게 된다.

엘리스(Eillis)는 사람들이 쓸데없이 자신을 괴롭힐 때, 역기능적인 사고(강박

등), 느낌(공황장애, 우울, 불안, 자기비판, 자기혐오 등), 행동(공포증, 강박증, 기분장애, 우울 등)을 만든다고 주장했다. 치료자의 역할은 내담자의 신념에 합리적으로 도전하여 비합리적인 사고로 인한 정서적 반응을 제거하고, 내담자로 하여금 자신과 자신의 생활 경험에 대하여 좀 더 정확하고 현실적인 평가를 내리게 하는 것이다. 치료자는 내담자의 강력한 당위적 사고, 정서, 행동을 변화시키기 위해 도전한다.

REBT는 몇 가지 이론적 원칙을 가지고 있으며, 이러한 원칙들은 이론적으로 함축하는 바가 크다.

- 내담자는 자신의 정서와 행동에 책임이 있다.
- 내담자의 해로운 정서와 역기능적 행동은 자신의 비합리적인 사고의 산물이다.
- 내담자는 연습을 통해 더욱 현실적인 관점을 배우고, 그것들을 정서적 레퍼토리의 일부로 만들 수 있다.
- 내담자는 현실에 기반을 둔 관점을 개발함으로써 자신을 더 깊이 수용하고 삶에 더 많이 만족하게 될 것이다.

REBT는 문제 상황을 실제적인 문제와 정서적인 문제로 분명하게 구별한다.

- **실제적 문제** 장애행동, 타인의 부당한 취급, 바람직하지 못한 상황
- **정서적 문제** 정서적 고통, 내담자는 보편적으로 화를 내는 경향이 있음

REBT는 정서적 고통을 다음의 네 가지로 설명한다. 첫째, 내담자는 자신의 고통에 대해 책임질 필요가 있다. 내담자 본인만이 현재의 사실에 관해 자신을 화나게 할 수 있다. 그러나 아무리 어려운 사건이라 해도 사건만으로는 내담자를 괴롭힐 절대적인 힘을 가지지 못한다.

둘째, 내담자는 자신의 '반드시(must)'라는 내적 대화를 확인할 필요가 있다. 본질적으로 내담자의 자기패배적인 '반드시' 대화에 초점을 둔 세 가지 핵심적인 왜곡이 있다.

- '반드시' 1-자신에 대한 비현실적인 기대 "반드시 잘 해내고 인정을 받아야 한다. 그렇지 못하면 나는 쓸모없다."

- '반드시' 2-타인에 대한 비현실적인 기대 "당신은 반드시 나에게 합리적으로 대해 주고 나를 배려해 주며 사랑해 주어야 한다. 그렇지 않으면 당신은 나쁜 사람이다."

- '반드시' 3-환경이나 상황에 대한 비현실적인 기대 "인생은 공평하고 안락하며 비폭력적이어야 한다. 그렇지 않으면 끔찍하다."

셋째, 치료자가 내담자로 하여금 자신의 불합리하고, 스스로 만든 '반드시'에 논박하도록 가르치는 것이 중요하다. 그들의 '반드시'의 증거는 무엇인가? 그것이 얼마나 진리인가? 그에 대한 증거가 없다면 내담자들의 '반드시'는 완전히 틀린 것이다.

넷째, 치료자는 내담자들에게 선호함(preference)을 강화하도록 가르칠 필요가 있다.

- 선호 1 "나는 잘 해내고 인정받기를 몹시 좋아한다. 그러나 실패한다고 해도 나는 나 자신을 무조건 그리고 전적으로 수용할 것이다."

- 선호 2 "나는 다른 사람들이 나를 합리적이고 친절하게 대해 주기를 몹시 바란다. 그러나 내가 세상을 움직이고 있는 것이 아니므로, 잘못하는 일도 자연스러운 인간 본성의 일부이며, 다른 사람을 내 마음대로 조정할 수는 없다."

• 선호 3 "나는 삶이 공평하고 안락하며 비폭력적이기를 몹시 바라기에, 삶
이 그렇지 않다는 것은 몹시 절망스러운 일이다. 그러나 좌절을 견딜 수 있
으며, 스스로 기대를 부과하지 않고도 여전히 삶을 즐길 수 있다."

REBT는 내담자가 의식적이거나 무의식적인, 비합리적이며 자기패배적인 평
가, 해석, 기대, 철학으로부터 주로 야기된 '정서적' 반응에 이름을 붙인다는 가
정에 기초를 둔다. 그리하여 내담자는 불안이나 우울을 느낀다. 왜냐하면, 자신
의 신념체계가 무언가에 실패하는 것은 끔찍하며, 거부당하고 사랑받지 못하거
나 소외되는 고통을 견딜 수 없다는 것을 강하게 확신시키기 때문이다.

엘리스는 내담자들 가운데 신경증을 유발하고 지속시키는 비합리적인 생각
을 규명하였다. 합리적인 치료는 임상적으로 관찰되어 온 특정한 비합리적 사
고가 대부분의 신경증의 뿌리가 된다는 입장을 취한다. 이들 비합리적 사고는
다음과 같다.

• 자신이 하는 거의 모든 행동에 대해 의미 있는 타인들의 사랑을 받는 것이
성인에게 절대적으로 필수적이라고 생각함
• 어떤 행동은 끔찍하고 사악한 것이며, 그러한 행동을 하는 사람은 엄하게
처벌되어야 한다고 생각함
• 원하는 대로 되지 않는다면 끔찍하다고 생각함
• 인간의 불행은 외부적 원인 때문이며, 외부의 사람과 사실로 인해 어쩔 수
없다고 생각함
• 만약 위험하고 무서운 일이 있다면, 우리는 몹시 당황할 수밖에 없으며 끝
없이 괴로움을 겪어야 한다고 생각함
• 삶의 어려움과 자기책임에 직면하기보다는 그것을 피하는 것이 더 쉽다고
생각함
• 우리는 의지할 다른 무엇, 또는 자신보다 훨씬 강하고 위대한 자가 절대적
으로 필요하다고 생각함

- 우리는 가능한 한 모든 점에서 철저하게 유능하고 지적이어야 하며, 성공해야 한다고 생각함
- 우리가 무언가를 확실하고 완전하게 지배할 수 있다는 생각과 마찬가지로 무언가 한 번 강하게 우리의 삶에 영향을 미치면, 그것이 언제까지나 영향을 미칠 것이라고 생각함
- 인간의 행복은 의지와 상관없이 저절로 이루어진다고 생각함
- 우리는 실질적으로 우리의 감정을 통제할 수 없으므로, 고통을 느끼는 것은 어쩔 수 없다고 생각함

엘리스는 본질적으로 선행 사건(A)은 직접적으로 정서적·행동적 결과(C)를 야기하지 않는다는 성격의 ABC 이론을 개발했다. 그보다 정서적·행동적 결과는 주로 선행 사건에 관한 그 사람의 신념에 의해 야기된다. 논박은 비합리적 신념에 대한 확인, 논박, 도전 그리고 합리적 신념으로의 대체로 이루어진다(Ellis, 1975). 사고, 감정, 행동은 모두 상호 관계 속에 있다.

A(activating event) ← B(belief) → C(emotional and behavioral consequence)
↑
D(disputing) → E(effective philosophy) → F(new feeling)

- A   반응을 일으키는 사건, 상황, 환경 또는 개인의 태도
- B   각 개인의 A에 대한 믿음
- C   각 개인의 반응이나 정서적 결과
- D   논박(비합리적인 생각을 바꾸는 방법을 내담자에게 제시하는 것)
- E   내담자의 적절한 정서와 적응적 행동을 일으키는 효과

※ REBT에서는 A가 C를 초래하는 것이 아니라, A에 대한 믿음, 즉 사고 B가 C를 초래한다고 본다.

[그림 5-1] ABCDE 모형

2) 집단상담자의 역할

REBT의 집단상담에서는 상담의 과정이 비교적 교육적이고, 상담자가 교육적인 역할을 한다고 볼 수 있다. 합리적·정서적 접근의 상담집단은 지도자 중심적인 집단이다. 상담자의 과제는 집단원들로 하여금 합리적인 생활 철학과 현실적인 사고방식을 배우도록 교육하는 것이다. 따라서 상담자는 인간중심적 상담과는 특히 대조적으로, 대단히 적극적이고, 설득적이며, 도전적인 역할을 한다.

상담자는 다음과 같은 단계로 상담을 인도한다.

- 1단계   집단원에게 문제점을 질문한다.
- 2단계   문제점을 규명한다.
- 3단계   c를 알아본다.
- 4단계   a를 알아본다.
- 5단계   이차적 정서 문제를 규명한다.
- 6단계   b와 c의 연관성을 가르쳐 준다.
- 7단계   b를 평가한다.
- 8단계   비합리적 신념체계(ib)와 결과(c)를 연관시킨다.
- 9단계   비합리적 신념체계를 논박한다.
- 10단계   합리적 신념체계를 집단원이 심화하도록 한다.
- 11단계   새로 학습된 신념체계를 실천에 옮기도록 격려한다.
- 12단계   숙제를 검토한다.
- 13단계   훈습 과정을 촉진한다.

3) 집단상담의 과정과 기법

이 이론에 따른 집단상담의 일반적인 절차는 다음과 같다.

- 1단계 집단원들 중 한 사람에게 문제를 내놓도록 한다.
- 2단계 집단원들이 a-b-c 모형을 활용하여, 그 사람에게 반응하도록 한다.
- 3단계 집단원들이 문제를 내놓은 사람의 감정 및 관점 그리고 스스로에게 다짐하고 있는 '자기독백'에 대하여 질문하고 도전한다.
- 4단계 상담자는 집단원들에게 행동에 대한 숙제를 내 주고, 다음 모임에서 그 결과를 보고하게 하고 함께 토의한다.

이러한 기본 과정은 내담자의 비합리적 신념이 바뀔 때까지 반복된다. 보통 한 회기에 2~3명의 집단원들이 자신의 문제를 내놓을 수 있다. 합리적 · 정서적 집단상담은 원칙적으로 철학적이고 인지적인 접근으로서 집단원들의 사고방식을 변경하기 위한 토론과 설득으로 이루어진다. 집단상담자는 역할 연습, 자기주장 훈련 같은 기법을 다양하게 이용한다.

상담자는 다음과 같은 인지적 · 정서적 · 행동적 기법을 필요에 따라 적절하게 사용한다. 즉, 논박, 강의, 행동수정, 독서치료, 시청각적 자료, 활동 중심의 과제 등 여러 가지 방법과 역할놀이, 자기주장 훈련, 감정 둔화, 유머, 조작적 조건화, 암시, 지지 등 여러 가지 기술 등을 활용한다. 구체적으로 설명하면 다음과 같다.

- 인지적 치료법 집단원들의 대화 중에 나온 '절대로' '반드시' '당연히' 등과 같은 말을 찾아내도록 가르치며, 그들이 가진 비합리적인 생각과 합리적인 생각을 구별하도록 가르친다.

- 감정적 · 환기적 방법 감정을 환기시켜 그와 관련된 비합리적인 생각의 변화를 꾀하려는 데 목적이 있다. 집단원들의 핵심적 가치관을 변화시키는 데 도움을 주기 위한 노력으로, 역할놀이를 통해 그 역할과 관련된 감정을 각성하고 극복하도록 하며, 시범 보이기를 통해 다른 가치관을 수용하는 방법을 가르치기, 유머, 무조건적 수용, 상상이나 수치심에 도전하기 등을 활용한다.

- **행동치료법** 훈련을 통해 새로운 행동을 학습시키기도 한다. 행동의 변화가 생각의 변화를 이끌어 결국 생각, 행동, 정서가 모두 변화하는 데 관심을 둔다.

4. 형태주의 집단상담

1) 주요 개념

이 모형에서는 인간의 생활을 형태(형태는 도형과 배경으로 구성됨)의 점진적 형성과 소멸의 과정으로 보고 있다. 정신적으로 건강한 사람이란 이 형태의 생성과 소멸의 과정이 방해받음 없이 비교적 잘 진행되는 사람을 말한다(Perls, 1951, 1977). 이 접근 모형에서는 '어떻게'와 '무엇을'을 '왜'보다 더 중요시한다. 즉, 현재 무엇을 어떻게 하고 있는가에 대해서 각성시키는 것이 중요하다고 보며, 과거의 일이나 행동의 원인에 대해서는 별로 신경을 쓰지 않는다. 펄스(Perls)의 표현을 그대로 옮겨 보면, 이 접근에서는 오직 지금(now)-경험(experience)-각성(awareness)-현실(reality)에만 초점을 맞추고 있다. 즉, 이 접근이 강조하는 점은 '지금'과 '각성'이란 두 단어로 줄일 수 있다. 각성 중에서도 특히 신체적인 면의 각성을 강조하는 점이 특색이다. 그러니까 이 모형에서는 순간순간의 경험에 중점을 두고, 현재의 경험에 대한 연속적인 각성을 강조한다.

2) 집단상담자의 역할

집단원들의 행동을 해석하지 않고, 오히려 그들의 현재 기능을 방해하는 미완성의 형태 형성과 소멸의 과정을 발견해 내도록 하는 일이 집단상담자의 주요한 역할이다.

이 모형에서는 집단상담자가 그 집단의 중심이 된다. 그 집단에서 어떤 활동을 할 것이며, 누구와 또 언제 그런 활동 내지는 상호작용이 이루어질 것인지가 대부분 집단상담자에 의하여 결정되고 인도된다. 대부분의 경우 집단상담자는 집단 전체보다 한 집단원을 상대로 하여 활동한다. 이런 면에서 볼 때, 이 모형은 실제적으로는 집단 장면에서 이루어지는 '개인상담 및 치료'라고 불릴 수 있다. 집단원들로 하여금 자신을 각성하게 하기 위하여 집단상담자는 여러 가지 기술, 게임, 활동 등을 책임지고 계획하며 지도한다. 이 모형에서는 모험과 맞닥 뜨림의 중요성을 강조하고, 정서적 경험을 중시하며, 또한 있는 그대로의 행동을 장려하기 때문에, 집단상담자 자신은 말로만 하기보다 스스로 이러한 사람으로 보이고, 또 이를 솔선수범하는 사람이 되어야 한다.

3) 집단의 기술

(1) 뜨거운 자리(hot seat)

개인의 자기각성을 촉진하기 위하여 활용되는 기술을 '뜨거운 자리' 기술이라고 한다. 처음에 집단상담자가 이 뜨거운 자리 활동의 개념을 설명해 준 다음, 집단원 중에서 자신의 문제를 해결하고 싶으면 누구든지 한 사람만 나와서 집단 상담자의 자리와 마주 보고 있는 빈 의자에 앉으라고 한다. 그리고는 자기를 괴롭히는 어떤 구체적인 문제를 이야기하게 한다. 보통 10~30분 혹은 그 이상이 걸려서라도 그 집단원과 집단상담자 사이에 어떤 결론에 도달했다고 느낄 때까지 그 문제에 대하여 적극적인 상호작용을 한다. 이때의 모든 이야기는 현재의 감정 상태로 바꾸어 말하게 한다. 다른 집단원들은 특별한 허락 없이는 그 집단원과 집단상담자 간의 상호작용을 방해하지 않도록 한다.

(2) 차례로 돌아가기(making round)

이 기술은 집단의 분위기 조성 혹은 집단의 발전을 촉진하기 위하여 '맞닥뜨림'의 형식으로 활용될 수 있다. 보통 어떤 집단원이 모든 집단원에게 직접 표현해야 할 것 같은 감정을 일반적으로 말로 표현했을 경우, 집단상담자는 이 기술을 사용할 수 있다. 예를 들면, 어떤 집단원이 "나는 대개 사람들을 믿지 못해."라고 했을 경우, 집단상담자는 그 집단원으로 하여금 모든 집단원들에게 한 사람씩 차례로 돌아가면서 "나는 당신을 믿지 못해."라고 자신의 생각이나 감정을 직접 말로 표현하게 한다. 이렇게 함으로써 각성을 촉진하는 것이다.

(3) 빈의자(empty chair) 기법

이 기술은 집단원이 갈등상태에 있는 어떤 감정 문제를 해결하는 데 도움을 주기 위한 것이다. 예를 들면, 만약 어떤 집단원이 화를 잘 내는 행동 때문에 스스로를 원망하고 있다면 원망하는 감정을 빈 의자를 향해 털어놓게 한 후, 즉시 그 빈 의자에 가서 앉아 그의 화내는 행동에 대한 역할을 떠맡게 된다. 이렇게 함으로써 화내는 행동에 대하여 지식화하거나 이야기만 하지 않고, 직접 화내는 행동을 하는 자가 되어 그것을 각성하고 이에 대한 책임을 지게 하려는 것이다.

(4) 신체언어(body language)

집단상담자는 집단원들의 신체적 단서에 유의하고 이를 지적해 줌으로써 개인의 각성을 촉진한다. 예컨대, 어떤 집단원이 손으로 의자의 손잡이를 딱딱 치고 있다면, 집단상담자는 그 행동을 지적하되 "당신의 손이 그 의자에게 무슨 말을 하고 있소?"라고 묻는다. 즉, 집단상담자는 그렇게 물음으로써 그 집단원의 행동에 대한 해석은 하지 않고, 오히려 집단원이 스스로 그 의미를 이야기하게 한다. 신체적 단서에 강조점을 두는 것은 마음속에 일어나는 것이 신체적으로 일어나는 것과 상통한다고 보는 견해에서 비롯된다. 따라서 신체적 언어를 정확히 판독하는 기술은 매우 중요하다.

(5) 질문형을 진술형으로 고치기

집단상담자는 진정한 의미의 질문과 다른 이유 때문에 이용되는 질문을 구별할 수 있어야 한다. 이에 대한 한 가지 손쉬운 방법은 진술문으로 바꾸어 보게 하는 것이다. 예를 들면, 한 집단원이 "나는 바른 말을 잘 하기 때문에 사람들이 나를 좋아하지 않는 경향이 있는데 이 집단에서도 마찬가지인 것 같다."라고 말했다면, 다른 집단원이 이에 반응하여 "당신은 정말 그렇게 생각하오?"라고 질문할 수 있다. 이것은 얼핏 아주 정직한 질문같이 보이나 실상은 '나는 당신의 견해에 찬동할 수 없소.'라는 진술에 불과하다. 그러니까 이 모형은 집단원들로 하여금 순간순간의 경험을 보다 명확히 각성하도록 돕기 위하여 집단상담자가 직접적으로 개입하여 맞닥뜨림으로써 개인이 스스로의 행동에 책임지게 하는 하나의 적극적인 시도라고 할 수 있겠다.

5. 본성실현 집단상담

1) 본성실현 상담의 성격

치료적 모형에 따르면, 상담의 대상은 정신적으로 병들거나 부정적 의미의 문제를 가진 개인이고, 상담의 목적은 병을 치료하거나 문제를 해결하도록 돕는 것으로 인식되고 있다. 이와는 달리 발달적 모형에 따르면, 상담이란 병들거나 문제를 지닌 개인을 정상 상태로 회복하도록 돕는 데 머무르지 않고, 보다 나은 성장·발달을 촉진함으로써 그가 지닌 생래적 성장 가능성을 최대한 발휘하도록 돕는 데까지 그 범위를 확장하고 있다(이형득, 1992).

정신병리의 범위를 '정신병-'정상적' 건강-'초' 건강'이라는 세 점으로 연결되는 직선으로 도식할 때, 심리치료적 상담에서는 주로 정신병과 정상적 건강 사이의 문제를 취급한다고 볼 수 있고, 발달적 상담에서는 '정상적' 건강과 '초' 건강 사이의 영역을 취급한다고 할 수 있다. 여기서 말하는 정신병은 심리치료를 통하여 정상적인 건강으로 회복될 상태를 말한다. 그러나 '초' 건강이란 단순히 병에 걸리지 않았다거나 병에서 회복된다는 소극적인 상태에 그치는 것이 아니라, 한 걸음 나아가서 개인이 최선의 기능을 발휘하여 최대한의 자기실현을 이루는 하나의 이상적인 상태를 말하는, 보다 적극적인 측면을 포함하는 것이다.

다시 말해서, 정신적으로 '초' 건강 상태에 도달한 사람은 신체적, 지적, 정서적, 사회적 및 도덕적인 여러 측면에서 최상 수준의 발달을 이룩한 사람을 지칭한다.

이런 관점에서 볼 때, 그동안 서양의 심리학은 대체로 정신병과 '정상적' 건강에 해당하는 문제를 취급하는 데 치중해 왔다고 할 수 있다. 그 결과, 정신건강과 관련된 심리학의 여러 분야에서는 주로 정신질환의 분류와 그 원인의 발견 그리고 적절한 치료법의 개발에 주력해 왔으며, 임상가들도 정신병의 진단과 치료를 통한 정신질환의 감소 내지는 퇴치를 그 주된 과업으로 간주해 온 것이 사실이다. 이와 같은 문제점을 뒤늦게 인식한 서양의 심리학자들은 근래에 이르러 소위 인본주의 심리학(Humanistic Psychology)으로 대변되는 제3세력을 필두로 하여, 최근 활발히 연구되고 있는 초개인 또는 초월심리학(Transpersonal Psychology) 으로 불리는 제4세력의 움직임을 통하여 비로소 '초' 건강의 영성을 탐구하기 시작하였다.

이와는 대조적으로 불교, 도교, 기독교와 같은 동양의 사상체계나 전통적 종교에 토대를 둔 동양의 심리학에서는 이미 수천 년 전부터 인간을 무한한 잠재력을 지닌 존재로 인정했을 뿐 아니라, 신앙, 무념, 무위와 같은 원리에 입각하여 인간의 내재적 능력을 최대한 계발하는 방법을 터득하고 있었던 것이다. 다시 말해서, 동양의 심리학에서는 일찍부터 '초' 건강의 영역을 심도 있게 탐구한 결과, 인간 본성의 성찰, 삶의 기본 원리, 우주의 존재 양식에 대한 나름대로의 인식을 지니게 되었음은 물론, 이를 근거로 하여 인간 본성의 장애와 그 실현 방법에 관한 깨우침을 얻을 수 있었던 것이다.

본성실현 상담은 동양의 심리학이 가르치는 이러한 원리와 방법에 터하여 내담자들로 하여금 각자의 생래적 잠재력을 최대한 계발하도록 도움으로써 '초' 건강의 상태에서 삶을 영위하는 것을 목적으로 한다. 즉, 내담자들로 하여금 ① 인간의 본성, 삶의 기본 원리 그리고 우주의 존재 양식에 관한 바른 인식을 가질 뿐 아니라 이들 사실과 원리에 대하여 확고한 신념을 갖도록 하고, ② 안과 밖의 자극에 동요하지 않는 여유롭고 허용적인 태도를 지닐 수 있게 하며, ③ 다양한 사태에 처해서도 자연스럽고 자발적인 동시에 즉흥적이고 직접적으로 반응할 수 있는, 이른바 직관적 반응력을 계발하도록 하고, ④ 타인과 관계하거나 사물을 다룰 때 상대방의 리듬을 방해하지 않고 그것과 조화를 이루면서 행동할 수 있는 능력을 키움으로써 결국에는 '초' 건강의 삶을 누리도록 도우려는 데 있다.

2) 인간관

본성실현 상담의 인간관은, ① 사물, 삶, 자기에 대한 지각, ② 인간의 본성, ③ 본성실현의 장애의 관점으로 나누어 살펴볼 수 있다.

(1) 사물, 삶, 자기에 대한 지각

인간이 본성을 최대한 실현하여 행복하고 생산적인 삶을 살아가려면, 먼저 우주 만물이 어떠한 모습으로 존재하고 있는지(우주 만물의 존재 양식), 우리 인간의 삶은 어떻게 이어지는지(삶의 원리), 그리고 참된 인간의 모습은 어떠한지(자기이해)에 관하여 바르게 인식하고 확신함으로써 이를 실제적인 삶에 적용할 수 있어야 한다.

① 우주 만물의 존재 양식

우리가 살고 있는 이 우주는 제각기 독자적 개성을 지닌 사물들의 불가분적 상호 관계를 토대로 하여 유지 및 발전되는 하나의 거대한 유기체다. 다시 말해서, 모든 사물은 각기 독자적인 개성을 지니면서도 상호 간에 불가분의 관계를 유지함으로써 전일체적 우주를 형성하고 있다. 사물이 존재하는 모습을 ① 개성 또는 독자성, ② 상관성 또는 상호 의존성, ③ 전일성 또는 통전성 등 세 가지 특성으로 나누어 볼 수 있다.

우주의 만물은 개별적으로는 독자성을 지니면서 상호 간에 불가분의 의존적 관계를 유지할 뿐만 아니라, 우주적 차원에서도 하나의 커다란 유기체를 형성하여 스스로 유지 · 발전하는 전일성 또는 통전성을 지니고 있다. 그러므로 사물의 존재 양식을 제대로 이해하려면 사물들의 개별성과 상호 의존성은 물론 보다 높은 차원에서 우주 유기체의 전일적인 특성에 관해서도 바른 인식과 확신을 가져야 한다. 다시 말해서, 우리는 우주를 형성하고 있는 개개의 사물 자체도 나름으로 독자성을 지닌 완벽한 존재임을 인식하고 존중해야 하지만, 이들이 모여 전일체를 이룬 우주 자체도 하나의 거대한 실체임을 인식하고 존중하는 이른바 우주의식을 지녀야 한다.

② 삶의 원리

인간이 천부적 본성을 백분 발휘하여 풍성한 삶을 꾸려 가려면 우리는 또한 삶이 어떤 원리에 입각하여 이루어지고 있는지에 대한 올바른 시각도 지녀야 한다. 우리의 삶이 어떤 모습으로 이어지고 엮여 있는가에 관한 바른 인식은 우리로 하여금 한층 여유롭고 생산적으로 살아가도록 도와주기 때문이다. 인간의 삶은 끊임없는 변화의 과정으로 이어지게 되어 있으며, 음과 양으로 대변되는 양극적이고 상반적인 두 가지 현상이 상보적으로 엮여 나가도록 되어 있기 때문에, 삶의 원리 또는 이치는 ① 가변적 불변성, ② 양극적 상보성, ③ 의도적 자발성으로 구분해 볼 수 있다.

인생을 포함하여 우주의 삼라만상은 끊임없는 변화를 거듭하는 한편, 한 차원 높은 수준에서 불변성도 지니고 있다. 그리고 모든 사물의 변화 과정은 순환성과 아울러 양극적인 현상의 상보성으로 이어지고 있다. 그렇기에 우리가 변화를 맞이하거나 다른 사람 및 사물을 대할 경우에는 보다 긍정적이고 의도적인 태도를 취하는 것이 바람직하다.

그러나 일단 그들을 직접 상대하여 행동할 경우에는 상대방의 행동이나 변화의 흐름을 간섭하거나 방해하지 않으며, 있는 그대로 이해하고 신뢰함으로써 그들이 지닌 자발성을 허용해 주는 것이 효과적이고 생산적이다. 왜냐하면, 인간과 사물은 신의 섭리에 따라 특별한 의도적 개입 없이도 스스로 발생하고 발달하는 자발성을 본래적으로 지니고 있음은 물론 이 자발성에 따라 행동하고 발달할 수 있을 때 가장 아름답고 기능적이 될 수 있기 때문이다.

③ 자기이해

본성실현을 위하여 우리가 해야 할 또 한 가지 일은 자기에 대한 정체성을 정확하게 이해하는 것이다. "너 자신을 알라"라는 옛 교훈이나 "상대를 알고 자기를 알면 백전백승"이라는 지혜의 말이 암시하듯, 우리의 삶에 있어서 자기를 정확하게 이해하는 일이야말로 가장 기본이요, 급선무다. 자기에 대한 정확한 이해는 ① 자화상, ② 개념적 자기, ③ 본성적 자기 등의 개념으로 나누어 살펴볼 수 있다.

우리는 자화상과 역할을 중심으로 개념적 자기를 지니고 살아간다. 이 개념적 자기가 비록 우리의 본성적 자기는 아닐지라도 사회의 존속과 삶의 영위를 위하여 필요하기 때문에 우리는 가능하면 자화상을 긍정적으로 가지며 역할 수행을 잘하는 것이 바람직하다. 그럼에도, 이것이 우리의 본성적 자기가 아니기 때문에 본성을 억압하면서까지 지나치게 집착하는 경우 심신에 지장을 초래할 뿐 아니라 진실한 인간관계를 해치고, 생산적인 삶에도 문제를 일으킬 수 있다. 그러므로 우리는 본성적 자기를 바로 이해하고 이에 따라 살 필요가 있다.

본성적 자기로 산다는 것은 '배고플 때 밥을 먹고 피곤할 때 잠을 자는 식의 삶'이라고 할 수 있다. 우리가 무엇을 하려고 할 때 '잘해야 한다.' '다른 사람들이 어떻게 보겠는가?'와 같은 분석·판단·평가의 의식 없이, 있는 그대로 행동하는 것이 바로 본성적인 행동이요, 그렇게 할 때 우리는 심적인 에너지를 행동 자체에만 사용할 수 있어 이른바 충분히 기능하는 삶을 살아갈 수 있다.

(2) 인간의 본성

불교에 따르면, 인간은 원래 불성을 지닌 존재로서 부처나 나한이 소유한 여러 성격적 특징을 그 본성으로 지니고 있다. 도교에서는 인간을 덕(德)이라고 하는 신비한 능력을 소유한 존재로 인정하여 누구든지 도인이 될 자질을 생래적으로 갖추고 있다고 보고 있다. 그리고 기독교에서는 인간을 하느님의 형상으로 지음을 받은 존재로 보며, 그 표본적 인물인 예수의 성격적 특징을 모든 인간들도 그 본성으로 지니고 있다고 가르친다. 비록 이 세 가지 종교 또는 사상체계가 각기 표방하는 인물이나 구체적인 성격 특징에 있어서는 약간의 차이를 나타내고 있지만, 인간의 본성을 선하게 보는 데는 물론, 모든 인간이 행복하고 생산적인 삶을 영위하기에 충분한 여러 가지 능력을 생래적으로 풍부히 소유하고 있다는 점에 있어서도 인식을 같이하고 있다.

본성실현 상담에서는 인간의 본성을 ① 도덕적으로 선하며, ② 정서적으로는 탐심과 집착에서 초탈함으로써 불안과 고뇌에서 해방될 수 있고, ③ 지적으로는 현실을 있는 그대로 정확하게 지각하고 수용하는 지혜를 지니며, ④ 만사를 능수능란하고 우아하게 처리하는 기능 또는 예능을 발휘할 수 있고, ⑤ 타인과 자신에 대하여 개방적이며 공평무사하므로 그들과 사랑 혹은 친절의 관계를 발전시킬 수 있으며, ⑥ 신 또는 우주정신과의 영교(靈交)를 통하여 여러 가지 초인적 능력을 발휘할 수 있는 것으로 본다. 다시 말해서, 인간의 본성은 부처, 도인, 예수의 본성과 유사하기 때문에 그분들이 느끼고, 생각하고, 알고, 행동한 것을 우리도 능히 할 수 있다고 인정한다.

비록 인간이 잘못되어 욕심과 집착, 불안과 고뇌, 비행과 범죄, 무능과 불행, 불신과 자포자기, 질병과 고통 등 여러 가지 부정적인 측면을 나타내고 있기는 하나, 그것이 본성이 아니기 때문에 상담을 통하여 이와 같은 현상을 경감 또는 극복할 수 있다. 뿐만 아니라 인간이 그의 본성을 제대로 실현할 수 있을 때 그는 신체적으로나 정신적으로 초인적 능력을 발휘할 수 있다. 그는 뛰기, 달리기, 보기, 듣기, 느끼기, 생각하기, 기억하기, 판별하기, 사랑하기, 창조하기 등등 인생의 모든 측면에서 무한한 잠재력을 발휘하여 보다 생산적이고 행복한 삶을 살아갈 수 있다.

이처럼 인간의 본성이 선할 뿐 아니라 무한한 능력을 지닌 것으로 보는 긍정적인 인간관은 근래에 이르러 상담 분야에서도 인도주의적 입장을 취하는 학자들에 의하여 적극적인 지지를 받고 있다. 예를 들면, 인간에게 내재하는 긍정적인 성장 가능성과 지혜를 인정하고 신뢰하는 로저스(Rogers, 1961)는 자기실현 절정 경험, 초월적 경험의 개변과 관련된 여러 가지 행동 특징을 밝혀냄으로써 인간 본성의 무한한 실현 가능성을 주장한 매슬로(Maslow, 1976) 그리고 최근에 이르러 타인의 생각을 감지하는 정신 감응(telepathy), 신앙 혹은 신념을 통하여 병을 치료하는 심령치료(psychic healing), 정신력으로 물체를 움직이는 염력(psychokinesis), 앞으로 일어날 일을 알아내는 예지(precognition), 벽과 같은 장애물을 꿰뚫어 볼 수 있는 투시(clairvoyance) 등 다양한 초능력적 인간 경험을 연구하는 초월심리학(Grof, 1983)이 이에 해당한다.

(3) 본성실현의 장애

① 양극적 사고와 선악 판단—이분법적 사고와 상반적 시각

원래 이 세상은 음과 양으로 대변되는 이원적 현상의 상보적 작용으로 이루어 졌으며, 우리 인간의 삶 자체도 이 이원적 현상의 상호작용을 바탕으로 하여 유지되고 있다. 성경(창세기 1:1-19)에 보면, 하나님의 빛과 어두움, 낮과 밤, 육지와 바다 등 이 세상을 이원적인 현상으로 지으시고, 이들의 상보적 작용을 통하여 유지 · 발전되도록 하셨다.

그리고 장자(Chuang tzu, 1971)가 지적한 것처럼 "생명이란 음과 양의 혼합된 조화"다. 뿐만 아니라 노자(Lao tzu, 1963)도 그의 『도덕경』에서 "있음과 없음, 어려움과 쉬움, 긴 것과 짧은 것, 높은 것과 낮은 것, 음과 소리, 앞과 뒤" 등 이원적인 요소들이 상보적으로 작용하여 우주와 만물을 유지하고 있음을 가르치고 있다.

통상 우리는 이 이원적 현상을 상반된 것으로 이해하기 쉬우나, 사실에 있어서는 그것이 인간의 삶을 지탱해 주는 두 다리와 같은 역할을 하고 있다. 때문에 둘 중 어느 하나가 없어지면 우리의 삶은 무너지고 만다. 예를 들면, 우리에게 삶, 젊음, 쾌락만 존재하고, 죽음, 늙음, 고통이 전혀 없다면 삶의 절반을 상실하는 결과를 낳기 때문에 우리가 경험하는 삶, 젊음, 쾌락도 그 의의와 가치를 상실하게 된다. 뿐만 아니라 너무 많은 빛은 우리의 눈을 멀게 하고, 지나친 쾌감은 우리의 감각을 마비시킨다. 그러므로 건강한 삶, 생산적인 인생을 위하여 인간은 음과 양의 균형과 조화적 경험을 필요로 한다. 그러니까 어두움, 고통, 이별과 같은 음적인 측면의 경험은 불행한 것처럼 착각하기 쉬우나, 실은 인간의 삶을 유지시키는 데 매우 가치 있는 지각적 요소로 작용한다. 다시 말해서, 사랑과 미움, 쾌와 고통, 기쁨과 슬픔 등 음과 양으로 대변되는 두 가지 측면은 모두 인간의 감정 능력을 구성하는 필수 불가결한 요소인 것이다(Watts, 1979). 따라서 우리는 일견 상반된 것으로 여겨지는 이들 이원적 현상을 우주의 존속과 인생의 의미를 위하여 매우 가치 있는 것으로 인정한 후 그것을 있는 그대로 수용할 수 있어야 한다. 실제로 선악을 알기 전의 인간은 본성에 따라 느끼고 생각하며 행동했기 때문에, 음과 양의 이원적인 현상을 상보적인 것으로 받아들여 행복하고 생산적으로 살 수 있다.

② 허구적 자아개념—부정적 자기개념과 열등의식

인간의 본성은 선하고 유능하기 때문에 갓 태어난 아기는 본성에 가장 가깝게 느끼고 행동한다고 볼 수 있다. 그래서 갓난아이는 계획적으로 남을 해치거나 어른들처럼 부정을 저지르지 않는다. 그는 하루 종일 움직이고 활동하지만 피로를 잘 느끼지 않는다. 어린이는 한 번 보고 들은 것을 잊지 않고 잘 기억한다. 그들은 놀랄 만한 속도로 삶에 필요한 지식과 기능을 학습해 나간다. 만약 어린이가 본성대로만 계속 성장할 수 있다면 그들은 소위 초인적 능력의 소유자, 자유인 그리고 행복인의 표본이 될 것이다.

그러나 불행히도 어린이는 성장하면서 본성적 자기와는 별개로 허구적인 자아개념을 형성하기 시작한다. 선악 판단에 길들여진 부모는 어린이의 느낌과 행동을 자신들의 가치 기준에 근거하여 판단하게 된다. 부모는 자신들이 선하다고 여기는 어린이의 행동은 수용하고 칭찬하나 그렇지 못한 것은 거부하거나 질책한다. 부모의 보호와 도움을 필요로 하는 어린이는 그들의 인정을 받기 위하여 자신의 본성을 억제하고 부모의 기대에 맞추어 행동하기를 학습한다(Branden, 1973). 이와 같은 경험이 반복되고 습관화되면 마침내 어린이는 부모나 사회의 기대에 부응하는 느낌이나 행동을 본성적인 것으로 착각하게 된다.

아동이 성장함에 따라 사물 자체와는 별개로 그 사물에 대한 상징 또는 개념을 구성하는 능력을 발전시킨다. 여기에는 아동이 자신의 본성과는 별개로 자신에 대한 상징 또는 개념을 구성하는 능력도 포함한다. 그리고 이 자신에 대한 상징 또는 자아개념은 부모와 사회의 기대에 부응하기 위하여 꾸며 낸 느낌과 행동을 주축으로 하여 구성된다. 아동에게 있어서는 개념이 실제보다 더 이해하기 쉽고, 변화하는 사실보다 불변하는 상징이 실제처럼 받아들여지기 때문에 그들은 허구적인 자신을 본성적인 자신에 대한 개념과 동일시하게 된다. 그 결과 아동은 본성과는 별도로 자아에 대한 허구적 개념을 형성한다.

③ 불신과 소외―비효과적인 관계와 결여의식

허구적 자아개념이 선악 판단에서 부정적인 측면(惡)과 연관 지워질 때 한층 더 심각한 문제를 야기한다. 허구적이기는 하나 부정적인 자아개념을 지니는 경우, 인간은 자기 자신은 물론 주위의 사물에 대해서도 회의적이고 부정적인 시각을 가지게 된다. 그 결과, 그는 자신의 본성을 불신할 수밖에 없다. 뿐만 아니라 그는 타인과도 참만남의 관계를 경험할 수 없으며, 자연마저도 착취하고 오염시키는 잘못을 저지르게 된다. 마침내 그는 자신의 본성, 타인 및 자연으로부터의 단절을 경험하고 소외감을 느끼게 된다.

④ 욕심과 집착

앞에서 지적한 것처럼, 인간이 자신의 본성을 불신하여 스스로를 무능하고 무가치한 존재로 인식하는 경우, 그는 자신의 부정적인 모습을 보상하기 위하여 노력하지 않을 수 없다. 다시 말해서, 그는 못난 자신을 보호하거나 자신의 부족함을 채우기 위하여 욕심을 내게 된다. 즉, 그는 인정과 사랑을 받고 싶어 하고, 아름다워지고 싶어 하며, 건강하게 오래 살고 싶어 한다. 그리고 이와 같은 갖가지 욕심을 채워 줄 수 있을 것으로 여겨지는 대상에 대하여 강한 집착을 하게 된다. 그 결과, 그는 자신의 지식, 재산, 지위, 명예 등과 자아를 동일시하게 되고, 이들을 획득하고 소유하기 위하여 건강을 해칠 뿐 아니라 때로는 목숨까지 바치기도 한다. 그런데 이러한 인간의 욕심과 집착은 모두 부정적인 자아개념을 보호하거나 보상하기 위한 방어기제적 노력이기에 다분히 자아중심적이고 이기적인 성격을 띠고 있다. 이처럼 인간의 생각과 행동의 대부분이 이와 같은 이기적인 욕심과 집착에 근거하여 이루어지고 있는 데 문제점이 있다.

인간이 이처럼 이기적인 욕심을 가지고, 또 특정 대상에 집착하게 되는 것은 무지하여 본성적 자기의 참된 성질을 깨닫지 못하기 때문이다. 인간에게는 본성 이외에 그의 경험을 주관하는 실체로서의 '자아'는 존재하지 않는다. 인간의 본성적 삶이란, 연속적으로 일어나는 여러 가지 경험의 과정으로 이루어진다. 때문에 인간의 삶은 고정됨이 없이 항상 변화하는 성질을 지닌다. 그럼에도 인간은 허구적 자아개념을 형성한 후 이를 유지하고 보호하기 위하여 욕심과 집착에 사로잡힌다. 이처럼 불변하는 고정된 자아가 별도로 존재하는 것으로 착각하고 있는 인간은 부지불식간에 불변하고 고정된 쾌락과 만족을 주는 대상이 이 세상에 존재하는 양 착각하게 된다. 그리고 그 대상을 소유하기 위하여 욕심을 내고 집착을 하게 된다. 그러나 이와 같은 집착은 자기 자신에 대한 그릇된 이해에 근거를 두고 있기 때문에 항상 좌절과 실망을 초래할 수밖에 없다(Kasulis, 1981; Mattews, 1983).

⑤ 예상 불안과 주저

인간이 하고자 하는 행동을 주저하거나 회피하는 주된 이유는 예상 불안 또는 두려움 때문이다. 예상 불안이란 특정 행동의 결과로 경험될 것 같은 불안을 사전에 예상하여 느끼는 불안을 말한다. 우리가 행동할 때 그 결과에 대하여 불안해하거나 두려워하는 일 없이 그대로 하게 되면, 그 행동은 매우 자유롭고 효율적이 된다. 그러나 선악 판단에 익숙해진 인간은 통상 행동하기 전에 일어날 결과를 예상하도록 조건 지어져 있다. 그리고 예상되는 결과가 부정적(惡)인 사태와 관련지어질 때 인간은 주저하거나 회피하는 행동을 하게 된다. 불교에 따르면, 예상 불안에 구애되지 않고 본성에 따라 직관적으로 하는 행동을 '무념'의 경지에서 하는 행동이라고 한다(Suzuki, 1956). 무념이란 생각이 전혀 없는 것, 즉 본성적 생각마저 없는 것을 뜻하는 것이 아니라, 예상 불안을 일으키는 양극적 사고 또는 부정적 생각이 없는 것을 말한다. 우리가 무념의 경지에서 행동하면 본성으로부터 발동하는 직관력에 의하여 최고 수준의 능률을 나타낼 수 있다. 반대로 우리가 예상 불안에 사로잡혀 주저하거나 피치 못해서 할 때 그 행동은 자발성의 결함으로 인해 능률적이 되지 못한다. 그러므로 주저하거나 회피하는 행동은 본성실현에 장애가 될 뿐 아니라 좌절과 불만의 원인으로 작용하기도 한다.

⑥ 예상 불안과 조급한 행동

인간이 어떤 사물이나 대상에 욕심을 품고 집착하면 그것을 더 빨리 그리고 더 많이 갖고 싶어 하거나 더 잘하려고 노력하게 된다. 그리고 그는 이와 같은 이기적인 욕심이 성취되지 못할 것을 사전에 염려하여 초조함을 느낀다. 그 결과, 그는 조급하게 서두르거나 섣불리 간섭하려 한다. 그러나 이와 같은 행동은 우리의 본성적 능력을 소진시키는 것은 물론 바라는 일의 성취에도 방해가 된다. 도교에 따르면, 이 세상의 모든 사물에는 그 나름의 도, 즉 원리가 있다. 그리고 우리가 사물의 원리에 맞추어 행동할 때 본성적 능력을 최대한 발휘할 수 있다 (Creel, 1970; Watts, 1975). 따라서 인간이 사물을 취급할 경우, 그의 마음과 행동을 그 사물의 원리와 조화를 이루도록 허용하는 것이 무엇보다 중요하다. 그럼에도 대부분의 인간들은 집착하는 사물이나 대상을 더 빨리 그리고 더 많이 갖거나 더 잘하고 싶은 욕심에서 조급하게 서두르거나 무리하게 간섭하기 일쑤다.

그러나 이처럼 집착에 사로잡혀 무엇이든 더 빨리 그리고 더 많이 소유하기 위하여 조급하게 행동하거나 무리하게 간섭할 때 역효과를 거둘 수밖에 없다.

3) 본성실현 집단상담의 목적과 목표

(1) 자기성장

① 자기이해

내담자들을 상담해 보면 자신을 있는 그대로 이해하지 못하여 문제에 빠져드는 것을 알 수 있다. 다시 말해서, 그들은 자신이 지닌 능력이나 자원 그리고 자신이 처한 현실에 반응하는 방법의 적절성 여부에 대하여 정확하게 이해하지 못하고 있기 때문에 그와 같은 문제를 겪는 경우가 많다. 따라서 그로 하여금 당면한 문제에서 헤어나도록 하려면, 상담자는 먼저 그가 지니고 있는 문제와 그렇게 된 원인 그리고 거기에서 헤어나지 못하는 이유 등과 관련된 자신의 모습을 정확하게 이해하도록 도와야 한다. 이와 같은 자기이해의 학습은 있는 그대로의 자기 경험을 진실하게 탐색하고 성찰하는 과정을 통해서만 가능하다.

② 자기수용

내담자로 하여금 자신을 정확하게 이해하도록 돕는 것도 중요하지만, 자신을 있는 그대로 인정하고 받아들이는 지혜와 여유를 지니도록 돕는 것이 효과적인 상담의 필수 요소다. 자기수용이란 자신의 신체적 조건이나 생리적 현상을 있는 그대로 경험하고 받아들이는 것이다. 자기수용이란 또한 자신의 느낌, 생각, 행동 등 여러 가지 심리적인 현상을 자신의 것으로 솔직하게 인정하고 책임을 지는 것을 말한다. 우리가 두려워하고 불안해하며 분노를 느낄 때, 자신이 지금-여기에서 그와 같은 감정을 경험하고 있다는 사실을 솔직히 인정하고 받아들이는 것이 자기수용이다. 뿐만 아니라 특정한 방식으로 생각하고 행동하는 자신을 싫어하거나 부인하는 것이 아니라 매 순간의 생각과 행동을 있는 그대로 자신의 것으로 시인하고 책임지는 것이 자기수용이다. 그러므로 진정한 자기수용에는 현실 직면의 용기가 요구된다.

③ 자기개방

자기개방이란, 다른 사람들에게 있는 그대로의 자신을 진실하게 내보이는 것, 즉 '이것이 바로 나 자신이다. 이것이 바로 현재 나의 느낌이고 생각이다. 이것이 바로 내가 좋아하거나 싫어하는 것이다. 이것이 바로 나의 신념이다.'라고 자신을 용감하게 열어 보이는 것을 말한다. 사람들은 자신을 있는 그대로 이해하고 수용할 수 있을 때 다른 사람들에 대해서도 이해하고 수용할 수 있게 될 것이며, 타인을 있는 그대로 수용하고 신뢰할 수 있어야 비로소 그들에게 자신을 있는 그대로 개방할 수 있을 것이다. 그러므로 자기이해와 자기수용은 자기개방의 전제 조건이라 할 수 있다.

(2) 본성의 실현

앞서 우리는 인간이 보다 생산적이고 행복한 삶을 꾸려 가기에 필수적인 여러 가지 능력을 본성적으로 풍부히 지니고 있음을 주장하였고, 인간의 본성실현에 장애가 되는 원인으로서 양극적 사고와 선악 판단적 태도, 허구적이고 부정적인 자아개념의 형성과 이에 대한 집착, 자신의 본성, 타인 및 자연에의 불신과 이들로부터의 소외, 허구적 자아 유지 수단으로서 사물에 대한 이기적 욕심과 집착 그리고 예상 불안에 기인한 주저와 조급 등과 같은 비효과적인 행동을 제시하였다. 이제 다음으로 해결해야 할 과제는 인간이 이러한 장애 요인을 잘 극복하여 자신에게 부여된 본성적 능력을 최대한으로 실현할 수 있도록 돕는 길을 모색하는 것이다. 본성실현을 이룰 수 있는 지식과 태도, 행동 등은 다음과 같다.

① 상보적 사고와 초월적 시각

인간의 본성은 '선'할 뿐 아니라, 행복하고 생산적인 삶을 살아가기에 충분한 여러 가지 능력을 생래적으로 풍부히 소유하고 있다. 그리고 우리가 살고 있는 이 세상은 음과 양으로 대변되는 양극적 현상의 상보적 작용으로 이루어져 있으며, 인간의 삶도 이 양극적 상보성을 바탕으로 유지·발전하고 있다. 따라서 우리는 이와 같은 사물의 존재 양식이나 인생의 원리를 있는 그대로 받아들이고, 본성에 따라 느끼고 생각하고 행동하기만 하면 매우 즐겁고 의미 있는 생을 누리게 되어 있다. 그럼에도 인간이 무지하여 양극적 현상을 상보적으로 수용하지 못하고, 이를 이분법적으로 보기 때문에 심신의 여러 가지 문제를 경험하게 된다. 본성의 장애가 상반적 시각에서 초래되었다면, 본성의 실현은 이 양극적 현상을 초탈한 경지에서 볼 수 있는 한층 높은 수준의 시각을 지니는 일에서 비롯

될 수 있다고 보아야 한다. 본성실현의 근본적이고 일차적인 접근으로 시각 자체의 변화, 즉 상반적인 시각에서 초월적인 시각으로의 변화를 강조하고 있다.

② 본성을 인식하고 확신하기

효과적인 본성실현을 위해 가장 먼저 해야 할 일은 본성의 성질, 삶의 기본 원리 그리고 우주의 존재 양식에 관하여 바른 인식을 하는 것이다. 인간에게 부여된 본성을 최대한 실현하기 위해서는 본성에 대한 올바른 인식과 확고한 신념을 지녀야 한다. 본성에 대해 올바르게 인식하고 확신을 가지기 위해서는, ① 우리들 속에는 본성적으로 무한한 능력이 잠재되어 있으며, 이 능력은 방해를 받지 않는 경우 언제든지 스스로 발현될 수 있다는 것, ② 때문에 우리의 생각과 행동을 통제하는 실체로서의 '자아'의 존재를 별도로 인정하는 것은 착각일 뿐 아니라, 이 허구적 자아개념에 집착하는 것이 본성실현의 장애 요인이라는 것, ③ 우주 만상은 불가분의 관계 속에서 존재하기 때문에 타인이나 자연의 안녕과 복지가 바로 나 자신의 안녕 및 복지와 직결된다는 것, ④ 세상의 모든 만물은 음과 양으로 대변되는 이원적 현상의 흐름으로 이루어지므로, 이 양면의 조화와 균형이 생산적이고 행복한 삶을 위하여 필수적인 조건이라는 것을 알아야 한다.

③ 사랑의 느낌 전달하기

사랑은 인간 본성의 기본적인 요소인 동시에 본성실현을 돕는 중핵적인 변인이다. 사랑은 우리의 삶에 즐거움과 행복, 의미와 보람, 신뢰와 친근감 그리고 활력과 변화를 경험하게 하는 가장 핵심적인 요소다.

인간은 사랑하는 능력을 본성적으로 지니고 있기 때문에 사랑을 주고받음으로써 자존감과 효능감을 발달시킬 수 있고, 어려운 상황에서도 이를 견디고 극복하는 힘을 얻을 뿐 아니라, 사랑을 통하여 우리는 삶의 즐거움과 행복, 의미와 보람, 신뢰와 친근감, 활력과 변화를 경험하게 된다. 자기 자신을 사랑하는 이는 타인이나 자연도 사랑할 수 있지만, 자신의 부정적인 자아개념과 열등의식에 사로잡혀 관계의 단절과 결핍을 경험하는 사람들은 그들이 본성으로 지니고 있는 사랑의 능력을 제대로 활용하지 못하여 심신의 장애를 경험할 뿐 아니라 생산적이고 행복한 삶을 살지 못하게 된다.

④ 허용적 태도 지니기

앞에서 양극적 사고와 선악 판단에 길들여진 인간이 허구적 자아개념을 형성하고, 이를 방어하기 위하여 사물이나 인간에 대한 욕심을 내고 집착하게 되는 것을 본성 장애의 주된 원인으로 지적한 바 있다. 인간이 특정 사물이나 인간에 대해 욕심을 품고 집착하게 되면, 심신이 이에 얽매여 본성대로 느끼고 생각하며 행동하는 데 지장을 받게 된다. 때문에 불교에서는 마음을 비울 것을 강조하고 있고, 기독교에서도 "마음이 가난한 사람은 복이 있는 자"라고 한다. 여기서 말하는 빈 마음 또는 가난한 마음이란, 본성적 느낌과 생각이 없음을 뜻하는 것이 아니라, 욕심과 집착이 없는 마음을 가리킨다. 인간이 마음을 비워 가난한 상태에 있을 때, 즉 그의 마음이 욕심과 집착에서 자유로워질 때, 어떠한 외부의 자극에도 동요되지 않는 평안한 태도를 견지할 수 있다. 인간이 이와 같은 마음 상태를 지닐 수 있을 때 비로소 본성에 따라 느끼고 생각하며 행동하는 자유로운 삶을 살게 된다.

흔히 우리는 외적인 여건이 우리의 지각에 영향을 주는 것으로 여기고 있으나, 실은 우리의 마음 상태가 지각의 양과 질을 좌우한다. 때문에 동일한 외적 자극에 대해서도 사람에 따라 상당한 지각의 차이를 나타낸다. 그러므로 우리는 외적인 환경을 변화시키거나 특정 사물을 소유하기 위하여 노력하기보다는 마음을 다스리는 힘을 기르는 편이 더 현명하다. 우리의 마음을 괴롭히거나 동요시키는 것은 외적인 여건이 아니라 우리의 마음속에 자리하고 있는 욕심이기 때문이다. 실제로 우리가 욕심과 집착에서 벗어날 경우, 외부의 대상을 있는 그대로 정확히 지각할 수 있을 뿐 아니라 보다 여유 있고 허용적인 태도를 지닐 수 있다.

그렇지만 양극적 사고와 선악 판단에 익숙해진 인간은 사물을 대할 때, 그것이 자신의 욕심 충족에 유리할지 손해가 될지를 기준으로 하여 평가하고 판단한다. 그리고 그것이 긍정적으로 평가될 경우 소유하려는 데 집착하고, 반대로 부정적으로 평가될 경우 멀리하려는 데 집착하게 된다. 이와 같은 집착은 인간의 마음을 속박하여 본성적 느낌이나 생각의 자율적인 흐름을 방해한다. 그러므로 인간이 그의 본성을 제대로 실현하기 위해서는 우선 여하한 여건이나 사물이라도 있는 그대로 감지하고 허용할 수 있는 태도를 길러야 한다. 즉, 그것을 정사(正邪), 선악(善惡)의 판단 없이 있는 그대로 감지하고, 스스로 생성했다가 스스로 소멸되도록 허용할 수 있어야 한다.

⑤ 직관적으로 반응하기

인간의 본성에는 지적인 사고력과 감성적 지각력에 추가하여 지혜 또는 직관적 지식으로 불리는 '직관력'도 포함되어 있다. 앞에서는 감성과 사고적 측면의 본성실현을 위하여 느낌과 생각을 있는 그대로 허용하는 태도의 함양에 관하여 논하였다. 여기서는 행동적 측면의 본성실현을 위하여 어떤 일을 수행함에 있어서 직관력을 최대한 활용하는 힘을 기르는 일에 관하여 알아볼 것이다. 우리는 어려서부터 주로 언어와 논리적 추리력을 관장하는 좌측 두뇌의 기능만을 발달시켜 왔을 뿐, 직관력과 창조력을 주관하는 우측 두뇌의 기능화에 대해서는 등한시해 온 것이 사실이다. 그 결과 무슨 일을 수행할 때 지나치게 분석적이고 논리적인 접근에 의존하고 있다. 그러나 이와 같은 경향은 직관력의 기능을 방해하는 결과를 초래하기 때문에 그 일의 성취에 부정적인 결과를 가져올 수밖에 없다. 그러나 논리적이고 분석적인 사고를 통하여 해결할 수 없어 어떤 일을 포기하려고 할 때 오히려 순간적으로 적절한 통찰이 일어나는 경험을 자주 한다. 이러한 통찰은 논리적이고 분석적인 사고를 방해하는 것이 제거되었을 때 자발적으로 작용하는 직관력에 의하여 얻어진 것으로 해석할 수 있다. 그러므로 우리는 행동의 효율성을 위하여 직관적 능력을 최대한으로 활용하는 역량을 기울 필요가 있다.

실제로 우리는 무엇을 성취하려고 의식적으로 노력하는 것 자체에 의하여 그 성취에 방해를 받게 된다. 때문에 무엇인가를 잘하기 위해서 지나치게 욕심을 내거나 이에 집착하면 할수록 오히려 좋지 못한 결과를 얻게 되는 경험을 하곤 한다. 그러므로 무엇인가를 성취하려고 의식적으로 노력하는 대신 직관력으로 하여금 스스로 작동하도록 신뢰하고 허용하는 것이 바로 행동의 효율성을 증진 하는 최선책이 된다.

⑥ 조화적으로 행동하기

우리는 항상 타인과 자연의 삼라만상과 상호 의존적 불가분의 관계 속에서 살아가는 존재다. 때문에 우리의 행동은 타인과 자연에 의하여 항상 영향을 받 는 동시에 그들에게도 영향을 미치고 있다. 인간을 포함한 우주의 만물은 상보 적인 관계를 유지하고 있기 때문에 상호 간에 본성실현을 방해하지 않는 한 조 화적으로 살아가게 되어 있다.

우리의 행동이 타인이나 자연의 본성과 갈등을 일으킬 때 에너지의 상충으로 우리의 본성실현에도 지장을 받게 된다. 타인이나 자연의 본성을 거스르지 않 는 유일한 길은 그들의 본성과 조화를 이루는 방법으로 행동하는 것이다.

도교에 따르면, 우주와 만물에는 본성적으로 그 나름의 길(道)이 있다. 그리고 우주 만물은 각기 자체의 도를 따라 스스로 작용하고, 변화 · 발달해 가고 있다. 때문에 각기 스스로의 본성적 도(道)에 따라 작용하도록 허용할 때, 즉 인간이 사 물의 도(흐름, 리듬)에 따라 조화롭게 행동할 때 '덕'이라고 하는 본성적 능력이 스 스로 발동하여 만사를 효율적으로 이루게 하고, 최대한의 기능을 발휘하게 한다.

4) 본성실현 집단상담의 방법과 기술

(1) 허용적 태도 연습법

본성실현을 위해서는 외부의 여건과 자극에 동요되지 않는 여유롭고 허용적 인 태도를 지니는 것이 필요하다. 이를 위해서는 매 순간 마음속에 일어나는 느 낌과 생각을 평가나 판단 없이 있는 그대로 감지하고 허용할 수 있는 기본적인 태도를 갖추어야 한다. 그래서 본성실현 상담에서는 이와 같은 태도의 습득을 위하여 우리의 마음속에 순간순간 떠오르는 느낌과 생각을 있는 그대로 허용하는 경험학습을 하는 것이 필요하다.

(2) 직관적 반응 연습법

직관적 반응 연습법이란, 내담자로 하여금 마음속에 떠오르는 생각과 느낌에 따라 자발적으로 반응할 수 있는 능력을 기르도록 하기 위한 연습법이다. 직관력이 논리적 사고나 추리에 의하여 방해 또는 간섭을 받지 않을 때, 즉 그것을 전적으로 신뢰하고 스스로 작용하도록 허용할 때 최대한의 기능을 발휘할 수 있을 뿐만 아니라 본성실현이 가능해진다.

직관적 반응은 자발성 또는 자연성을 그 특징으로 한다. 우리의 직관력은 스스로 작동하도록 허용할 때 그 기능을 최대한 발휘하지만, 형식적인 방법이나 기술에 의하여 의도적으로 통제하려 하는 경우에 방해를 받게 된다. 그러므로 우리는 그것이 자체의 본성에 따라 적절히 기능하리라는 확신을 가지고 그 순간 마음에 떠오르는 대로 자연스럽고 자발적으로 작동하도록 허용할 줄 알아야 한다. 이렇게 하기 위하여 '선하다-악하다' '인정을 받는다-배척당한다' '효과적이다-비효과적이다'와 같은 이원적 또는 양극적 사고의 굴레에서 자유롭게 되어야 한다.

상담자는 내담자로 하여금 그러한 직관적 반응 능력을 기를 수 있도록 즉각적 반응 자극 연습, 즉각적 대답하기, 직관적 반응 활동과 같은 연습을 시킬 수 있다.

(3) 역설적 접근

역설적 접근은 내담자로 하여금 자신이 처한 상황을 '문제'로 보는 시각을 뛰어넘어 역설적으로 그 문제 속에 오히려 해결의 실마리가 있음을 깨우치게 할 수 있다.

이러한 역설의 원리와 방법이 본성실현 상담 장면에서 사용될 때는 특히 이분법적 사고와 상반적 시각, 부정적 자기개념과 열등의식을 극복하게 하는 데 활용될 수 있다. 즉, 상담자는 이분법적 사고와 상반적 시각에 사로잡혀서 자신의 상황을 문제로 지각하는 내담자로 하여금 역설적 접근을 통하여 오히려 상보적 사고와 초월적 시각을 지니게 할 수 있다.

(4) 관점 바꾸기

관점 바꾸기(reframing)는 내담자로 하여금 현상적인 관점을 바꾸도록 하는 것이다. 문제 증상을 보이는 내담자는 일반적으로 자신의 문제에 대해서 고정된 관점을 갖고, 그쪽 방향에서만 문제해결을 시도하기 때문에 문제해결은커녕 오히려 문제가 악화되는 악순환만 경험하게 된다. 따라서 관점 바꾸기는 문제에 대한 관점 자체를 바꿈으로써 문제해결을 시도하는 방법이다.

심리학적 차원에서의 관점 바꾸기는 어떤 상황을 다른 틀이나 맥락에 대입함으로써 기존에 인식되던 것과는 다른 의미로 바꾼다는 뜻으로 해석된다. 그러므로 관점 바꾸기란 하나의 은유에 해당한다고 하겠다. 이러한 관점 바꾸기의 의미를 확대하면 그것은 문제나 어떤 현상에 대한 관점을 바꾸는 것, 즉 새로운 관점에서 문제를 바라보는 것을 말한다.

관점 바꾸기에는 크게 맥락 관점 바꾸기와 내용 관점 바꾸기의 두 가지가 있다. 먼저 맥락 관점 바꾸기란, 동일한 경험, 행동, 상황이라 하더라도 그것을 다른 맥락에서 바라보면 다른 의미를 지닌다는 것을 전제로 하고, 어떤 문제에 대해서 맥락을 달리해서 해석하도록 하는 것을 말한다(예: 우산 장수와 나막신 장수의 어머니). 내용 관점 바꾸기는 어떤 행동이나 상황의 의미 자체를 바꾸어 해석함으로써 문제를 달리 바라보고자 하는 것이다. 내용 관점 바꾸기에서는 특히 어떤 행동의 의도를 중시한다(예: 잔소리하는 어머니의 행동과 의도를 분리해서 생각하기).

(5) 유도환상법

유도환상법(guided fantasy)이란 내담자에게 의도적으로 환상을 유도하고 환상 속에서 자기가 바라는 행동을 할 뿐만 아니라, 그 행동의 결과를 경험하게 하는 방법이다. 이 방법의 장점은 내담자가 비록 상상의 세계 속에서나마 자신의 모습을 그려 보면서 객관화할 뿐만 아니라 행동 패턴을 인식하고, 원한다면 바람직한 방향으로 변화된 모습을 그리게 함으로써 변화에 대한 자신감을 심어 줄 수 있다는 데 있다. 아울러 특정의 변화된 행동을 실행하기 전에 환상 속에서 미리 시연해 봄으로써 현실 검증을 하게 하는 효과가 있다.

(6) 심상법

심상법(mental imagery)은 앞에서 소개한 유도환상법이나 시각화와 비슷하다. 시각화란 원하는 목표가 달성된 모습을 마음속으로 시각화하는 것, 즉 내적인 그림을 그리는 것을 의미한다. 이와 마찬가지로 심상법 또한 내담자에게, 특히 그가 원하는 목표를 달성하는 미래의 장면을 그리도록 함으로써 상담 효과에 대한 기대를 갖게 할 뿐만 아니라, 건강하고 생산적인 자아상과 자신감을 심어 줌으로써 상담 효과를 증진하고자 하는 목적으로 활용된다. 본성실현 상담에서 심상법이 사용될 수 있는 것은 어떤 상담 작업 과정에서도 가능한데, 특히 본성실현을 위한 여러 가지 반응이나 행동을 익히게 할 때 도움이 된다.

상담자가 내담자의 상담 목표와 관련된 미래 장면을 상상하게 하고, 그것을 말로 표현하도록 하는 것이 심상법의 핵심이다. 이 과정에서 상담자는 내담자의 말에 공감하고, 내담자가 자유롭게 자신의 생각과 감정을 표현할 수 있도록 격려하고 지지해 주는 것이 좋다.

(7) 긍정적 자기대화법

자기대화법(self-talk)이란, 자기가 스스로에게 특정한 내용의 대화를 하는 것을 말한다. 사람들은 누구나 일상생활에서 자기 자신과 대화를 하면서 산다고 할 수 있는데, 특히 어떤 일을 앞둔 상태에서 마음속으로 대화를 한다. 예를 들면, '내가 이번 일을 잘할 수 있을까?' '아니, 실패할 것 같아.' '난 해도 안 돼!'와 같이 주로 부정적인 언어로 스스로에게 말을 하곤 한다. 이러한 부정적 자기대화는 무의식적으로 암시 효과를 발휘하여 반복적으로 사용될 때 행동에 부정적인 영향을 미친다. 그러나 그 대화의 내용을 긍정적으로 바꾸어서 사용하면 행동에 긍정적인 영향을 미칠 수 있다. 다시 말하면, 긍정적 자기대화법이란 긍정적인 내용으로 자기대화를 하는 방법이다.

(8) 움직임을 활용한 상담 기술

움직임을 활용한 상담 기술이란, 상담 과정에서 신체적 움직임을 활용하여 상담의 목적을 달성하고자 하는 기술이다. 이것은 상담자나 내담자 또는 두 사람 모두 문제해결과 관련된 활동을 하거나 의자에서 일어서는 등의 활동을 하는 것을 포함한다. 이 과정에서 내담자는 자신을 객관화할 수 있으며, 자신의 문제를 보다 깊이 있게 이해할 수 있는 통찰력을 얻게 된다.

신체적 움직임은 내담자로 하여금 자신의 모습을 객관화하거나 예상 불안을 경험하고 있는 자신을 이해하고, 궁극적으로는 직관적으로 반응하고, 조화적으로 행동하게 하는 상담의 목적을 달성하게 하는 데 활용될 수 있다.

움직임을 활용한 상담 기술은 상담 성과를 평가해 보도록 상담 도중에 움직임을 통해 내담자가 스스로 달성하였다고 판단되는 위치에 가서 서 보게 하는 것, 원래 앉아 있던 의자로 계속해서 되돌아가는 움직임을 통해 변화에 저항하고 있는 내담자의 모습을 보여 주는 것과 같이 활용될 수 있다.

(9) 닻 내리기

닻 내리기(anchoring)는 긍정적인 심리 상태를 이끌어 내기 위하여 과거의 긍정적인 경험과 관련된 기억이나 정서를 특정한 행동 반응과 연결시키고 결합시키는 과정을 말한다. 이것은 흔히 NLP로 알려진 신경-언어 프로그래밍(Neuro-Linguistic Programming)에서 즐겨 사용되는 대표적인 기술 중 하나다. 특히, 내담자의 부적응적 심리 상태나 행동을 변화시키거나 자신감이나 유능감과 같은 긍정적인 정서를 심어 주기 위한 기법들 중 하나가 바로 '닻 내리기'다.

닻이란 원래 바다에서 배가 안전하게 정박하게 하기 위하여 사용하는 도구다. 닻이 가지고 있는 이러한 의미와는 별개로 NLP에서는 내담자의 상태(state)

를 바꾸기 위하여 닻을 사용한다. 특히, 부정적인 상태에 빠져 있는 내담자를 긍정적인 상태로 바꾸거나, 그러한 상태를 불러내기 위해서 닻을 활용한다. 그리고 상태란 말은 NLP에서 독특하게 사용되는 용어로, 특정한 순간에 내담자가 경험하는 심리적 · 생리적 조건이라고 할 수 있다.

예를 들면, 내담자는 우울의 상태, 좌절의 상태, 불안의 상태와 같은 부정적인 상태에 처할 수 있다. 이러한 상태는 기본적으로 심리적인 것이기도 하지만 동시에 가슴이 답답하거나 몸에 열감을 느끼고, 머리가 아파 오는 등의 생리적 반응을 포함하는 것이기도 하다. 이때 내담자로 하여금 이러한 상태로부터 벗어나서 보다 긍정적인 상태에 이르게 하는 것이 곧 '닻 내리기'다.

제3부

집단상담의 요소

제6장
집단원의 역할과 기능

|천성문|

집단상담에 참여하는 집단원 개개인의 역할이 결국 집단상담을 이끌어 나간다. 집단원의 역할행동은 집단을 힘차고 활발하게 움직여 집단의 목표를 효율적으로 달성하도록 하고, 집단원들은 다른 집단원들과의 사이에서 힘과 관계를 형성하기도 한다. 이러한 이유로 집단에서 집단원의 역할과 행동이 얼마나 중요한 것인지를 다시 생각해 보게 된다. 집단원의 역할과 행동이 중요한 또 다른 이유는 때론 집단원의 행동이 집단의 발전을 방해하기도 하고, 집단을 곤경에 처하게도 하기 때문이다. 이럴 경우 집단상담자들은 긴장하고 당황하기도 하나, 이런 상황을 잘 다루면 집단은 신뢰와 안전을 더욱 견고히 하게 되고, 집단원들은 용기를 내어 자신들의 과제에 도전하는 모험심을 격려 받게 된다.

이에 집단원의 역할행동에는 어떤 것이 있는지, 집단원이 집단에서 자신의 역할을 실행하는 단계로 어떻게 이동하는지 살피며 그것이 집단과 집단원에 어떤 영향을 미치는지를 살펴보고자 한다. 그리고 집단상담자는 이러한 집단원의 역할행동과 집단에 직간접적으로 부정적인 영향을 미치는 집단원들의 문제행동에 대해 어떻게 대처해야 하는지를 알아보고자 한다. 이는 집단원과 집단을 좀 더 이해하는 기회가 될 것이고, 집단의 목표를 이루는 데 효율적으로 기여할 수 있는 집단원으로서의 능력을 기르는 데 도움이 될 것이다.

1. 집단원

집단원(集團員, group member)이란 누구인가? 이들은 자신의 심리적인 문제를 해결하기 위해서, 인간관계의 어려움을 극복하기 위해서, 성격상의 결점을 보완하기 위해서, 혹은 누군가의 권유에 의해서, 그 밖에 한마디로 설명할 수 없는 많은 이유로 집단상담에 참여하게 되는 구성원들로 다양한 이유로 집단에 참석하여 나름의 성과를 이룬다.

집단상담에 참여하는 사람, 즉 집단원은 서로 다른 성장 배경, 성격, 능력, 소질과 적성, 흥미와 관심, 신념, 가치관, 태도에 따라 집단을 통해 얻고자 하는 목표가 다르고, 그에 따라 집단상담 과정에서 보이는 행동이나 표현도 다르게 나타난다. 일상생활에서 사람들마다 역할이 있듯이, 집단원은 앞에 언급한 요소들을 토대로 자신만의 독특한 사고와 행동상의 특성을 나타내고, 주어진 상황에 따라 집단상담에서 각자의 역할을 맡게 된다. 집단원의 역할은 집단의 기능을 강화하고, 집단을 보다 치료적으로 만드는 촉진적인 기능을 하기도 하고, 집단원이 그들의 고통에 방어하거나 책임을 회피함으로써 집단을 해치는 문제행동을 보이기도 한다. 이처럼 집단상담은 집단원이 나타내는 역할행동에 따라 다양한 결과를 나타낸다(천성문 외, 2017).

따라서 집단원은 집단상담자 못지않게 집단상담의 진행에 있어서 매우 중요한 요소이므로 집단상담의 성과를 높이기 위해서는 집단원의 특성에 대해 깊이 이해하고, 집단 과정에서 집단원이 어떤 역할과 기능을 하는지를 파악해야 할 필요가 있다.

집단원이 처음으로 집단에 참여하게 되면 집단에 대한 신뢰가 형성되지 않아 관찰자나 방관자의 태도를 보이고, 집단에 대한 불안과 두려움을 가지게 된다.

그러다가 차츰 집단상담이 진행되어 감에 따라 '우리'라는 개념이 형성되어 불안이 감소하기도 하고, 나아가 더 큰 갈등이 발생하기도 한다. 이러한 여러 단계를 거치면서 집단원들은 다양한 감정과 행동 양상을 보이며 응집력이 생기고 집단이 발달해 가는 과정을 경험하게 된다.

그러므로 집단상담 각 과정에서 집단의 발달에 촉진적인 역할을 할 수 있는 집단원의 역할과 더불어 집단의 진행에 방해가 되는 집단원의 문제행동의 원인을 이해할 필요가 있다. 이 장에서는 집단원을 더욱 잘 이해하기 위해 집단상담의 발달 과정에서 집단원의 역할과 기능, 집단 안에서의 집단원의 역할과 기능 그리고 집단원의 문제행동에 대해 구체적으로 살펴보고자 한다.

2. 집단상담 발달 과정에서 집단원의 역할과 기능

집단상담은 집단원이 원하는 목표를 달성해 가는 과정이다. 집단원들은 자발적이든 비자발적이든 집단상담에 참여하게 되면 여러 가지 생각, 느낌, 행동의 변화를 경험하게 되고, 매우 사적인 부분까지도 집단상담자나 다른 집단원들과 공유하게 된다. 집단원이 가진 특성은 집단상담의 발달 과정상에 나타나게 되며, 그들의 특징은 각각의 역할과 기능을 이해하는 데 도움이 될 것이다. 집단원들은 집단 초기부터 참여하여 점진적인 발달 과정을 거쳐 자신의 역할을 충실하게 해낼 수 있게 되기까지, 집단상담 과정에서 이제까지 습성화되어 있던 자신의 행동에 대한 문제점을 발견하고, 변화의 필요성을 느끼며, 그에 따라 새로운 행동을 실천해 보고, 새로운 행동을 터득하여 자신의 것으로 확립하는 단계를 거치게 된다(Kemp, 1970). 집단원은 처음에는 집단에 대한 호기심, 불확실감, 두려움을 가지고 시작하나, 집단에 정서적으로 참여하기 시작하면서 조금씩 안정감을 느끼게 되어 다른 집단원의 이야기에 귀 기울이게 되고, 자기 자신의 감정을 표현하게 되는 과정을 거치게 된다. 이처럼 집단의 발달단계에서 집단원이 드러내는 행동과 감정 표현 양식이 달라지는 것처럼, 각 과정에 따라 집단원의 역할과 기능 또한 달라진다. 보편적으로 집단상담의 발달 과정은 초기·전환·작업·종결단계를 거치는데, 각 단계에서 보이는 집단원의 역할과 기능을 살펴보고자 한다.

1) 초기 단계

집단의 초기 단계는 집단상담이 첫 출발을 하는 시기로서, 집단원들은 조심스럽게 상호 간에 눈치를 보며 집단을 탐색한다. 이 단계에서 집단원들은 집단상담이 어떤 것인지를 알며, 자신이 집단상담을 통해 이루고자 하는 목표를 정하고, 기대를 분명히 하여 집단 속에서 자신의 위치를 찾고자 한다. 초기 단계에서 집단원들은 집단에서 어떻게 행동해야 할 것인가에 대한 불안감과 집단 구조에 대한 불확실성, 집단상담자와 다른 집단원에 대한 불신 그리고 집단의 불안정한 상태를 피하려는 의도로 집단상담자에게 보다 의존하는 경향을 보이게 된다. 이때 집단상담자는 집단원들이 집단에서 느끼는 불안감을 솔직하게 드러낼 수 있도록 편안하고 수용적인 분위기를 제공하여 새로운 상황에서의 불안은 자연스러운 것이며 나쁜 것이 아니라는 사실을 알게 한다. 집단원은 집단상담자의 이러한 대처에 따라 불안을 감소시키고, 집단에 대해 신뢰하게 된다.

집단상담의 초기 단계에서 집단원들은 집단의 성질과 한계에 대하여 알고 싶어 한다. 즉, 집단에 대한 사소한 문제와 주위 환경에 대해서 토의하거나 즉각적인 행동 문제와 증상에 관심을 가짐으로써 집단에 참여하는 동안 무엇을 성취해야 하며, 집단원들 서로 간에 어느 정도의 협동이 요구되는가를 알고자 한다.

집단의 초기 단계에서 집단원의 가장 큰 관심은, 집단원으로 남을 것인지를 결정하는 것이라 볼 수 있다. 초기의 집단 과정에서는 특정 집단원의 역할과 임무가 집단 형성에 있어서 중요한 역할을 하게 되는데 집단원들에게 발생 가능한 문제점들은 다음과 같다.

- 집단원들이 자기가 아닌 타인에 의해 혹은 수동적인 방법을 취하며 '무엇

인가 일어나기'를 기다릴 수 있다.

- 집단원들이 집단상담자와 다른 집단원에 대해 아직 신뢰를 형성하지 못한 상태이므로 불신감이나 두려움을 느끼고, 이를 방어하기 위해 자기를 노출하려 하지 않는 등의 저항을 보일 수 있다.
- 집단원들이 스스로에 대한 탐색이 이루어지지 않은 상태이기에 자신에 대해 잘 모르거나 자신을 잘 알리지 않고, 혹은 알리는 방법을 알지 못해 의미 있는 상호작용이 어려울 수 있다.
- 집단원들 중 다른 집단원의 문제를 해결하려하거나 조언하려는 부류가 있을 수 있어 집단원들의 자발성을 저해할 수 있다.

초기 단계에서 집단원은 자기노출과 경험을 통해 자신의 현재 문제와 비합리적인 생각, 부적절한 정서, 자기파괴적 행동과의 관계성을 자각하게 되면, 다음과 같은 두려움을 경험할 수 있다.

- 내가 나를 표현하면 다른 사람들은 나를 수용할 것인가, 아니면 거절할 것인가?
- 나의 깊은 개인적인 문제를 나의 의지와 관계없이 노출하도록 강요받거나 하기 싫은 뭔가를 억지로 하게 되지는 않을까?
- 나 자신도 알지 못하던 나의 문제를 발견하게 되지는 않을까?
- 다른 집단원이 나를 판단하거나 공격하지는 않을까?

집단원들은 집단 초기에 자신의 문제가 진지하게 다루어지는지, 또 집단이 자신의 생각이나 감정을 표현하기에 안전한 장소인지 시험한다. 집단원들은 다른 사람들이 자신의 두려움과 염려를 존중하고 수용한다고 느끼면 좀 더 깊은 자신의 내면을 표현하려고 한다.

이 단계에서 집단상담자는 집단의 분위기를 형성하고 유지시킬 책임이 있다. 즉, 각 집단원들이 그 집단에 들어오게 된 이유를 분명히 해 주고, 서로 친숙해질 수 있게 해 주며, 수용과 신뢰의 분위기를 형성하여 집단상담에서 새롭고 의미 있는 경험을 가지도록 이끌어 준다. 이때 집단상담자가 집단원에 대해 기본적으로 알아야 할 원리가 있다면, 집단원들 각자가 개인적인 감정이 있음을 알고, 집단원 스스로가 무엇을 할 것인지를 결정해야 하고, 집단원에게 어떤 역할을 할 것인지 보다는 주어진 역할을 집단원 각자가 어떻게 받아들이고, 어떤 행동을 하는지를 탐색하는 것이 중요하다. 뿐만 아니라 집단 초기 몇 회기 동안 집단원들은 집단상담자의 행동을 관찰하고 집단 내에서 표현되는 부정적 정서나 반응을 어떻게 다루는지에 따라 신뢰감이 형성되기도 하고 무너지기도 한다.

다음은 이러한 상황에 대한 예시이다.

■ **집단을 구조화하고 자유롭게 이야기를 하도록 제시하고도 침묵이 이어지는 경우**

> 집단상담자: ○○ 님 제가 자유롭게 이야기를 하자고 하니 다른 분들의 행동을 이리저리 조심스럽게 살피시던데 혹시 마음 쓰이시는 점이 있으신가요?
>
> ○○ 집단원: [주저하며] 아…… 네…… 저는 지금처럼 사람들이 말을 하지 않으면 가슴이 좀 조려집니다. 뭔가 해야 할 것 같은데 어떻게 해야 할지 망설여지고 다른 분들이 좀 말씀을 하셨으면 하고 이리저리 쳐다보게 되네요.
>
> 집단상담자: 그런 마음 조려짐에도 불구하고 저의 물음에 답을 주신 ○○ 님의 용기가 멋있습니다. 다른 분들은 어떠신가요?
>
> □□ 집단원: 저는 왜 리더이신 △△ 님이 진행을 하지 않으시나 의아하고 좀 무책임하다는 생각도 들었습니다.
>
> 집단상담자: 집단 리더가 집단을 이끌어 가야할 의무를 하지 않는 것 같이 보이셨군요. 그러실 수 있습니다. 그 생각이 떠올랐을 때 어떤 마음이 드셨나요?

이 예시는 집단원의 상호작용을 촉진하기 위한 작업으로써 집단초기의 불안함으로 침묵이 이어질 때 집단원들이 보이는 비언어적 행동을 집단상담자가 관찰 후 이를 반영하며 자연스러운 참여를 독려하는 것이다. 집단상담자는 집단원들이 침묵에 따라 드러내는 대처행동을 관찰하며 집단원들의 특성을 파악할 수 있고, 수용해 주고 공감해 주는 집단상담자의 태도에 따라 집단원들은 허용적이고 신뢰로운 집단 분위기를 확인할 수 있게 된다.

2) 전환 단계

전환 단계는 시작단계와 엄격히 구분되지는 않는다. 말하자면, 시작단계에서 생산적인 작업 단계로 넘어가는 '과도기적 과정'이라고 볼 수 있다. 이 단계의 집단에서는 집단원 각자가 자신의 위치를 확보하고자 고군분투한다. 때로는 집단원들과 집단상담자 사이에, 또는 집단원 상호 간에 갈등이 생기며, 집단상담자에 대한 저항이 증대된다. 만약에 집단원들이 자기 자신에 대해, 그리고 서로의 갈등을 드러내지 않은 채 진행된다면 집단은 앞으로 나아갈 수 없고, 더 깊은 작업으로 전환되기가 어렵다.

전환 단계에서 집단원들은 집단상담에서의 여러 가지 경험을 통하여 몇 가지 사실을 학습할 수 있다. 우선 직접적이고 정당하게 분노를 표현하는 방법을 배울 수 있다. 이제까지 자신의 감정을 제대로 표현하지 못하며 살아왔던 사람들은 적절한 감정 표현을 시도해 볼 수 있으며, 감정 표현이 결코 위험하거나 파괴적인 것만은 아니라는, 적절한 감정 표현의 긍정적인 점을 배울 수 있다. 반면에 맹목적으로 자기주장을 해 온 사람들은 다른 집단원으로부터 피드백을 받음으로써 그들의 주장이 대인관계에 미치는 영향과 결과를 예측·학습할 수 있게 된다. 그리고 서로 의견을 달리하고, 의견을 나누는 과정에서 자신이 선택할 입장을 분명히 알 수 있고, 타인의 공격과 압력에 대해 참는 것을 배우거나 타인과의 상호작용에서 좀 더 절충적으로 대응하는 방법을 배우는 등 자신이 이제까지 해 온 방법과는 다른, 다양한 대인관계 기술을 경험하고 알아가게 된다.

집단의 전환 단계에서 대부분의 집단원들의 행동은 불안을 반영하고 있다. 그러므로 이 단계에서 집단원들은 두려움에 직면하며, 갈등과 방어, 저항을 효과적으로 다루어 서로를 격려하는 신뢰로운 분위기를 형성해야 한다. 전환 단계에서 발생 가능한 문제는 다음과 같다.

- 집단원들은 자신에 대한 개방을 통해 자신이 다른 집단원들에게 혹은 집단상담자에게 '문제 있는 사람'으로 인식될 수 있으며, 스스로도 자신을 문제 있는 사람으로 인식하고 이에 얽매일 수 있다.
- 집단원들은 서로에 대해 혹은 집단상담자에 대해 느끼는 부정적인 감정을 표현하기를 거부하여 오히려 불신의 분위기를 조장할 수도 있다.
- 집단원들 스스로 충분한 탐색이 없는 상태에서 집단상담자가 너무 빠르거나 일방적인 직면을 시도하고, 집단원을 서투르게 다룬다면, 집단원들은 방어적인 태도를 유지하게 될 것이며, 문제는 숨겨진 채 집단상담이 진행될 수 있다.
- 집단원들이 집단에 대해 방어적인 태도를 유지하게 되면, 집단 밖에서는 집단에 대한 부정적인 감정, 반응 등을 표현하지만, 집단 내에서는 침묵으로 일관할 수도 있다.

이 단계에서 집단상담자는 집단원들이 갈등을 경험하고 이해하도록 돕고, 집단원들이 서로 진정한 느낌을 교류하도록 격려하는 데 노력을 집중해야 한다. 초기의 불안이 어느 정도 감소되고 나면, 집단상담자는 집단원들의 수용도와 준비성에 따라 지도력을 적절히 그리고 제때 발휘하여야 한다. 집단원들은 자신의 감정이 어떻게 받아들여질 것인가에 대한 불안으로 자신을 이해받고자 상황만을 이야기하는 경우가 종종 있다. 이때 집단상담자가 그 상황에서 힘들었을 집단원의 마음을 알아주고 이를 표현하는 것을 충분히 허용해주는 것을 배우게 되면 집단원들은 적절한 표현과 함께 상황에서 느꼈을 다양한 감정을 진술하게 드러내는 연습의 장으로 활용해보아야 한다. 다음은 이와 관련된 예시이다.

■ 자신이 힘들었던 상황에 대해 감정을 드러내지 못해 장황하게 설명만 하는 경우

○○ 집단원: 우리 집에서는 대학을 모든 인생의 종착점처럼 받아들여요. 늘 다른 사람들의 눈을 신경을 쓰며 더 좋은 대학에 가지 못한 것에 대해 비난을 하십니다. 그렇게 하셔야만 직성이 풀리시는 것 같아요. 그래서 부모님께서는 낮은 인지도의 대학에 다니는 저에게 늘 탐탁지 않다는 듯이 비난을 하시곤 합니다.

집단상담자: ○○ 님의 부모님께서 비난을 하신다니 그걸 듣는 ○○ 님 마음이 많이 힘드실 것 같습니다. 그 이야기를 하시는 동안 얼굴빛이 살짝 상기 되시는 것이 보였는데 어떤 감정이 느껴지시나요?

○○ 집단원: 솔직히 말을 하는 동안 부모님께서 하셨던 말씀이 생각나서 화가 나네요. 제가 뭘 그리 잘못했다는 건지……

집단상담자: ○○ 님이 당시 상황을 떠올리시는 것만으로도 다시 감정이 살아날 정도로 화가 나시는 것이 느껴집니다. 어떤 마음이셨는지 좀 더 이야기해 주시겠어요?

이러한 과정에서 집단상담자는 자신의 어려움을 표현한 집단원이 감정을 충분히 표현할 수 있도록 독려하고 이와 함께 집단원간의 상호작용을 이끌어 낸다. 집단원들은 감정을 표현한 집단원과 집단상담자와의 상호작용을 모델링하고 이 후 자신의 어려움에서 느끼는 감정을 표현 할 수 있는 시도를 해 보아야한다. 이러한 집단원들의 적극적인 표현은 집단 내에서 보다 역동적인 상호작용으로 발전될 수 있다.

3) 작업 단계

작업 단계에서는 집단원들이 높은 사기와 분명한 소속감을 갖는 것이 특징이

다. 이 단계에서 집단원들은 집단에 대해 '우리 집단'이라는 인식을 갖는다. 집단원은 신뢰와 집단 응집력이 형성된 집단의 분위기 속에서 자신의 자각 및 이해를 바탕으로 자신이 가진 문제를 해결한다. 또한 새롭게 변화하고자 하는 행동 목표를 설정하고 달성하기 위해 계획에 따라 이행하며 수행한 행동을 평가한다. 그러나 집단에 대한 자부심이 점차 커지고, 집단이 결속되어 감에 따라 집단원끼리 혹은 집단상담자와의 관계에서 발생하는 부정적인 감정의 표현을 오히려 억제하는 경향이 생길 수도 있으므로, 이 점에 유의할 필요가 있다.

작업 단계에서 통찰만으로는 행동을 변화시키기에 부족하다. 즉, 행동의 실천이 필요한데, 그러기 위해서는 집단원들은 자신에게 실천해 보려는 용기를 북돋우고, 특히 어려운 행동을 실행해야만 하는 처지에 있는 집단원에게는 함께 강력한 지지와 격려를 보내 줌으로써 행동을 실천할 수 있도록 용기를 주는 조력자의 역할도 해주어야 한다. 작업 단계에서 발생 가능한 문제들은 다음과 같다.

• 집단원들은 '우리 집단'이라는 소속감과 친숙한 관계에서 오는 편안함을 즐기며, 서로에게 도전하기를 피하려고 결탁할 수 있다.
• 집단원들은 상담에서 통찰을 얻을 수 있다. 그러나 집단 밖의 실생활 속에서의 직접적이고 적극적인 변화의 필요성을 깨닫지 못할 수도 있다.
• 집단원들은 다른 집단원들의 변화와 강렬함에 불안을 느껴 움츠러들 수 있다.

이 시점에서 집단원들은 집단의 전반적인 규칙을 알게 되고, 집단 내에서의 언행에 대해서 스스로 책임져야 한다는 것을 알게 된다. 그리고 집단에 대한 소속감과 집단원들 간에 친밀함을 느끼며, 서로를 열심히 도우려는 경향도 나타나게 된다.

집단상담자는 집단원이 새로운 관점에서 자신의 문제를 이해하고, 부적절한 행동, 감정, 생각에 대한 책임이 스스로에게 있음을 깨달을 수 있도록 높은 수준의 공감, 직면, 해석 등의 기법을 사용한다. 그리고 집단원들이 세운 계획을 잘 이행할 수 있도록 돕고, 지금까지 해 오던 행동과는 다른 대안적인 행동을 할 수 있도록 촉진한다. 또한 집단원들이 시도한 행동 결과의 성패보다는 시도에 초점을 두고 끊임없이 그들을 격려해 주어 집단원들이 스스로 자신의 문제를 해결해야겠다는 의지를 다질 수 있도록 한다.

○○ 집단원: 그동안 어머니께 섭섭했을 때도 섭섭하다는 말도 못했고, 또 고마워도 고맙다는 말을 못했어요. 또 지금처럼 어머니와 서먹서먹한 것도 어머니의 마음을 잘 몰라준 제 책임인 것만 같아요. 전 뭐든 제대로 못하고…… 이런 모든 게 제가 부족해서 그래요.

집단상담자: 어머니와 불편한 게 모두 자신이 부족한 탓이라고 생각하는 ○○ 님의 무거운 마음이 느껴집니다.

○○ 집단원: 네, 그래요. 제가 지금보다 좀 더 잘났다면 어머니와도 잘 지낼 수 있었을 텐데…… 전 늘 이 모양이에요. 다 제가 못나서 그래요.

집단상담자: 모두 자신의 탓으로 돌리고 어머니께 섭섭했던 마음도 표현하지 못하고 가슴 속에 묻어 버렸을 ○○ 님을 생각하니 마음이 아프네요. 어머니가 ○○ 님의 어떤 마음을 좀 알아주셨으면 하나요?

○○ 집단원: 어…… 제 마음을 알아주시지 않으시는 어머니께 늘 섭섭했었습니다. 그런데 제가 못 해드린 것만 생각이 나서 잘 표현이 안 되었습니다.

집단상담자: ○○ 님과 어머님 모두 표현이 서투르신가 봅니다. 아마도 상대방에게 직접적으로 감정을 드러내는 것이 조심스러웠을 수 있습니다. 하지만 전달되지 않은 마음은 쌓이게 마련이지요. 지금까지 집단원들과 감정을 교류했던 경험을 토대로 어머님과의 대화도 하실 수 있을 것이라 기대가 됩니다. 다른 분들도 ○○ 님께 전하고 싶은 마음이 있으시면 함께 나누어 주셨으면 합니다.

□☆ 집단원: 저도 감정을 잘 드러내지 않는 편이라 ○○ 님의 마음이 얼마나 답답하고 섭섭하셨을지 느껴집니다. 같이 힘을 내보자고 응원 드리고 싶네요.

집단상담자: □☆ 님도 평소에는 감정표현이 서툴다고 하셨는데 이렇게 용기를 내
　　어 ○○ 님을 응원하시는 모습이 반갑고 저 또한 □☆ 님을 응원해 드리고
　　싶네요.

○○ 집단원: 네. 저도 □☆ 님의 응원 감사하고요 조금은 걱정이 되지만 시도해
　　봐야겠다는 생각이 듭니다.

4) 종결단계

집단의 마무리 단계에서 집단원들이 직면하는 주요 과제는 자신의 학습을 통합·정리하고, 학습한 것을 외부 환경으로 전환하는 것이다. 이 시기는 집단 경험의 의미에 대해 재검토하고, 집단에서 학습한 것을 자신의 인지적 틀과 잘 조화시켜 현실에 적용하는 시간이다. 종결단계는 어떤 면에서는 하나의 '출발'을 의미한다고 볼 수 있다.

종결 시 집단원들은 자신이 집단에 참여하면서 세운 목표의 달성 여부를 스스로 점검하여 목표를 이루었을 경우 훈습 과정을 통해 집단상담 종결 이후에 계속해서 성장할 수 있도록 하고, 원하는 목표를 이루지 못한 집단원은 집단상담 과정에서 자신의 참여 정도 및 활동 전반에 대해 평가해 봄으로써 자신의 문제점과 보완할 점을 발견할 수 있도록 한다. 이 단계에서 발생 가능한 문제는 다음과 같다.

- 집단원들은 자신의 경험을 재검토하고 이를 현실에 적용하는 데 실패하게 되면 집단에서 얻은 긍정적인 경험조차도 부정적으로 인식하게 된다.
- 집단의 종결에 따른 분리 불안으로 인해 집단상담자와 다른 집단원들이 자신을 멀리할 수 있다는 생각에 빠진다.
- 집단원들은 집단의 종결을 실천적인 성장의 종결로 생각하여 집단을 통해서 통찰하게 된 성장의 방법을 현실에서 계속 사용하지 않을 수 있다.

종결단계에서 집단상담자는 집단원이 설정한 상담 목표가 어느 정도 달성되었는지를 확인한다. 만약 집단원이 해결하지 못한 과제가 있으면 집단상담자는 미해결 과제를 해결할 수 있도록 도와야 하고, 집단원의 변화된 상태에 대해 피드백 해야 하며, 목표를 달성한 집단원은 현실에서 계속 실천하고 적용할 수 있도록 격려해야 한다. 그리고 친숙한 관계에서 갑작스러운 상실을 경험하게 될 집단원들을 고려하여 세심한 배려를 바탕으로 종결에 대한 준비를 해야 한다.

○○ 집단원: 집단상담을 마치려니 많이 섭섭합니다. 처음에는 모두들 나를 싫어하는 것만 같고, 그동안 내 주변의 사람들처럼 다들 나를 나무랄 것만 같아 조심스럽기만 했는데 지금은 편해졌어요. 처음에는 이런 생각 때문에 하고 싶은 얘기도 입이 잘 안 떨어졌는데…… 제가 용기 내서 말했을 때 모두들 격려해 주고, 말을 조금 더듬어도 기다려 주시니까 이제 말하는 게 좀 편해졌어요.

집단상담자: ○○ 님께 다른 집단원들의 격려가 많이 힘이 되었네요. 이렇게 조금씩 자신의 이야기를 하는 ○○ 님이 참 용기 있어 보이고 편안해진 것 같아 보기 좋습니다. 요즘 어머니와 이야기할 때는 어떠한지 궁금합니다.

○○ 집단원: [잠시 생각에 잠김] 아직은 편안하게 말하지는 못하지만, 지난주에 어머니께 살짝 제가 하고 싶은 얘기를 해 봤는데…… 걱정이 돼서 말을 좀 더듬기는 했지만 그래도 끝까지 얘기했더니 엄마가 중간에 야단치지도 않고 다 들어 주시더라고요. 다음에 또 해 봐야겠죠.

3. 집단원의 기능적 역할

우리가 일상에서 각자 역할이 있듯이, 집단에서도 집단원 개개인이 맡게 되는 역할이 있다. 집단 속에서는 집단원은 두 가지 기능적 역할을 가지게 된다. 하나는 집단중심의 기능적 역할로 집단상담이 가지는 목표를 성공적으로 이끌어 가는 과정에서 집단원이 맡게 되는 역할이다. 다른 한 가지 역할은 집단의 진행 과정에서 발생할 수 있는 집단원들의 문제행동을 해결해 나가는 개인 중심의 기능적 역할이다.

집단상담이 성공하려면 그 집단의 공통 목표 및 공통 문제를 선택하고, 정의하며, 해결해야 한다. 뿐만 아니라 집단에서 집단원은 개개인의 역할을 이해함으로써 그들이 가진 문제를 해결하고 성장하게 하는 기반을 마련할 수 있어야 한다.

1) 집단 중심의 기능적 역할

집단의 공통 목표를 이루기 위해서 집단원들이 맡게 될 역할을 다음과 같이 분류하여 설명하고자 한다.

(1) 솔선 제안자(suggester)

집단에서는 집단을 위해 목표를 정하거나 문제를 선택하고 해결하려면 누군가가 먼저 솔선해서 새로운 아이디어를 제공하는 집단원의 역할행동이 필요하다. 그리고 집단원은 문제의 해결 방법이나 당면한 과제의 처리에 필요한 집단의 조직 등에 대한 제안도 할 수 있어야 한다.

□□ 집단원: 평소에 자기 이야기를 잘 하지 않던 ○○ 님이 자기 이야기를 솔직하게 털어놓아서 저는 개인적으로 시원했습니다. 이 점에 대해 ○○ 님과 다른 분들은 어떻게 생각하는지 이야기해 봤으면 좋겠어요.

□☆ 집단원: 저도 ○○ 님에 대해 좀 더 이야기하고 싶었는데, 이런 제안을 해 준 □□ 님이 고맙네요. 평소에는 이야기를 잘 하지 않는 ○○ 님이 많은 이야기를 하시는 것을 보고 그동안 많이 답답하셨겠구나 라는 마음이 들었고 한꺼번에 너무 많은 이야기를 해서 혹시 힘들지는 않을지 걱정되는 마음도 있습니다. 어떠신가요?

(2) 정보 모색자(information seeker)

집단 내에서 다른 집단원들이나 집단상담자에게서 자신이 필요한 정보를 구하는 집단원을 말한다. 이 역할을 하는 집단원은 집단에서 논의되고 있는 문제에 관한 적절한 정보와 사실의 정확성에 관심이 있고, 질문을 통해 집단과 집단원에 관련된 정보를 알아낸다.

□□ 집단원: ○○ 님은 이번 집단에 참여하면서 얻고자 하는 것이 무엇인가요?

○○ 집단원: 어떤 일을 결정할 때 제 자신의 상황보다 다른 사람의 눈치를 먼저 살피는 제 자신에 대해 알고 싶어요.

□□ 집단원: 최근에 그런 일이 있었나요?

(3) 상세한 설명자(elaborator)

다른 집단원들의 이야기를 설명하거나 근거를 제시하는 집단원이다. 또한 그러한 의견과 제안을 집단이 받아들이면, 집단과 집단원에게 어떻게 작용할 것인지를 상세하게 설명하는 역할을 하여 집단원들의 이해를 돕고 집단을 촉진하는 역할행동을 한다.

□□ 집단원: 방금 ○○ 님이 하신 말은 어떤 일을 결정할 때 자신의 마음에 따라 결정하기보다는 다른 사람들에게 더 많은 영향을 받는 자신에 대해 이 자리를 통해 살펴보고, 그 원인과 해결책을 찾아보고 싶다는 것으로 여겨집니다. 어떠신가요?.

(4) 합리적인 타협자(compromiser)

집단이 진행되는 과정에서 집단원들의 새로운 아이디어와 제안 사이에서 의견 대립이나 갈등이 생길 수 있는데, 이를 종합하고 조화롭게 유도하여 타협을 이끌어 내는 집단원의 역할행동을 말한다.

□☆ 집단원: ○○ 님과 □□ 님의 이야기를 들어 보니 서로 오해하고 있는 부분이 있다고 느껴지네요. ○○ 님은 □□ 님을 돕고 싶어 하는 마음으로 꺼내 놓으신 것 같은데 잘 전달되지 못해 생긴 오해인 것 같아 아쉬운 마음이에요. 서로의 감정을 좀 더 솔직하게 이야기할 기회를 가졌으면 해요.

(5) 냉철한 평가자(evaluator)

집단상담에서 집단이 이루고자 하는 목표를 얼마나 성취하였는지, 어떤 제안이나 집단 토론의 실용성과 논리성, 사실 또는 절차가 집단의 목적에 맞는지를 평가하고 비평하는 역할을 한다.

□☆ 집단원: 지금 ○○ 님이 하시는 이야기는 우리 집단의 주제에서 조금 벗어나는 것 같습니다. 차후에 이와 관련된 이야기가 나오면 다시 다루는 것이 어떨까요?

(6) 따뜻한 격려자(encourager)

집단상담에서 어려움에 처해 있는 집단원을 지지하고 수용하며, 집단에 참여하는 모든 집단원들에게 긍정적인 피드백을 제공하는 역할을 한다.

○○ 집단원: 제 아버지에 대해 나쁜 점만 너무 많이 이야기해서 사람들이 저의 아버지를 이상한 사람으로 생각하지 않을까 걱정도 되고, 아버지께 미안한 마음이 듭니다.

□☆ 집단원: 염려하는 마음을 솔직하게 표현하고, ○○ 님이 뭘 걱정하는지 알려 줘서 고맙습니다. 그 마음에서 아버지에 대한 미움뿐만 아니라 염려하는 마음과 애정이 느껴집니다.

(7) 참여 촉진자(facilitator)

집단원이 집단에 적극적으로 참여할 수 있도록 대화 과정에서 촉진하거나 집단에 참여하기를 주저하는 집단원을 격려하여 집단에 참여시키는 역할을 한다.

> □□ 집단원: ○○ 님이 평소와 다르게 오늘 표정이 많이 어둡고 집단이 진행되
> 는 내내 아무런 말도 하지 않고 있어 ○○ 님에게 무슨 일이 있는지 걱정이
> 됩니다.
> ○○ 집단원: 오늘 집단에 참여하는 동안 마음이 편하지 않았는데, 이렇게 제게 관
> 심주시는 분이 계시니 마음에 위로가 되네요.

2) 개인 중심의 기능적 역할: 집단원의 문제행동

개인 중심의 집단원의 역할은 앞서 살펴본 집단 중심의 기능적 역할과는 성격을 달리한다. 여기서 소개될 역할행동은 개인 중심적인 것으로서 개개의 집단원이 자신의 욕구를 충족시키기 위하여 노력하는 행동들이다. 집단상담에 방해가 되는 행동으로 간주되기도 하지만, 바람직한 방법을 통한 개인적인 욕구 충족이 집단상담의 목표가 될 수도 있으므로, 이와 같은 역할행동을 무시해 버릴 수 없다. 뿐만 아니라 개인적인 역할행동은 집단상담을 촉진하는 주요한 요소로 작용할 수 있으므로, 오히려 집단상담에서 필수적인 요소가 될 수도 있다. 따라서 집단원의 개인 중심적 역할행동을 주의 깊게 살펴볼 필요가 있다.

(1) 침묵의 방관자(observer)

어떤 집단원은 시종일관 집단 활동에 참여하지 않고 침묵을 지키거나 움츠러드는 행동을 한다. 비록 방관하는 행동이 집단을 방해하지는 않을지라도 집단의 발달에 도움을 주지는 못한다. 침묵을 지키거나 집단 활동에 참여하지 못하는 집단원은 자신이 말하고 싶은 내용이 다른 집단원에게 말할 가치가 없는 것이라고 생각하거나 자신에 대해 이야기하는 것은 좋지 못하다는 생각 때문에, 혹은 잘못했다가는 자신의 이야기를 들은 다른 집단원들이 자신을 어리석게 볼까 두려워서, 다른 집단원이나 집단상담자의 권위에 눌려서, 저항의 일종으로,

거부당하거나 수용되는 데 대한 불안 때문에, 집단을 신뢰하지 못하거나 비밀이 누설될까 두려워서 등 여러 가지 이유로 집단에 참여하지 못한다.

집단상담자가 침묵하는 집단원에게 침묵이 무엇을 뜻하는가에 대하여 직접 탐색하게 하거나 집단을 마무리할 무렵 무엇을 느끼고 배웠는가에 대하여 직접 물어 볼 때 집단원은 이에 대한 반응에 참여하며 집단의 일원으로서의 역할을 경험하게 된다.

> □□ 집단원: ○○ 님은 오늘 집단에서 무엇을 느꼈는지 궁금하네요.
>
> ○○ 집단원: □□ 님이 어머니를 걱정하는 이야기를 들으면서 참 따뜻한 사람이 구나 하는 생각이 들었습니다.
>
> 집단상담자: ○○ 님이 집단 내내 침묵하고 있어 무슨 생각을 하나 궁금하기도 하고 조금 멀게 느껴졌는데, 다른 집단원들에 대한 이야기를 들으니 함께하고 있었다는 생각이 들어 반갑기도 하고, 다음 회기에는 ○○ 님의 이야기를 더 듣고 싶다는 생각이 드네요.

(2) 자기중심적 독점자(monopolizer)

집단의 활동을 독점함으로써 지나치게 자기중심적으로 행동하는 집단원이 있다. 이런 집단원은 끊임없이 다른 집단원과 자신을 동일시하는 경향이 있어서 다른 집단원과 관련된 상황과 연결시켜 자신의 일상생활에 대한 이야기를 장황하게 늘어놓는 특징이 있다.

집단의 대화를 독점하는 집단원에게 대처하기 위한 방안으로 집단원 자신이 대화 독점 행동에 대한 결과를 서서히 깨달을 수 있도록 하거나, 집단상담자가 말이 없는 집단원도 함께 활동하도록 도울 수 있고, 한 집단원이 두서없이 이야기하거나 시간을 독점하는 것을 시의적절하게 제재할 수도 있다. 그리고 집단원들이 대화를 독점하는 집단원에 대해 거부감을 표현하여 독점자 역할을 하는 집단원이 자신의 행동을 직면하도록 하여 집단을 발전시키는 역할을 할 수도 있다.

○○ 집단원: □□ 님은 집단에서 하고 싶은 말이 많은 것 같네요. 다른 집단원에게도 말할 수 있는 시간을 주었으면 합니다.

집단상담자: ○○ 님은 □□ 님의 이야기가 길어질 때 기분이 어땠습니까?

○○ 집단원: □□ 님이 혼자 너무 오랜 시간을 이야기하니까 이야기에 집중이 잘 되지 않고, 지루하기도 하고, 조금 화가 나기도 했습니다.

집단상담자: □□ 님은 ○○ 님의 이야기를 들으니 어떤 마음이 드시나요?

□□ 집단원: 다른 집단에서 마치고 이런 피드백을 받은 적이 있었는데 지금 ○○ 님의 이야기를 들으니 부끄럽기도 하고 제가 집단에서 어떻게 하는지 살펴볼 수 있을 것 같아 감사하기도 합니다.

(3) 우월한 충고자(adviser)

다른 집단원에게 자신의 지각이나 의견을 이야기하는 것과 달리 그 사람에게 어떻게 느껴야 하고, 또 해야 할 것과 하지 말아야 할 것 등을 말해 주는 집단원이 있다. 충고를 하는 사람은 자기 자신의 충족되지 못한 욕구를 자신이 하는 충고를 통하여 무의식중에 충족하려는 것이라고 볼 수 있다. 뿐만 아니라 충고를 함으로써 자신의 문제로부터 주의를 다른 데로 돌리고, 집단상담자보다 자신이 우월함을 나타내려고 하며, 도움의 대상이 되는 집단원에 대한 경멸과 적개심을 은폐하려고 한다. 따라서 집단상담자는 충고나 조언을 하는 집단원에게는 그러한 행동을 하려는 동기를 탐색할 기회를 제공하고 집단원은 그것을 계기로 스스로에게 초점을 맞추도록 노력해야 한다.

□☆ **집단원**: 저는 ○○ 님의 이야기는 너무 길어 좀 지루하게 느껴집니다. 다른 사람들도 저처럼 생각할 것 같고, 제가 보기에 이야기를 너무 길게 하는 건 좀 고쳐야 할 것 같습니다.

집단상담자: □☆ 님이 ○○ 님에게 이런 이야기를 할 때 어떤 마음이 드나요?

□☆ **집단원**: 제 말이 ○○ 님에게 도움이 될 거라고 생각되네요. 사실 ○○ 님이 모르고 있는 것 같아 답답하기도 하고…….

집단상담자: ○○ 님이 다른 사람들이 어떻게 생각하는지도 모르고 계속 이야기를 하는 것 같아 답답하게 느껴지셨군요. 그래서 ○○ 님에게 도움이 되었으면 하는 마음에 이야기를 꺼내셨네요. □☆ 님의 이 마음을 듣고 다른 분들은 어떠신지 궁금합니다.

□□ **집단원**: 저는 ○○ 님이 감정표현이 서투르지만 열심히 자신이 느낀 것을 나누어 보려고 한다고 느껴져 응원되는 마음이 있었는데, □☆ 님이 지루하고 고쳤으면 한다고 이야기하니 조금 당황스러웠고 용기 내어 이야기한 ○○ 님은 어떨지 마음이 쓰입니다.

(4) 상처 싸매기

상처 싸매기(wound enfoldment)란 집단에서 다른 집단원의 상처를 어루만져 주고, 고통을 덜어 주고, 기분을 좋게 해 주려고 애쓰는 집단원의 역할행동이다. 이는 충고하는 유형과 관련된 것으로, 다른 집단원의 상처를 달래고 고통을 줄여, 사람들을 즐겁게 하고, 자신도 안정을 취하려는 욕구의 표현이라고 볼 수 있다. 상처 싸매기는 겉으로 보기에는 다른 집단원에 대해 관심을 보이고 보살피는 행동처럼 보이지만, 실제로는 자신의 고통과 직접 만나기를 피하는 방편의 하나로 가식적인 도움의 형태라고 볼 수 있다. 이것은 타인의 고통을 지켜보는 것이 어려워 이를 사전에 봉쇄하려는 시도의 일환으로서 가식적으로 지지하는 행위로 해석될 수 있다.

진정한 돌봄은 고통을 경험하는 그 사람의 유익에 초점을 둔다. 따라서 고통의 깊이를 체험하는 것이 그에게 유익하다면 그러한 기회를 허용해 주어야 한다. 집단상담자가 집단원에게 행동의 의미와 자신의 느낌을 성찰할 기회를 줌으로써 집단원은 자신을 돌아보는 기회를 가지게 된다.

□☆ 집단원: 난 지금 사람들이 나를 비난하는 것 같아 두려워요.

○○ 집단원: 아니에요. 우리는 당신을 비난하는 것이 아니라 돕고 싶은 거예요. 비난 받는다는 생각이 들어서 많이 힘들었을 것 같아요. 하지만 우리는 당신을 비난하는 건 아니에요.

집단상담자: □☆ 님이 힘들어하는 것처럼 느껴지니, ○○ 님의 기분이 어떠신가요?

○○ 집단원: 마음이 아프고, 꼭 나는 그 사람들을 비난하지 않았다고 알려 줘서 안심시키고 싶은 생각이 들었어요. 그리고 꼭 나에게 하는 말처럼 들려 마음이 불편하기도 하고······.

집단상담자: □☆ 님은 ○○ 님의 이야기를 들으니 어떠셨나요?

□☆ 집단원: ○○ 님이 염려해주는 마음은 고마웠지만 '그 정도로 힘든 건 아니었는데'라는 생각도 들었어요.

집단상담자: ○○ 님은 □☆ 님의 이야기를 들으니 어떠신가요?

○○ 집단원: 비난받기 싫어하는 제 마음이 더 컸다는 것이 느껴집니다.

(5) 적대적 공격자(aggressor)

직접적인 공격이나 적대적인 행동은 집단 분위기에 좋지 못한 영향을 미친다. 그러나 적대적인 감정이 간접적인 형태로 표현될 때 다루기가 더 곤란하다. 이는 대체로 비판, 빈정댐, 농담과 비슷한 형태로 표현된다. 이와 같은 행동을 하는 집단원은 다른 집단원에 대한 공격적인 태도를 보이는 것이 자신을 지키는 최선의 방법이라는 생각을 하고 있다. 또한 인정과 사랑을 받고 싶어 하는 사람에게서 버림을 받아 실망하고 상심한 경험을 가지고 있을 수도 있다. 그래서 또다시 상처받을까 봐 두려워서 먼저 상대를 공격함으로써 자신을 방어하려는 것이다. 이런 집단원은 집단상담자가 자신의 태도와 직접 맞닥뜨릴 수 있도록 도울 때 자신의 모습을 다시 점검하는 기회를 가지게 된다.

○○ 집단원: (얼굴이 붉어지며) □☆이 나에게 잘못했다고 야단을 치는 것 같아 기분이 안 좋아요.

□□ 집단원: ○○ 님은 지금 몹시 화가 나 있는 것처럼 보입니다. 평소에도 야단 맞고 있다는 느낌이 들면 화가 나나요?

○○ 집단원: 네. 평소에도 누군가가 나를 비난하고, 나의 잘못을 지적하면, 그 사람에게 화가 나요.

□□ 집단원: 지적받고 비난받고 있는 나 자신이 어떻게 느껴지나요?

○○ 집단원: 제 자신이 너무 초라하고, 상대방이 나를 싫어하는 것 같아 두렵기도 하고, 어떻게 해야 할지 모르겠고, 그래서 모두에게 화를 내는 것 같네요.

(6) 도움 구걸자(help-seeker)

도움을 구걸하는 집단원은 집단상담자나 다른 집단원들이 자신을 보살피고 자신에 관한 문제를 대신 결정해 줄 것으로 기대하는 경향이 있다. 이러한 집단원은 전적으로 자신이 무력한 존재인 것처럼 행동함으로써 집단상담자나 다른 집단원의 충고나 도움이 정말로 필요하다는 사실을 확신시키고, 그들이 그를 위하여 대신 책임을 져 주도록 유혹한다. 그러나 집단원들이 주는 도움이 되는 피드백을 수용하기보다 '네, 그렇지만 저는……' 식의 반응을 보이면서 마치 게임을 하듯이 교묘하게 집단원들의 제안을 회피하거나 무시하는 경향이 있다. 집단상담자는 그가 요구하는 도움을 제공함으로써 그의 의존 욕구와 회피를 강화하기보다는, 그의 그러한 행동이 자신의 의존성을 계속 유지하려는 수단이라는 사실을 지적해 주도록 한다.

○○ 집단원 : 뭐든지 자기가 원하는 대로만 하려는 엄마 때문에 너무 힘들어요. 엄마는 내 이야기는 들으려고도 하지 않아요. 누가 좀 도와줬으면 좋겠어요. 흑흑…….

□□ 집단원 : 많이 답답하고 힘드시겠네요. 그럼 가족 중 누군가에게 도움을 요청하거나 다른 방법을 한번 찾아보는 건 어떨까요?

○○ 집단원 : 네, 감사해요. 하지만 아무 소용없을 거예요. 우리 엄마는 제가 어떻게 할 수가 없어요. 다 소용없어요.

□☆ 집단원 : ○○ 님께서 누군가 도와줬으면 하는 마음은 간절하나 그동안 ○○ 님의 경험에 비추어보면 가망이 없이 느껴지시나 봅니다. 그래서 다른 집단원분들의 제안이 선뜻 받아들여지시지 않으시네요. 지난번에도 이런 어려움을 나누었던 것으로 생각되어 같은 상황이 계속 반복되고 있다고 여겨져 답답합니다. 이제는 다른 누구의 조언보다도 ○○ 님 스스로 자기 문제를 해결해 보려는 시각전환과 용기가 필요한 것 같아요.

(7) 문제없는 사람 자처하기

때때로 어떤 집단원은 자신을 다른 사람들보다 우월한 자리에 놓거나 완전한 사람으로 자처하는 행동을 한다. 예를 들면, '나는 모든 문제를 이미 해결했다. 내가 이 집단에 참여하는 것은 문제가 있어서가 아니라, 문제가 있는 집단원을 관찰하고 도와주려고 온 것이다.' '내게는 아무런 문제가 없다. 나는 완전히 만족하고 있다.'는 식의 태도를 취하면서 항상 다른 집단원들에게 동정을 표하는 행동을 한다.

집단상담자는 이러한 집단원에 대한 대처 방안으로 그의 느낌이나 집단을 통해 얻고자 하는 점을 탐색함으로써 그 자신은 문제가 없다는 입장을 방어적이지 않은 상태에서 스스로 점검하도록 기회를 제공하도록 한다.

> □□ 집단원 : ○○ 님은 지금 많이 혼란스러울 것 같아요. 저도 이전에 그런 적이
> 있었어요. 하지만 지금은 정말 좋아요. 저는 그럴 때 ……했었어요. 제 얘기
> 가 ○○ 님에게 도움이 되었으면 해요. 하루빨리 혼란 속에서 벗어나 편안해
> 졌으면 해요.
>
> □☆ 집단원 : □□ 님이 ○○ 님을 돕고 싶어 하는 마음이 참 따뜻하게 느껴집니
> 다. 그런데 □□ 님은 다른 집단원들의 이야기에는 잘 반응해 주시는데 자신
> 의 이야기는 잘 드러내지 않는다고 느껴집니다. 이 집단을 통해서 □□ 님은
> 어떤 도움을 받고 싶으신지도 궁금합니다.

(8) 집단과 관계없는 이야기하기(relationess subject pleader)

가끔 집단원들 중에는 집단 밖의 여러 가지 사건을 끌어들여 토의하려고 힘
쓰는 사람들이 있다. 그들은 세상의 모든 문제에 깊은 관심과 식견을 가진 것처
럼 보인다. 그러나 그들은 자기노출이 두려워서 집단의 관심을 집단 밖의 사건
들로 돌리려고 애쓰고 있는 것이다. 그러므로 바깥세상의 사건들로부터 그들의
초점을 집단 안의 역할로 옮길 수 있도록 도와줘야 한다.

집단상담자는 이러한 집단원이 자기를 노출하는 것에 대해 두려움을 느끼는
것을 충분히 공감하고 배려하여, 직접적인 직면을 피하는 자신을 스스로 점검할
수 있는 기회를 제공해야 한다.

> ○○ 집단원 : 집단원 모두가 저의 일에 관심을 가져 주시니까 정말 감사하기도 하
> 고 미안한 마음도 들어요.
>
> □□ 집단원 : ○○ 님의 이야기를 들으니 어제 있었던 일이 생각나요. 어제 저는
> 제가 다니는 직장에서 직장 내 위계에 대해 동료와 이야기하다 크게 언쟁이
> 벌어졌는데, 아 참…….
>
> □☆ 집단원 : □□ 님께서는 ○○ 님 이야기를 들으시면서 어떤 느낌이 드셨나
> 요? 그 이야기를 듣고 다른 주제가 연상되시는 이유가 있으실 것 같습니다.

이상에서 소개한 것 외에도 하위집단의 형성으로 인한 집단 분열, 잡담, 종교적 계율 설파, 지나친 설득이나 강요 등으로 집단의 역동에 방해되는 문제행동을 일으킬 수 있으므로 이에 대한 집단원으로서 자신의 행동은 어떠한지에 대해 살펴보는 시간을 가져야 할 것이다.

제7장
집단상담자의 역할과 기능

| 천성문 |

집단원들이 부끄럽고 아픈 상처와 문제를 드러내는 용기는 어디서 오는 것인가? 수용적이고 공감적이며 인내하고 신뢰하는 집단상담자가 있기 때문에 문제를 드러낼 용기를 낼 수 있지 않을까? 집단원 각각의 문제를 다루는 능력, 집단원을 서로 연결하는 능력, 위기 상황에서도 집단 전체를 매끄럽게 리더해 가는 집단상담자의 능력을 믿기에 집단원들은 용기를 내서 문제에 직면할 수 있지 않을까 싶다. 적절한 타이밍과 놀라운 민감성, 통찰력을 가지고 그때그때 창의적이고 능숙한 기술과 도전정신을 발휘하는 집단상담자, 자신을 비우고 전체를 보며, 각 집단원에게 반응할 줄 아는 집단상담자, 성숙하고 깨어 있어 자신을 최고의 치료적 도구로 사용할 수 있는 집단상담자라면 가장 효과적으로 집단원들의 성장과 성숙을 도울 수 있을 것이다.

집단상담자는 전문가로서 인간에 대한 폭넓은 지식과 경험, 다양한 상담이론에 관한 전문적 지식, 집단을 계획 · 조직 · 유지할 수 있는 능력, 집단의 목적 달성을 위한 다양한 기법과 전략, 개인 및 집단 상담 경험, 자신의 경험과 능력의 한계 인정, 지속적인 훈련 과정 이수 등의 경험을 갖추고 있어야 한다.

이런 전문성을 갖추기 위해서 집단상담자는 일정한 훈련 과정을 거쳐야 하는데, 그것은 교수-학습, 집단상담의 관찰, 집단 경험, 수련감독, 개인 심리치료의 다섯 가지 과정이다.

또한 집단상담자는 집단 운영과 관련하여 집단에 대한 소개, 비밀 보장, 이중 관계에 대한 주의, 적절한 기법 사용 등 준수해야 할 윤리적 기준도 갖추어야 한다.

1. 집단상담자

집단상담자는 집단상담에 대해 전문적인 교육과 훈련을 성공적으로 이수하고, 수련감독자의 감독 하에 실습을 마친 전문가다. 집단상담자가 어떤 사람인가 하는 것은 집단의 성공과 실패를 결정하는 중요한 변인 중 하나다.

효과적인 집단상담자는 집단원으로 하여금 집단의 참여를 통해 지식이 아닌 실제적인 자기체험을 할 수 있게 하고, 심리적, 정서적으로 안정되고 성숙한 인간이 될 수 있는 기회를 제공하며, 자신뿐만 아니라 다른 사람의 문제를 해결하도록 돕는 역할을 한다. 집단상담은 내가 어떤 사람인가를 생각하고, 나의 참모습을 탐색해 보는 시간이자 성숙한 나를 가꾸는 활동이며 집단원과의 소통을 통해 자신과 타인을 좀 더 깊이 이해하고 만나는 인간적인 성숙의 장이다.

집단원은 집단 속에서 아무런 조건이나 제약 없이 다른 집단원들과 진솔한 대화를 나누며 자신은 물론 타인에 대한 사랑을 경험할 수 있다. 이러한 경험을 집단 속에서 할 수 있도록 하기 위해 집단상담자는 집단상담자로서 갖추어야 할 기본적인 태도와 품성 등 효과적인 집단 활동의 촉진에 필요한 인간적 특성을 갖추고 있어야 한다. 아울러 집단 응집력 등 집단의 독특한 특징을 이해하고 활용하는 데 필요한 전문적인 지식과 기술, 역할을 두루 갖추어야 한다.

2. 집단상담자의 인간적 특성

집단상담자의 인간적인 특성은 집단상담자가 갖추어야 할 기본적인 태도나 품성과 같은 성격 특성이라 할 수 있다. 집단상담자의 인간적 특성이 중요한 이유는 집단상담자가 어떠한 특성과 역량을 갖추고 있느냐에 따라, 똑같은 이론이나 기법이라 하더라도 집단원의 성장 과정에 무척 다르게 영향을 미칠 수 있기 때문이다. 이처럼 집단원들의 인간적 성장 과정에 영향을 미치는 집단상담자의 비중이나 중요성은 오래전부터 인식되어 왔으며, 집단상담의 성과를 가져오는 집단상담자의 인간적 특성이 여러 학자들의 임상적 경험을 통해 제시되어 왔다.

효과적인 집단상담자의 인간적 특성으로 코리(김진숙 외 공역, 2016)는 용기, 자진해서 모범보이기, 집단 구성원과 함께 하기, 온정과 진정성 및 보살핌, 집단 과정에 대한 믿음, 개방성, 비방어적으로 비판에 대처하기, 민감한 문화적 이슈 인식하기, 내담자의 고통에 동일시하기, 개인적인 힘, 활력, 열심히 자기돌봄, 자기인식, 창의성, 개인적인 헌신과 전념하기 등을 제안하였다. 그리고 이형득 등(2002)은 집단원에 대한 선의와 관심, 용기와 끈기, 자신감, 융통성과 포용성, 진실성과 개방성, 자각력과 수용력, 지각력과 민감성, 창조성 또는 독창성, 유머감각, 지혜 등을 제안하였으며, 강진령(2011)은 자기수용, 개방적 소양, 타인의 복지에 대한 관심, 유머감각, 자발적 모범, 공감적 이해 능력, 심리적 에너지, 새로운 경험 추구, 창의성 등을, 천성문 등(2017)은 자기이해와 수용, 자아탄력성, 사랑과 관심, 인간에 대한 존중과 믿음, 돌보려는 마음, 지혜, 창의성 등을 제안하였다.

이상에서 제시된 내용 중 공통된 요소와 저자의 경험을 근거로 하여 제시할 수 있는 집단상담자의 인간적 특성으로 사랑과 관심, 자기수용, 개방성, 용기, 긍정적 변화에 대한 믿음, 돌보려는 마음, 창의성 그리고 지혜 등 여덟 가지를 제안하고자 한다.

1) 사랑과 관심

사랑과 관심은 삶에 즐거움과 행복, 의미와 보람, 신뢰와 친근감 그리고 활력과 변화를 경험하게 하는 기본 요소다. 집단상담자가 사랑과 관심을 가지고 집단원을 대하는 일은 사람들을 무비판적이고 무조건적으로 존중하고 소중히 여기는 것으로, 이는 효과적인 집단상담을 위해서 필수적이다.

집단상담 과정에서 의미 있는 사랑과 관심의 체험은 집단원이 정신적 안녕과 건설적인 변화, 발전 등 근본적인 변화를 위한 원동력이 된다. 그러므로 집단상담자는 집단상담을 생계유지나 개인적인 목적을 위한 수단으로 사용하기보다는 집단원을 사랑하는 마음을 가지고 봉사하는 그 자체가 즐겁고 보람되는 일이라는 내적 가치를 지향해야 한다. 이를 위해 집단상담자는 집단원들에게 도움을 주려는 강한 사명의식을 가지고, 고도의 지식과 장기간의 교육을 요구하는 전문 활동인 집단상담 과정을 익혀 나가야 한다.

2) 자기수용

집단상담자의 자기수용은 자신의 성격, 태도, 문제 등에 대한 인식과 이해를 의미한다. 타인의 문제해결을 도와주는 일을 전문적으로 하는 집단상담자가 자신의 목표, 동기, 요구, 한계, 강점, 가치관, 감정, 정체성, 문화적 시각 및 문제에 대해 명확하게 자각하는 것은 집단상담자의 기본적인 특성으로 매우 중요하다. 만약 집단상담자의 개인적인 문제가 해결되지 않은 상태에서 집단을 이끌어 나가려 한다면 그것은 위험한 일이다. 즉, 집단상담자 스스로가 자신의 여러 특성 및 문제에 대해 자각하지 못하고 있다면, 다른 사람의 특성과 문제에 대한 자각을 촉진할 수 없다.

그러므로 집단상담자는 끊임없이 자기발견을 위해 힘쓰고, 있는 그대로의 자신을 수용하는 태도를 가져야 한다. 자기수용적인 집단상담자는 자신의 강점뿐만 아니라 약점까지도 자신의 일부임을 기꺼이 인정하고 받아들인다. 이러한 자기수용을 통해 집단원들과 더 깊게 상호작용하고, 스스로 완벽하지 않은 존재라는 사실을 인정함으로써 집단 과정을 촉진한다.

3) 개방성

집단상담자의 솔직하고 편안한 자기개방은 집단원들에게 모델이 되며, 집단분위기를 편안하고 진솔하게 만드는 요인으로 작용한다. 집단상담자는 집단 안에서 느껴지는 자신의 생각이나 느낌 중 부정적이거나 노출이 어려운 것에 대해서도 편안하게 자기개방을 함으로써 집단의 분위기를 자연스럽게 이끌 수 있다. 개인상담에서 요구되는 개방의 수준이나 개인상담의 환경에 비해 집단상담은 훨씬 더 개방적이고 노출적이다.

이것은 집단상담 자체가 여러 사람 앞에 개방된 형태로 진행된다는 점과도 관련 있는 것으로, 집단상담자는 자신의 실수나 약점에 대해서 더욱 개방적이어야 하며, 이것은 집단상담의 분위기 조성에 큰 영향을 미친다. 다음의 예를 보자.

> 집단상담자: 열심히 준비한 시험에서 친구들은 합격하고 자신만 떨어졌을 때, 자신이 초라하고 무능하게 느껴져 많이 힘들 텐데, 게다가 준비도 덜 열심히 합격한 친구에 대한 미움의 감정까지 겹치게 되어 ○○ 님을 더욱 괴롭히고 있는 것 같군요. 음…… 저 역시 저를 무능하다고 괴롭히고 잘나가는 친구를 시기하며 저 자신을 더 힘들게 만든 때가 있었습니다. ○○ 님 이야기를 들으니 그 때가 떠오르며 자신과 타인을 모두 미워하는 자신을 느끼는 순간 마음이 얼마나 고되고 힘드셨을까 하고 살펴지고 머물러지네요.

앞의 예에서 집단상담자는 자신의 경험을 공개하면서 집단원에게 공감적 이해를 나타내고 있다.

집단상담자 자신의 개방은 집단원들의 자기개방에 동기를 부여한다. 즉, 집단원들이 집단에서 자신의 약한 모습과 두려움을 노출하는 것에 대해 안심하고 용기를 낼 수 있도록 한다. 이때 집단원들은 동질감에서 오는 편안함을 느끼며, 더 나아가 책임 있는 실천과 부단한 노력으로 자신의 문제를 극복할 수 있다는 희망도 갖게 된다.

또한 집단상담자의 개방성은 자기개방뿐만 아니라 새로운 경험, 즉 자신과는 다른 유형의 삶과 그 가치에 대해 기꺼이 수용하는 자세도 포함한다.

4) 용 기

용기는 어렵고 힘든 상황에서 포기하거나 좌절하지 않고, 삶을 슬기롭게 지속하도록 만드는 원동력이다. 집단상담자의 용기는 진실한 모습으로 집단원과 상호작용하는 것을 의미하며, 집단에서 실수나 실패의 가능성에 구애받지 않고 새로운 행동을 모험적으로 시도하는 것을 의미한다. 때로는 실수를 하거나 실패할 수도 있으므로 그것을 은폐하거나 왜곡하는 대신 솔직히 인정하고 받아들일 수 있는 용기도 있어야 한다. 한편 집단상담자는 집단상담 장면에서뿐만 아니라 삶 속에서도 엄격할 정도로 자신에 대해 진술하려고 노력해야 한다.

이를 위해 집단상담자는 일상에서 자기격려를 통해 끊임없이 자신에게 용기를 불어넣으면서 자연스럽게 타인을 격려할 수 있는 습관을 형성하는 것이 필요하다. 뿐만 아니라 자신에 대해 끊임없이 성찰함으로써 자신의 욕구나 느낌을 있는 그대로 진솔하게 표현하는 용기를 가지도록 해야 한다.

5) 긍정적 변화에 대한 믿음

긍정적 변화에 대한 믿음은 집단에 대한 깊은 신뢰와 믿음이라는 가치를 바탕으로 집단원들을 대하는 것을 말한다. 집단상담자의 긍정적인 믿음과 열정은 집단원을 집단상담에 진지하게 끌어들이고, 집단에 대한 동기를 주는 데 강력한 힘을 발휘한다. 집단상담자는 인간의 삶은 변화하고, 그 변화는 긍정적이라는 신념을 가진다. 따라서 문제보다는 가능성에 더 많은 초점을 두며, 각 개인은 자신을 성장시킬 수 있는 힘을 가진 존재라는 믿음이 집단상담을 운영하는 데 크게 작용한다.

집단원 스스로의 힘으로 당면한 문제를 해결하도록 도우려면 집단상담자는 그 문제에 대해 집단원 스스로 해결할 수 있는 능력을 갖고 있다는 사실을 확인할 수 있도록 하고, 집단원으로 하여금 자신감을 가지고 자신의 문제에 맞닥뜨리도록 이끌어야 한다. 즉, 집단원들이 현재 부정적인 성격의 문제로 고민하고 있더라도, 그들 스스로 그 문제를 해결해 갈 수 있다는 집단상담자의 믿음이 자연스럽게 전달되어 변화의 원동력이 될 수 있도록 해야 한다.

6) 돌보려는 마음

돌보려는 마음은 집단원을 존중하고, 신뢰하며, 소중하게 여기는 것으로 집단원을 돌보려는 마음은 현재를 바탕으로 집단원의 성장과 자아실현이 이루어지게 하려는 집단상담자의 행동이다. 이때 집단상담자는 집단원에 대한 자신의 반응을 깊이 탐구함으로써 돌봄이 쉬운 유형과 돌봄이 어려운 유형의 집단원에 대해 인식하고, 그들의 유형에 따라 돌보는 형태를 달리할 수 있어야 한다.

즉, 참여를 주저하는 집단원에게는 참여할 기회를 제공하면서도 집단원이 어느 정도까지 참여할 것인지 스스로 결정할 수 있도록 도와야 한다. 그리고 자신의 문제를 적극적으로 해결하려는 집단원이라 할지라도 문제를 직면시킬 때에는 집단원의 말과 행동의 불일치를 관찰하여 공포와 저항을 강화하지 않는 방식으로 집단원을 돌볼 수 있어야 한다. 또한 용기가 없어 집단에 참여하지 못하는 집단원들에게는 따뜻한 관심과 지지를 보내며 편안하게 집단에 참여할 수 있도록 도와주어야 한다. 그러므로 집단상담자는 집단원에게 항상 관심을 가지고 집단원의 욕구가 무엇인지 유념할 수 있도록 깊이 바라봐야 한다.

7) 창의성

창의성은 사고의 다양성과 독창성을 말한다. 많은 창의적인 사람들은 무질서, 모순, 불균형 등에 강한 흥미를 보이는데, 이러한 특징은 평균보다 더 폭넓은 경험과 탄력적인 자아의식을 통해 여러 가지 문제에 대한 민감한 감수성을 가질 수 있게 한다. 창의성을 지닌 집단상담자는 자신감과 자율성이 높고, 다른 사람을 압도하는 힘이 있으며, 비교적 내적 갈등이나 구속 등을 적게 받는다. 그러한 집단상담자는 풍부한 경험, 창의적 방법, 민감한 감수성으로 집단상담에 접근하여 집단원들의 집단 경험을 의미 있게 만들 수 있는 능력이 있다.

즉, 집단에서 일어나는 무질서, 모순, 불균형 등을 다룰 때 같은 방법을 되풀이하는 대신 새로운 방법과 기술을 독창적으로 활용하기를 선호한다. 만약 집단상담자가 반복된 형식으로 생동감이 없고, 형식화된 기술과 방법을 활용한다면 집단상담은 판에 박힌 듯 한 진부함이나 지루함에 빠질 위험성이 높다.

그러므로 집단상담자는 참신한 모습과 새로운 방법을 가지고 집단에 임함으로써 창의성을 유지할 뿐만 아니라 진부해지는 자신의 모습을 미연에 방지할 수 있다. 유머가 풍부한 집단상담자와 함께 집단을 이끌거나, 집단에서 약간의 거리를 유지하며 집단상담을 진행하는 것은 창의적인 관점을 갖는 데 도움이 된다.

8) 지혜

지혜는 이치를 빨리 깨우치고, 사물을 정확하게 처리하는 정신적 능력이다. 지혜로운 집단상담자는 사리를 분별하며, 집단의 문제를 적절히 처리한다. 따라서 지혜롭게 집단을 이끌기 위해 집단상담자는 집단상담에 대한 많은 지식과 경험을 쌓아서 효과적인 조력자의 역할을 수행해야 할 것이다.

지혜로운 집단상담자는 우선 자신의 감정을 잘 조절할 수 있고, 적극적 경청과 공감을 바탕으로 상대방의 관점에서 문제를 이해하려고 노력한다. 또한 이러한 노력을 통해 집단원이 정신적 안녕을 찾고, 건설적으로 발전할 수 있도록 도울 수 있다.

3. 집단상담자의 전문적 자질

집단상담에서 집단상담자의 역할은 집단의 성패를 좌우할 만큼 중요하다. 집단상담자는 집단상담의 계획 및 조직에서부터 상담 과정의 진행은 물론이고, 추수 상담에 이르기까지 집단원의 의미 있는 행동 변화를 위한 동기 유발과 지속적인 실천을 촉진하고 강화하는 존재로서 집단상담의 핵심적인 역할을 수행한다. 이처럼 집단상담의 목표 달성 여부에 있어서 강력하고 결정적인 영향력을 미치는 집단상담자가 그의 역할 수행을 원활하게 하여 집단상담자의 임무를 충실히 수행하기 위해서는 전문성, 즉 전문적 수행 능력과 자질이 필요하다.

1) 집단상담자의 전문적 역할

(1) 집단상담자의 역할행동
집단상담자가 집단상담에서 수행해야 할 역할행동은 집단활동의 시작을 돕고, 집단의 방향과 규범을 발달시키며, 집단의 분위기를 조성하고, 집단원의 상호작용을 촉진하며, 집단활동의 종결을 돕는 등 다섯 가지로 요약할 수 있다.

① 집단활동의 시작 돕기
집단활동을 시작할 때 집단원들은 서로 서먹함을 느끼고, 어떤 행동을 해야 할지 몰라서 당혹스러워 할 수 있다. 이때 집단상담자는 솔선하여 모범을 보이거나 집단원에게 자신의 느낌에 대해 솔직하게 표현하는 것을 지지하고 격려함으로써 집단원들이 상호작용을 시작할 수 있도록 도와주어야 한다.
경험이 적은 집단상담자는 조직적인 활동을 도입하여 집단을 시작할 수 있다. 그러나 이런 활동을 너무 오래 계속하면 지도자의 주도성이 지나쳐서 비생산적인 집단활동이 되기 쉽다. 따라서 집단 과정을 시작하기 위해 조직적인 활동을 하더라도, 그 후에 집단 과정이 잘 진행되면 이런 활동을 줄여 나가는 것이 좋다.

② 집단의 방향과 규범 발달시키기

집단상담자는 일단 집단이 구성되면 집단의 발달단계에 관해 명확하게 인식하고 집단을 지속시켜야 할 책임이 있다. 이를 위해 집단상담자는 집단 과정의 초기 단계에서 집단의 나아갈 방향을 제시하고, 적절한 집단 규범을 발달시켜 집단이 생산적으로 유지 · 발전될 수 있도록 노력해야 한다.

집단상담자는 집단상담을 구조화하여 대체적인 윤곽을 제시해야 한다. 집단의 구조화는 목적을 분명히 설정하고, 문제해결에 도움이 되는 구체적인 요인을 밝혀 줌으로써 가능하다. 또한 집단상담이 효과적으로 운영되려면 집단상담자는 적당한 집단 규범을 발달시켜야 한다. 집단 규범은 집단의 목표 달성을 돕고, 집단 자체의 유지 · 발전을 돕는 기능을 한다. 이는 대개 집단원들의 집단에 대한 기대, 집단상담자와 비교적 더 영향력이 있는 집단원들의 직간접적인 지시나 제안 등에 의해 설정된다. 그러나 집단에 대한 집단원들의 기대가 확실하지 않고, 집단 참여의 경험자가 한 사람도 없을 때 집단상담자는 최선의 상담 분위기를 조성하기 위해 필요한 집단 규범이 형성될 수 있도록 집단원을 이끌어 가야 한다.

③ 집단 분위기 조성하기

집단상담의 주된 목적은 집단원들이 자신의 문제를 스스로 해결함으로써 보다 생산적인 인간으로 성장 · 발달하도록 돕는 데 있다. 이를 위해 집단상담자는 집단원이 자유롭게 자신의 내면세계를 탐색하고, 나아가 대인관계의 효율성을 검토할 수 있도록 허용적인 분위기를 조성해야 한다. 그래서 집단상담자의 가장 중요한 역할은 집단원 각자의 개인적 문제를 해결하는 데서 더 나아가 집단원 간의 생산적인 상호 교류가 이루어지는 집단 분위기를 형성·유지하는 것이다.

특히 자기공개나 타인에 대한 이해가 쉽지 않고 익숙하지 않은 집단의 초기 단계에서는 집단 분위기의 조성이 더욱 중요하다. 따라서 집단상담자는 온정적이고 긍정적이며 수용적인 태도를 통해 집단원들이 불안감을 해소하고, 집단원들 상호 간의 교류를 통해 집단역동성과 대인관계의 효율성을 검토할 수 있는 허용적인 분위기를 조성하는 데 힘써야 한다.

④ 집단원의 상호작용 촉진하기

집단상담자는 집단원들의 상호작용을 촉진함으로써 그들이 인간적으로 성장하고 발달할 수 있도록 도와주어야 한다. 집단상담자는 집단원들 간의 상호작용을 촉진하기 위해 그들이 소속감과 동료의식을 가질 수 있는 분위기를 조성하고, 의사소통의 장애물을 찾아내도록 도와줄 필요가 있다.

상호작용을 촉진하는 역할을 잘 수행하기 위해서는 집단 과정에 대한 기본적인 인식을 갖추고 있어야 한다. 집단상담자는 집단 과정에 대한 해석이나 설명을 하기 전에 집단상담 과정에 대한 자신의 인식을 정리해야 한다. 이를 위해 집단상담자는 집단원들의 비언어적인 행동을 관찰하고, 의사소통에서 생략된 부분 또는 집단상담자에 대한 집단원의 느낌에 주목해야 한다. 또한 집단상담자는 집단원들이 지금-여기의 상황에 초점을 맞추어 느끼고 생각하도록 하고, 과거의 이야기보다는 현재의 의사소통 과정을 검토하도록 자극함으로써 과정 중심적 태도를 촉진할 필요가 있다. 이를 위해 집단상담자는 직접 시범을 보이거나 집단 과정의 주요 부분을 명료화하고, 진행 과정을 요약해 줄 수 있다. 이러한 촉진적 개입은 집단원들이 자신의 대인관계 검토와 자기탐색, 자기인식을 강화시켜 줄 수 있다.

⑤ 집단활동의 종결 돕기

정해진 시간에 집단을 시작하고 종결하는 일은 집단원에게 신뢰감을 주고,

집단 규범을 유지하는 데 매우 중요하다. 따라서 집단상담자는 한 회기를 시작하거나 끝맺을 때 집단 모임의 전체 횟수를 정해진 대로 지킬 수 있도록 노력해야 한다.

또한 집단상담자는 한 번의 모임이나 집단 전체를 종결할 때 집단원에게 준비를 시키는 것이 바람직하다. 집단상담자는 ① 집단원이 집단에서 학습한 것을 일상생활에 적용할 수 있도록 촉진하고, ② 모임 사이에는 물론이고 전체 모임의 종결 이후에도 계속적인 노력을 기울일 수 있도록 계약하며, ③ 집단을 떠난 뒤에 개개인이 직면하게 될 심리적인 문제에 대비하도록 하고, ④ 추수지도를 위한 집단 모임을 계획하며, ⑤ 추가적인 집단상담의 기회를 알려 주고, ⑥ 집단이 종결된 후에도 개인상담을 받을 수 있음을 알려 준다. 또한 대부분의 경우, 집단활동이 종결되기 전에 평가활동의 시간을 갖는다.

(2) 집단상담자의 역할 모형

집단상담자는 안내와 지도, 적절한 행동의 본보기, 상호작용의 촉매, 의사소통의 촉진자 역할을 수행한다. 또 집단상담자는 집단 내에서 변화를 위한 총괄 책임자라는 점에서 주제에 관한 지식, 건전한 분위기 조성, 초점 이끌기, 개별 집단원에 대해 인식하기, 시간 관리, 발언 시간 배분하기 등의 책임이 있다 (Jacobs, Masson, & Harvill, 2002).

집단상담자가 집단 과정에서 자신의 역할행동을 효과적으로 수행하기 위해서는 집단원에게 여러 가지 역할 모형을 제공할 필요가 있다. 집단상담자가 집단 과정에서 보여 주어야 할 전형적인 역할 모형으로는 참여적 관찰자, 모범자, 촉진자, 강화자, 보호자 역할 등이 있다.

① 참여적 관찰자 역할 모형

집단상담자는 원칙적으로 집단의 일원으로 집단에 참여한다. 자신이 생각하고 있는 특정한 방향으로 집단활동을 유도하거나 통제하기보다는 집단 경험이 있는 집단원의 일원으로서 참여하겠다는 참여적 자세는 집단의 수용적이고 자율적인 분위기 조성에 도움이 된다. 또한 집단상담자는 집단원이나 집단 전체의 모든 상황을 주의 깊게 관찰해야 한다. 이러한 관찰을 통해 집단의 분위기나 공통적인 관심사를 알 수 있고, 이를 토대로 집단의 목표를 추구해 나갈 수 있기 때문이다. 따라서 집단 과정에서 집단상담자는 참여적 관찰자 역할을 수행한다고 할 수 있다.

② 모범자 역할 모형

집단상담자는 집단원이 새로운 행동 변화를 시도할 수 있도록 분위기를 만들어 주고, 집단 과정에서 본보기가 되어야 한다는 점에서 집단의 모범자라고 할 수 있다. 집단상담자는 집단원에게 바라는 행동을 먼저 시범을 보임으로써 집단원도 그렇게 하도록 도와줄 수 있다. 집단상담자가 시범을 보일 때는 집단원들이 가지고 있는 현재의 욕구 수준을 감안하고, 집단의 발달단계에 부합되는 행동을 보여야 한다. 때로는 집단상담자가 시범을 보이는 대신에 녹음, 녹화된 모델이나 동료 모델 등을 활용하여 모범자로서의 역할을 수행하기도 한다.

③ 촉진자 역할 모형

집단상담자는 집단활동이 유지될 수 있도록 집단 과정에서 집단원의 참여를 권장하고, 상호 교류를 촉진하는 촉진자의 역할을 해야 한다. 집단상담자는 적극적인 경청의 자세로 민감성을 발휘하여 집단원의 언어적·비언어적 의사소통에 주의를 기울임으로써 그들이 자기이해와 자기탐구의 깊은 단계로 나아갈 수 있도록 돕는다. 또한 집단상담자는 효과적이고 생산적인 집단 분위기를 만들기 위해 집단원의 자기공개를 격려하고, 솔직하고 자연스러운 언행을 촉진한다. 그리고 집단상담자는 집단원으로 하여금 지금-여기에 집중하여 집단 장면에서 스스로 느끼고 경험한 것을 자유롭게 표현하게 하고, 그런 감정이나 신념에 직면하여 자기 내면세계의 비합리성을 자각하도록 돕는 촉진자 역할을 수행하여야 한다.

④ 강화자 역할 모형

집단상담자는 자신이 바람직하다고 생각되는 방향으로 집단을 이끌어 가기 위해 다양한 기법과 전략을 활용하는 지도력을 발휘해야 한다. 이때 집단원에 대한 집단상담자의 반응은 집단원의 성숙한 행동은 강화하고, 미성숙한 행동은 억제하는 사회적 자극이 되도록 해야 한다. 따라서 상담자는 자신의 사회적 영향력을 인식하고, 집단 과정에서 좀 더 효과적이고 일관성 있는 영향력을 발휘하려고 노력하며, 상황에 따라 직관적이고 융통성 있게 대응함으로써 집단원의 의미 있는 반응을 강화하는 강화자 역할을 수행하여야 한다.

⑤ 보호자 역할 모형

집단상담자는 집단원을 심신의 위험으로부터 보호하기 위해 보살피는 자세를 유지해야 한다. 그러나 집단원 간의 갈등이나 긴장이 있을 때 집단상담자는 중립적인 위치를 고수함으로써 집단 분위기가 깨지지 않도록 해야 한다. 그리고 집단상담자는 집단의 규칙과 집단원을 보호하기 위한 한계를 분명히 할 책임이 있다. 또한 집단상담자는 집단원들에게 그들의 권리와 책임에 대해 알려 주어야 하며, 집단 과정 및 결과에 대한 비밀보장의 중요성을 강조해야 한다. 이런 점에서 집단상담자는 집단원의 보호자역할을 수행 한다고 할 수 있다.

2) 집단상담자의 전문성

집단상담자는 프로그램 구성자, 집단의 조직자, 집단 과정의 지도자 · 촉진자, 집단원의 보호자라는 다양하고도 중요한 역할을 수행하기 위해 전문적인 능력을 갖춰야 한다. 이러한 능력을 집단상담자의 전문성이라고 한다.

전문적인 교육과 훈련을 성공적으로 이수한 정신건강 전문가로서 집단상담자는 개인상담 경험, 집단상담 경험, 집단 계획 및 조직 능력, 상담이론에 관한 지식, 인간에 대한 폭넓은 식견 등 경험과 능력을 갖추어야 한다.

(1) 내담자 경험

유능한 집단상담자는 개인상담자로서의 성공 경험과 내담자로서의 성공 경험을 모두 가지고 있다. 예비 집단상담자는 개인상담을 받음으로써 자신의 내담자 경험을 통해 집단상담자가 되고자 하는 동기에 대해 탐색하고, 상담의 효과를 몸소 체험해 보아야 한다. 이러한 과정을 통해 예비 집단상담자는 집단원의 이해에 장애가 되거나 왜곡된 인식을 초래하는 자신의 선입관이나 미해결 문제, 확인되지 않은 잠재적 욕구, 성격적 특성이 다른 사람들에게 미치는 영향 등을 스스로 관찰하고 깨닫게 된다.

이와 더불어 집단상담자로서 다양한 내담자를 만난 개인상담 경험은 유능한 집단상담자로서 성장하는 데 초석이 된다. 이런 경험은 집단원들과의 효과적인 의사소통 기술의 연마, 집단상담자와 내담자 사이의 역동성 이해, 집단상담자로서의 자신감 등에 큰 도움이 된다.

(2) 집단원 경험

집단상담자가 되기 위해서는 먼저 집단원으로서 집단을 경험해 보는 것이 필요하다. 집단상담자로서 전문적인 자격 요건을 갖추기 위해서는 치료집단이나 상담집단에 집단원으로 참여함으로써 자신을 탐색하고 이해할 수 있는 기회를 가져야 한다.

집단원으로서 자기탐색 집단에 참여하여 신뢰, 지지, 격려, 자신의 약점 노출, 자신의 문제에 대한 직면, 성취감과 친밀감 등을 경험하는 것은 예비 집단상담자에게 중요한 학습 경험이 된다. 그리고 집단상담자의 교육지도와 훈련을 목적으로 하는 교육지도 실습집단은 수련감독자가 함께 참여함으로써 예비 집단상담자의 집단 과정에 대한 통찰력과 이해력을 길러 준다.

이러한 일련의 수련 과정을 거친 후의 집단 실습은 집단상담자가 되기 위한 필수 과정이다. 한 집단을 직접 맡아 이끌어 보는 집단 실습을 통해 집단상담자는 집단 운영에 필요한 다양하고 유용한 실무를 익히고, 전문가로서의 기술과 능력을 체득하고 발전시키게 된다. 전문 기술의 습득과 능력의 계발은 결국 전문가의 유용성을 높여 주고, 양질의 서비스 제공으로 이어질 수 있다.

(3) 집단 계획과 조직 능력

집단이 잘 운영되려면 집단의 총 회기 수, 집단의 목적, 집단원들의 요구, 활동 및 토론 등과 같은 내용을 토대로 전체 회기에 대한 계획이 수립되어야 한다. 집단상담자의 전문성이란 이러한 과업을 완수할 수 있는 능력에 의해 발현될 수 있다. 또한 집단의 전체 회기뿐만 아니라 각 회기별로 구체적인 계획을 수립할 수 있고, 집단을 생산적으로 이끌 수 있어야 한다. 그러므로 집단지도자는 집단원 개개인이 집단의 참여 목적을 달성하도록 도울 수 있는 기법과 전략을 조직할 수 있는 능력을 갖추어야 한다.

(4) 상담이론에 관한 지식

뚜렷한 이론적 근거 없이 집단을 이끄는 것은 비행 계획 없이 비행기를 조종하는 것과 같다. 상담이론은 집단의 여러 국면을 이해하도록 돕고, 집단에서 무엇을 하고, 무엇을 말할 것인가의 방향을 제시하는 한 장의 지도를 마련하는 것이다. 집단상담자의 단단한 이론적 무장은 집단원들에게 개입할 때 일어날 결과에 대해 생각할 수 있도록 도움을 주는 실용적인 도구이자 열쇠다. 그러므로 다양한 상담이론에 대해 전문적 지식을 갖추는 것은 집단상담자에게는 필수적인 동시에 전문가의 책무에 해당된다.

(5) 인간에 관한 폭넓은 지식과 경험

집단상담자는 인간의 다양한 문제와 관심사를 다룰 수 있는 전문적인 능력을 갖추어야 한다. 이를 위해 집단상담자는 인간의 발달단계에 따른 과업을 신체적 · 인지적 · 심리사회적 · 성격적 · 문화적 · 도덕적 측면 등에서 조망할 수 있는 지식과 경험을 갖추어야 한다. 아울러 집단원에게 행동과 사고의 변화를 유발하고, 자율적인 의사결정을 촉진하며, 문제해결 능력을 신장시키기 위해 사회의 다양한 쟁점과 문제점에 대해서도 폭넓은 지식과 안목을 갖추어야 한다.

4. 전문 집단상담자로서의 훈련

상담 실무자가 유능한 집단상담자가 되기 위해서는 집단 과정에 대한 전문성을 기를 수 있는 특수한 훈련이 필수적이다. 효과적인 집단상담을 위한 훈련 프로그램에는 경험이 풍부한 집단상담자의 집단상담 관찰, 피훈련자에 대한 교육 지도, 개인적인 집단상담 경험, 개인적 심리치료와 같은 요소들이 있다. 미국의 여러 집단상담 전문가 단체에서는 전문성 훈련의 필수 요소로 지식과 기술의 역량 강화를 강조하며, 집단상담 과목의 핵심 요소로서 체험 위주의 집단활동에 참여하는 것, 집단 운영의 기회를 갖는 것, 유능한 수퍼바이저로부터 수퍼비전을 받는 것을 공통적으로 제안하고 있다.

집단상담자의 전문성 함양을 위한 훈련 프로그램은 교수-학습, 집단상담의 관찰과 토론, 개인상담 경험, 집단상담 경험, 수련감독의 다섯 분야로 나눌 수 있다.

1) 교수-학습

교수-학습(Instructional Learning)은 집단상담에 관한 이론적 지식에 대한 강의와 집단 연습을 중심으로 이루어지는 학습 기회다. 이는 예비 집단상담자들에게 집단과 집단상담에 관한 기본적인 지식을 습득하고, 구조화된 활동을 통해 이에 대한 이해도를 높이며, 집단 운영에 관한 기본적인 감각을 익힐 수 있는 기회를 제공한다.

집단상담자를 위한 교수 교육 요소에는 집단이 운영되는 방식을 이론적으로 다루기, 다양한 경우와 개입에 대한 자기 반응에 대해 통찰을 진작시키기, 이론과 연구 결과를 토대로 자신이 경험한 바를 분석하며 이해하기, 추후 학습에 필요한 자원을 증대시키기 등이 있다.

2) 집단상담의 관찰과 토론

집단상담 장면의 관찰은 집단상담을 실제로 운영하기 위한 기초 기술을 익힐 수 있는 학습 기회다. 실습 중의 집단상담자는 숙련된 집단상담자의 상담 장면을 관찰하는 과정을 통해 많은 것을 배울 수 있다.

관찰학습 방법은 일방경을 통한 관찰, 녹화한 상담 내용을 보며 선배 집단상담자와 토의하기, 집단상담실에 관찰자로서 동석하기 등이 있다. 관찰은 적어도 3~4개월 동안 계속되어야 한다. 집단 모임이 끝난 후, 집단상담자와 관찰자들이 하는 토론은 훈련에 필수적이다. 이 시간에는 실습자들의 관찰 자료를 토대로 하여 집단상담의 기본 원리를 토론하고 학습한다.

그런데 대개의 집단원들에게 타인의 관찰은 침범을 의미하므로, 관찰 과정을 피 관찰자의 상담에 도움이 되도록 이용할 필요가 있다. 이를 위해 관찰자들이 언급한 내용을 집단상담의 다음 회기 때 알려 주거나 집단원들을 관찰자들의 토론에 참여시키는 방법이 있다.

3) 개인상담 경험

집단상담자는 성숙을 위해 폭넓은 자기탐색의 노력이 필요하며, 이러한 노력 중의 하나가 개인상담을 받는 것이다. 집단상담자가 자신에 대해 아는 것은 상담활동의 모든 면에서 중요한 역할을 한다. 집단상담자가 역전이를 자각할 수 없거나, 개인적인 왜곡이나 맹점을 인식하지 못하거나, 자신의 상담 작업에서 자신의 감정이나 공상을 활용할 수 없다면 집단상담자의 효율성은 제한된다.

집단상담자가 자신에 대해 아는 방법은 교육지도자, 관찰자나 공동 집단상담자 등으로부터 피드백을 받는 방법 등이 있다. 그러나 자신에 대한 보다 충분한 이해와 철저한 교정을 위해서는 보다 전문적이고 집중적인 개인상담을 받을 필요가 있다.

4) 집단상담 경험

집단상담자가 되기 위해서는 집단의 일원으로 참여함으로써 집단의 힘과 효용성을 직접 경험해 보아야 한다. 집단 경험은 다음과 같은 학습 효과가 있다.

- 이전에는 지식수준에서만 알았던 것을 정서적인 수준에서 학습할 수 있다.
- 집단이 상처를 줄 수도 있고, 치료 도구가 될 수도 있다는 것을 경험할 수 있다.
- 집단에 의해 수용되는 것이 얼마나 중요한지, 자신의 비밀을 드러내기가 얼마나 어려운지를 배울 수 있다.
- 자신의 약점과 강점을 인식할 수 있다.
- 자신의 의존성과 집단상담자의 실력과 지식에 대한 자신의 평가를 자각함으로써 집단상담자의 역할이 어떤 것인가를 배울 수 있다.

훈련생을 위한 집단으로 가장 바람직한 것은 일 년간 계속되는 훈련집단이다. 훈련생들의 집단 경험 과정에서는 훈련생의 자발성, 지도자의 전문성, 지도자의 기법 등이 훈련의 효과를 결정하는 데 중요한 변인으로 작용한다.

5) 수련감독

집단을 직접 맡아 운영하면서 수련감독(supervision)을 받는 것은 집단상담자 교육에 필수적인 과정이다. 상담 과정 중에는 다양한 접근법을 필요로 하는 무수히 많은 상황이 발생한다. 초심 집단상담자는 배움의 열정과 의지가 아무리 강하다고 해도 숙련된 임상가의 안내가 없다면 지나치게 구조화된 임상적 접근법에 매달리게 되거나 반복된 실수로 정체되기 쉽다. 이러한 이유에서 모든 훈련 과정은 반드시 수련감독을 받는 과정을 포함해야 한다.

훈련생은 집단을 구성하기 전에 수련감독자(supervisor)를 만나 집단원의 선정 기준과 예상되는 문제, 집단원을 준비시키는 방법을 학습한다. 그리고 수련 감독자에게 집단 축어록을 설명하고, 그들 자신의 참여와 각 집단원의 언어적 · 비언어적 특성을 논의하고, 집단원 각자에 대한 그들의 역전이와 현실적인 감정을 철저히 논의하게 된다. 이를 위해 훈련생은 집단의 전체 과정을 녹음 또는 녹화하여 수련감독자에게 제출한다.

5. 집단상담자의 윤리

집단상담자들에게 집단 운영에 관한 이론적 지식과 기법 못지않게 윤리적으로 올바르게 집단을 운영하는 것은 중요하다. 집단 운영과 관련된 법과 윤리 기준을 준수하여 집단 서비스를 제공하는 것은 집단상담자의 책무다.

집단상담자들은 기법을 능숙하게 사용하기 위한 완전한 훈련 없이는 어떤 기법도 사용할 수 없으며, 개입에 익숙한 집단상담자의 감독 없이 기법 사용을 시도해서도 안 된다. 그리고 집단에서 논의되고 있는 자료에 대한 이해 없이 집단을 지도하는 것도 안 된다. 따라서 집단상담자들은 개인적인 연습과 학습을 통해 집단 지도에 필수적인 기술과 지식을 익히고, 인간에 대한 이해의 폭을 넓혀야 한다.

그리고 집단상담자는 자신의 개인적인 성장을 위해 집단을 사용해서는 안 된다. 집단상담자가 자신에게 집중하여 자기 자신의 치료를 위해 집단을 사용하는 것은 비윤리적이다. 또한 집단상담자가 자신의 이익을 위해 집단원과 이중 관계를 맺는 것도 피해야 할 일이다. 특히, 애정 관계, 사업상의 관계 등은 집단원의 능력을 위태롭게 하거나 집단상담자의 객관성과 전문적 판단을 손상시킬 수 있는 대표적인 이중 관계로 반드시 피해야 한다.

집단상담자는 기존에 있던 집단에 관해 가능한 한 많은 정보를 제공함으로써 예비 집단 또는 새 집단의 집단원들을 적절히 준비시켜야 한다. 집단상담자는 집단원들에게 집단의 목표, 과정, 내용에 대해 미리 설명해 줌으로써 예상되는 위험에 집단원이 대처할 수 있도록 도와주어야 할 윤리적 책임도 있다. 이를 위해 집단상담자는 첫 회기 동안에 앞으로 일어날 가능성이 있는 위험에 대해 다양하게 다루어 주어야 하며, 집단원들이 말하기 힘들어하는 것에 대해서는 노출할 필요가 없음을 알려 주어야 한다. 끝으로, 집단상담자는 집단상담 운영의 경력을 통해 자신들이 전문적으로 성장할 수 있음을 인식해야 한다. 그래서 집단상담자는 교육적 활동, 임상 경험, 전문적 발전 활동 등에 참여함으로써 자신의 지식과 기술을 유지하고 향상시켜야 한다. 또한 전문적인 상담자로서의 자격을 갖추기 위한 관련학회 등록을 통해 학회에서 제공하는 윤리강령을 지키며 집단상담자로서 지켜야 할 윤리에 대한 실질적인 정보를 얻을 수 있다. 그러므로 전문자격을 위한 자격증 취득 과정을 통해 전문가적 훈련을 보강하고 쌓아나가는 것이 필요하다.

제8장
집단상담 역동

| 김정희 |

집단상담은 비교적 정상인들을 대상으로 하여 그들의 성장과 발달을 돕고자 하는 대인관계의 과정으로써 집단상담 과정에서 일어나는 역동을 주요 과제로 다루는 활동이다. 집단의 치료적 기능은 집단 내에서 발생하는 집단역동이 어떻게 작용하는가에 달려 있기도 하다. 집단역동은 집단상담의 주요 요소로서 집단의 진행 과정이나 발달에 영향을 미친다. 집단상담자는 변화의 요인으로 작용하는 치료 요인에 대하여 정확히 이해할 뿐 아니라, 집단역동을 생산적으로 활용할 수 있는 능력을 지녀야 한다.

이 장에서는 집단상담 과정의 역동으로 작용하는 요소와 그 역동에 영향을 미치는 요인에 대하여 살펴보고자 한다.

1. 집단상담과 집단역동

집단은 둘 이상의 사람들이 모여서 규범, 신념 및 가치를 공유하고, 서로의 행동이 상대방에게 영향을 주는 상호작용을 통해 특정한 목표를 이루고자 하는 형태를 의미한다. 집단이 존속되기 위해서는 집단을 구성하는 사람들의 요구를 만족시켜 줄 수 있는 공통된 목표가 있어야 한다. 또한 집단에 참여하는 집단원들 간에 충분한 상호작용이 일어나야 한다. 왜냐하면 집단은 정지해 있는 상태가 아닌 끊임없이 변화하는 역동적인 실체이기 때문이다. 즉, 집단은 다양한 요인의 작용에 의해 살아 숨 쉬는 역동적인 조직이다. 역동적 조직인 집단은 끊임없이 집단역동에 의해 작동한다.

집단역동은 하나의 공통 장면 또는 환경 내에서 일어나는 복합적이고 상호적인 힘 또는 집단원들이 목적을 달성하기 위하여 노력할 때 일어나는 상호작용적 힘으로 정의할 수 있다. 제이콥스, 하르빌 그리고 마송(Jacobs, Harvill, & Masson, 1994)에 따르면, 집단역동이란 "집단원들과 집단상담자 사이에 일어나는 상호작용과 에너지의 교환"이라고 하였다. 이를 간략히 정리하면, 집단역동이란 집단에 작용하는 힘을 말한다. 그래딩(Gladding, 1991)이 지적한 바와 같이 집단역동은 집단의 발달에 긍정적인 영향을 미칠 수도 있지만, 때로는 참여자들에게 해를 가할 가능성도 있다. 그러므로 집단상담자는 집단에서 일어나고 있는 중요한 역동을 빨리 감지해야 할 뿐 아니라 생산적인 방향으로 활용할 수 있어야 한다. 집단상담에서 집단역동에 대한 중요성은 많은 전문가들에 의해 언급되고 있으며, 집단역동에 대한 다양한 연구들이 하나의 전문 영역으로 자리 잡아 지금까지 발달해 오고 있다(Forsyth, 1990).

집단역동은 '집단 과정'이라는 용어로 불리기도 하는데, 집단과 그 집단원들 간의 상호작용 그리고 이 상호작용과 집단의 발달, 구조 및 목표와의 관계를 포함하는 집단의 고유한 성격을 말한다. 효율적인 집단상담의 진행을 위해서는 먼저 어떠한 것들이 집단의 역동으로 작용하는지에 관한 기본적인 내용을 이해하여야 한다. 집단역동은 집단이 형성되는 그 전 단계부터 이미 작용한다고 볼 수 있으므로, 집단상담자는 집단상담을 시작하기 전에 집단역동에 대한 충분한 지식을 가지고 집단상담에 임하여야 한다.

2. 집단역동

집단의 역동으로 작용하는 대표적인 요소로는 집단상담자, 집단원, 집단 과정, 집단 응집력 등을 꼽을 수 있다. 먼저 집단에서 가장 중요한 요소 중 하나인 집단상담자의 역할에 대해 살펴보고자 한다. 집단에서 집단상담자의 역할은 가장 중요한 요소 중 하나다. 집단상담자는 전문성, 사회성, 동기 등의 면에서 여타 집단원들과 다른 특성을 가지고 있다. 즉, 집단상담자는 집단원들보다 지적 능력, 학력, 상황에 대한 통찰력, 언어 표현력, 적응력, 수용력 등이 뛰어나야 한다고 볼 수 있다. 또한 집단상담자는 책임감, 사회적 참여, 협동심, 친화력 등이 높아야 하고, 주도성이나 지속성과 같은 동기의 측면도 더 뛰어나야 한다. 집단상담자는 다른 사람들보다 더 많은 의사소통을 하며, 집단의 결정에 더 큰 영향을 미칠 수 있기 때문에 집단 안에서 자연스럽게 관심의 초점이 될 수 있다. 또한 집단상담자는 집단원들을 지지하며, 외적인 권위에 의지하지 않고 집단원의 행동에 영향을 줄 수 있는 사람이다. 따라서 집단상담자는 집단원들에게 긍정적인 영향을 줄 수 있으며, 다른 사람들이 그에게 미치는 것보다 더 큰 영향력을 미치기도 한다.

집단상담자는 그의 행동 양식과 사고방식에 따라서 집단에 다양한 영향을 준다. 독재적인 집단상담자의 경우에는 집단상담자 자신이 정한 목표를 향해 집단원들이 활동하도록 통솔할 것이다. 이와 대조적으로 민주적인 집단상담자의 경우에는 집단원 스스로 목표를 정하게 하고, 집단원 각자가 그 목표를 향해 활동하도록 도울 것이다. 일반적으로 독재적인 방법에 의해서 민주적인 행동을 가르칠 수 없기 때문에, 집단의 효율성을 높이는 데는 민주적인 집단상담자가 더 바람직할 것이다. 그리고 집단에서 이야깃거리를 명료화하는 데는 일방적인 강론보다는 민주적인 방식인 협의가 더 효율적일 것이다. 또한 특정한 목표를 정하는 데 있어서 집단원들이 직접 참여하도록 한다면 변화가 촉진될 수 있을 것이다. 민주적인 집단상담자라고 해서 꼭 소극적일 필요는 없다. 민주적인 집단상담자는 적극적이나 집단원의 의견을 존중하고, 집단이 효율적으로 진행될 수 있도록 집단원 전체의 생각을 확인해야 한다. 또한 사람들의 비판이나 평가를 받아 낼 수 있어야 한다.

따라서 집단상담자는 집단원을 믿고 존중하며, 집단원 각자가 자신의 목표를 달성할 능력이 있음을 확신하는 것이 중요하다. 또한 집단원이 자신의 발달과 집단을 위해 공헌할 수 있도록 조력하면서 집단의 과정, 집단 내의 상호작용을 돕는 효율적인 역할을 하여야 한다.

집단역동의 또 다른 대표적인 요소로는 집단원을 들 수 있다. 역동으로 작용하는 집단원의 특성으로는 집단원의 성과 연령에 대해 생각해 볼 수 있다. 집단원의 성별에 따라 집단의 흐름과 참여도, 발달의 정도가 달라진다. 개인은 성 역할에 대한 문화적인 규범을 학습하면서 서로 다른 성격 특성을 지닌다. 일반적으로 남성은 여성에 비하여 공격적이고, 주장적이며, 지배적이고, 과업 지향적이다. 반면 여성은 수동적이며, 복종적이고, 감정적이며, 인간 지향적인 것으로 보고되고 있다. 이러한 남녀의 서로 다른 특성을 고려해 볼 때, 성 차이는 집단 활동에서도 역동으로 작용할 수밖에 없을 것이다. 남성과 여성의 문화적 차이에서 기인하는 사회적 역할의 차이도 집단 과정에서 역동으로 나타난다.

집단원의 성별뿐 아니라 집단원의 연령도 역동으로 작용한다. 연령과 상호작용 행동에 관한 연구들을 보면, 개인이 행하는 접촉의 유형과 행동의 질은 연령에 따라 다양하게 나타난다. 연령이 높을수록 집단활동의 참여도가 높고, 상호작용의 형태가 복잡하며, 타인에 대한 감수성과 사회성이 높다. 이러한 연령에 따른 특성이 집단의 참여 형태를 결정짓기도 하고 집단활동에 영향을 미치기도 한다. 집단 운영에 있어서도 집단원의 연령에 따라 고려해야 할 사항이 달라지기도 한다. 즉, 아동을 대상으로 하는 경우와 청소년을 대상으로 하는 경우 그리고 다양한 연령으로 집단을 구성하는 경우 등 집단의 연령에 따라 집단 회기의 진행 시간뿐만 아니라 집단상담자의 지도성도 달라져야 한다.

집단 과정 또는 발달단계도 역동의 한 부분이 된다. 집단이 어느 과정에 있느냐에 따라 집단의 회기 목표, 집단원의 참여 태도, 개방의 정도 등이 달라질 수 있다. 이 외에 집단 응집력도 역동의 한 요소가 된다. 집단 응집력은 집단원이 집단에 소속되기 위하여 활동하는 모든 힘의 산물, 집단에 대한 매력의 정도, 집단원에 의해 나타나는 동기 수준 혹은 사기, 집단원 간의 조화된 노력 등을 말하는 것으로, 집단활동과 집단의 유지에 큰 영향을 미친다.

집단상담에 관한 여러 연구들을 살펴보면, 앞서 제시한 집단역동의 요소 외에도 집단역동으로 볼 수 있는 다양한 요소들이 더 많이 있음을 알 수 있다. 이형득(2002)도 집단상담에서의 집단역동에 대해 설명하고 그 중요성을 강조하였다. 그는 집단의 성공 여부는 집단상담자가 집단 내에서 일어나는 집단역동을 어떻게 활용하느냐에 달려 있다고 주장하며 집단역동의 요소를 세부적으로 제시하였다. 그는 집단역동의 요소로 ① 집단의 배경, ② 집단의 참여 형태, ③ 의사소통의 형태, ④ 집단의 응집성, ⑤ 집단의 분위기, ⑥ 집단행동의 규준, ⑦ 집단원의 사회적 관계 유형, ⑧ 하위집단의 형성, ⑨ 주제의 회피, ⑩ 지도성의 경쟁, ⑪ 숨겨진 안건, ⑫ 제안의 묵살, ⑬ 신뢰 수준 등을 꼽고 있다. 집단역동에 대한 이형득의 설명은 여러 집단상담 연구자들이 제시하고 있는 역동을 포괄하고 있으므로, 이 책에서는 이형득의 이론에 근거하여 집단역동에 대해 살펴보기로 한다.

(1) 집단의 배경

집단의 참여 배경이 그 집단의 역동에 영향을 미친다. 처음 모이는 새로운 집단인 경우와 이전부터 계속해서 모이고 있는 집단인 경우에 집단의 역동은 달라질 수밖에 없을 것이다. 새로운 집단에서는 우선 집단원 상호 간에 얼굴을 익히고, 집단활동의 과제를 선택하며, 협동해서 일하는 방법을 모색하는 일 등에 대부분의 시간과 노력을 기울이게 된다. 반면에 이미 여러 번 모여서 집단원들 상호 간에 잘 알고 있는 집단에서는 그와 같은 일을 위하여 시간을 보낼 필요가 없을 것이다. 그러나 이러한 집단일수록 오히려 갈등, 논란, 분열 등과 같은 효과적인 집단활동에 방해가 되는 역동적인 요소들이 작용할 가능성도 있다.

집단원들의 특징에 따라서도 집단의 역동은 달라질 수 있다. 어떤 종류의 사람들로 집단이 구성되었느냐, 집단에 대한 사전 경험여부와 정도, 그리고 집단원의 기대와 요구 등이 그 집단의 역동에 영향을 미친다. 집단을 빨리 마치기를 원하거나, 그날의 모임을 지배하고 싶어 하거나 혹은 모든 사람에게 인정을 받고 싶어 하는 사람이 그 집단에 참여하고 있다면, 그것이 다른 집단원들에게 여러 가지로 영향을 미친다. 관심이 있는 집단원과 무관심한 집단원, 분명한 목적의식을 가진 집단원과 막연한 생각으로 참여하는 집단원, 기대감에 차서 즐거운 마음으로 참여하는 집단원과 당황하고 두려워하는 마음으로 참여하는 집단원의 특성에 따라 그 집단의 분위기와 활동 형태는 달라진다.

(2) 집단의 참여 형태

집단의 참여 형태는 집단원들의 참여 태도를 말한다. 이는 집단원들이 집단상담자에게 의존하지 않고 집단 자체에 의하여 자발적으로 집단활동이 이루어지고 있는가? 혹은 그렇지 않은가? 집단원 중 어느 누군가에게 질문이나 주의가 주어지는가? 상담자에게만 관심이 집중되는가? 아니면 집단원 중 특정 인물에게 집중되는가? 아니면 전체 집단원을 대상으로 하고 있는가? 등과 같은 것을 의미한다. 우리는 그 집단의 참여 형태를 중심으로 집단의 역동을 분석해 볼 수 있다.

집단의 참여 형태를 전체 집단의 상황에 초점을 두고 관찰해 보면, 상담자가 집단원들에게 일방적으로 이야기하는 경우와 상담자가 이야기하면 집단원들이 그것에 대하여 반응하는 경우, 모든 집단원들이 그것에 대하여 반응하는 경우, 모든 집단원들이 서로 이야기를 주고받거나 한 개인이 전체 집단을 상대로 이야기를 주고받는 참여 형태가 있음을 알 수 있다.

다른 한편으로 좀 더 자세히 집단활동을 관찰해 보면, 어떤 개인이나 하위 집단이 그 집단의 역동에 영향을 미치는 참여 형태를 이루고 있음을 알 수 있다. 예컨대, 어떤 집단원은 자신만이 모든 사람에게 응답할 권리를 갖고 있는 것처럼 생각하거나 혹은 다른 사람보다 자신이 먼저 응답해야 한다는 생각으로 행동함으로써 다른 집단원의 이야기할 기회를 가로막는다. 어떤 경우에는 그 집단 내에 비형식적인 하위집단이 형성되어 집단을 지배함으로써 다른 집단원들이 참여할 기회를 허용하지 않는 경우도 있다. 또 다른 흥미로운 참여 형태는 여러 번의 모임에서 계속 침묵을 지키고 있는 사람으로, 너무 말을 많이 하여 집단을 지배하고 있는 사람만큼이나 집단의 발전에 위협적일 수 있다.

집단의 참여 형태를 잘 활용한 집단의 진행은 상담자에게 의존하거나 어느 특정 집단원에게 주의가 집중되는 것이 아니라 집단원 모두가 각자의 목소리를 내며 적극적으로 참여하도록 돕는 것이 바람직하다.

(3) 의사소통의 형태

집단에 있어서의 의사소통은 집단원들이 서로를 어떻게 잘 이해하고 있는가, 또한 그들이 가진 사상과 가치관 및 감정을 어떻게 분명하게 서로 전달하고 있는가의 문제와 관련있다. 사람들이 집단 상황에서 의사소통하는 방법은 다양하기 때문에 어떤 형태가 가장 좋다고 단정할 수는 없다. 그러나 그것이 효과적이기 위해서는 집단 내에서 상호 신뢰가 형성될 수 있도록 집단의 분위기가 허용적이어야 하고, 솔직해야 하며, 진실하여야 한다.

집단상담에서 집단원들은 흔히 기교적인 화술로 상대방에게 자신을 돋보이게 하기 위하여 서로의 '과거 이야기'를 많이 한다. 그러나 이러한 의사소통은 집단의 문제를 해결하는 데 별로 도움을 주지 못하며, 오히려 방해가 된다. 또한 의사소통의 중요한 양상 중의 하나는 그것이 비언어적인 수단으로 이루어지기도 한다는 사실이다. 어떤 개인의 자세, 얼굴 표정과 몸짓 등은 그가 느끼고, 생각하고 있는 것을 무언으로 말해 준다. 예컨대, 어떤 집단원이 지루해서 싫증을 느끼고 있을 때 집단상담자는 그의 얼굴 표정이나 태도를 통해서 그것을 읽을 수 있다.

바람직한 의사소통의 형태가 행동 변화에 필수적인 요소가 된다는 사실을 감안할 때, 의사소통은 집단활동의 궁극적 목표 달성을 위한 기본 수단이며, 의사소통의 양상이나 내용이 그 집단의 역동에 결정적인 영향을 미친다는 것은 두말할 나위가 없다.

따라서 집단상담자는 집단상담의 효율성을 극대화하기 위해서 어느 한 집단원이 주도적으로 이야기하도록 하기보다는 집단원들이 현재에 초점을 두고 진실하고 솔직하며 명확한 의사소통을 할 수 있도록 도와줄 필요가 있다.

(4) 집단의 응집성

집단의 응집성에 대해서는 제3장 치료적 요인에서도 언급한 바 있다. 집단의 응집성은 집단원들이 하나의 통합된 전체로 묶여 있는 유대 관계의 정도를 말해 준다. 또한 집단의 사기, 집단 정신, 집단원들이 집단에 대하여 갖는 매력의 정도와 집단원들의 집단활동에 대한 관심도를 말해 준다. 집단이 하나의 공동체로 함께 활동하고 있는가? 집단 내에는 어떤 하위집단들이 있으며, 그들이 집단에 어떤 영향을 미치고 있는가? 집단원들이 자신이 참여하고 있는 집단을 '우리 집단' 혹은 '나의 집단'으로 부르고 있는가? 등은 집단응집성을 점검해 보는데 도움이 되는 질문들이다. 이러한 응집성은 여러 가지 동기화를 통해서 이루어진다. 예컨대, 만약 어떤 집단이 외부로부터 공격을 받게 되면, 이러한 공격으로부터 자신을 방어하기 위하여 그 집단은 하나로 뭉친다.

낮은 응집력의 징후로는 집단활동의 주된 흐름을 벗어나서 은밀한 특정 집단원 간의 대화나 파벌의 출현 그리고 구세대와 신세대, 보수 대 진보 등과 같은 하위집단들의 형성을 들 수 있다. 높은 집단 응집력은 집단원들로 하여금 집단에 대하여 책임감을 느끼고, 상호 의존적인 협동적 관계에서 공동으로 효과적인 집단활동을 할 수 있게 한다. 집단응집성은 집단의 초기에 형성되는 것이 바람직하다. 집단 응집력이 형성되면 집단의 효율적인 진행에 도움이 될 것이며, 집단의 공동 목표를 달성하는 데도 영향을 미칠 수 있다.

집단응집성이 높은 경우 그 집단에서는 다음의 특징이 나타나기도 한다.

- 집단 규범을 준수한다.
- 깊은 인간관계를 맺는다.
- 타인을 있는 그대로 수용한다.

- 집단을 가치있고 매력있는 장으로 생각한다.
- 건강한 유머를 사용하며 친밀감을 높인다.
- 내 · 외적 요인으로부터 집단을 보호하고자 한다.
- 참여도가 높으며 중도탈락률이 낮다.
- 자신의 생각과 느낌, 경험을 개방하는 수준이 높아진다.
- 지금-여기에 집중할 수 있다.
- 솔직한 피드백을 할 수 있다.

(5) 집단의 분위기

집단상담에서 집단 분위기란 수용적이냐 비수용적이냐를 의미하기도 한다. 이는 집단상담자의 태도에서부터 표현되는 집단의 분위기가 집단상담에서 집단원의 행동을 가치판단 없이 있는 그대로 받아들여지는가 아닌가를 나타내는 것이다. 분위기라고 하는 개념은 매우 모호한 측면이 있지만, 우리가 상당히 쉽게 느낄 수 있는 것이기도 하다. 어떤 모임에 참석한 후, 그 집단의 지배적인 정서적 분위기가 어떻다는 것에 관해서 누구든지 한마디쯤은 쉽게 할 수 있다. 가령 어떤 집단에서 화난 분위기로 의사소통이 이루어지고 있다면, 우리는 쉽게 그 집단의 적대적인 혹은 거부적인 분위기를 느낄 수 있다. 집단 분위기는 따뜻하다, 친절하다, 느슨하다, 허용적이다, 비형식적이다, 자유스럽다 혹은 그 반대로 차다, 적대적이다, 긴장된 상태다, 형식적이다, 제약적이다 등과 같은 특징으로 묘사될 수 있다. 이러한 분위기는 집단원들의 집단에 관한 느낌에, 그리고 그들의 집단에의 자발적인 참여의식에 영향을 미친다. 따라서 집단의 분위기는 집단 목표의 성취에 중요한 요인이 된다. 그러므로 집단상담자는 집단 분위기에 대한 민감성을 계발하고, 집단원이 마음 놓고 이야기할 수 있는 자유스럽고 허용적인 분위기를 조성하는 데 주의를 기울여야 한다.

집단 분위기는 집단원의 자기개방의 정도를 결정짓기도 한다. 집단의 분위기가 허용적이라 함은 탈가치적 태도를 의미하기도 한다. 집단원들이 탈가치적 태도로 집단에 참여한다면 집단원들은 자신이 존재 그대로 받아들여지고 있음을 경험하게 되고, 이러한 경험을 한 집단원은 자기개방에 대한 두려움이 사라지게 되며, 나아가 깊은 자기노출을 할 수 있는 용기를 가지게 될 것이다. 이는 집단의 성숙도를 높여 주며, 목표 달성에도 영향을 미칠 수 있다.

(6) 집단행동의 규준

집단행동의 규준은 집단상담에서 규칙처럼 작용하는 기준을 의미한다. 공동 목표의 성취를 위해 활동하는 모든 집단은 집단에서 용납될 수 있는 행동이 무엇인가에 관한 원리 혹은 표준을 발달시키게 된다. 즉, 이것은 집단활동의 과정에서 채용하는 일종의 활동 규약인 동시에 집단이 자체의 활동을 수행해 나가는 방법에 대한 책임 감수의 약속이다. 예컨대, 이 모임에서 어떤 주제들이 토의될수 있으며, 어떤 것은 가급적 피하는 것이 좋은가? 그리고 집단원들이 어느 정도까지 그들의 감정을 개방적으로 표현해도 좋은가? 허용될 수 있는 진술의 범위와 빈도는 어느 정도인가? 집단원의 개방을 집단활동 도중에 중단시킬 수 있는가? 등과 그 밖에 해야 할 것과 하지 말아야 할 것들이 이 집단행동의 규준에 포함된다. 이와 같은 규준들은 보통 명문화되어 있는 경우보다는 암시적으로 통용되고 있는 경우가 많기 때문에 그와 비슷한 집단 경험을 해보지 않은 새로운 집단원은 얼른 파악이 되지 않아서 얼마간 혼란을 경험하게 될 수도 있다.

집단의 규준은 앞서 제시한 집단의 분위기에서 설명한 것과는 상치될 수 있으나, 여기서 말하는 규준은 집단의 효과적인 진행을 위한 집단원끼리의 최소한의 약속이라 할 수 있다.

집단에서의 규준은 집단의 목표와 집단원의 특성 등을 고려하여 합의하에 그들만의 규칙을 규준으로 정하여 진행할 수도 있으나, 보편적으로 적용하는 집단상담의 규준을 소개한다면 지금-여기, 나와 너, 감정 이야기, 솔직한 자기개방과 피드백 등을 들 수 있다.

(7) 집단원의 사회적 관계 유형

어떤 집단원들이 서로 동일시하고 지지하려는 경향을 보이고 있는가? 또한 어느 집단원이 계속해서 외톨이로 보이는가? 이러한 물음들은 집단원들 간의 사회적 관계의 유형을 파악하는 데 도움이 되는 질문들이다. 모든 집단에서 집단원들은 그들이 다른 집단원보다 더 좋아하는 사람과 싫어하는 사람을 쉽게 파악하는 경향이 있다. 이와 같은 우정과 반감의 미묘한 관계성, 즉 집단원들 간의 사회적 관계의 유형은 그 집단의 집단활동과 역동 관계의 형성에 중요한 영향을 미친다. 집단원의 사회적 관계 유형은 집단원의 참여행동에도 영향을 미치는데, 다른 집단원들과 사회적 관계를 잘 맺지 못하는 집단원은 집단활동에도 소극적일 것이며, 반대 경우의 집단원이라면 적극적이고 활동적인 자세로 집단에 참여할 것이다. 집단원의 사회적 관계 유형을 면밀히 파악하여 관계의 쏠림 현상을 집단상담자가 잘 다루지 않는다면 집단원 간에 따돌림이 생길 수도 있다. 집단원의 사회적 관계 유형은 다음에 제시되는 하위집단의 형성에도 영향을 미치게 된다.

(8) 하위집단의 형성

집단상담에서 하위집단의 형성은 집단에서 한두 개의 소그룹이 형성되어 집단의 주도권을 잡거나 파벌을 형성하는 등 몇 개의 무리로 나눠지는 형태를 말한다. 집단은 가시적이고 형식적인 것과 비가시적이고 비형식적인 양 측면의 조직을 가지고 있다. 형식적인 집단의 조직은 집단원들 간에 일을 분담하여 효과적으로 목표를 달성할 수 있게 하며, 또한 주요한 기능을 효율적으로 수행할 수 있게 하는 데 필수 불가결한 것이다. 그러나 비형식적인 조직은 형식적인 것과는 달리 보통 표면에 잘 나타나지 않는 것이 특징이다. 이는 상대적인 명성이나 영향력, 권력, 능력 혹은 설득력 등에 따라 형성되는 집단원들의 배경적 구조와 조직이기 때문에 다양한 동기로 형성되는 하위집단의 형태로 이루어진다. 어떤 집단에서든 생성되기 마련인 이러한 하위집단은 보통 셋 혹은 그 이상의 집단원들로 구성된다. 이는 가끔 우정 관계를 바탕으로 형성되기도 하고, 때로는 어떤 상황에서 일어나는 공통적인 혐오나 반감에 기초해서 형성되기도 한다. 표면적으로는 나타나지 않더라도 이와 같은 하위집단이 집단활동에 은연중에 큰 영향력을 행사하고, 또한 이들로 말미암아 일어나는 집단 감정이 집단의 문제해결이나 바람직한 대인관계의 발달에 도움이 되지 않는 경우가 종종 있기 때문에, 집단상담자는 물론 모든 집단원에 이르기까지 이들 하위집단의 생성과 여러 가지 작용에 대하여 항상 유의해야 한다.

(9) 주제의 회피

집단의 과정을 잘 관찰해 보면, 다루어야만 할 가치가 있는 대화의 주제임에 도 무의식중에 회피해 버리는 경우가 종종 있다. 어색하고 다루기 힘들거나 피하고 싶은 주제가 취급되기 시작했을 때(예컨대, 혼전 성관계, 성폭력 등에 관한 이야기), 이에 대하여 불안을 느끼는 한 집단원이 의식적이든 무의식적이든 그보다 다루기에 어색하지 않은 다른 주제를 이야기하고자 한다. 그러면 모든 집단원들은 기다렸다는 듯이 일제히 그 새로운 주제에 많은 관심을 나타내게 된다. 그러는 동안 앞서 어색해했던 주제에 관해서는 아무도 다시 언급하지 않은 채 지나가 버린다. 때로는 어색하고 다루기 힘든 주제라도 집단원과 전체 집단의 발달에 도움을 얻기 위해서는 충분한 시간을 들여 그 주제를 다루어야 한다. 왜냐하면, 난처한 문제나 갈등을 무조건 회피하는 경우 그 문제나 갈등을 해소할 수 없기 때문이다. 그러므로 집단상담자는 이와 같은 현상에 항상 유의하고, 필요하다고 여겨질 때는 그 집단으로 하여금 회피했던 주제로 다시 돌아가도록 지도하는 것이 바람직하다.

(10) 지도성의 경쟁

대부분의 집단에는 분명하게 책임을 지고 있는 지정된 집단상담자가 있다. 그는 교사나 감독 혹은 회장일 수도 있다. 이와 같이 분명하게 책임을 맡은 상담자가 있고, 또 이 사실이 모든 집단원들에게 알려져 있을 경우에 지도성의 경쟁은 별로 문제가 되지 않는다. 그러나 만약 지정된 상담자가 집단의 지도성을 공유할 만한 여지를 보이거나, 그의 지위가 분명하게 확립되어 있지 못할 때는 그 집단의 역동적 특징의 하나로 지도성의 경쟁 현상이 나타난다. 이런 경우 집단원들은 상호 간에 상대방을 패배시키려고 노력하거나 아이디어와 논쟁을 이용해서 자신의 지위를 확보하고자 한다. 이러한 경쟁은 상황에 따라서는 집단활동에 도움이 되는 현상일 수도 있다. 집단상담자는 집단 중에 일어나는 지도자경쟁을 개인의 통찰을 도울 수 있는 좋은 재료로 활용할 수 있는 기회로 삼을 수 있다.

어떤 집단이 보다 생산적인 수준에서 경쟁하면서 활동하는 것은 바람직하다. 그러나 그 경쟁이 중요한 과업을 달성하는 데 방해가 되거나, 그것이 그 집단의 부정적인 특징으로 나타나게 되면 문제가 된다. 선악의 가치판단 없이 있는 그대로의 경쟁 상태를 주의 깊게 관찰하는 능력을 키움으로써 집단원들은 그 집단의 문제해결에 도움이 될 만한 자료를 얻을 수 있다. 뿐만 아니라 집단을 지배하고자 하는 자신의 의도를 버리고, 다른 집단원의 지도성을 인정하고 수용하는 자세가 필요하다.

(11) 숨겨진 안건

가끔 집단원들은 자신만 알고 있는 관심거리나 문제를 가지고 집단에 참석할 수 있다. 그것이 그의 마음을 쓰이게 하므로 집단활동의 참여에 영향을 미칠 뿐 아니라, 전체적인 집단 과정에도 지장을 줄 수 있다. 숨겨진 안건에는 가정불화로 인한 개인적인 불만부터 탈락된 집단원 때문에 갖게 되는 집단에 대한 느낌에 이르기까지 다양한 성질의 것이 포함된다. 그러나 한두 집단원의 숨겨진 안건 때문에 지나치게 신경을 쓸 필요는 없다. 숨겨진 안건 때문에 집단활동이 제대로 되지 않을 정도로 심각한 경우에는 집단상담자 혹은 집단원 가운데 누구든지 이 사실을 표면화하여 취급할 필요가 있다. 이런 경우 "내가 보기에는 지금 우리를 괴롭히고 있는 혹은 주의를 빼앗고 있는 어떤 숨겨진 안건이 우리 집단에 있는 것 같은데, 여러분 중에도 그렇게 느끼는 분이 있나요?"라고 질문을 던져 보는 것이 도움이 될 것이다. 만약 숨겨진 안건이 집단 전체와 관련이 있거나 혹은 비록 몇몇 사람만의 것이라도 심각하게 먼저 다루어야 할 필요성이 있는 경우에는 이 문제를 우선적으로 다룰 필요가 있다.

(12) 제안의 묵살

어떤 집단원이 계속해서 몇 가지의 의견을 제안했으나 모두 묵살당하는 경우가 있을 수 있다. 그렇게 되면 그는 자신의 정체성을 의심하게 될지도 모른다. 자신의 생각이 묵살당할 때, 우리는 자신이 한 인간으로서 거부당한 것 같은 느낌이 들어 상심하기 쉽다. 이런 경우 집단상담자는 물론 집단원 중에서 이 사실을 감지하고 당사자와 집단을 도울 수 있다. 아무리 좋은 생각일지라도 그 집단이 이를 받아들일 준비가 되어 있지 못할 때 제안하거나 아니면 그것이 너무 많은 시간과 노력을 필요로 하는 것이라면 묵살당하기 쉽다. 그러므로 각 집단원은 적절한 내용의 제안을 적절한 시기에 할 수 있는 능력을 길러야 한다. 또한 어떤 집단원의 제안이 계속 묵살되는 경우를 볼 때, 집단상담자나 집단원 중 누구든지 "어떻습니까? 김 군이 방금 제안한 내용이 훌륭하지 않습니까? 그것이 묵살되어 버렸군요. 어떻게 된 것입니까?"라고 질문해 보는 것이 도움이 될 것이다. 때로는 묵살당한 본인이 솔직하게 이 같은 질문을 집단상담 과정에서 해보는 것도 효과적일 수 있다. 그렇게 되면 집단은 그 문제를 취급하게 될 것이고, 이와 관련된 집단의 역동에 대하여 학습할 수 있을 것이다.

(13) 신뢰 수준

어떤 집단에서는 집단원들 간에 마치 수년간 사귀어 온 사람들처럼 행동한다. 반대로 어떤 집단에서는 여러 번 함께 모인 후에도 상호 간에 어려움을 느끼기도 한다. 이것은 신뢰 수준과 관계되는 집단의 역동적인 특징이다. 집단활동 초기에 집단원들은 신뢰 관계 형성에 많은 관심을 갖게 된다. 왜냐하면, 이 신뢰의 수준이 집단원 상호 간에 어느 정도로 깊은 관계를 맺을 수 있겠는가를 결정해 주기 때문이다. 그래서 그들은 조심스럽게 서로를 재어 보고 서로 간에 얼마나 믿을 수 있을지를 평가하는 행동을 하게 된다. 즉, 그들은 의식적으로든 무의식적으로든 여러 가지 방법으로 상호 간에 이해력과 감정의 수용력 그리고 엄격성, 개방성, 신의를 지킬 수 있는 능력 등을 시험해 본다. 가끔 믿을 수 없는 사람들이 집단을 떠나거나 혹은 새로운 집단원이 들어올 때 그 집단의 신뢰 수준은 크게 변화하는 것을 볼 수 있다. 집단의 신뢰 수준은 집단상담의 성패에 관건이 되는 하나의 요소이기 때문에, 집단상담자는 물론 집단원들까지도 계속 집단의 신뢰 수준의 정도를 살펴보고, 보다 높은 수준으로 끌어올리기 위하여 함께 힘써야 한다.

3. 집단역동에 영향을 미치는 요인

대글리 등(Dagley, Gazda, & Pistole, 1986)은 "집단역동은 상담의 결과와 과정에 영향을 미치는 내적 및 외적 힘을 의미한다."라고 하였다. 상담집단은 때로는 상호작용이 미묘하고 정체될 수도 있지만, 집단원들 간에 계속적인 상호작용이 현저하게 나타나는 집단이다. 이러한 의미에서 집단상담자는 집단역동을 구성하는 내적·외적 힘을 인식하고, 집단역동에 영향을 미치며, 집단역동을 해석하고, 집단상담 과정 중 다음에 어떤 일이 일어날 것인지 어느 정도 예측할 수 있어야 한다(Gazda, Ginter, & Horne, 2001).

대글리 등(Dagley, Gazda, & Pistole, 1986)이 제안했던 집단역동에 대한 정의를 근거로, 가즈다 등(Gazda, Ginter, & Horne, 2001)은 집단상담에서 집단역동에 기여하는 아홉 가지 요인을 제시하였다. 그들이 제시한 아홉 가지 요인은 집단상담자 변인, 집단 구조, 목표 설정, 집단 응집력, 집단 규범, 집단원의 역할, 다문화적 역동성, 치료적 요인 그리고 집단의 발달단계 등이며, 이를 다음과 같이 설명하고 있다.

(1) 집단상담자 변인

집단 과정에서 집단상담자는 치료적 받침대 역할을 한다. 집단상담자가 치료적 효능감을 성취하는 방식은 여러 가지 형태를 취할 수 있다. 예를 들면, 집단 지도력 역할에서 능동적 자세 혹은 수동적 자세, 자기에 대한 투명성 혹은 불투명성, 집단원들을 촉진하는 데 있어 과거에 초점을 두거나 현재에 초점을 두는 것, 정서 지향 혹은 인지 지향, 과정에 초점을 맞추거나 내용에 초점을 맞추는 것 등이다. 효과적인 집단상담자의 역할에 대해서는 제7장을 참조하기 바란다.

(2) 집단 구조

집단 구조를 창조하는 것은 집단상담자의 피할 수 없는 과업이다. 집단상담자는 집단 구조를 발달시키는 데 있어서 중심적인 역할을 한다. 전형적으로 집단 구조는 집단의 초기 단계에서 집단상담자에게 특별한 관심사다. 비지시적 집단상담자가 의도하는 비구조화된 집단상담도 집단 구조의 한 형태다. 그리고 집단상담에서 집단상담자가 어떤 목적을 달성하기 위해 활용하는 모든 집단활동은 집단 구조의 한 측면이라고 할 수 있다.

(3) 목표 설정

모든 집단상담은 집단원들이 원하는 어떤 목표를 달성하기 위한 활동으로 기능하여야 한다. 따라서 집단상담자는 집단상담을 통해 이루고자 하는 분명한 목표를 설정해서 집단원들이 집단의 목표와 더불어 자신의 목표를 달성하도록 조력해야 한다. 또한 애매한 목적을 가지고 참석한 집단원에게는 구체적인 행동 목표를 설정해서 이룰 수 있도록 조력하는 것이 필요하다. 집단 목표는 배의 나침반과 같다. 집단상담자는 첫 회기에서 모든 집단원들이 집단에 참여하게 된 동기와 목표가 무엇인지를 언급하도록 할 필요가 있다. 만약 집단원의 목표에 구체성이 결여되어 있다면, 집단상담자는 그로 하여금 목표를 명료화시키고 구체적으로 진술하게 해야 한다. 집단상담자의 목표는 집단 내에 있는 사람에게 맞추어지며, 상호작용의 목표는 전체로서 집단에 초점이 맞추어진다. 집단상담자는 집단 회기의 목표, 단기 목표, 장기 목표 등을 구체적으로 설정하여 집단원이 그러한 목표를 달성하도록 조력한다.

집단상담 목표는 집단 목표, 집단과정 목표, 집단원 목표, 집단상담자 목표 등으로 구분하여 설정하여야 한다, 집단 목표는 집단 전체가 나아가야 할 방향을 나타내는 목표이며, 과정목표는 솔직하게 개방하기, 결석, 지각하지 않기 등과 같이 집단을 진행하는 과정에서 집단 목표 달성을 위해 집단원들이 노력해야 할 목표를 의미하며, 집단원 목표는 집단에 참여하는 집단원 각자가 달성하고자 하는 개인 목표, 집단상담자 목표는 집단상담자가 집단을 효율적으로 진행하고 집단의 각 목표를 잘 달성할 수 있도록 돕기 위하여 주력해야할 상담자 목표를 의미한다.

(4) 집단 응집력

우리가 흔히 언급하는 "뭉치면 살고 흩어지면 죽는다"나 "사공이 많으면 배가 산으로 간다"는 속담은 집단 응집력과 관련된 표현이다. 집단이 설정한 목표를 달성하기 위해서 무엇보다 필요한 것이 집단 응집력이다. 집단상담자는 집단상담 초기에 집단원들이 서로 간의 신뢰를 바탕으로 끈끈한 관계를 형성하도록 돕는 것이 필요하다. 집단상담자는 집단 응집력을 통해 집단원들이 '나' 혹은 '너'라는 의식에서 벗어나 '우리'라는 의식을 갖고 집단의 목표 달성을 위해 서로 지지하고 협조하는 분위기를 조성할 필요가 있다. 집단원들이 다른 집단원들을 돌보면서 서로에게 교정적 피드백을 제공할 수 있는 분위기는 집단 응집력에서 비롯된다. 따라서 집단상담자는 집단원들 각자가 신뢰를 바탕으로 자기노출과 피드백을 통해 스스로 설정한 목표를 달성하도록 집단 응집력을 높여야 한다.

(5) 집단 규준

모든 집단에는 나름대로 규준이 있다. 집단상담자는 집단원들이 기본적으로 지켜야 할 규칙을 집단상담 초기에 제안하고 적절한 토의를 거쳐 집단 규준을 만들도록 한다. 규준이란 용어가 가지는 의미대로 표현하면 집단 활동 중에 규칙처럼 작용하는 기준이라고 말할 수 있다. 예를 들면, 집단상담자는 집단상담의 목표를 달성하기 위해 기본적으로 지켜야 할 규칙으로 비밀 유지하기, 솔직한 자기개방, 목표 달성을 위해 적극적으로 참여하기, 자신의 문제를 다룰 권리 가지기, 다른 집단원 공격하지 않기, '나-전달법'으로 피드백하기, '왜'라는 질문하지 않기 등과 같은 것으로 집단에서 이러한 규칙을 제안하여 집단의 효율적 진행을 도울 수 있다.

(6) 집단원의 역할

집단원은 일반적으로 자신이 일상생활에서 하는 역할을 집단에서도 수행하기 마련이다. 사람들이 일반적으로 하는 역할은 크게 세 가지, 즉 '과업 지향 역할' '성장/활력 지향 역할' '집단에 역행하는 역할'로 기술할 수 있다(Kottler, 1994; Moxnes, 1999). 집단상담자는 집단에 역행하는 역할을 하는 집단원을 적절하게 중재해서 그러한 역할을 차단하는 것이 필요하다. 더 나아가 집단상담자는 집단에 반하는 역할을 하는 집단원이 정보 제공자나 조정자 같은 과업 지향 역할이나 격려자나 훌륭한 관찰자와 같은 성장/활력 지향 역할을 할 수 있도록 조력해야 한다. 집단상담자의 가장 중요한 역할은 집단에 역행하는 역할을 하는 집단원을 적절하게 다루는 일이다.

(7) 다문화적 역동성

모든 개인은 문화의 산물이다. 왜냐하면, 개인의 행동은 문화라는 환경과의 상호작용에서 비롯되기 때문이다. 이러한 이유로 모든 집단은 '다문화적 역동(multicultural dynamics)'이 일어난다. 집단상담에 참여한 집단원들은 각기 다양한 문화적 배경에서 성장해 왔기 때문에 그들이 표현하는 행동도 각기 다양하다. 따라서 집단상담자는 집단을 효과적으로 운영하기 위해 높은 '문화적 민감성'을 갖출 필요가 있다.

제9장
집단상담 기법

| 정성란 |

집단상담에는 다양한 이론들이 있고, 집단상담자가 되기 위해서는 갖추어야 할 자질이 있다. 그러나 다양한 이론을 습득하고 자질을 갖춘다고 해서 집단을 효율적으로 이끌기는 어렵다. 그 이유는 실제 집단상담을 이끌기 위해서는 집단상담에 사용되는 다양한 기법이 필요하기 때문이다(천성문 외, 2017).

집단상담자는 집단 지도를 위한 기본적인 기술뿐만 아니라 집단의 각 발달단계와 상황에 적합한 집단상담의 기술을 배우고 익혀서 효과적으로 활용할 수 있도록 해야 할 것이다. 이를 위해서 집단상담자는 다양한 집단 경험을 쌓을 뿐만 아니라, 전문가로부터 지도 감독을 받을 필요가 있다.

여기서는 집단상담자의 의사소통 기법과 주요 개입 기법의 두 가지 측면에서 집단상담 기법을 제시하고자 한다. 먼저 집단상담 장면에서 공통적이면서도 필수적이라고 할 수 있는 집단상담자의 효과적인 의사소통 기법을 제시하고 난후, 집단상담자의 주요 개입 기법을 제시하고자 한다. 주요 개입 기법은 의사소통 기법 외에, 집단상담 장면에서 활용 빈도나 중요도가 높은 개입 방법이라 할 수 있는 것을 정리하여 제시하였다.

의사소통 기법은 공감하기, 자기개방하기, 관심 기울이기·경청하기, 반영하기, 피드백 주고받기, 연결하기, 직면하기·해석하기, 명료화·요약·질문하기의 여덟 가지다. 주요 개입 기법으로는 저항 다루기, 전이와 역전이 다루기, 적시성에 유의하기, 침묵 처리하기, 지금-여기에 초점 두기, 구조화하기, 뜨거운 자리·개인 주제에 초점 두기, 차례로 돌아가기, 빈의자 기법·역할놀이·바람직한 대안행동 다루기의 아홉 가지를 제시하였다.

Corey와 Corey(1996)는 집단상담 초기 단계, 과도기, 작업 단계, 종결단계 등 각 단계에서 나타날 수 있는 주된 특성과 현상을 중심으로 개입 방법 및 집단 지도 기술을 제시하였다(김명권 외, 2000 재인용). 예를 들면, 집단상담 과도기의 주된 특성은 불안, 방어와 저항, 지배력에 대한 경쟁, 상담자에 대한 직면과 도전 등이므로 과도기 단계에서 저항을 치료적으로 다루기 위한 개입, 전이와 역전이 다루기, 전체 집단의 저항을 다루기 위한 개입, 치료적 관계 형성을 위한 지침 등을 제시하였다. 여기서는 집단상담의 각 발달단계에서 나타날 수 있는 현상을 중심으로 각 단계에서 요구되는 효과적인 집단상담의 개입 기술을 제시한 것이다.

Jacobs, Masson과 Harvill(2002)은 집단상담의 훌륭한 지도를 위해 필수라고 생각되는 기법들을 소개하였는데, 적극적 경청, 반영, 명료화와 질문, 요약, 맺어 주기, 미니 강의와 정보 제공, 격려와 지지, 분위기 조성, 모델링과 자기노출, 눈의 사용, 목소리 사용, 지도자의 에너지 사용, 협력자 확인, 다문화 이해가 그것이다(김춘경, 2006 재인용). 이는 주로 집단상담자의 언어적·비언어적 의사소통 기법에 초점을 둔 집단상담 기법이라 할 수 있다.

Gladding(2003)은 핵심적인 집단 지도력 기술 16가지를 제시하였다. 구체적으로 살펴보면, '집단원들의 참여를 격려한다, 집단 과정에서 일어나는 일들을 관찰하고 확인한다, 집단원들의 행동에 주의를 기울여 파악하고 인식한다, 집단원들의 진술을 명료화하고 요약한다, 집단 회기를 시작하고 종결한다, 집단에서 피드백을 주고받는다, 집단에서 개방형 질문을 사용한다, 집단원들을 공감한다' 등이다(노안영, 2011 재인용). 여기서는 집단작업전문가학회(Association for

Specialists in Group Work)의 '집단 지도자들의 훈련을 위한 전문적 기준'을 중심으로 집단 지도력 기술을 제시한 것으로, 주로 효과적인 의사소통 기법과 관련된 내용이라 할 수 있다.

Corey와 Corey(2004)는 집단상담 기술은 수단이지 목표가 아니라고 하였으며, 집단원과 지도자 그리고 그들 사이의 상호작용에 강조점을 두면서, 집단의 도입 및 초기 단계, 전환 단계, 작업 단계, 종결단계와 각 단계에서 필요로 하는 적절한 기법들을 제시하였다(김춘경, 최웅용, 2005). 예를 들면, 작업 단계를 위한 기법에는 떠오르는 주제를 작업하기, 모든 집단원들에게 동시에 보이는 강렬한 정서를 다루기, 투사와 자기인식의 문제를 작업하기 등의 개입 기술을 제시하였다. 이는 집단상담의 각 발달단계에서 나타날 수 있는 특성과 현상을 중심으로 각 단계에서 가장 적절하고 효과적인 집단상담의 개입 기술을 제시한 것이다.

Haney와 Leibsohn(2008)은 집단상담 경험을 치료적으로 만드는 중요한 변인은 훈련된 집단상담자라고 하면서 집단상담의 15가지 기술을 제시하였다. 그것은 시작하기 또는 끝내기, 주의 집중하기, 공감하기, 재진술하기, 피드백 주기, 질문하기, 명확히 하기, 지시하기, 직감 사용하기, 주제에 주목하기, 불일치에 주목하기, 연계성에 주목하기, 재구조화하기, 침묵을 허용하기, 자기개방하기(주은선, 주은지, 2009 재인용) 등이다. 이는 집단상담 장면에서 집단상담자가 어떻게 개입하면 보다 치료적이고 효과적일지에 초점을 둔 집단상담의 개입 기술이라 할 수 있으며, 주로 효과적인 의사소통 기술을 활용하고 있다.

이윤주 등(2000)에 따르면 집단상담 기법은 집단의 역동을 촉진하는 데 활용되는 촉매제라고 하면서, 집단 초기에 유용한 기법, 집단 중기 기법, 집단 후기 그리고 과제로 활용될 만한 기법을 제시하였다. 집단 초기의 유용한 기법에는 자기공개를 돕는 기법 및 집단 응집력을 촉진하는 기법을 제시하였다. 집단 중기에는 자기이해와 수용을 돕는 기법, 피드백을 통한 통찰과 문제해결을 위한 기법, 대인관계 학습과 통찰을 활성화하는 기법, 과거와 무의식을 다루기 위한 기법을 제시하였다. 그리고 집단 후기에는 성과 유지와 강화를 돕는 기법을 제시하였다. 여기서는 초심 상담자에게 초점을 두고, 이들이 주로 다루게 되는 단기 형태의 집단상담으로서 집단을 초기, 중기, 후기로 구분하여 각 시기에 가장 적절하고 유용한 기법을 구체적으로 다양하게 제시하였다.

김춘경과 정여주(2001)는 시작단계, 중간 단계, 종결단계, 신뢰와 개방, 집단의 위기 극복, 수용력과 의사소통 훈련, 피드백 교환, 경쟁과 영향력과 힘 다루기 등의 주제 영역에서 상호작용 놀이를 통한 집단상담 기법을 제시하였다. 여기서는 주로 집단원들의 상호작용에 강조점을 두고, 쉽고 재미있으면서도 집단원들의 유의미한 상호작용을 촉진할 수 있는 놀이 및 게임 형식의 개입 기술을 구체적으로 제시하였다.

이형득 등(2006)은 집단상담의 기술로 관심 기울이기, 공감적 반응하기, 자기 노출하기, 피드백 주고받기, 맞닥뜨리기, 경청하기, 반영하기, 명료화하기, 요약하기, 해석하기, 질문하기, 연결하기, 심적인 지지해 주기, 행동 제한하기, 촉진하기, 강화하기, 저항의 처리, 전이의 취급, 역전이 현상의 취급, 적시성에 유의하기를 제시하였다. 이는 신뢰롭고 수용적인 분위기 속에서 치료적 효과를 이끌어 내기 위한 집단상담자의 즉시성 있고 촉진적인 개입 반응으로서, 주로 효과적인 의사소통 기법을 제시하고 있다.

이장호(2011)는 집단의 과정별로 상담자의 언어적 진술 및 질문 형태의 개입 반응을 제시하였는데, 집단 회기를 시작할 때와 마감할 때의 개입 반응, 집단의 초기·참여 단계에서의 개입 반응, 집단의 과도적 단계에서의 개입 반응, 집단의 작업 단계에서의 개입 반응, 집단의 종결단계에서의 개입 반응이 그것이다. 예를 들면, 집단 회기를 시작할 때 지난 회기와 연결시키는 상담자의 진술(예: "모임에 대해 그 이후에 어떤 생각이 들었습니까?" "지난 회기에 관해 이야기를 나누고 싶군요." "여러분은 지난 회기에서의 자신의 모습과 오늘이 어떻게 달랐으면 좋겠습니까?") 그리고 집단의 참여 목적을 분명히 하고자 할 때 개입하는 상담자의 진술 및 질문(예: "오늘은 우리 집단이 본격적으로 시작되는 날입니다. 앞으로 12주 동안 당신이 변화하고 싶은 것이 있는지 얘기해 볼까요? 당신은 어떻게 달라지고 싶습니까?" "당신이 오늘 집단에 참여하지 않는다면 어떨 것 같나요?") 등을 구체적으로 제시하였다. 여기서는 집단상담의 발달단계와 각 단계에서 나타날 수 있는 현상을 중심으로 집단상담자의 효과적인 언어적 개입 기술을 구체적으로 보여 주고 있다.

이장호와 강숙정(2011)은 12가지 집단상담의 기술을 제시하였다. 그것은 관심 기울이기, 공감적 반응하기, 자기노출의 시범, 피드백, 직면하기(맞닥뜨리기), 경청하기, 반영하기, 명료화하기, 요약하기, 해석하기, 생산적 집단 풍토(규범) 촉진하기, 저항·전이 현상의 처리다. 여기서는 주로 집단상담자의 효과적인 의사소통 기법에 강조점을 두고, 집단상담의 기술을 제시하였다.

강진령(2011)은 집단상담의 기술로 변화 촉진 분위기 조성 기술, 과정 기술, 내용 기술, 비언어 기술, 문제 상황의 개입 방법을 제시하였다. 변화 촉진 분위기 조성 기술에는 적극적 경청, 공감적 이해, 초점 맞추기, 모델링, 적극적 참여 유도를 들었다. 과정 기술로는 구조화, 진단, 연결, 차단, 피드백, 보편화, 지금-여기에서의 상호작용 촉진, 지지·격려, 종결, 평가를 제시하였다. 내용 기술에는 명료화, 재진술, 반영, 요약, 질문, 직면, 해석, 정보 제공, 자기표현 등을 제시하였다. 그는 집단상담 기술을 향상시키는 일은 지속적인 과정이라고 하면서 집단에서 어떤 기술이 어떤 상황에서 필요한지 구체적으로 명료화하고 세분화한 후, 각 장면이나 상황에 적절한 개입 기술을 제시하였는데, 주로 촉진적이고 효과적인 집단상담자의 의사소통 기법에 강조점을 두었다고 할 수 있다.

천성문, 함경애, 박명숙, 김미옥(2017)은 집단상담 기법을 상담자의 이론적 근거와 훈련 배경에 따라 집단 내에서 집단상담자가 실시하는 언어적·비언어적 메시지 등을 포함한 모든 행위라고 하였다. 집단상담 기법의 역할은 집단원들의 집단 참여와 적극적 행동 촉진, 집단 상담 목표 달성을 도움, 집단원 간의 의사소통을 원활하게 함, 문제해결에 활용, 집단원의 내면 탐색에 도움을 주는 것이다. 집단상담의 기법은 집단 발달단계에 따라 제시하였으며, 추가로 침묵하는 집단원, 적대적 행동으로 집단상담을 방해하는 집단원 등 집단원의 문제행동을 다루기 위한 기법도 제시하였다.

이상에서 살펴본 바와 같이, 집단상담 기법은 집단상담자가 어떤 이론적 근거를 가지고 있는가, 혹은 무엇에 더 강조점을 두는가에 따라 적용에서 차이가 난다는 것을 알 수 있다. 집단상담 기법을 제시한 기존 연구들을 살펴보면, 주로 집단상담자의 효과적인 의사소통 기법에 강조점을 주었거나(Jacobs, Masson, & Harvill, 1994; 이형득 외, 2006; 이장호, 강숙정, 2011; 강진령, 2011; 노안영, 2011), 혹은 집단상담의 발달단계를 중심으로 각 단계에서 나타날 수 있는 특성과 과제를 중심으로 제시된 개입 기술(Corey, Corey, 2004; 이윤주 외, 2000; 이장호, 2011) 혹은 상호작용 놀이에 강조점을 둔 기법(김춘경, 정여주, 2001)으로 구분하여 정리할 수 있다.

여기서는 집단상담자의 의사소통 기법과 개입을 중심으로 집단상담 기법을 제시하고자 한다. 먼저 집단상담 장면에서 공통적이면서도 필수적이라고 할 수 있는 집단상담자의 효과적인 의사소통 기법을 제시하고 난 후, 집단상담자의 주요 개입 기법을 제시하고자 한다. 주요 개입 기법은 의사소통 기법 외에, 집단상담 장면에서 활용 빈도나 중요도가 높은 개입 방법이라 할 수 있는 것을 정리하여 제시하였다. 집단상담의 발달단계별 개입에 대해 알고 싶다면 제2장에 시작단계, 갈등단계, 작업단계, 종결단계와 각 단계의 주된 특징, 발달과제 및 단계별 개입 기법이 제시되어 있다.

1. 의사소통 기법

집단상담자가 어떤 이론적 배경을 가지고 어떤 형태의 집단을 운영하든지 간에, 집단 경험이 좀 더 유의미하고 성장 지향적으로 될 수 있도록 조력하기 위해서는 집단상담자의 의사소통 능력이 필요하다. 이형득 외(2006), 김춘경(2006), 주은선과 주은지(2009), 노안영(2011), 이장호와 김정희(1992), 이장호와 강숙정(2011), 강진령(2011) 등을 참고로 하여 집단상담 장면에서 가장 기초적이면서도 핵심적이라 할 수 있는 여덟 가지의 의사소통 기법을 정리하여 제시하였다. 공감하기, 자기개방하기, 관심 기울이기 · 경청하기, 반영하기, 피드백 주고받기, 연결하기, 직면하기 · 해석하기, 명료화 · 요약 · 질문하기에 대해 구체적으로 살펴보면 다음과 같다.

1) 공감하기

상담 장면에서 공감이란, 상담자가 내담자의 마음을 감지하여 이를 반영해 주는 것을 말한다. 즉, 상담자의 선입견으로 내담자를 판단하지 않고 있는 그대로의 내담자의 비언어적 표현, 언어적 표현, 표현되지 않은 감정 및 동기 등에 최대한 주의를 집중하여 듣고, 그 내용을 상담자의 언어로 표현하는 것, 다시 말하면 내담자의 심정을 읽어 주는 것을 상담에서는 공감이라 말한다. 집단상담자가 효과적인 공감을 하려면 자신을 상대방, 즉 집단원의 위치에 놓고 그의 입장에서 생각하고 느껴 보고, 그 집단원의 생각과 느낌을 가장 잘 나타내는 단어(감정 형용사)를 찾아 집단원의 심정과 입장을 이해하고 있음을 구체적으로 표현해 주어야 한다.

공감의 문장구조는 '구체적 상황 + 감정'이라 할 수 있다. 예를 들면, "몸이 아픈데도 그 많은 일을 혼자 다 하려니까(상황), 참 힘들었겠구나(감정)." 혹은 "너에게 아무도 관심을 가지지 않는다는 걸 알고 나서(상황), 참 외로웠겠구나(감정)."와 같은 형식이다.

심층적 공감이란, 내담자가 표현하는 이면에 숨어 있는 감정과 그 배경을 감지하여 반영해 주는 것을 말한다. 그리고 내담자의 행동 속에 포함된 긍정적인 동기를 성장 동기라 하는데, 이러한 긍정적인 성장 동기를 반영해 주는 것을 성장 동기에 대한 공감이라 한다. 공감의 5수준을 정리해 보면 다음과 같다.

- 1수준   이야기의 흐름을 차단하는 반응(엉뚱한 반응)
- 2수준   이야기의 초점을 흐리게 하는 수준의 반응(초점을 흐리는 반응)
- 3수준   언어적 메시지, 즉 표현 내용 수준의 반응(표현한 것만큼의 반응)
- 4수준   핵심 감정에 초점을 둔 반응(심층적 반응)
- 5수준   핵심 감정에 성장 동기가 추가된 반응(성장 동기에 대한 반응)

2) 자기개방하기

집단상담자는 적절한 때에 자기 자신에 대한 정보를 개방하는 기술을 활용할 줄 알아야 한다. 전문가들은 자기개방이 상담 기술의 가장 중요한 요소 중 하나임을 강조하고 있다. 집단상담자는 자기개방을 통하여 집단원에게 유사성과 친근감을 전달할 수 있고, 집단상담자와 집단원 간에 보다 깊은 이해를 발달시킬 수 있다.

집단상담자는 자기개방을 통하여 집단원들에게 보다 깊이 있는 자기탐색의 모범을 보여 주게 된다. 집단상담자는 집단원의 흥미와 관심에 적합한 사적인 생각, 경험 및 느낌을 솔직하게 노출시킴으로써 개성을 가진 하나의 인간 존재로 집단 앞에 내보이게 된다. 때로 자기개방을 하는 과정에서는 자신의 단점이나 부끄러울 수 있는 내용도 노출될 수 있으므로, 솔직한 자기개방을 위해서는 적절한 모험심과 용기가 필요하다.

자기개방에는 ① 집단상담자가 집단원과 대화하는 동안 경험하게 되는 자신의 생각이나 느낌, 즉 지금-여기서 내가 나에 대하여 무엇을 어떻게 느끼고 있는지, 또는 집단원에 대한 나의 느낌은 어떠한지를 진술하게 말해 주는 것, ② 과거(그때)에 있었던 나의 경험과 느낌이 현재 집단원이 경험하고 있는 것과 유사성이 있을 때 그것을 솔직하게 말해 주는 것의 두 가지가 있다.

첫 번째의 경우 집단상담자가 유의해야 할 점은 그가 현재 경험하고 있는 느낌이 부정적인 범주에 속할 때, 그 책임을 집단원에게 돌리기(You-message)보다는 집단상담자 자신에게 돌리며(I-message), 자기노출을 해야 효과적이라는 것이다. 예를 들면, 집단이 피상적이고 형식적인 상호작용을 계속하고 있어 집단상담자가 답답하고 조급한 느낌이 든다면, "저는 서로 깊은 정을 주고받는 가족 분위기에서 자라서인지 피상적이고 형식적인 상호작용을 접하면 쉽사리 답답함을 느끼는 사람입니다. 이런 저의 성격 탓이겠지만 우리 집단이 지금 피상적인 과거 이야기로 시간을 보내고 있는 것 같아 아쉽고, 진척 없이 제자리를 맴돌고 있는 것 같아 조급하기도 합니다."라는 식으로 자기개방을 할 수 있다.

자기개방의 두 번째 형태는 집단원의 느낌이나 경험과 유사한 것이 있을 때 그것을 드러내는 것이다. 즉, 집단원과 공통된 느낌이나 생각, 경험, 정보 등에 대해 자기개방을 하는 것이다. 집단원은 자신과 비슷한 특성을 가진 집단상담 자에 대해서 동질감과 동료의식을 느끼게 된다. 그러한 감정은 라포와 공감대 형성에 도움이 되며, 집단상담자가 집단원에게 변화나 문제해결을 위해 영향을 미치는 데도 도움이 된다. 이때 집단상담자가 유의해야 할 점은 집단원이 현재 경험하고 있는 생각이나 느낌이 자신이 과거에 경험한 것과 유사성이 있을 때, 집단원이 생각하고 느끼고 있는 것과 비슷한 수준으로 자기개방을 하는 것이 효과적이라는 점이다.

3) 관심 기울이기 · 경청하기

(1) 관심 기울이기

관심 기울이기란 내담자에 대한 상담자의 관심을 언어적 · 비언어적 방법을 통해 효과적으로 전달함으로써 내담자의 자기 개방 및 탐색이 이루어지도록 촉진하는 상담 기법을 말한다. 상담자가 내담자에 대한 관심을 행동으로 나타내면, 내담자는 시각, 청각, 촉각 등 주된 감각적 경로를 통해 인식하게 된다. 따라서 관심 기울이기의 형태는 시각적 · 청각적 · 촉각적 요소로 나누어 생각해 볼 수 있다. 예를 들면, 시각적 요소에는 부드러운 시선의 접촉, 온정적인 표정(미소, 편안한 인상), 대화의 주제와 연결되는 얼굴 표정, 바람직한 자세 등이 해당된다. 청각적 요소에는 언어 반응으로서 장단을 맞춘 감탄사나 적절한 목소리 크기, 온화한 음색, 분명하면서 안정된 목소리와 빠르기가 해당된다. 촉각적 요소에는 내담자의 수용 범위 내에서 대화 흐름에 맞는 신체 접촉이 해당된다. 이와 같이 관심 기울이기의 요소를 세 가지로 요약 · 정리하면, ① 부드러운 시선의 접촉, ② 바람직한 자세, ③ 즉각적인 언동(言動) 반응이라고 할 수 있다.

관심 기울이기를 할 때 주의 사항은 내담자에 대한 상담자의 진실한 마음이 겉으로 나타내는 관심 행동보다 더욱 중요하다는 것과, 개인의 특성, 사회 · 문화적인 요소에 따라 관심 기울이기를 받아들이는 입장이 다양하므로, 상담자는 이에 대한 민감성이 필요하다는 것이다. 일반적으로 상담의 초기에는 관심 기울이기가 많이 요청되나 상담 관계가 구축된 중기나 후기에서 관심 기울이기가 지나칠 경우 오히려 상담의 발달 과정을 저해하기도 하므로 피하는 것이 좋다.

(2) 경청하기

경청은 상대방이 말하는 이야기의 내용, 목소리 그리고 말하는 사람의 몸짓, 표정 등에 적극적으로 집중하며 잘 듣는 것을 의미한다. 이것은 우리가 듣는 것을 통해 진심으로 화자와 소통하는 것을 말한다. 경청하기는 집단원이 표현하는 신체언어와 음성언어를 잘 관찰하고 경청해서 그들이 전달하고자 하는 의미를 이해하는 것을 말한다. 즉, 집단상담자가 미리 판단하거나 평가하지 않고, 집단원들이 표현하는 언어적 · 비언어적 내용을 정확히 이해하기 위해 주의를 집중해서 눈으로 관찰하고, 귀로 경청하는 것을 의미한다.

다시 말해, 경청은 말의 내용을 파악함은 물론 상대방의 몸짓, 표정 그리고 음성의 섬세한 변화를 알아차려 저변에 깔려 있는 메시지를 감지하고, 나아가 집단원이 말하지 못한 내용까지도 알아차리는 것을 말한다. 경청을 좀 더 효과적이고 적극적으로 하기 위해서는 평가하지 말고 들어야 하며, 섣불리 짐작해서 듣거나, 경청하는 척하지 말고, 말의 내용과 함께 감정에도 관심을 가지고 들어야 한다.

4) 반영하기

집단상담 장면에서 집단원이 표현하는 것을 듣고 집단상담자가 이해한 내용, 그것 뒤에 숨은 감정 또는 둘 다를 전달하는 것이 반영이다. 반영에서는 내용과 감정 둘 다 반영하는 기법을 사용하는 것이 집단상담자에게 매우 중요하다. 반영의 목표는 두 가지다. 하나는 말하고 있는 집단원이 자신이 무엇을 말하는지 더 잘 알 수 있게 돕는 것이고, 다른 하나는 말하고 있는 사람의 감정을 이해하며 그 사람과 의사소통하는 것이다. 즉, 반영하기는 집단원이 표현한 내용과 감정을 스스로 다시 정확하게 볼 수 있도록 거울에 비추어 주는 것이다. 반영은 내용에 대한 반영과 감정에 대한 반영으로 구분할 수 있다. 재진술하기 혹은 바꾸어 말하기가 내용에 대한 반영에 속한다.

집단상담자는 각 집단원에게 반영하기도 하고, 둘 이상의 집단원들이 말하고 있는 주제나 문제에 대해서도 반영하며, 전체 집단이 경험하는 것에 대해서도 반영할 수 있다.

5) 피드백 주고받기

피드백이란 상대방에게 그의 행동의 결과가 어떠한지에 대해 정보를 제공해 주는 것을 말한다. 즉, 그의 행동이 나의 행동에 어떤 영향을 미치고 있는지 상대방에게 솔직하게 말해 주는 하나의 보고 행위다. 피드백 활동을 통하여 우리는 자신의 행동이 타인에게 미치고 있는 영향에 대하여 학습할 수 있다. 이러한 의미에서 집단상담 장면은 한 집단원에게 다른 집단원들이 거울의 역할을 하면서 다양한 피드백을 주고받을 수 있는 유용한 경험학습의 장이라고 할 수 있다.

집단상담 장면에서 집단원들은 상호 간에 피드백을 주고받음으로써 타인들과 관계를 맺고 있는 자신의 모습을 확인할 수 있는 동시에 자신의 행동이 타인에게 미치는 영향에 관해서도 객관적으로 알 수 있게 된다. 한편 피드백을 줄 때는 상대방의 긍정적인 면과 부정적인 면을 균형 있게 취급하도록 유의하여야 한다. 효과적인 피드백을 위한 지침은 다음과 같다.

- 피드백은 강요적이어서는 안 된다. 즉, 피드백은 사실적인 진술을 하되, 가치판단을 하거나 변화를 강요해서는 안 된다.
- 피드백은 받는 편이 능히 그것을 소화할 수 있는 준비가 되었을 때 주어야 한다. 또한 피드백을 주는 사람도 받는 사람도 피드백을 생산적으로 활용할 마음의 준비가 되어 있는지 충분히 고려한 후에 사용해야 한다. 피드백

은 신뢰롭고 친근감을 느끼는 사람에게서 주어질 때 진정으로 받아들여질
수 있다.
- 피드백은 사실을 서술하는 방식으로 이루어져야 한다.
- 피드백은 시간적으로 행동이 일어난 직후에 주어져야 한다. 즉, 피드백은
  구체적으로 관찰 가능한 행동에 대하여 그 행동이 일어난 직후에 해 줄 때
  효과적이다.
- 피드백은 변화와 개선이 가능한 것에 한하여 주어져야 한다. 즉, 변화 가능
  한 행동에 대하여 피드백을 주어야 하며, 가능하면 대안까지 마련해 주는
  것이 좋다.

효과적으로 피드백을 주는 것도 중요하지만, 피드백을 잘 받아들이는 것도
매우 중요하다. 피드백을 받을 때 무시하고 화를 내고 공격하는 방어적인 태도
를 취하거나, 이미 그런 것 정도는 나도 알고 있고 또 고치려고 해 보았다는 식
으로 합리화할 것이 아니라, 상대방의 피드백을 겸허하게 받아들이고 그것을 자
신의 행동 변화를 위하여 건설적인 방법으로 활용하려고 노력해야 한다. 뿐만
아니라 피드백을 준 사람에게 힘든 조언을 해 준 데 대하여 감사를 표하고, 계속
적으로 유용한 피드백을 주도록 요청하는 반응을 해 주어야 한다(예: "제 행동을
그렇게 보셨군요. 솔직하게 말해 주서서 감사합니다. 제 행동에 대하여 한번 생각해 보
겠습니다.").

6) 연결하기

연결하기는 집단상담 장면에서 집단원들 간의 관련성 및 연계성에 주목하는
것을 의미하며, 집단원들의 상호작용과 의사소통을 촉진한다. 집단원들의 연대
를 촉진하기 위해 집단원들을 연결하는 과정이 '연결하기(linking)'다. 연결하기
는 한 집단원의 말과 행동을 다른 집단원의 관심사나 공통점과 연결시키고 관련
짓는 기술이다. 즉, 연결하기는 관계를 공고히 하기 위해 사람들을 연결하는 과

정이다.

집단상담자는 한 집단원의 고민을 다른 집단원들이 공유할 수 있도록 연결함으로써 연대감을 형성하도록 한다. 즉, 집단상담자는 집단원들 간의 관계에 대하여 인식할 수 있도록 도움을 주어야 한다. 여기서 주목할 것은 집단 전체가 유사성과 차이점에 대하여 좀 더 알게 되는 것이다. 집단은 그 연계성에 의해서 좀더 응집력이 생기며, 종종 차이점과 불일치를 수용하게 된다. 집단상담자가 집단에서 공통의 주제에 주목할 때, 집단원들은 그들의 유사성을 알게 되고, 보편성과 응집력이 발생할 수 있는 것이다. 연결하기는 특히 집단 초기에 집단원들이 서로 서먹한 관계에 있을 때 공통의 관심사를 서로 공유함으로써 집단 응집력을 촉진하는 가치 있는 기술이다.

7) 직면하기 · 해석하기

(1) 직면하기

직면하기는 집단상담자가 집단원의 행동 · 사고 · 감정에 있는 어떤 불일치나 모순을 발견했을 때 그것을 지적해 주는 피드백의 일종으로, 보다 정도가 강한 피드백을 의미한다. 직면은 집단원의 언행 또는 말의 앞뒤가 불일치할 때, 이러한 모순점을 집단상담자의 말로 드러내 주는 기술이다. 이 기술은 집단원의 통찰을 유도하고 변화의 물꼬를 트는 데 필수적이다.

그런데 직면의 특성상 집단원에게 상처를 주거나 집단원을 잃을지도 모른다는 막연한 불안감으로 직면의 사용에 부담감을 갖는 집단상담자들이 적지 않다. 집단원을 직면시키는 데는 무엇보다도 집단원과의 신뢰감 형성이 전제되어야 한다. 동시에 그 집단원에 대한 진솔한 보살핌과 세련된 직면 기술의 활용 능력이 함께 요구된다. 직면시킬 때의 주의 사항은 평가나 판단을 하지 말고 사실을 있는 그대로 진술하고 보고하기, 변화를 강요하지 않기, 적시성을 활용하기 등이다. 직면이 필요한 상황을 정리해 보면 다음과 같다.

- 이전에 한 말과 지금 하는 말이 불일치할 때
- 말과 행동이 불일치할 때
- 집단원이 스스로에 대해서 인식하는 것과 다른 사람이 인식하는 것이 불일치할 때
- 집단원의 말과 정서적 반응이 불일치할 때
- 집단원의 말의 내용과 집단상담자가 그에 대해서 느끼는 느낌이 다를 때

(2) 해석하기

해석하기(interpreting)는 집단원이 진술했거나 인식하고 있는 것 이상에 대한 집단상담자의 진술이다. 즉, 해석은 집단상담자가 집단원의 행동의 원인에 대한 설명 혹은 연관성 여부를 잠정적인 가설의 형태로 기술하는 것을 말한다. 해석은 집단원이 전달하려는 내용을 조심스럽게 경청하는 또 다른 방법이다. 해석의 목적은 집단원이 자신의 행동에 대해 통찰하도록 돕는 데 있다.

집단상담자는 해석하기를 사용해서 집단원의 어떤 행동이나 증상에 대해 가능한 설명을 제공한다. 뿐만 아니라 새로운 의미를 부여하거나 집단원의 행동과 감정 이면에 내재된 원인을 지적한다. 해석은 치료적 관계에서 확고한 동맹이 형성되고 난 후, 집단원이 받아들일 마음의 준비가 되어 있는지를 확인해서 신중하게 이루어져야 하며, 집단원에 대한 비난이나 공격으로 이루어져서는 안 된다.

8) 명료화 · 요약 · 질문하기

(1) 명료화하기

명료화하기는 집단원들이 자신들의 진술을 명료하게 하도록 도와주는 것이다. 즉, 집단상담자가 집단원으로 하여금 혼란스러운 생각이나 감정을 명확히 파악하고 이해하도록 도와주는 기술이다. 집단원이 표현하는 갖가지 정리되지 않은 감정과 사고 중에서 메시지의 핵심을 파악하거나, 저변에 깔린 갈등과 혼

란스러운 감정을 분명하게 정리하는 반응으로, 핵심 주제 및 이야기에 초점을 두게 하는 역할을 한다.

(2) 요약하기

요약하기는 모든 집단상담자에게 필수적인 기술이다. 요약하기는 집단이 방향을 잃고 혼란에 빠졌을 때 집단상담자가 집단원들로 하여금 각자의 느낌을 간략하게 이야기하게 한 후, 집단의 진행에 대해 요약하고 바람직한 대안을 제시하는 기술이다. 요약하기를 활용할 수 있는 장면은 한 집단원이 필요 이상으로 이야기를 길게 할 경우 혹은 한 가지 주제가 끝나고 다른 주제로 넘어가기 전 그리고 한 회기의 집단이 종료되는 시점 등이다. 덧붙여서 요약하기는 지금까지 집단원이 한 말을 간략하게 정리해 주는 기술이다. 집단원이 어떤 주제에 대하여 장황하게 많은 이야기를 했다면, 가장 핵심적인 단어나 정서를 찾아내어 짧게 요약·정리해 주도록 한다.

(3) 질문하기

집단상담자가 질문을 하는 이유는 집단원이 구체적으로 더 많은 자기개방을 할 수 있도록 도와주기 위해서, 그리고 집단상담자가 집단원을 더 명확하게 이해하기 위해서다. 집단상담자가 공감, 존중, 온정 등의 촉진적 차원을 활용한 적극적 경청의 태도로 집단원의 이야기에 귀를 기울인다면, 질문하기 기술은 특별히 필요하지 않을 수도 있다. 집단상담자가 질문하기를 과도하게 사용하면 집단의 흐름이나 상호작용에 부정적인 영향을 미칠 수도 있기 때문이다.

질문하기는 정보를 필요로 하거나 문제를 보다 깊이 탐색하기 위하여, 또는 지금까지 나온 여러 가지 이야기들 간의 관련성을 알아보기 위하여, 또는 다른 이유로 해야 하는 경우가 있다.

질문의 형태로는 개방형 질문과 폐쇄형 질문이 있다. 개방형 질문은 주로 '어떻게'를 사용해서 질문하기 때문에, 집단원으로 하여금 다양한 대답을 기대할 수 있다. 반면 폐쇄형 질문은 주로 '왜'를 사용해서 질문하거나, 대답하는 사람으로 하여금 '예' 혹은 '아니요'와 같은 제한적인 대답과 반응을 하도록 유도한다.

또 다른 질문의 형식으로 직접질문은 말 그대로 단도직입적으로 묻는 의문문 형태의 질문이며, 간접질문은 좀 더 부드러운 태도로 집단원에게 관심을 보이면서 완곡한 어조로 넌지시 물어보는 형태를 취하는 것이다.

양자택일형 질문은 집단원으로 하여금 두 가지 중 한 가지를 강제로 선택하게 하는 질문의 형태이며, 질문 공세는 이미 질문을 던진 상태에서 상대방이 그 질문에 대한 대답을 하기도 전에 다른 질문들을 연속적으로 던지는 형태를 말한다.

2. 주요 개입 기법

여기서는 의사소통 기법을 제외한 집단상담자의 주요 개입 기법을 제시하고자 한다. 즉, 집단상담자가 중요하게 다루어야 할 주제 혹은 개입 방법이라 할 수 있는 것으로, 집단상담 장면에서 활용 빈도나 중요도가 높은 개입 기법이라 할 수 있는 것들을 정리하여 제시하였다. 이장호와 김정희(1992), 이형득(1998, 2006), 김진숙(1999), 설기문(1999), 전종국(1998), 김성회(1999), 이윤주 외(2000), 최해림과 장성숙(2008), 강진령(2011), 노안영(2011), 천성문 외(2011)을 참고로 하여 아홉 가지 개입 기법을 제시하였다. 저항 다루기, 전이와 역전이 다루기, 적시성에 유의하기, 침묵 처리하기, 지금-여기에 초점 두기, 구조화하기, 뜨거운 자리 · 개인 주제에 초점 두기, 차례로 돌아가기, 빈의자 기법 · 역할놀이 · 바람직한 대안행동 다루기에 대해 구체적으로 살펴보면 다음과 같다.

1) 저항 다루기

저항은 여러 가지 형태로 나타난다. 집단 경험이 처음이거나 동기가 낮은 사람들은 낯선 사람들과의 모임 그리고 그곳에서 이루어지는 익숙하지 않은 활동에 대하여 제대로 이해하지 못하거나 쉽게 동화되지 못함으로써 불안과 긴장을 느끼게 된다. 그 결과, 집단원들은 쉽게 움츠러들고, 집단활동에 참여하기를 꺼려 하며, 자기개방을 주저하게 된다. 이 과정에서 지금-여기, 현재 집단 내에서 이루어지고 있는 활동에 관하여 또는 자신의 경험이나 느낌에 관해서가 아닌, 그때-그곳 차원, 즉 과거의 일이나 제삼자에 관한 이야기를 함으로써 생산적이고 효율적인 집단활동을 방해하게 된다. 이 같은 저항은 어떤 집단에서라도 발생할 수 있기에, 이를 극복하기 위한 집단상담자의 관심과 노력은 성공적이며 생산적인 집단의 발전을 위해 필수적이다.

저항은 집단 과정 중에 어떠한 이유에서든 집단원이 불편함을 느낄 때 그것을 회피하거나 그것으로부터 벗어나고자 하는 집단원의 행동이라고 할 수 있다. 저항 반응은 자신과 다른 집단원들이 사적인 문제나 심층적인 고민거리를 탐색하지 못하도록 방어하려는 무의식적인 시도이기도 하다. 그러므로 집단상담자는 저항 반응을 집단에 있어서 피할 수 없는 하나의 현상으로 인정할 필요가 있다. 만약 집단이 이를 인정하고 더 많은 이야기를 할 수 있도록 촉진하거나 탐색하지 않으면, 집단 과정은 크게 방해를 받기 때문이다.

저항을 처리하는 효과적인 방법은 집단이 그것을 집단 과정의 필수적인 요소로 인정하고 처리하도록 격려하는 개방적인 집단 분위기를 조성하는 것이다. 뿐만 아니라 집단상담자가 수용적이고 진솔하며 존중감을 가지고 집단원들을 대함으로써 치료적인 상담 관계를 구축하여 집단이 안전하다고 느낄 수 있도록 해야 한다. 이를 위하여 집단상담자는 집단원들이 적극적으로 집단상담에 참여하지 못하도록 방해하는 것이 무엇인지 솔직하게 이야기하도록 돕는다. 저항을 치료적으로 다루고 해석함으로써 집단원이 무의식적으로 피하고자 하는 것, 숨기고자 하는 것, 불안해하거나 두려워하는 주제에 대한 정보를 얻을 수 있고, 그러한 저항과 무의식적인 갈등에 대한 통찰도 얻을 수 있다.

2) 전이와 역전이 다루기

전이는 어릴 적 성장 과정에서 의미 있는 타인과의 미해결된 감정이나 과제를, 현재의 다른 대상에게 그대로 투사하는 것을 말한다. 집단 장면에서 차이가 있지만 전이가 주로 내담자가 상담자에게 투사하는 것이라면, 역전이는 그 반대를 의미한다. 즉, 상담자에게 있는 미해결된 주제나 감정이 내담자에게 투사되어 나타나는 것을 말한다. 전이와 역전이 모두 지금-여기에서의 성숙한 대인관계의 형성을 방해하는 걸림돌이 되며, 현재의 관계를 객관적으로 경험하지 못하도록 왜곡시키고, 과거의 감정을 주관적으로 반복 재연하는 특성이 있다.

전이의 개념은 프로이트(Freud)로부터 비롯되었는데, 과거의 경험에서 어떤 이유로든 억압된 느낌을 현재의 비슷한 대상에게 표현하려는 현상을 말하는 것이다. 개인상담에서와는 달리 집단상담에서는 전이 현상이 집단상담자에게만 국한되어 일어나는 것이 아니라 집단원 상호 간에도 일어난다. 그렇기 때문에 집단상담자와 집단원 그리고 집단원 상호 간에 그릇된 지각이나 왜곡을 초래할 가능성이 많다. 따라서 집단상담자는 집단원들로 하여금 그들의 과거가 현재의 감정과 행동에 어떤 영향을 미치고 있는지 볼 수 있도록 기술적인 피드백을 하고, 전이적 행동이 있을 때 이를 잘 처리해서 극복할 수 있도록 도와주어야 한다. 전이를 치료적으로 다루고 해석함으로써 집단원의 무의식적 갈등과 문제의 의미를 통찰할 수 있도록 돕는다.

역전이는 집단원들에 대한 집단상담자의 의식적 혹은 무의식적인 정서적 반응을 말한다. 만약 집단상담자가 어떤 집단원에 대하여 역전이 현상에 말려들게 되면, 그는 그 집단원을 제대로 이해할 수 없으며, 객관적으로 대할 수 없게 된다. 때문에 집단상담자는 항상 이 점을 유의해야 한다. 집단상담자는 자신의 역전이 감정에 대해 자각하고, 자신의 감정을 집단에 솔직히 이야기하는 것이 바람직한 방법이라 할 수 있다. 그렇게 함으로써 집단상담자는 집단원들에게 오히려 인간적으로 받아들여질 뿐 아니라, 그들로 하여금 자신들의 전이 현상을 효과적으로 처리하도록 하는 모델 역할도 할 수 있다.

전이와 역전이를 치료적으로 다루기 위해서는 무엇보다 집단상담자와 집단원들 간에 신뢰롭고 지지적인 상담 관계가 구축되어 있어야 한다. 여기서 중요한 점은 감정이 인식되고 표현되어야 한다는 것과 그 후에 감정이 치료적으로 다루어져야 한다는 것이다. 집단상담자가 집단원들을 진솔하고 존중감을 가지고 대함으로써 집단원들로 하여금 스스로 방어적인 태도를 포기하게 할 수 있다. 집단원들은 집단을 안전한 장소로 인식할 수 있을 때, 그리고 상담자의 모델링이 치료적 분위기의 조성에 충분히 기여한다고 느낄 때 더욱 개방적인 태도를 갖게 된다.

3) 적시성에 유의하기

집단상담자가 발달시켜야 할 가장 중요한 기술 중의 하나는 시간에 대한 감각이다. 어떤 집단상담의 기술도 그것을 사용하는 시기나 상황이 적절하지 못할 때는 오히려 역효과가 초래될 수 있다. 그래서 때와 상황에 맞추어 적절한 기술을 활용할 수 있는 집단상담자의 감각과 능력은 대단히 중요하다. 예를 들면, 신뢰 관계가 충분히 형성되지 않은 상태에서의 과도한 자기개방이나 직면은 큰 부담이 되거나 상처가 될 수도 있다.

그러므로 집단상담자가 여러 가지 집단상담 기술을 효과적으로 잘 활용하려면 집단상담의 발달단계 및 집단 과정과 역동에 대한 이해가 필요하다. 뿐만 아니라 각 집단원의 성장 · 발달의 정도나 개인 특성, 준비도 등에 대해서도 명확히 이해해야 적시성을 잘 살릴 수 있다.

4) 침묵 처리하기

경험이 부족한 상담자는 집단에서의 침묵에 상당히 불안을 느끼게 된다. 그러나 침묵도 인간의 행동의 한 형태이며, 침묵하는 과정 중에 많은 느낌과 사고가 진행될 수 있다. 유능한 집단상담자는 이것을 잘 알고 있으며, 집단원에게 침묵을 지킬 권리도 있음을 인정한다. 집단상담자가 침묵을 처리하는 방법을 정리해 보면 다음과 같다.

- 집단원들이 침묵에 대해 아무리 압박과 불안을 느끼더라도 지도자인 자신이 먼저 말해야 한다는 압박감을 느끼지 않아야 한다. 상담자가 불안한 나머지 먼저 이야기를 꺼내면 대개는 별로 도움이 되지 않는 발언을 하게 되기 때문이다.
- 집단상담자가 항상 침묵을 깨트리는 입장이 되지 않도록 하고, 집단원들 쪽에서 침묵을 깨고 발언하도록 하는 것이 바람직하다.
- 침묵의 시간을 집단원들을 더 이해하고 관찰하는 시간으로 활용한다. 예를 들면, 누가 가장 긴장해 있거나 불안해하고 있는지, 누가 가장 느긋하게 보이는지, 혹은 집단원들이 지금의 침묵을 어떤 태도로 임하고 있는지 등을 자연스럽게 관찰하면 된다.
- 침묵이 끝나면 집단상담자는 침묵에 대한 지도자의 자기개방 및 요약을 할 수 있고, 특징적인 반응을 보인 한 집단원에게 침묵이 어떠했는지를 질문할 수도 있으며, 침묵하는 동안 집단원들이 각자 어떤 느낌이었는지 등을 돌아가면서 말하게 할 수 있다.

5) 지금-여기에 초점 두기

지금-여기에 초점을 두는 것은 집단 과정을 활성화하기 위해서다. 집단상담에서 '지금-여기(here and now)'의 문제는 집단상담 이론가뿐만 아니라 집단상담 지도자들에게 오랫동안 관심을 받아 왔다. 집단 내에서 일어나는 집단원의 행동은 집단 밖, 즉 일상생활에서의 행동을 반영하기 때문에 집단상담을 하는 동안 지금-여기에서 일어난 주제를 다룸으로써 집단의 역동성과 집단의 생산적 발달을 도모할 수 있다.

지금-여기에 초점을 둔다고 해서 집단원들의 과거사 혹은 생애사를 무시해야 한다는 의미는 아니다. 그때 그곳에서 일어났던 사건 중심의 진술을 피하기는 사실상 불가능하다. 왜냐하면, 과정에 대한 언급은 과거의 행동을 빼놓고는 할 수 없기 때문이다. 즉, 집단 과정에서는 방금 전의 행동부터 몇 주 혹은 수개월에 걸쳐 일어난 행동 주기나 반복 상태까지도 다루기 때문이다. 따라서 과거 사건들은 지금-여기의 일부임과 동시에, 과정에 관한 진술의 기초다. 그러나 지금-여기에 초점을 맞추는 만큼 집단의 힘과 효과는 증가된다.

지금-여기를 토대로 상호작용을 촉진하는 것은 집단원들이 집단 참여의 목적을 달성하도록 돕기 위해서다. 이 기술은 본질적으로 집단원들 간의 명쾌한 의사소통을 통해 집단의 방향에 대한 그들의 책임감을 일깨워 주기 위한 것이다. 다시 말해, 집단 장면에서 지금-여기에 초점을 두는 것은 집단 내에서 집단원들 간의 대인관계 문제가 직접 다루어질 수 있도록 집단원 간 상호작용을 촉진하고, 집단원이 다른 집단원, 지도자, 집단 전체에 대한 자신의 반응, 사고, 감정을 더욱 잘 자각하게 하는 것이다.

지금-여기에 초점을 두는 것이 효과적이기 위해서는 있는 그대로 경험하는 것과 그 과정을 명료화해야 한다. 먼저 경험하는 것은 집단원들이 지금-여기에서 살고 있다는 의미다. 집단원들은 그 집단의 다른 집단원들과 집단상담자 및 집단에 대한 강한 감정을 발달시킨다. 지금-여기에서 느끼는 이러한 감정은 그 집단의 주된 주제가 된다. 그러나 과정에 대한 명료화(illumination of process) 없이 지금-여기에 초점을 두는 것은 그 유용성에 한계를 갖게 된다. 과정이란 서로 상호작용하는 개인들(집단원들과 집단상담자) 간의 관계의 본질을 말한다.

6) 구조화하기

집단에 대한 구조화는 집단에 참여하는 목적과 방향을 분명하게 하는 중요한 작업으로, 보통 초기에 실시되지만 집단의 전 과정에 걸쳐 이루어지기도 한다.

집단의 구조화란 집단의 성격과 목적, 집단을 운영하는 데 필요한 기본 규칙, 지켜야 할 기본적인 행동 규준 그리고 집단상담자의 역할과 집단원의 역할 등에 대해 설명해 주는 것을 말한다. 집단 구조화의 목적은 참여자로 하여금 성공적인 집단 경험을 위한 준비를 하도록 안내하는 데 있다. 구조화에 포함시켜야 할 내용으로는 집단의 성격과 목적, 집단상담자의 역할, 집단의 기본 규칙과 행동 규범 등이 있다.

구조화는 해당 집단의 특성과 목적, 이전의 집단 경험 등에 맞게 적절하게 제공해야 한다. 지나친 구조화는 집단원들의 자율성을 침해하여 집단 분위기를 경직시키고, 집단원들이 집단상담자에게 지나치게 의존하게 되는 결과를 낳는다. 반면 너무 불충분하거나 느슨한 구조화는 집단원들로 하여금 불필요한 혼란을 경험하게 하고, 비생산적인 상호작용에 빠져 목표 달성에 실패하게 되는 결과를 가져온다.

특히, 초기에는 집단상담에 참여한 집단원들이 집단의 성격이나 행동 규준 등에 대해 분명히 알지 못하기 때문에 혼란스러움 등을 경험하므로 구조화가 반드시 필요하다. 집단의 초기 단계에 형성된 행동 패턴은 이후에도 지속되는 경향이 있으므로 초기 단계에서 바람직한 행동 패턴을 학습하도록 할 필요가 있다.

집단상담에 관한 준비 교육과 구조화는 집단 참여행동과 집단상담의 성과에 긍정적인 영향을 미친다. 즉, 구조화나 준비 교육을 받은 집단원이 그렇지 않은 집단원보다 집단 경험으로부터 더 많은 도움을 받고, 적절한 행동과 역할에 대해 좀 더 잘 알고 있으며, 불안 수준이 낮고, 더 적극적으로 자신을 개방하고, 다른 집단원들과 서로 피드백을 주고받는다고 알려져 있다.

7) 뜨거운 자리 · 개인 주제에 초점 두기

'뜨거운 자리' 혹은 '집중 받는 자리'는 한 집단원의 심도 있는 자기통찰과 자기자각을 높여 주기 위해 사용되는 기법이다. 먼저 상담자가 '뜨거운 자리'의 개념을 설명해 준 다음, 집단원들 중에서 자신의 개인 주제에 초점을 두고 문제를 해결하고 싶으면, 누구든지 지원하라고 한다. 이것이 '뜨거운 자리'이며, 지원한 집단원은 자신의 구체적인 문제나 주제에 초점을 맞추어 집중적으로 이야기하게 되고, 상담자와 심도 있는 상호작용을 하게 된다. 이처럼 '뜨거운 자리'는 한 집단원의 저항이나 대인관계 문제에 직면시키기 위한 것이다.

다시 말해, 이 기법은 한 번에 한 집단원에게 집중적으로 초점을 두는 것이다. 그 집단원은 보통 집단상담자의 반대편에 앉게 되고, 집단상담자는 그 집단원의 주제를 집중적으로 다룬다. 특히, 집단상담자의 요청이 있을 때 현재의 대화 내용에 관해 다른 집단원들이 참여하여 피드백을 주고받을 수 있다.

8) 차례로 돌아가기

차례로 돌아가기(making rounds)는 한 집단원이 모든 집단원 앞에 다가가서 어떤 말이나 행동을 하게 하는 것으로, 집단원의 자기이해, 자기수용, 새로운 행동의 습득 및 내면화를 위해 효과적으로 활용할 수 있는 기법이다. 집단상담자가 판단하기에 한 집단원이 다른 특정 집단원에게 표현해야 한다고 여겨지는 내용을, 그로 하여금 모든 집단원들에게 돌아가며 말하도록 한다. 이러한 연습을 통해 그 집단원은 자신이 이전에 수용하지 못했던 성격의 여러 측면을 알게 되며 직면할 수 있다.

예컨대, 한 집단원이 "이 방에 있는 사람들 중에 호감이나 친밀감이 느껴지는 사람이 없어요."라고 표현했을 경우, 그는 다른 사람에게 싫은 소리나 부정적인 피드백을 받는 것이 두려워서 자신의 감정을 억제하는 비효과적인 행동 패턴을 보인다고 할 수 있다. 상담자는 그 집단원으로 하여금 자기 모습을 이해하고 각성시키기 위해, 이 말을 각 집단원에게 돌아가면서 표현하도록 한다. 한 사람씩 앞에 다가가서 "○○ 씨, 나는 당신에게 호감이나 친밀감이 없어요."라고 차례대로 돌아가면서 말하도록 하고, 각 집단원은 그 말에 대한 자신의 심정을 솔직하게 말해 준다. 이러한 경험을 하게 되면 그 집단원은 지금-여기에서 자신이 친밀감이나 호감을 가진 집단원과 그렇지 않은 집단원이 있다는 것과, 그럼에도 사람들에게는 모두 그렇지 않다고 말하는 자신의 모습을 각성하게 된다.

9) 빈의자 기법 · 역할연기 · 바람직한 대안행동 다루기

(1) 빈의자 기법

빈의자 기법은 형태주의 상담에서 가장 많이 쓰이는 기법 가운데 하나로, 현재 상담에 참여하지 않은 사람과 상호작용할 필요가 있을 때 사용된다. 집단원은 그 사람이 맞은편 빈 의자에 앉아 있다고 상상하고 그와 대화한다. 이러한 대화는 막연히 어떤 사람에 대해 기술하기보다 그 사람과 직접 대화를 나누는 형식을 취함으로써 자신과 그 사람과의 관계를 직접 탐색해 볼 수 있다는 장점이 있다. 그리고 다른 사람에 대한 자신의 감정을 명료화할 수 있고, 새로운 행동을 시험해 볼 수도 있다. 역할을 바꾸어 가면서 대화를 해 봄으로써 상대편의 시각과 감정을 이해하고 공감할 수 있다는 장점도 있다.

아울러 빈의자 기법은 타인과의 관계뿐만 아니라 자기 자신의 억압된 부분 혹은 계발되지 않은 부분과의 접촉도 가능하다. 집단원은 자신이 자각하고 있는 자아의 다른 측면을 '빈 의자'에 투사하여 감정과 사고의 통합을 촉진하게 되며, 자신의 내면세계를 더욱더 깊이 탐색할 수 있게 된다.

(2) 역할연기

역할연기는 태도 및 행동의 변화를 촉진하기 위한 기법이며, 갈등 해소와 자기인식을 증진시키기 위한 것이다. 집단원들은 역할연기를 통해 카타르시스를 경험할 수 있으며, 자신과 유의미한 대인관계에 대해서도 이해할 수 있다. 모레노(Moreno)는 개인은 역할 및 역할연기를 통해 끊임없이 자기를 창조해 나간다고 보았다. 심리극에 근거한 집단상담 등에 참여한 집단원들은 다양한 역할연기를 해 봄으로써 자신의 이전 역할에 대한 새로운 이해 및 통찰은 물론, 미래에 자신이 어떤 역할을 하며 살아가야 할 것인가에 대한 지혜를 터득하게 된다.

역할연기를 활용할 경우, 먼저 집단원으로 하여금 자신, 타인, 상황, 대인관계적 딜레마에 대한 이야기를 하게 하고, 연기해 보도록 격려한다. 혼자서 하기 어려워하면 집단상담자나 다른 집단원의 도움을 받을 수 있다. 역할연기의 수준은 쉬운 장면부터 시작하여 점차 어려운 장면을 연기하는 식으로 발전한다. 역할연기를 마친 후에는 집단상담자와 집단원들이 이에 대한 피드백을 제공하고 공유하기(함께 감정을 나누기)를 한다. 역할연기를 하는 활동 자체만으로도 집단원은 갈등 해소 및 자기인식, 자기이해 등의 효과가 나타난다.

(3) 바람직한 대안행동 다루기

집단상담에서 집단원이 자신의 비효율적인 행동 패턴을 깨닫고 인정한 다음에는 바람직한 대안행동의 탐색, 선택, 학습에 들어간다. 대안행동을 효과적으로 다루는 것이 작업 단계의 또 다른 핵심적 과제이기 때문이다. 집단상담자는 브레인스토밍을 활용하여 집단원들로 하여금 자유롭게 대안을 제시하게 한 다음, 다각적인 측면에서 가능성과 효과성을 논의하게 하여 적절한 대안행동을 선정하도록 돕는다. 대안행동의 학습에는 역할놀이를 활용하는 것이 효과적이다. 집단상담자는 집단원으로 하여금 자신의 입장에서는 물론 상대방의 입장에서도 역할놀이를 해 봄으로써 보다 넓은 시각을 갖도록 도울 필요가 있다.

바람직한 대안행동이 선택되었으면, 확고한 의지와 희망을 가지고 집단의 도움, 지지와 함께 그 행동을 실습하도록 돕는다. 집단에서 대안행동을 학습하고 나면, 집단 밖의 실제 삶에서 조심스럽게 시도해 보고, 그 결과에 대해 집단에 보고하고 부족한 부분은 다시 논의하고 연습하는 과정을 반복하여 바람직한 대안행동을 완전히 학습할 수 있게 도와주어야 한다. 효과적인 대안행동의 습득 과정은 대안행동의 선정, 대안행동의 구체적인 연습, 대안행동의 실생활 적용, 대안행동의 실생활 일반화, 대안행동의 실생활 습관화로 나눌 수 있다.

제4부

집단상담의 실제

제10장
집단상담의 구성

| 김정희 |

　집단상담을 실시하고자 할 때 집단상담자는 사전에 몇 가지 사항에 대해 준비하고 계획하여 진행하여야 한다. 집단상담의 계획은 집을 지을 때 설계도나 여행을 떠날 때 지도와 같은 것이다. 설계도에 따라 집을 지으면 시행착오 없이 튼튼한 집을 지을 수 있으며, 지도를 가지고 여행을 한다면 시간과 경비의 불필요한 낭비없이 여행에서 기대하는 최대한의 경험을 하여 효율성을 극대화할 수 있을 것이다. 집단상담을 시작하기 전에 진행에 필요한 요소를 바탕으로 체계적으로 집단상담을 구성할 수 있다면 집단상담의 성과를 보다 성공적으로 이끌 수 있을 것이다. 집단상담의 효과를 극대화하기 위하여 집단상담을 시작하기 전에 구체적인 계획을 세워 집단상담을 구성하여야 한다.

　이 장에서는 집단상담의 효율적인 진행을 위해 어떻게 구성하는 것이 좋을지 그 내용에 대해 살펴보고자 한다. 구성을 위해서는 준비와 계획, 집단원의 선정, 홍보 등이 갖추어져야 한다. 집단원의 선정도 집단상담 효과의 중요한 요인이 된다. 집단상담의 특성에 적합한 집단원을 선정하여 집단을 진행하면 개인의 목표와 집단의 목표를 달성하기에 유용하다. 적합한 집단원을 선발하기 위해서는 집단상담에 대한 홍보 전략도 중요하다. 집단상담의 대상이 될 수 있는 사람들에게 집단상담의 목적과 목표를 잘 전달하여 필요한 이들이 참여할 수 있도록 다양한 홍보 방법을 통해 적극적으로 모집하도록 한다. 또한, 집단상담자는 집단의 규모, 집단 장소, 집단의 형태, 참여 대상, 집단원의 선정, 회기, 지속 기간, 회기 시간, 개방 여부, 조직화 정도 등도 고려하여 집단상담 진행 계획을 수립하여야 한다.

1. 집단상담의 준비와 계획

1) 사전 계획의 절차와 내용

노안영(2011)은 집단상담자가 집단상담을 계획한 후부터 실제 집단상담이 시작되기까지 집단상담 진행을 위한 사전 계획을 세워야 할 것을 주장하였으며, 이러한 사전 집단 모임 과정을 집단 형성 단계라고 하였다. 집단상담자는 집단을 성공적으로 이끌기 위해 집단상담을 시작하기 전에 많은 시간을 할애하여 집단상담 진행 시 고려해야 할 사항을 살펴봄이 바람직하다. 집단상담 사전 계획에서 고려해야 할 사항은 다음과 같다.

(1) 집단상담에 대한 개념적 이해

성공적인 집단에는 집단의 존재를 위한 원리가 있다. 모든 집단상담은 각기 나름대로의 개념과 목적을 가진다. 집단상담자는 집단상담의 목표에 대한 명확한 생각을 집단원에게 설명할 수 있어야 하므로, 본인이 실시하고자 하는 집단상담에 대한 풍부한 지식을 갖추고 있어야 한다. 즉, 집단상담의 배경과 필요성과 같은 내용을 충분히 숙지하여 진행하여야 한다.

(2) 집단상담의 근간이 되는 상담이론의 결정

집단상담자는 그가 집단에 적용하는 주요한 상담이론이 무엇인가를 고려해야 한다. 집단상담자는 집단원들을 조력하기 위해 자신의 변화 모델인 상담이론에 대한 분명한 입장을 갖고 집단을 진행하는 것이 필요하다. 집단상담자는 자신이 취하는 이론적 입장에 대한 강점과 제한점 등에 대해 충분한 지식을 갖추고 있어야 한다. 또한 이론적으로 절충적인 입장을 취할 경우가 있는데, 이러한 상황에서도 자신이 진행하는 집단상담의 목적과 목표에 따라 어떠한 이론을 선택하여 조합할 것인가를 고려해야 하므로, 다양한 상담이론에 대한 지식이 요구된다. 집단의 유형은 개인, 대인관계 그리고 집단에 어떻게 초점을 두느냐에 따라 다른 특징을 가진다. 집단상담자는 자신의 이론적 입장에 따라 복잡하게 나타나는 집단역동에 대한 이해를 바탕으로 집단 작업을 효과적으로 수행하도록 한다. 집단상담 이론에 대해서는 앞서 제시한 제4장의 내용을 참고할 수 있을 것이다.

(3) 사전 계획 시 고려 사항

집단상담자는 집단을 형성하는 데 있어서 실제적인 고려 사항을 철저하게 점검하여 집단상담을 계획하여야 한다. 집단상담자가 집단상담을 계획하는 데 있어 구체적으로 고려할 사항으로는 집단 회기, 진행 시간, 모임 장소, 집단 구성에 필요한 인원, 집단원 선발 방법 등이 해당된다. 이러한 기본적인 사항 외에도 집단상담자는 사전 및 사후 평가하기, 조직화하기, 집단의 형태 정하기(개방형 대 폐쇄형 집단, 자발적 대 비자발적 참여, 동질 대 이질 집단, 장기 대 단기 집단, 분산적 집단 대 집중적 집단 등) 등과 같이 보다 실제적으로 집단에서 다뤄져야 할 요소에 대해 세심하게 검토할 필요가 있다.

(4) 홍보

집단상담의 사전 계획 중에서 중요한 또 하나의 사항은 집단상담을 홍보하는 것과 집단원을 모집하는 것이다. 집단상담을 어떤 내용으로 구성하느냐, 어떻게 진행하느냐 하는 것도 중요하지만, 이 모든 것들이 잘 갖추어졌다 할지라도 집단원이 모집되지 않는다면 집단상담을 진행할 수 없다. 때문에 무엇보다 중요한 것은 홍보 전략과 집단원의 모집이라고 볼 수 있다. 집단상담자는 다양한 방법을 동원하여 적극적인 홍보활동을 펼쳐야 한다. 집단상담 홍보 방법으로는 인터넷 광고, 신문광고, 팸플릿 배부, 현수막과 포스터 설치 등이 있으며, 개별 면담을 통한 홍보도 가능하다.

(5) 집단원과 집단상담자의 선발

집단상담을 시작하기 전에 계획해야 할 또 다른 과제는 집단원 선발이다. 집단상담자는 집단상담을 신청한 사람 중에서 집단 목표에 적합한 사람을 선발하고, 집단 시작 전에 사전 오리엔테이션을 실시하여 예비 집단원들의 동기 유발을 촉진할 필요가 있다.

동일한 목표를 가지고 여러 집단이 동시에 실시될 경우에는 집단을 잘 운영할 수 있는 자질을 갖춘 집단상담자가 필요하다. 전반적인 책임을 갖고 집단을 조직하는 책임자는 자격을 갖춘 집단상담자를 선발하고, 사전 오리엔테이션을 실시함으로써 만반의 준비를 해야 한다.

(6) 사전 오리엔테이션

사전 오리엔테이션은 집단원들이 서로를 알게 되는 기회인 동시에 집단상담에 대한 기본적인 이해를 도우므로, 집단원으로서 안정감과 신뢰감을 가지게 한다. 사전 회기는 집단원들이 집단상담에 참여했을 때 자신이 기대하는 바를 이룰 수 있을지, 그리고 적극적으로 참여할 수 있을지에 대해 탐색하는 데 도움을 준다. 만일 개별 면접이나 모든 집단원이 참석하는 사전 오리엔테이션이 현실적으로 어렵다면, 집단의 첫 회기에서 오리엔테이션을 실시할 수도 있다. 그러나 집단의 첫 회기 때 오리엔테이션을 하기보다는 사전에 별도의 개별적인 선별 면담과 오리엔테이션 회기를 가진 후 사전 집단 모임을 갖는 것이 바람직하다. 사전 집단 모임에서 집단상담자는 집단원의 기대를 탐색하고, 집단의 목적과 목표를 명확히 하며, 집단 과정에 관한 정보를 제공하고, 집단상담 중에 지켜야 할 기본 규칙을 수립하며, 집단 진행과 관련된 집단원의 궁금증을 풀어 주는 등 집단원의 지각과 기대 및 관심사를 다루는 시간으로 활용할 수 있다.

오리엔테이션에서 집단상담자가 집단원에게 알려 주어야 할 내용의 예로 가즈다(Gazda, 1971)의 주장을 제시하고자 한다. 가즈다는 집단원은 집단에 대해 다음과 같은 정보를 알아야 할 권리가 있으며, 이에 대해 집단상담자는 사전에 이러한 내용을 공지하여야 한다고 주장하였다.

- 집단상담 절차와 기본 접근 안내
- 집단상담자의 역할
- 집단원의 역할과 집단 참가로 인해 경험할 수 있는 위험
- 집단원들이 경험할 수 있는 불편 사항
- 집단 참가 결과 집단원들이 기대할 수 있는 사항
- 집단에 참가하는 것의 대안으로서 집단원들이 고려할 수 있는 다른 방안
- 집단원은 언제라도 집단 과정에 대해 질문할 수 있다는 권리
- 집단원은 언제든지 집단상담의 참가를 취소할 수 있다는 보장과 참가를 거절할 수 있다는 보장

많은 집단상담 연구자들이 집단상담 계획의 중요성에 대해 피력하였는데, 가즈다(Gazda, 1971)는 집단상담의 시작 이전부터 종료 이후까지의 전 과정을 집단상담 과정으로 보았다. 집단상담 과정을 집단상담 시작 이전부터라고 언급한 것은 집단상담 시작 전에 계획 단계가 반드시 있어야 함을 의미한다.

가즈다(Gazda, 1971)가 말한 단계별 계획 내용은 다음과 같다.

■ 1단계: 집단원의 욕구 파악

집단상담자는 우선 특정한 환경에 있는 내담자에게 어떤 집단 서비스가 필요한지 알아야 한다. 집단상담자가 모든 사람에게 서비스를 제공할 수는 없지만,

집단상담에 관한 기본욕구를 분명히 평가하는 것은 집단상담자의 과업에 집중하는 데 많은 도움이 된다.

■2단계: 집단상담 계획서

특별한 집단상담이 필요하다는 것을 결정한 후에는 집단상담에서 무엇을 할 것인지와 그것을 어떻게 진행할 것인지를 상세하게 기술한 집단상담 계획서를 만들어야 한다. 일단 집단상담자가 집단상담의 목적과 집단 계획을 작성하면, 실제로 집단상담자는 상담을 시작하는 데 있어서 강한 확신을 가지게 된다. 또한 작성된 계획서는 집단원들의 부모나 교사, 집단원들이 할 수 있는 많은 질문에 답하는 데 도움이 된다. 계획서에는 집단의 목적, 대상, 집단상담자, 시간, 장소, 절차와 기법 등에 관한 다양한 정보가 포함되어야 한다.

■3단계: 집단원 모집 광고

다양한 홍보 방법을 동원하여 적극적인 광고활동을 전개하여야 한다.

■4단계: 부모 또는 보호자의 승인

아동 혹은 청소년들로 구성된 집단상담을 진행할 경우, 집단원뿐 아니라 그들의 부모나 보호자들이 참가 여부에 대해 적합한 결정을 내리도록 집단진행에 대한 정확한 정보를 제공하여야 하며, 부모나 법적 보호자의 문서화된 승인서를 받아 두는 것이 좋다.

■5단계: 사전 집단 면담

사전 집단을 면담하는 주요한 이유는 집단원으로부터 동의를 받거나, 서약을 요청하기 위해서, 또는 집단원 선정에 있어서 도움이 될 자료를 획득하기 위해서다. 집단상담에 참여하기를 희망하는 집단원들을 개별적으로 면담하는 것은 매우 까다로울 수 있고, 시간 낭비가 될 수도 있으나 필요한 절차다. 면담을 할 때는 먼저 집단원의 흥미와 기대에 대해 알아보는 것이 필요하다.

■ 6단계: 집단원 선정

집단상담을 준비하는 데 있어서 가장 중요한 요소 중 하나는 누구를 집단원으로 구성할 것인가 하는 선정과 관련된 것이다. 집단이 어떤 집단원으로 구성되었는가가 집단상담의 성과에 결정적인 영향을 미치기 때문에 집단원 선정은 집단상담자의 책임이다. 효율적인 집단상담의 진행을 위해서는 집단원 선정에 있어서 집단원들의 동질성과 이질성의 요소를 고려하여야 한다. 집단원 선정에 있어 가장 중요하게 여겨야 할 점은 집단원에게 도움이 되는 행동을 보여 줄 수 있는 모델이 필요하다는 것이다. 만약 모든 집단원들이 비효율적인 대처행동을 한다면, 집단에서 하는 작업의 가치는 무의미해질 것이다.

■ 7단계: 사전 검사

사전 검사와 사후 검사 결과는 집단상담자와 집단원들이 집단상담 경험에 대해 설명해 주어야 할 사람들(부모, 학교 행정가, 교사 등)에게 집단상담의 효과에 대해 가치 있는 정보를 제공해 준다. 사전 검사를 사후 검사와 비교해 봄으로써 집단상담이 개인 혹은 집단의 태도나 행동의 변화에 효과적이었는지를 평가할 수 있다.

■ 8단계: 집단활동

집단활동은 매 회기 실시하는 것이다. 집단상담자는 집단상담을 진행할 때 회기의 수, 활동의 주제 등을 다양하게 고려해야 한다. 집단상담의 회기 수는 10회기 정도가 적당하며, 8회기보다 적게 실시했을 경우에는 집단 과정의 역동을 깊이 있게 다루기 어려울 수 있다.

■ 9단계: 사후 검사

집단상담을 진행하면 상담의 성과와 관련된 평가를 하게 되는데, 이를 위해 사전 검사와 동일한 검사를 집단상담 종결 후에 실시할 수 있으며, 이것을 사후 검사라 한다. 사후 검사의 실시 시기는 일반적으로 종결 직후나 2주 이상이 지나지 않은 시점에서 하는 것이 바람직하다. 만약 그 기간을 넘기게 되면, 집단상담의 효과 이외에 그 기간 동안 다른 영향에 의해 학습된 결과를 측정할 수도 있으므로, 이러한 경우에는 집단상담의 효과를 정확하게 측정할 수 없게 된다.

■ **10단계: 사후 집단에 대한 추후 지도와 평가**

추후 지도와 평가를 계획한다면 마지막 회기가 끝난 시점에서 약 4~8주 정도 지난 뒤에 추후 지도를 하는 것이 적당하다. 추후 지도에서는 집단원들의 성취와 집단에서 일어났던 일에 대한 생각을 나누는 기회를 가지고, 집단에서 주요하게 다룬 점을 앞으로도 어떻게 지속시킬 것인지에 대한 새로운 아이디어를 얻을 기회를 제공한다. 또한 집단원들이 행동 변화 목표를 달성하는 것, 새로운 목표를 정하는 것, 방해를 극복하는 것에 관해 상호 간에 지지를 제공하는 기회를 준다. 이처럼 추후 지도와 평가를 통해 집단원들 간에 행동 변화를 다짐하고 서로를 격려함으로써 변화를 위한 노력이 더 강화된다.

2) 집단 진행의 구성 요소

이형득 등(2002)은 집단상담 진행시 사전에 철저히 계획하여 진행할 것을 주장한 바 있다. 실제 집단상담을 진행하고자 하는 경우, 집단의 규모나 집단 장소, 모임 시간과 빈도 등과 같은 요소 들을 고려하여 구성하여야 한다. 그의 주장에 기초하여 구성 요소를 살펴보기로 한다.

(1) 집단 장소

집단상담의 실시 장소로 적합한 곳은 집단원들만의 공간으로 인지할 수 있는 곳이어야 한다. 집단활동을 자유롭게 하기에 부적절한 좁은 공간이나, 이동이 자유롭지 않은 붙박이 책상이 있는 곳, 집단활동에 집중할 수 없을 정도로 주의를 산만하게 하는 큰 방에서 집단을 진행하면 효과적인 진행을 기대할 수는 없을 것이다.

집단상담실의 위치, 크기 및 분위기는 집단원의 수나 연령 등에 따라 다를 수 있으나, 심리적인 안정감을 줄 수 있고, 집단 과정에 몰입하는 데 방해를 주지 않을 정도로 정돈되어 있어야 하며, 집단원들이 자유롭게 신체적 활동을 할 수 있을 정도의 크기가 적합하다. 상담에 있어서는 비언어적인 의사소통이 중요하기 때문에 중간에 장애물 없이 집단원의 행동을 살펴 볼 수 있도록 모든 집단원들이 서로의 모습을 전체적으로 볼 수 있도록 하는 것이 바람직하다. 집단 초기에는 가운데 원탁을 두고 둘러앉는 것도 집단원의 심리적인 어색함과 불안감을 덜어 주는 데 도움이 될 것이다. 얼마 후 어느 정도 익숙해지면 원탁을 치우고 진행하도록 하는 것이 좋다. 상담의 효과를 높이기 위해서 때로 녹음기나 녹화 장치 같은 시청각 기재를 활용하여 피드백을 주고받을 수 있으며, 이때 수집된 정보는 연구의 기초 자료가 되기도 한다. 이와 같은 시청각 기재를 사용할 경우에는 사전에 모든 집단원에게 분명히 알리고 동의를 받아야 한다. 집단원들은 처음에는 약간 신경을 쓸 수 있으나 시간이 지나면 별로 의식하지 않고 집단활동을 하게 된다. 때에 따라서는 이와 같은 장치의 이용에 대한 각자의 반응을 집단활동의 좋은 자료로 활용할 수도 있다.

(2) 집단 규모

친밀하고 수용적인 대인 간 상호작용이 집단상담의 필수 요소이기 때문에 집단상담에 있어서 집단의 규모는 매우 중요하다. 집단을 구성하고자 할 때 집단기간, 집단원의 나이 및 학년, 집단원의 성숙도, 관심의 범위, 집단상담자의 능력 등을 고려하여 집단원의 수를 결정하여야 한다. 상담으로서의 최대한의 효과를 얻기 위해서는 일반적으로 최소 5~15명 정도로 구성할 수 있으나 참여도나 친밀성, 신뢰성, 상호작용의 시간 등을 고려하여 합리적인 운영을 할 수 있도록 집단의 규모로 구성하여야 한다.

적절한 집단 규모의 기준은 대체로 그 집단원의 성숙도, 집단상담자의 경험, 집단의 유형, 탐색할 문제나 관심의 범위 그리고 타인에 대하여 알고자 하는 집단원의 요구 등 여러 요인에 따라 다를 수 있다. 집단의 규모를 엄격하게 제한

할 수는 없으나, 일반적으로는 나이가 어릴수록 적은 수로 구성하는 것이 바람직하고, 성인일수록 다소 많은 수로 구성할 수도 있다. 대체로 5~15명으로 구성하는 것이 보통이며, 특히 7~8명이 이상적인 규모라고 볼 수 있다. 저자의 경험에 비추어 볼 때 7~8명으로 진행할 때 집단의 성과를 극대화할 수 있다.

두 사람의 집단상담자가 함께 집단을 지도할 때는 15명을 다소 초과하여도 무방할 것이다. 집단의 규모는 모든 집단원이 원만한 상호작용을 할 수 있을 정도로 커야 하고 동시에 모든 집단원이 집단활동에 관여하여 집단의 정서를 느낄 수 있을 정도로 작아야 한다. 집단이 너무 크면 모든 집단원이 어느 정도의 개인 문제를 취급할 수 있는 시간적 여유를 갖지 못하며, 또 적극적이고 공격적인 집단원이 아니라면 좀처럼 참여의 기회를 얻지 못할 수 있기 때문에 바람직하지 못하다. 반면에 집단원의 수가 너무 적은 경우에는 참여하고 싶지 않거나 집단 활동에 소극적인 집단원이 침묵을 지키고 있기에는 심리적으로 압박을 받게 되고, 집단역동의 활용에 제한을 받을 수 있으므로 효과적인 집단상담이 이루어지길 기대하기 어렵다. 초등학생의 경우는 4~5명, 청소년의 경우는 6~8명으로 구성한다면 집단원의 연령별 특성을 고려해 볼 때 효과적이다.

(3) 모임의 빈도

집단상담자는 집단 실시 시간을 정하기 전에 얼마나 자주 만날 것인가를 결정해야 한다. 매일 모임을 가질 것인지, 일주일에 한 번 또는 두 번 가질 것인지, 아니면 격주로 가질 것인지, 혹은 한 달에 한 번 가질 것인지 등을 결정해야 한다. 모임의 빈도는 집단의 목적, 문제의 심각성, 참여도의 정도, 집단의 종류, 집단상담자의 유능성 등에 따라 다르게 정하여야 한다.

모임 시간은 집단원이 집단에 참여하는 데 방해가 되는 요소를 최대한 줄이고 방해받지 않는 최적의 시간을 선택하는 것이 좋다. 또한 집단원들의 시간 뿐만 아니라 집단상담자의 시간도 함께 고려해야 한다. 청소년을 대상으로 한 집단의 경우, 짧은 시간 동안 자주 만나도록 하는 것이 효과적인데 이는 주의력이 산만해지지 않고 집중력을 발휘하기에 좋기 때문이다. 학교에서 집단 작업을 하는 경우 정규 수업시간에 맞춰서 하는 것이 효율적이며, 기능 수준이 비교적 양호한 성인의 경우는 1회기에 2시간 정도로 하여 매주 진행하는 것이 효과적이다. 보통 한 회기, 2시간 진행하는 것은 심층적인 작업이 가능한 시간이며 집단원들이 집중하기에 적당한 시간이다.

분산적 집단(Weekly Group)이란 전통적인 집단상담의 형태로서 매주 집단 경험을 갖는 집단이며 T집단, 감수성 집단, 참만남 집단(Encounter Group), 행동주의적 집단 등으로 분류될 수 있다. 집중적 집단(Marathon Group)은 원리나 목적, 방법 등은 분산적 집단과 다를 바가 없으나 보통 24~48시간 동안 진행하면서 잠깐의 수면과 휴식을 제외하고는 계속해서 집중적으로 집단상담을 경험하는 집단이다. 집중적 집단은 몇박 몇일에 걸쳐 진행하는 숙식제, 4일간의 전일제, 6일간의 정시제, 1박 2일 주말 코스제 등의 형태로 12~48시간 정도 지속적으로 집단상담을 진행하게 된다.

분산적 집단은 보통 한 주에 한번 집단상담을 하기 위해 모이는 일반적인 집단상담의 형태이며 이 경우 무리 없이 진행할 수 있고, 모임과 모임 사이의 기간 동안 일어나는 개인의 경험을 성장거리로 이용할 수 있다는 이점이 있다. 집중적 집단의 경우에는 집단 작업이 급속히 촉진되어 발전이 빠르고, 강한 정서적 경험을 하게 되며, 카운슬링의 전 과정이 한 번의 기간 동안 다루어지므로 시간 활용을 잘할 수 있고, 회기 내용의 연결이 잘되며, 또한 부단한 상호작용과 수면 결핍으로 인하여 오히려 평상시의 가면을 벗어 버리고, 있는 그대로의 자신을 표출하게 된다는 장점이 있다.

(4) 모임의 시간 및 지속 기간

모임 시간은 30~120분까지 다양하게 정할 수 있으나, 보통 90~120분 정도가 적당하다. 일반적으로 모임 시간은 집단의 목적과 성숙도 그리고 외적 조건에 따라 조정될 수 있다. 초등학생일 경우 주의 집중 시간이 길지 않으므로 짧게 자주 모임을 갖는 것이 바람직하며, 고등학생 이상일 경우 120분 정도로 진행하는 것이 효과적이다. 모임 시간은 집단상담자의 지도성의 형태에 따라서도 크

게 좌우될 수 있다. 여하튼 집단원들이 제각기 참여의 기회를 가질 수 있어서 정
서적으로 이입할 수 있으며 원만한 집단활동이 전개될 수 있을 정도의 시간적
여유가 있어야 할 것이다. 그러나 너무 지루하거나 피로를 느낄 정도로 오랜 시
간 진행하는 것은 비효율적이다.

시간과 관련된 문제로서 집단상담자가 유의해야 할 일은 정해진 시간에 시작
하고 마쳐야 한다는 것이다. 비록 단 한 사람이 출석했더라도 정해진 시간에 시
작해야 한다. 보통 집단활동이 모임의 끝 부분에 가서 무르익는 경향이 있기 때
문에 경험이 적은 집단상담자들은 마치는 시간을 연장하고 싶은 유혹을 강하게
받게 된다. 그러나 이런 경우 시간을 연장하게 되면 집단원들로부터 제한성에
대한 학습과 현실 검증에 대한 경험의 기회를 박탈하게 된다. 따라서 특수한 경
우를 제외하고는 정해진 시간에 시작하고 마치는 것이 바람직하다.

마라톤 집단의 경우에는 계속해서 12시간, 24시간 혹은 48시간(잠시 쉬고, 자
고, 밥 먹는 시간을 제외하고)을 모여서 활동한다. 이와 같은 형태의 집단에서는
계속적인 상호작용과 수면 부족에서 오는 피로 현상을 집단원들의 통상적인 가
면을 벗고 있는 그대로의 자기노출, 강력한 정서적 몰입과 대인 간의 맞닥뜨림
의 촉진 자료로 활용하려고 하기 때문에 오랜 시간의 활동을 장려하기도 한다.

그리고 집단상담을 시작할 때, 미리 그 기간을 분명히 하고 종결의 시일도 정
해 두어야 한다. 그래야만 집단원들이 시간의 제약을 의식하고 활동하게 된다.
대학에서는 주로 한 학기의 15주간을 집단의 기간으로 정할 수 있다. 중·고등
학교의 경우도 비슷한 기간을 채택할 수 있을 것이다. 신뢰 관계의 형성과 바람
직한 방향으로의 행동 변화를 위해서는 상당한 기간을 필요로 하지만, 그렇다고
질질 끌거나 싫증이 나도록 장기간을 계획하는 것은 비효과적이다. 어떤 집단
은 집중적으로 일주일에 2~5회기를 모이기도 하며, 보통 주 1회기의 90~120
분 정도가 적당하다.

기능 수준이 낮은 입원 환자로 이루어진 집단은 매일 약 45분씩 만나는 것이
바람직한데, 이러한 환자들은 심리적인 손상 때문에 오랜 시간 집중력을 유지할
수 없기 때문이다. 기능 수준이 좀 더 높은 입원 환자의 경우에도 한 주에 여러

번 만나는 것이 좋다.

집단 전체의 기간은 어느 정도로 해야 하는가? 대부분의 집단은 시작할 때부터 종료 일자를 공지할 수 있으므로 집단원은 자신이 참여하고 있는 집단의 시간적 한계에 대해 명확히 알게 된다. 대학생을 대상으로 하는 집단은 일반적으로 약 15주, 즉 한 학기 동안 운영되며 고등학생 집단도 이 정도의 기간이 이상적이다. 대부분의 연구 결과에서 이 정도의 기간으로 실시할 때 집단원의 행동변화를 기대할 수 있다고 보고하고 있다.

(5) 집단의 구성

집단의 구성을 동질집단으로 할 것인가, 이질집단으로 할 것인가의 여부는 집단의 목적과 목표에 의해 결정된다. 동질집단은 연령이나 지능, 성별, 관심사 등이 같거나 유사한 사람들로 구성되는 집단을 말하며, 이질집단은 연령과 지능의 폭이 넓거나 남녀 혼성으로 구성되어 있거나 또는 관심사가 다양한 사람들로 구성된 집단을 말한다.

동질집단의 경우 집단 내의 친밀감이나 응집력, 목표 달성 등을 고려해 볼 때 효과적이기는 하나 다양한 경험을 나누고 현실 검증의 기회를 가져 본다는 집단상담의 이점을 고려해 볼 때는 이질집단으로 구성하여 진행하는 것이 효과적이다. 이질집단의 경우 연령의 범위가 너무 넓으면 집단원 간의 친밀감이 떨어질 수 있으며, 지능의 격차가 심한 집단은 소외감을 초래하기도 한다. 연령이나 교육 수준, 사회경제적 배경 등을 동질적인 것으로 하고 그 외의 것은 이질적인 것으로 집단을 구성하는 것이 상호 학습 효과를 향상시키기 때문에 바람직한 집단이 될 수 있다.

성별에 따라 집단을 구성할 경우, 12세 이상일 경우에는 혼성으로 구성하는 것이 좋으며, 관심사별로 볼 때는 관심사를 동일하게 구성하는 것이 집단의 소속감이나 친밀감을 형성하는 데 효과적이다. 일반적으로 어떤 특정한 욕구가 있는 특정 대상의 경우에는 이질적인 집단원보다는 그 대상에 속하는 사람으로만 집단을 구성하는 것이 더 적절하다. 노년층으로 구성된 집단의 경우, 외로움,

소외, 의미 상실, 거부, 경제적 부담, 신체 노화 등과 같이 이들의 발달단계의 특징인 구체적인 문제에만 초점을 둘 수도 있다. 이러한 집단의 동질성은 집단 응집력을 높이고, 이러한 응집력은 이들이 자신의 삶의 위기에 대해 개방적이고 집중적으로 탐색하는 것을 가능하게 한다. 집단원들은 개인적인 부분으로 감춰 왔던 자신의 감정을 표현할 수 있게 되고, 이들이 처한 삶의 상황을 통해 다른 사람들과 연대감을 갖도록 한다.

동질적인 집단의 다른 예로 알코올중독자(Alcoholics Anonymous) 집단, 재활(Recovery) 집단, 배우자를 잃은 부모(Parents without Partners) 집단, 체중 조절자(Weight Watchers) 집단 등이 있다. 예컨대, 알코올중독자가 겪는 것이 어떤 것인지를 실제로 경험해 보지 않은 사람은 알코올중독자만이 겪는 문제를 충분히 이해할 수 없으므로 그들을 제대로 도와줄 수 없을 것이다. 이때 집단상담자는 외로움과 두려움, 불안과 같은 내담자의 감정에 공감할 줄 아는 것이 중요하다. 특수한 문제가 있을 때는 집단의 응집력이 도움이 될 수 있으므로 동질성을 갖는 것이 적합하다.

일반적으로 집단은 사회 구조의 축소판이라고 볼 수 있는데, 이런 경우에는 다양한 집단원으로 구성되는 이질적인 집단이 효과적이다. 대부분의 집단상담은 이질적인 집단으로 구성된다. 이는 다양한 집단원으로 구성할 경우 현실을 반영하는 환경에서 다양한 사람의 피드백을 받을 수 있고, 이를 통해 새로운 행동을 실험하거나 대인관계 기술을 개발할 수 있기 때문이다.

(6) 집단의 개방성

집단을 시작하기 전에 집단을 개방하여 수시로 새로운 집단원을 받아들일 것인가, 아니면 일정 기간을 정하고 집단상담이 끝날 때까지 새로운 집단원을 받아들이지 않을 것인가에 대해서 미리 정해야 한다. 개방집단이란, 집단상담 도중(매 회기마다) 참여자가 탈퇴할 수도 있고, 또 새로운 사람이 참여할 수도 있는 집단을 말하며, 폐쇄집단은 최초 참여자들만으로 대상을 제한하여 종료 시까지 진행해 가는 것을 말한다.

개방집단의 장점은 새 집단원이 들어오면 새로운 상호작용을 할 수 있고 다른 관점에서 피드백을 받을 수 있다는 것이다. 그리고 새 집단원들은 기존의 집단원을 모방하여 집단의 과정과 집단 기술에 대하여 배울 수 있다. 반면에 개방집단의 단점은 새 집단원이 들어옴으로써 집단의 분위기가 흐트러지기 쉽고, 새 집단원은 이미 토의한 내용과 집단의 기능에 대하여 생소하기 때문에 집단 과정에 대한 관여 수준과 발달단계의 차이를 일으켜 갈등을 초래하기 쉽다는 점이다.

폐쇄집단은 집단의 목적에 따라 효과가 다를 수 있다. 그러나 다소 이상(abnormal)행동을 다루고자 하는 치료적 성격의 집단일 경우, 처음의 참여자만으로 제한하여 진행해 가는 것이 효과적이다. 폐쇄집단은 전형적으로 시간제한이 있고, 회기 수도 미리 정해져 있다. 또한 일반적으로 집단원들이 집단이 끝날 때까지 집단에 남아 있을 것으로 기대하고, 새로운 집단원은 받아들이지 않는다. 집단을 폐쇄집단으로 할 것인지의 여부는 여러 가지 변수에 의해 결정된다.

일부 집단원이 나가면서 새로운 집단원을 영입하는 개방집단은 집단원들이 좀 더 다양한 사람들과 교류할 수 있는 기회가 늘어난다는 것과 새로운 사람들이 관계 속에 들어오거나 떠나는 우리의 일상을 좀 더 정확하게 반영한다는 이점이 있다. 반면에 개방집단의 잠재적 단점은 응집력의 형성에 어려움이 있다는 것이다. 개방집단의 새로운 집단원이 집단에 제대로 참여하는 방법을 배울 수 있도록 오리엔테이션을 제공하는 일은 쉽지 않다. 집단 과정에 대해 새로운 집단원을 교육할 수 있는 한 가지 방법은 집단 규칙을 설명하는 비디오 자료를 제공한 다음에 집단상담자가 일대일로 면담하는 것이다.

집단상담자는 새로운 집단원과의 입회 면담 때 규칙을 설명해 주고, 기존 집단원들이 그들의 집단에 대해 좀 더 책임감을 갖도록 하기 위해 이들로 하여금 새로운 집단원에게 기본 규칙을 가르치도록 요청한다. 집단원이 나가고 들어오는 과정이 세심하게 다루어진다면 이러한 변화가 반드시 집단의 응집력을 약화시키지는 않는다.

(7) 집단의 조직성

집단의 조직성은 구조적 집단상담이라는 용어로 불려지기도 한다. 집단의 조직성 여부와 정도는 집단의 목적, 집단원의 성격 그리고 집단상담자가 적용하는 이론적 접근에 따라 달라진다. 조직적(구조적) 집단은 상담활동을 계획된 내용에 따라 체계적으로 운영하는 집단을 말하며, 비조직적 집단은 일정한 계획이나 내용이 없이 상담활동을 진행해 가는 집단을 말한다. 집단중심적인 집단에서는 비조직적인 형태를 취할 것이고, 집단상담자 중심적인 집단에서는 집단상담자가 사전에 정한 절차에 따라 지시적으로 진행되며 고도의 조직성을 띠고 진행하므로 구조적 집단 상담이라고 할 수 있다.

집단상담자는 특정 집단을 시작하기 전에 어느 정도의 조직성을 가지고 임할 것인가를 정해 두어야 한다. 극단의 비조직적인 집단 형태의 대표는 T집단일 것이다. T집단의 집단상담자는 집단원들이 지도성을 발휘하고, 스스로 집단을 이끌어 나가도록 기다려 준다. 반면에 지나치게 조직성을 띠는 집단 형태로는 행동주의적 집단을 들 수 있다. 이 경우 집단상담자가 미리 구조화된 프로그램을 짜서 임하며, 집단활동 전 과정을 그 프로그램에 의하여 진행한다.

지나치게 비조직적인 집단에서는 집단원들이 우왕좌왕하기 때문에 시간과 에너지를 낭비할 우려가 많다. 다른 한편 지나치게 엄격한 조직은 집단원의 자발성과 창의성의 발달을 막는 결과를 초래할 것이다. 따라서 집단의 조직성은 약간의 불안감을 유발해 줌으로써 스스로의 문제를 탐색하고, 집단원 상호 간의 관계를 분석하며, 개인 내적 또는 대인 간의 갈등을 이해하고 해소할 수 있을 정도로 적절하여야 할 것이다.

(8) 협동 집단상담자

집단상담의 최근 연구 결과에서는 한 사람의 집단상담자가 집단을 이끄는 것보다 두 명의 집단상담자가 함께 협동하여 이끄는 것이 더 효과적이라고 보고하고 있다(Bates & Johnson, 1972). 두 명의 집단상담자가 협력해서 함께 진행하는 경우 여러 가지 장점이 있는데, 특히 집단원의 수가 많을수록 효과적이다. 한 명의 집단상담자가 전체 집단원을 한꺼번에 모두 관찰하고, 그들의 비언어적 의사소통의 메시지를 전부 파악하는 것은 어렵다. 따라서 협동상담의 형태를 취하는 경우, 두 집단상담자가 서로 마주 보고 앉아서 집단원 전체를 빠짐없이 살펴볼 수 있으므로 집단원 간의 역동을 놓치지 않고 다룰 수 있게 된다. 뿐만 아니라 한 집단상담자가 직접 집단활동에 참여하거나 집단을 지도하는 동안 다른 집단상담자는 집단 전체를 객관적인 입장에서 관찰할 수 있다. 필요한 경우에는 두 집단상담자끼리 상호작용을 함으로써 집단원들에게 시범을 보일 수도 있다. 새로운 행동은 말로만 듣거나 지적으로 이해하는 것만으로는 실행하기 어렵다. 이런 경우 두 집단상담자가 상호 간에 그와 같은 행동을 직접 해 보임으로써 집단원들로 하여금 불안감이나 어색함 없이 모방을 통하여 실행할 수 있도록 도울 수 있다. 이렇게 하려면 집단상담자는 이론적 배경이 같아야 하고, 또한 여러 측면에서 상보적일수록 좋다. 동성끼리 하는 것보다는 남녀의 두 집단상담자가 짝이 되는 것도 효과적일 수 있다.

그러나 협동상담 형태에도 문제점이 없지는 않다. 만약 두 집단상담자 사이에 협동이 잘 이루어지지 못하고 경쟁 관계에 놓이게 되는 경우 잘못하면 집단의 유지 및 발전에 지장을 초래한다. 사실 집단상담자들도 인간이기 때문에 경쟁을 하거나 상호 간에 적대적인 감정을 가질 때도 있다. 그러나 이와 같은 사실을 재빨리 지각하고 집단 앞에 솔직히 털어놓고 원만히 해결할 수만 있다면 오히려 경쟁이나 적대적인 감정도 집단활동의 좋은 자료가 될 수 있으며, 이런 경우 두 집단상담자는 자신들의 행동을 통하여 문제해결에 관한 실제 시범을 보여 주는 것이 된다.

집단상담이 시작되기 전에 혼자서 집단을 지도할 것인가, 아니면 협동 집단상담자를 구해서 두 사람이 함께 지도할 것인가에 대하여 결정하도록 한다. 협동 집단상담자들은 서로 마주 보고 앉는 것이 좋다. 집단상담자가 나란히 앉아 있으면 집단원과 집단상담자 간에 벽이 생길 수 있으나, 마주 앉게 되면 이런 거리감을 좁힐 수 있으며 모든 집단원의 비언어적 메시지가 집단상담자나 다른 협동 집단상담자에 의해 관찰될 수 있고, 한 집단상담자가 미처 보지 못하는 위치에 있는 집단원을 살펴볼 수 있어서 집단원 간의 비언어적 의사소통을 더욱 원활히 하도록 도울 수 있다.

(9) 활동과 게임의 활용

구조적 집단상담의 경우 집단상담 중에 의도적 활동 혹은 게임을 활용하기도 한다. 이렇게 하는 데는 두 가지 이유가 있다. 첫째는 그것이 집단의 발달 과정 자체를 촉진하고, 둘째는 집단원 간의 '지금-여기'에서의 느낌과 생각의 상호작용을 촉진하기 때문이다. 다른 여러 집단 형태와 달리 집단상담에서는 일반적으로 정해진 토의 주제나 진행 절차가 없기 때문에 처음 참여하는 집단원들은 어리둥절하고 불안해하며, 심지어는 위협감을 느낄 수도 있다. 그 결과 어느 누구도 솔선해서 나서지 못한 채 오랫동안 거북한 침묵이 계속되기도 한다. 이와 같은 경험 자체가 집단에서는 좋은 학습 자료가 되지만, 이에 대해 이해하지 못하는 집단원에게는 시간 낭비로 여겨지고 오히려 집단상담자가 무능하거나 무성의한 것으로 오해하기도 한다. 그러므로 침묵이 너무 오래 지속되어 집단의 분위기가 비생산적으로 보일 때 집단상담자는 게임 혹은 의도적인 활동을 활용할 수 있다.

어릴 때부터 주로 인지적인 면에 치중하여 교육을 받아 온 우리에게는 정의적인 면의 상호작용이 무척 힘들 수밖에 없다. 그래서 집단은 쉽사리 어떤 주제에 대한 지적인 논의나, '너와 나' 혹은 집단 내의 '우리'와는 직접적으로 별 관계가 없는 집단 밖의 제삼자 이야기로 오랜 시간을 소비하게 된다. 이와 같은 상황에 처했을 때, 집단상담자는 그 집단의 방향을 '그때-거기'에서 '지금-여기'로 돌림으로써 바람직한 집단상담이 이루어지도록 하기 위해 게임과 같은 의도적인 활동을 이용할 수 있다.

(10) 경험 보고서의 작성

매번의 회기가 끝난 후에 각 집단원으로 하여금 그날의 집단 경험에 대한 일기를 써서 다음 모임 때 제출하게 하면 많은 효과가 있다. 가능하면 집단 경험이 끝난 직후에 쓰는 것이 솔직한 느낌이나 생각을 담을 수 있어서 더욱 좋다. 대개의 경우 그냥 지내다가 다음 모임에 참석하기 직전에 일기를 쓰려고 하면 그때의 느낌이 흐려져서 쓸 것이 없게 된다.

일기의 내용은 크게 두 부분으로 나눌 수 있다. 첫째, 자신의 느낌에 대해서 쓰는 것이다. 그날의 집단 경험이 시작되기 전, 경험 도중, 경험이 끝난 후 또는 일기를 쓰는 현재의 전 과정을 통하여 일어났던 혹은 일어나고 있는 여러 가지 느낌을 적게 하는 것이다. 예를 들면, '불안했다' '화가 났다' '지루했다' 등으로 기술될 수 있을 것이다. 둘째, 그날의 집단 경험을 통하여 얻은 지적인 학습에 대하여 기록하게 한다. 삶, 인간, 새로운 행동 양식, 대인관계 등 새롭게 깨닫고 학습한 것이 있으면 상세히 적어 보게 한다. 이렇게 함으로써 개인은 자신을 발견하고 새로운 행동 변화에 대한 경험을 스스로 강화하게 된다.

보통 A4 용지 1매 정도 기록하게 하되, 경우에 따라서는 더 많이 적을 수도 있다. 지면의 우측에 4~5cm의 여백을 남기게 하고 그 여백에 집단상담자가 도움이 될 만한 피드백을 써서 다음 모임 때 본인에게 돌려준다. 집단상담자는 격려, 강화, 명료화, 반영 혹은 맞닥뜨림 등의 기술을 사용하여 그 집단원의 행동 변화와 발달에 도움이 되는 피드백을 기록해서 돌려준다. 저자의 경험으로 비록 쓰기에 힘들고 피드백하기에도 번거롭기는 하지만 집단원과 집단상담자의 행동 변화나 학습에 있어서 효과적인 경험이었기에 가능하면 이 방법을 활용하는 것이 효과를 극대화할 수 있다.

3) 집단 진행을 위한 사전 준비

집단을 시작하기 전에 적합한 집단원들을 선정하고 그들로 하여금 사전에 필요한 준비를 갖추도록 돕는 작업이 필요하다. 이러한 사전 준비에는 대체로 집단상담에 대한 사전 교육, 선발을 위한 면접 및 개인의 행동 목표 설정 등이 포함될 수 있다.

(1) 집단상담에 관한 오리엔테이션

집단상담을 시작하기 전에 관심을 보이는 사람들을 모아 '집단상담이란 무엇이며, 이를 통하여 어떤 도움을 받을 수 있을 것인가?'라는 제목으로 집단상담에 관한 사전 교육의 기회를 제공하는 것이 도움이 될 수 있다. 이렇게 함으로써 집단상담에 대한 일반적인 오해와 비현실적인 기대를 해소할 수 있다.

(2) 집단원의 행동 목표 설정

구체적인 목적과 목표의 설정은 효과적인 집단상담과 그 결과의 평가를 위하여 필수 불가결한 요소다. 흔히 우리는 분명한 목적과 목표도 없이 무엇을 할 때가 많다. 그 결과 어떤 일을 할 때 왜 그렇게 하는지, 그렇게 하는 것이 타당한지조차 생각해 보지 않은 채 시간과 에너지를 소비하기 쉽다. 집단상담에 참여하는 개인의 목적과 목표가 분명히 설정되었을 때, 비로소 무슨 이유로 집단에 참여하며, 집단에서는 주로 무엇을 할 것인지에 대하여 명확히 알 수 있을 것이며, 나아가서 어느 정도의 성장이나 행동 변화를 가져왔는지에 대한 평가도 가능하게 될 것이다.

개인적 목적과 목표는 그 개인의 특정한 문제나 상담에 응하고자 하는 이유를 탐색함으로써 설정할 수 있다. 집단상담자는 먼저 각 개인이 가지고 온 여러 가지 문제점에 대하여 그와 함께 충분히 토의한 후 그것을 구체적인 행동이나 기술 용어로 진술한 목적과 목표로 바꾸도록 도울 수 있다. 예를 들면, 한 집단원이 사람들과 좋은 관계를 맺고 싶어 하지만 사람들이 자신을 이해해 주지 않고 오히려 자신을 싫어하는 것 같아서 외로움을 느낀다고 호소할 수 있다. 이런 경우 집단상담자는 그 집단원과 협의하여 '다른 집단원들에게 먼저 말로 인사하기' '하루 한 명에게 전화하기' 등과 같은 행동 목표를 설정하고 전 상담 기간 동안 목표 달성을 위한 최선의 노력을 기울이도록 도와야 한다.

집단상담자는 경청, 관찰, 명료화 및 해석 등 여러 기술을 동원하여 예비 집단원으로 하여금 상담을 위한 진정한 목적과 목표를 판별하고, 결정하는 데 도움을 주어야 한다. 개인의 목적과 목표는 선발을 위한 면접 시에 이미 설정되는 것이지만, 그것에서 그치는 것이 아니라 전 집단 과정을 통하여 주기적으로 재고되고, 평가되며, 개정되어야 한다. 그리고 이와 같은 개인적 목적과 목표를 토대로 하여 집단 전체의 목적이 집단의 공동 노력에 의하여 설정될 수도 있을 것이다.

(3) 집단의 전체 목표 설정

집단상담의 경우 집단원 개개인의 상담 목표 설정도 중요하지만 개개인의 집합체인 집단의 목표 설정도 중요하다. 집단상담자는 집단원들의 목표나 특성, 집단상담 이론, 자신의 특성 등을 고려하여 집단이 나아가야 할 방향을 미리 설정하여야 한다. 그렇게 함으로써 상담 진행을 위한 계획을 구체적으로 수립할 수 있으며, 회기 목표의 설정과 준비에 도움을 받을 수 있다. 이를 위하여 집단상담자는 주어진 집단의 구체적인 목적은 무엇이며, 누가 결정하는지, 집단상담자가 집단원 스스로 의미 있는 목표를 설정하도록 어떻게 도와줄 수 있는지, 집단상담자의 이론적 방향이 목표 설정 과정에 어떤 영향을 미치는지, 여러 이론적 방향에 근거해서 집단 목표를 설정하는 것이 가능한지 등을 고려해 보아야 할 것이다.

(4) 집단의 규준 정하기

① 자기투입과 참여

집단상담은 집단원들 스스로가 집단 내에서 자신들의 상호작용이 어떻게 일어나는지 관찰하고 분석하는 활동을 중심으로 이루어진다. 따라서 상담의 목표를 효과적으로 달성하기 위해서 집단원 개개인은 적극적으로 자신을 투입하여 적극적으로 집단활동에 참여하여야 한다.

② '나와 너' '지금-여기' 중심의 활동

집단상담은 경험 중심적 학습 방법을 채택하고 있기 때문에, '지금-여기(here

and now)' '나와 너' 사이에서 일어나고 있는 느낌, 생각, 행동을 상호 간에 관찰, 분석, 지적해 주는 것으로 진행된다.

③ 피드백 주고받기

집단상담에서는 피드백 주고받기가 필수적인 요소가 된다. 피드백이란 상대 방의 행동이 나에게 어떤 반응을 일으키고 있는가에 대하여 상대에게 직접 솔직 하게 이야기해 주는 것을 말한다. 피드백은 개인으로 하여금 자신을 이해하도 록 돕는 효과적인 방법이다.

④ 허용적인 분위기와 심리적인 안정감

집단원들이 집단에서 있는 그대로의 자신을 탐색, 수용, 개방하고 있으며, 상 호 간에 솔직한 피드백을 받으려면 비난이나 징벌, 도덕적 판단이라는 위험 없 이 비교적 자유롭게 행동할 수 있도록 집단원 상호 간에 신뢰할 수 있는 분위기 가 형성되어야 한다.

(5) 전체 회기에 대한 계획

집단상담자는 건축물의 설계도와 같이 자신이 실시하고자 하는 집단상담 총 체적인 틀을 가지고 있어야 한다. 비구조화된 집단상담일지라도 개괄적인 프레 임을 준비해야 하며, 특히 구조화된 집단상담일 경우에 반드시 전체 회기에 대 한 계획이 구체적으로 짜여 있어야 한다. 이는 우리가 여행을 할 때 지도와 같은 기능을 하므로, 집단상담자가 경험이 많지 않아도 크게 시행착오 없이 효율적으 로 진행할 수 있도록 도움을 줄 것이다.

이에 해당하는 내용으로는 전체 목표, 회기별 목표, 회기별 준비물, 회기별 내 용 등이 포함된다. 집단상담자는 전체 회기에 대한 계획은 구체적으로 가지되, 그 적용은 융통성 있게 하여야 한다. 상담의 경우 지극히 가변적인 인간을 그 대 상으로 하는 것이므로 계획에 기초하되, 집단원들의 역동과 변화를 민감하게 읽 어서 그 상황에 적절한 진행을 하여야 할 것이다.

4) 계획 시 피해야 할 오류

최근 많은 상담 현장에서 집단상담이 요구되면서 집단상담 전문성을 갖추지 않은 진행자들이 집단상담을 운영하는 경우가 있다. 이들이 진행하는 경우나 초보 집단상담자들이 집단을 진행할 때 주로 다음과 같은 오류를 행하는 것을 볼 수 있다. 집단상담자는 다음에 제시하는 오류 사항을 최대한 배제하여 상담을 효과적으로 진행할 수 있도록 노력하여야 한다.

- 사전계획 없이 집단을 진행하는 경우
- 이론에 기초하거나 근간을 두지 않고 집단을 진행하는 경우
- 집단이나 집단원의 특성을 고려하지 않고 집단상담을 구성하는 경우
- 지나친 계획을 세우고 그대로 고집하며 유연하게 진행하지 않는 경우
- 시간을 부적절하게 배정하여 모든 집단원들이 다 참여해야 한다고 생각해서 진행하거나 한 집단원에게만 치우쳐서 진행하는 경우
- 회기 목표와 부합하지 않는 부적절한 활동을 하는 경우
- 회기마다 지나치게 많은 활동을 준비하여 집단원 탐색을 방해하는 경우
- 한 회기에 중복되는 활동을 해서 회기목표의 달성을 혼란스럽게 하는 경우
- 구조적 집단으로 운영할 때 회기 내용을 부적절하게 배열하여 궁극적으로 목표 달성에 방해가 되는 경우
- 지나친 워밍업으로 집단상담을 제대로 진행하지 못하는 경우
- 목적에 맞지 않거나 의미 없는 내용의 활동을 하거나 반응하는 경우

2. 홍보와 모집

1) 집단상담의 홍보

집단상담 홍보의 중요성에 대해서는 앞서 집단상담 운영의 사전 계획에서 간단히 언급한 바 있다. 집단상담의 사전 계획 중에 무엇보다 중요한 사항은 집단상담을 홍보하여 집단원을 모집하는 것이다. 집단상담을 홍보하는 방법으로는 직접 면담을 통한 홍보, 인터넷을 통한 광고, 개인에게 보내는 메일 광고, 신문, 팸플릿 배포, 현수막, 포스터 등이 있다. 집단상담을 시작하고 진행하려면 먼저 참여 인원의 확보가 필요하다. 따라서 집단상담자는 집단 목표에 부합하는 사람들이 홍보물의 내용을 보고 참여할 수 있도록 분명한 메시지를 줄 수 있는 홍보 내용을 작성해야 한다. 집단상담에 참가하기 원하는 집단원을 찾는 방법은 많다. 구체적인 방법으로는 교실 내에서의 소개, 복도 포스터 전시, 교내 방송, 교내 케이블 방송, 신문 광고, 학생 지원 웹사이트, 교사 접촉, 가정통신문 또는 회보, 또래들의 소개, 학교 집단상담자/집단원 연구팀, 학생 지원 프로그램 등을 활용하는 것이다. 그중에서도 가장 좋은 방법은 집단원들과 가장 많이 접촉하는 교사나 상담사 등을 통하는 것이다.

2) 홍보와 집단원 모집 시 유의 사항

집단을 홍보할 때 집단에 대한 정확한 안내를 하고 집단에 대한 비현실적인 기대를 가지지 않도록 하는 것이 바람직하다. 집단을 통해서 가장 도움을 받을 수 있는 사람들을 직접 접촉하는 것이 가장 좋은 방법이다. 인쇄물을 나눠 주면서 집단에 대해 관심 있는 사람들과 개인적인 접촉을 하게 되면 집단의 기능이나 목적에 대해 오해하는 것을 막을 수 있다.

3) 홍보와 모집 절차

홍보 전략 중 하나는 긍정적인 방식으로 홍보하는 것이다. 예를 들면, '알코올 중독자 자녀를 위한 집단상담'은 '자기계발 집단'이라는 긍정적인 홍보 문구를 사용할 수 있다. 즉, 문제 중심의 표현보다는 목표 중심의 용어를 사용하여 홍보하는 것이 효과적이다. 이러한 전략이 예비 집단원들의 저항 수준을 낮출 수 있다.

집단상담자는 상담실에 가만히 앉아서 참여 대상자가 찾아오기만을 기다리지 말고 참여 대상자와 직접적으로(예: 교실에 들어가서 집단에 대해 알리는 것) 또는 간접적으로(예: 학교 집단상담자, 교사, 학부모를 만나는 것) 만날 수 있는 다양한 접근법을 모색할 필요가 있다.

3. 집단원 선정

집단원 선정은 집단의 특성과 목적에 맞는 적합한 참여자를 선별하는 과정이다. 이는 집단상담 진행시 잠재적으로 어려움을 초래할 수 있는 사람을 집단에서 받아들여 그 개인이나 집단원의 성장, 그리고 집단 활동에 장애가 될 것을 사전에 예방하고자 하는 것이며 그에게 더 적합한 조력을 안내하고자 하는 과정이다.

1) 선 별

계획서 작성 이후 다음 단계에서 해야 할 일은 집단에 참여할 만한 대상에게 집단을 홍보할 수 있는 방법을 찾는 것이다. 집단상담을 준비하는 데 있어서 가장 중요한 요소 중 하나는 누구를 집단원으로 구성할 것인가 하는 선정과 관련된 것이다. 집단이 어떤 집단원으로 구성되었는가가 집단상담 성과에 결정적인 영향을 미치기 때문에 집단원 선정은 집단상담자의 책임이다. 집단원을 주의 깊게 선정함으로써 집단상담의 효과를 높일 수 있기 때문에, 찾아온 후보자들을 일일이 면접하는 것이 가장 효과적인 선발 방법이 된다. 선발을 위한 면접의 주 목적은 특정 후보자가 집단상담을 통하여 도움을 받을 수 있는지를 결정하는 데 있다. 따라서 가능한 그 후보자의 가정 배경, 아동기, 청소년기 및 여러 발달 영역에 대하여 자세히 알아보는 것이 좋다. 그리고 상담에 응하고자 하는 동기와 관심도 및 특별히 도움을 받고자 하는 문제들에 대하여 잘 살펴보아야 한다. 일반적으로 강한 동기를 가지고 자원하여 참여한 사람이 보다 적합한 후보자이기 때문이다.

선발 방법은 개인 면담, 서면선발이 일반적으로 사용하는 방법이나 이 중 참가할 가능성이 있는 사람들을 개인적으로 접촉하는 방법이 집단원을 모집하는 데 가장 효과적이다. 계획된 집단상담을 시작하기 전에 마지막으로 실행해야 할 사항이 집단원과 집단상담자 선발하기 및 사전 오리엔테이션이다. 집단상담자는 집단상담의 참여를 신청한 사람 중에서 집단 목표에 적합한 사람을 선발하고, 집단 시작 전에 사전 오리엔테이션을 통해 예비 집단원들의 동기 유발을 촉진할 필요가 있다.

2) 집단원 선발 시 유의 사항

(1) 집단원 선별과 선정 절차 시 유의 사항

집단상담에 대한 홍보가 끝나면 다음 단계에서는 실제로 집단을 구성할 집단원을 선별하고 선정하는 절차를 준비한다. 집단상담자는 집단의 유형에 맞게 예비 집단원을 선별한 후, 집단원의 요구와 목표가 집단의 목표에 부합하는지를 확인한다.

집단에서 잠재적으로 어려움을 초래할 사람을 집단에 받아들이는 것에 대해 고려해 보아야 한다. 집단원 선별의 목표는 동질적인 집단원으로 집단을 구성하여 집단상담자의 일을 수월하게 하는 데 있는 것이 아니라, 집단원들에게 미칠 수 있는 잠재적인 장애를 사전에 예방하기 위한 것이다. 선별 과정에서 예비 집단원의 개별적 특성뿐만 아니라 집단의 균형과 다양성을 염두에 두어야 한다. 집단원 구성이 신중하게 이루어지고 균형이 잡힌다면, 집단원들은 서로 연결되고 서로에게 성장과 발전의 기회를 제공할 수 있게 된다.

궁극적으로 집단의 형태가 그 집단에 받아들일 수 있는 집단원의 특징을 결정해야 한다. 사회적 기술을 가르치거나 스트레스에 대처하는 것을 목표로 하는 사람은 집중적인 치료집단보다는 짧은 기간의 구조화된 집단에 더 적합하다. 반면에 심각한 장애를 가지고 있는 사람은 집단상담보다는 정신과 임상센터에서 외래 환자를 위해 매주 운영하는 치료집단에 참여하는 것이 더 큰 효과를 기대할 수 있다.

(2) 선발 방법

집단원의 선발 방법으로는 여러 가지가 있으나 개인 인터뷰와 서면 선발이 가장 대표적이면서도 효과적인 방법이다. 개인 인터뷰는 많은 시간을 할애해야 한다는 애로 사항이 있지만 가장 효과적인 선정 방법이다. 예비 집단원과의 개별 접촉을 통해 집단원으로서의 적합성을 가장 정확하게 평가할 수 있기 때문이다. 집단상담자는 인터뷰 과정에서 집단의 내용, 과정, 소속감, 규준 등을 설명해 줄 수 있다. 서면 선발은 선발의 또 다른 방법으로, 질문지를 통해 개인의 정보를 파악하여 집단원으로서의 적합성 여부를 결정하는 것이다. 서면 선발의 질문 내용은 집단의 목적에 따라 다르게 구성하여야 한다. 즉, 이혼, 중독, 성, 죽음, 폭력 가해자 또는 피해자 등 특정 목적을 가진 집단을 구성할 경우 집단원들이 그 주제에 대해 생각하는 바를 알 수 있는 내용이 포함되어야 한다.

제11장
집단상담 평가

| 고기홍 |

집단상담 서비스의 질을 유지 및 발전시키기 위해서는 집단상담 평가가 필수적이다. 하지만 상담 실무자들은 집단상담 평가를 덜 중요하게 여기는 경향이 없지 않다. 일부 상담자들은 집단상담 평가를 거의 하지 않는다. 이들에게 집단상담 평가를 요청하면 '좋았다' 또는 '효과 있었다'는 답변을 흔히 들을 수 있다. 하지만 '좋았거나 효과 있음을 입증해 달라'고 요청하면 답변을 회피하거나 주제에서 벗어난 이야기를 장황하게 늘어놓을 수 있다. 다른 상담자들은 집단상담 평가를 실시하지만 매우 형식적이고 기계적으로 한다. 이들은 집단상담 평가에 대한 자발적 의지나 동기가 없으며 외부에서 요구하기 때문에 어쩔 수 없이 한다. 또 다른 상담자들은 집단상담 평가를 실시하지만 편향되게 실시한다. 예를 들면 집단상담 결과에 대한 평가는 실시하지만 사전평가나 과정평가는 실시하지 않을 수 있다. 긍정적 결과나 과정요인에 대해서는 평가를 실시하지만 부정적 결과나 과정요인에 대해서는 평가를 회피할 수 있다. 구성원들에게 만족도 조사를 실시하지만 정작 상담자의 개입과 결과에 대한 평가는 실시하지 않을 수 있다. 또 다른 상담자들은 집단상담 평가를 비교적 적극적으로 실시하지만

그 내용이나 방법이 부적절 하거나 빈약하고, 그 결과가 신뢰롭지 못하다. 예를 들면 기초선 평가 없이 결과 평가만 할 수 있다. 집단상담 결과를 측정하기 위해 '집단상담 만족도 조사 설문지'를 실시했지만 설문지 문항들이 부적절하게 구성되어 있을 수도 있다. 또 다른 상담자들은 상당히 공을 들여 집단상담 평가를 실시하지만, 이렇게 공들인 집단상담 평가의 결과를 유용하게 활용하지 않는다. 예를 들면, 집단상담 회기평가를 실시했지만 그 결과를 다음 회기 계획이나 진행과정에 전혀 반영되지 않을 수 있다. 개별 구성원들에 대한 평가가 이루어졌지만 그 결과를 구성원들에게 피드백 되거나 사례관리를 해 나가는 데 반영되지 않을 수도 있다. 수련 중인 상담자가 자신이 실시한 집단상담 평가 결과들을 슈퍼바이저에게 알리지 않을 수도 있다. 집단상담 계획과 진행과정, 결과에 대한 평가내용들을 이후 사업계획, 프로그램 개발 등에 유용하게 활용되지 않을 수도 있다. 이렇게 되면 장기적으로 집단상담의 질적 발전을 기대할 수 없게 된다.

상담 실무자들이 집단상담 평가를 덜 중요하게 여기는 이유 중 하나는 전통 때문이다. 예를 들면, 로저스와 펄스는 현대 집단상담의 발전에 매우 중요한 기여를 했다고 할 수 있는데, 이들은 '그때그곳 보다는 지금여기, 결과보다는 과정, 이론이나 생각보다는 느낌이나 실행이나 체험, 객관적 사실 이상의 주관적 의미, 자유와 책임' 등을 강조하면서 '인위적이고 인지적인 특성'을 지닌 집단상담 평가를 상대적으로 덜 중요시했기 때문에, 이들의 영향을 받은 현대의 상담자들도 집단상담 평가를 덜 중요시하는 전통이 생겨났다. 물론 상담자들이 집단상담 평가를 덜 중요시하는 경향이 로저스나 펄스의 영향 때문만은 아니다. 많은 상담자들의 내면에 집단상담 평가에 대한 싫음, 귀찮음, 또는 막연한 두려움을 포함한 평가에 대한 저항이 숨어있다. 이런 집단상담 평가에 대한 저항의 원인중 하나는 평가에 대한 지식과 수행능력이 부족, 즉 평가에 대한 전문성이 부족하기 때문이다.

이 장에서는 집단상담 평가에 대해 설명하기 위해 집단상담 평가의 개념정의, 집단상담 평가의 구성요소, 집단상담 평가의 유형, 집단상담 평가의 과정 순으로 설명하였다.

1. 집단상담 평가 개념정의

집단상담 평가에 대한 개념정의를 실시하기 전에 평가(評價, assessment, evaluation)와 유사한 용어인 측정(測定, measurement), 사정(査定, assessment), 진단(診斷, diagnosis)에 대해 살펴보자. 먼저 측정(測定, measurement)이란 '일정한 준거나 규칙에 근거하여 대상의 속성을 수치화하고, 이를 통해 대상에 대한 양적 정보를 수집하는 일'을 의미한다. 측정은 평가 대상의 속성에 대한 정보를 수집하는 과정에서 양적 측면의 객관성을 강조할 때 주로 사용되는 용어이다. 측정을 통해 얻은 정보들은 양적 정보이기 때문에 상대적으로 현상을 기술하거나 설명하거나 예측하거나 통제하기가 용이하다.

사정(査定, assessment)이란 '조사해서 정한다'는 의미이다. 즉, '대상에 대한 객관적인 조사를 실시하고, 이를 토대로 특정 서비스의 제공 여부와 그 정도를 결정하는 일'을 의미한다. 좀 더 자세히 설명하면, 사정이란 용어는 주로 사회복지나 간호 등에서 많이 사용되는데, 이들 분야에서는 사정을 '사회복지나 간호 서비스의 대상에 대한 전반적인 조사를 실시하고, 이를 토대로 사회복지나 간호 서비스의 대상인지의 여부, 만약 서비스 대상이라면 어떤 사회복지나 간호 서비스를 어느 정도 제공해야 하는 지를 결정하는 일'이란 의미로 사용한다.

진단(診斷, diagnosis)이란 '객관적인 준거에 근거하여 병을 분류 및 명명하는 일'을 의미한다(박태수, 고기홍, 2007). 좀 더 자세히 설명하면, 진단이란 용어는 의학분야에서 '병원을 방문한 환자에게 질병과 관련된 객관적인 검사들을 실시하여, 병의 증상과 원인에 대한 정보들을 수집하고, 이를 토대로 병을 분류하는 체계를 사용하여 환자의 병명과 그 원인을 판단하는 일'이란 의미로 사용한다.

반면 평가는 한문으로 '評價'인데, 이는 '값어치를 평하는 일'을 뜻한다. 그리고 평가는 영어로 'evaluation'인데, 이 evaluation의 어간인 'value'는 '가치(價値)'란 의미를 지니고 있다. 따라서 평가의 사전적 의미는 '특정 대상의 가치를 판정하는 일'이라고 할 수 있다. 그런데 평가는 'Evaluation'이 아닌 'Assessment'

의 의미로도 사용된다. 이처럼 평가가 Assessment의 의미로 사용될 때는 일반적으로 과학적 접근이 강조된다. 예를 들면, 대상에 대한 정보를 수집할 때 면접, 심리검사, 관찰, 실험과 같은 과학적 방법을 통한 객관적 정보수집이 강조될 때 평가란 용어를 사용한다. 또한 수집된 정보를 토대로 대상과 관련된 현상들을 객관적으로 기술하고, 기술된 현상들의 원인이나 가치를 객관적으로 설명하는 것이 강조될 때 평가란 용어를 사용한다. 더 나아가 설명을 토대로 미래의 현상들을 객관적으로 예측하거나 바람직한 방향으로 현상을 통제해 나가는 등의 과학적 접근이 강조될 때 평가란 용어를 사용하는 경향이 있다. 결국 평가란 '대상의 속성이나 그 속성의 변화에 대한 객관적 정보를 수집하고, 객관적 준거를 사용하여, 대상의 속성이나 그 변화의 양적 수준이나 질적 가치를 판정 및 설명하는 행위'라고 할 수 있다.

이상의 논의를 고려하여 '집단상담 평가'에 대한 개념정의를 하면 다음과 같다. 집단상담 평가란 '면접, 심리검사, 관찰, 실험 등의 과학적인 방법을 통해 집단상담의 계획과 진행과정, 그리고 결과에 대한 정보를 수집하고, 이를 토대로 현상들을 기술하거나, 이렇게 기술된 현상들의 원인과 가치를 설명하는 일'이다. 그리고 집단상담 평가는 종종 그 이상을 요구하기도 한다. 즉 상기된 설명을 토대로 미래의 현상들을 탐구하여 예측하고, 이를 토대로 현상들을 통제하여 바람직한 집단상담의 계획과 진행과정, 그리고 결과가 산출되게 하며, 이러한 과정을 통해 집단상담 서비스의 질을 유지 및 발전시켜 나가는 일'까지 요구하기도 한다.

상기된 개념정의를 토대로 집단상담 평가의 구성요소, 즉 집단상담 평가의 주체, 대상, 목적, 목표, 과정에 대해 설명하면 다음과 같다.

1) 주체

집단상담 평가의 주체는 '상담자, 구성원, 상담기관'이다. 이들 주체에 대해 좀 더 구체적으로 설명하면 다음과 같다.

- 상담자　집단상담 평가의 1차적 주체는 상담자이다. 상담자는 자신이 계획하고, 진행하며, 산출한 결과에 대한 1차적 평가의 책임이 있다.

- 구성원　집단상담 평가의 또 다른 주체는 집단상담 구성원이다. 집단상담 구성원은 집단상담 이전, 집단상담 참여과정 중, 그리고 집단상담 이후의 자신의 상태나 반응행동에 대한 자기평가의 책임이 있다.

- 기관　집단상담 평가의 또 다른 주체는 상담기관이다. 상담기관은 '집단상담 사업, 예산, 시설, 전문인력'의 계획, 운영과정, 결과에 대한 평가의 책임이 있다. 또한 상담기관은 상담자의 집단상담 평가를 지도감독할 책임이 있다.

2) 대상

집단상담 평가의 대상은 '상담자, 구성원, 상담기관을 포함한 집단상담'이다. 이러한 집단상담 평가의 대상인 '상담자, 구성원, 상담기관'을 좀 더 구체적으로 설명하면 다음과 같다.

- 상담자　집단상담 평가의 대상은 '상담자의 개입계획, 개입행동, 개입결과' 이다. 즉 상담자가 '집단상담 프로그램 개발, 그리고 신청접수, 접수면접, 사전집단, 그리고 첫 회기부터 종결 회기, 종결 후까지'의 집단상담 과정에서 '개입계획을 수립하였는지, 만약 수립했다면 어떻게 수립하였는지, 수립된 개입계획이 적합하였는지, 그리고 실제 집단상담 과정에서 개입계획과 관련하여 어떻게 개입행동을 하였는지, 이런 개입행동이 적합하였는지, 그리고 개입행동의 결과로서 어떤 개입결과가 나타났는지, 이런 개입결과가 개입계획과 비교하여 어떠한지' 등이 집단상담 평가의 대상이다.

- 구성원 집단상담 평가의 대상은 '구성원들의 상태나 반응행동'이다. 즉 구성원들은 '집단상담 이전에 어떤 상태였고 어떤 반응행동을 하였는지, 이런 상태나 반응행동이 기능적이었는지', 그리고 '신청접수, 접수면접, 사전집단, 첫 회기부터 종결 회기, 종결 후까지'의 집단상담 과정에서 '어떤 상태였고 어떤 반응행동을 보였는지, 이런 상태나 반응행동이 기능적이었는지, 그리고 종결 이후에 어떤 상태가 되었고 어떤 반응행동을 하는지, 이런 상태나 반응행동이 집단상담 이전과 비교하여 어떠한지' 등이 집단상담 평가의 대상이다.

- 기관 집단상담 평가의 대상은 '상담기관의 사업계획, 사업운영, 사업결과'이다. 즉 상담기관이 집단상담 사업과정에서 '사업내용, 예산, 시설, 전문인력 등을 포함한 집단상담 사업계획을 어떻게 수립하였는지, 이 사업계획이 적합하였는지, 그리고 실제 집단상담 사업과정에서 어떻게 사업내용 추진, 예산집행, 시설사용, 전문인력 운영을 하였는지, 이 운영이 적합하였는지, 그리고 사업운영의 결과로서 어떤 사업내용 추진의 결과, 결산, 시설사용의 결과, 전문인력 운영의 결과가 나타났는지, 이런 사업결과가 사업계획과 비교하여 어떠한지' 등이 집단상담 평가의 대상이다.

3) 목적

집단상담 평가의 목적은 '집단상담 서비스의 질을 형성, 유지, 발전시키는 것'이다. 이러한 집단상담 평가의 목적은 구체적으로 '상담자, 구성원, 상담기관'으로 구분하여 다음과 같이 기술할 수 있다.

- 상담자 상담자가 집단상담 평가를 실시하는 목적은 '내담자의 바람직한 변화를 조력하기 위해서'이다. 그리고 '상담자의 개입계획, 개입과정, 개입결과를 점검하여 상담자가 제공하는 집단상담 서비스 질을 형성, 유지, 발전

시키기 위해서'이다. 그리고 '상담자의 전문적 인간적 성장을 위해서'이다.

- **구성원**   구성원이 집단상담 평가에 참여하는 목적은 '자신의 심리치료, 또는 문제해결, 또는 학습과 성장을 위해서'이다. 그리고 상담기관과 상담자의 조력에 협조하는 과정에서 '상담개입의 결과에 대한 정보를 제공하기 위해서'이다.

- **상담기관**   상담기관에서 집단상담 평가를 실시하는 목적은 '상담기관에서 운영하는 집단상담 서비스 질을 형성, 유지, 발전시키기 위해서'이다. 그리고 '상담기관의 전문적 성장과 발전을 위해서'이다.

4) 목표

집단상담 평가의 목표란 집단상담 평가를 실시하고 나서 그 결과로서 산출하고자 하는 것을 말한다. 집단상담 평가의 목표들은 다음과 같다. 참고로 아래에 제시된 목표들을 모두 진술해야 하는 것은 아니다. 상황과 필요에 맞게 선택적으로 진술하면 된다.

첫째, 집단상담 계획, 집단상담 과정, 집단상담 결과가 진술되어 있어야 한다. 구체적으로 평가대상인 '상담자'와 관련하여 집단상담 프로그램 개발, 그리고 신청접수, 접수면접, 사전집단, 그리고 첫 회기부터 종결 회기, 종결 이후까지의 '개입계획, 개입행동, 개입결과'가 진술되어 있어야 한다. 그리고 필요하다면 '관련 현상의 원인과 가치에 대한 설명'이 진술되어 있어야 한다. 또한 필요하다면 '대안계획, 대안 진행과정, 대안결과에 대한 제안'이 진술되어 있어야 한다. 이를 문장형태로 바꾸면 다음과 같다.

- **집단상담 프로그램 개발**   집단상담 프로그램은 ○○이다. 이는 ○○과정을 통해 계획, 진행, 개발되었다.
  그리고 상기된 계획, 진행, 개발 현상이 발생한 원인은 ○○이다(원인 설명).

그리고 집단상담 프로그램 개발 수준은 ○○이다. 집단상담 프로그램 개발의 소정의 목표나 목적의 성취여부는 ○○이다. 집단상담 프로그램 개발의 효율성은 ○○이다(가치 설명).

그리고 대안계획이나 대안 진행과정이나 대안 개발결과를 제시하면 ○○이다(대안 제시).

• **개입계획**　집단상담(신청접수, 접수면접, 사전집단, 첫 회기부터 종결 이후까지)의 개입계획은 ○○이었다.

그리고 상기된 개입계획 현상이 발생한 원인은 ○○이다(원인 설명).

그리고 집단상담 개입계획의 수준은 ○○이다. 집단상담 개입계획의 소정의 목표나 목적의 성취여부는 ○○이다. 집단상담 개입계획의 효율성은 ○○이다(가치 설명).

그리고 대안 개입계획을 제시하면 ○○이다(대안 제시).

• **개입과정**　실제 집단상담(신청접수, 접수면접, 사전집단, 첫 회기부터 종결 이후까지)의 개입과정은 ○○순서로 진행되었다.

그리고 상기된 개입과정 현상이 발생한 원인은 ○○이다(원인 설명).

그리고 집단상담 개입과정의 수준은 ○○이다. 집단상담 개입과정의 소정의 목표나 목적의 성취여부는 ○○이다. 집단상담 개입과정의 효율성은 ○○이다(가치 설명).

그리고 대안 개입과정을 제시하면 ○○이다(대안 제시).

• **개입결과**　집단상담(신청접수, 접수면접, 사전집단, 첫 회기부터 종결 이후까지)의 개입결과, ○○가 산출되었다.

그리고 상기된 개입결과 현상이 발생한 원인은 ○○이다(원인 설명).

그리고 집단상담 개입결과의 수준은 ○○이다. 집단상담 개입결과의 소정의 목표나 목적의 성취여부는 ○○이다. 집단상담 개입결과의 효율성은 ○○이다(가치 설명).

그리고 대안 개입결과를 제시하면 ○○이다(대안 제시).

둘째, 구성원의 이전과 현재의 행동(또는 상태)이 진술되어 있어야 한다. 구체적으로 평가대상인 '구성원'과 관련하여 '집단상담 이전의 상태나 반응행동, 신청접수부터 종결 이후까지의 상태나 반응행동'이 진술되어 있어야 한다. 그리고 필요하다면 '관련 현상의 원인과 가치에 대한 설명'이 진술되어 있어야 한다. 또한 필요하다면 '대안 상태나 반응행동에 대한 제안'이 진술되어 있어야 한다. 이를 문장형태로 바꾸면 다음과 같다.

- 이전 집단상담 이전의 구성원의 상태나 반응행동은 ○○이었다.

  그리고 상기된 구성원의 상태나 반응행동 현상이 발생한 원인은 ○○이다 (원인 설명).

  그리고 구성원의 상태나 반응행동의 기능수준은 ○○이다. 구성원의 상태나 반응행동의 기능 효율성은 ○○이다(가치 설명).

- 과정 집단상담 과정 중(신청접수, 접수면접, 사전집단, 첫 회기부터 종결 회기까지)의 구성원의 상태나 반응행동은 ○○이었다.

  그리고 상기된 구성원의 상태나 반응행동 현상이 발생한 원인은 ○○이다 (원인 설명).

  그리고 구성원의 상태나 반응행동의 기능수준은 ○○이다. 구성원의 상태나 반응행동이 자신이 수립한 소정의 목표나 목적의 성취여부는 ○○이다. 구성원의 상태나 반응행동의 효율성은 ○○이다(가치 설명).

  그리고 대안 상태나 반응행동을 제시하면 ○○이다(대안 제시).

- 결과 집단상담 이후의 구성원의 상태나 반응행동은 ○○이었다.

  그리고 상기된 구성원의 상태나 반응행동 현상이 발생한 원인은 ○○이다 (원인 설명).

  그리고 구성원의 상태나 반응행동의 기능수준은 ○○이다. 구성원의 상태나 반응행동이 자신이 수립한 소정의 목표나 목적의 성취여부는 ○○이다. 구성원의 상태나 반응행동의 효율성은 ○○이다(가치 설명).

그리고 대안 상태나 반응행동을 제시하면 ○○이다(대안 제시).

  셋째, 사업계획, 사업과정, 사업결과가 진술되어 있어야 한다. 구체적으로 평가대상인 '상담기관'과 관련하여 '집단상담 사업내용, 예산, 시설, 전문인력의 계획, 운영과정, 결과'가 진술되어 있어야 한다. 이를 문장형태로 바꾸면 다음과 같다.

- 사업   상담기관의 집단상담 사업내용은 ○○이었다. 이는 ○○과정을 통해 계획, 집행, 종결되었다.

  그리고 상기된 계획, 집행, 종결 현상이 발생한 원인은 ○○이다(원인 설명).

  그리고 사업내용의 수준은 ○○이다. 사업내용의 소정의 목표나 목적의 성취여부는 ○○이다. 사업내용의 효율성은 ○○이다(가치 설명).

  그리고 대안계획이나 대안 집행과정이나 대안종결을 제시하면 ○○이다(대안 제시).

- 예산   상담기관의 집단상담 사업예산은 ○○이었다. 이는 ○○과정을 통해 계획, 집행, 결산되었다.

  그리고 상기된 예산계획, 집행, 결산 현상이 발생한 원인은 ○○이다(원인 설명).

  그리고 사업예산의 수준은 ○○이다. 사업예산의 소정의 목표나 목적의 성취여부는 ○○이다. 사업예산의 효율성은 ○○이다(가치 설명).

  그리고 대안 예산계획이나 대안 집행과정이나 대안결산을 제시하면 ○○이다(대안 제시).

- 시설   상담기관의 집단상담 시설은 ○○을 사용하였다. 이는 ○○과정을 통해 계획, 사용, 종결되었다.

  그리고 상기된 시설계획, 사용, 종결 현상이 발생한 원인은 ○○이다(원인 설명).

그리고 시설의 수준은 ○○이다. 시설의 소정의 목표나 목적의 성취여부는 ○○이다. 시설의 효율성은 ○○이다(가치 설명).

그리고 대안계획이나 대안 사용과정이나 대안종결을 제시하면 ○○이다(대안 제시).

- 인력 상담기관의 집단상담 전문인력은 ○○이었다. 이는 ○○과정을 통해 계획, 관리 및 지원, 종결되었다.

  그리고 상기된 전문인력 계획, 관리 및 지원, 종결 현상이 발생한 원인은 ○○이다(원인 설명).

  그리고 전문인력의 수준은 ○○이다. 전문인력의 소정의 목표나 목적의 성취여부는 ○○이다. 전문인력의 효율성은 ○○이다(가치 설명).

  그리고 대안계획이나 대안 관리 및 지원과정이나 대안종결을 제시하면 ○○이다(대안 제시).

5) 과정

집단상담 평가과정은 '집단상담 평가계획, 정보수집, 현상기술, 현상설명, 대안제시, 재과정'의 순으로 이루어진다.

첫째, 집단상담 평가에 대한 계획을 수립한다.

둘째, 집단상담 평가 항목에 대한 정보를 수집한다.

셋째, 집단상담 평가를 실시한다. 즉 수집된 정보를 토대로 현상을 기술하고, 현상의 원인과 가치를 설명한다. 추가적으로 대안을 제시한다.

- 현상기술 집단상담 계획, 진행과정, 결과에 대해 명명 및 기술한다.
- 현상설명 집단상담 계획, 진행과정, 결과에 대한 원인을 설명한다. 그리고 수준, 성취여부, 효율성을 평가한다.

• 대안제시　집단상담의 대안계획, 대안 진행과정, 대안결과를 제시한다.

넷째, 재과정을 거친다. 즉 추가적인 계획, 정보수집, 평가의 순환과정을 거친다.

2. 집단상담 평가의 유형

집단상담 평가에 대해 좀 더 자세히 이해하려면 집단상담 평가 유형을 아는 것이 필요한데, 집단상담 평가는 분류준거에 따라 다양하게 분류할 수 있다. 분류준거에 따른 집단상담 평가의 유형을 정리하면 다음과 같다.

1) 대상과 주체

집단상담 평가는 평가의 대상에 따라 '구성원 평가, 집단상담 프로그램 평가, 상담자 평가, 상담기관 평가'로 구분할 수 있다. 즉 평가의 대상이 누구냐에 따라, 평가의 대상이 집단구성원이라면 '구성원 평가'라 하고, 평가의 대상이 집단상담 프로그램이라면 '집단상담 프로그램 평가'라 한다. 또한 평가의 대상이 집단상담자라면 '상담자 평가'라 하고, 평가의 대상이 집단상담을 운영하는 기관이라면 '상담기관 평가'라고 한다.

또는 집단상담 평가는 평가를 실시하는 주체에 따라 '상담자 평가, 구성원 자기평가, 상담기관 평가'로 구분할 수도 있다. 즉 평가를 하는 주체가 누구냐에 따라, 집단상담자가 평가를 실시하는 주체이면 '상담자 평가'라 하고, 집단구성원들이 평가를 실시하는 주체라면 '구성원 자기평가'라 하며, 집단상담 기관이 평가를 실시하는 주체라면 '상담기관 평가'라고 한다.

또는 집단상담 평가는 평가를 발주하거나 주관하는 곳이 어디인가에 따라 '내부 평가와 외부 평가'로 구분할 수도 있다. 즉 평가를 발주하거나 주관하는 곳이 내부이면 '내부 평가'라 하고, 외부이면 '외부 평가'라 한다.

2) 양적 지표

양적 지표의 사용 여부에 따라 '양적 평가와 질적 평가'로 구분할 수 있다. 즉, 관찰 가능하고 측정 가능하며 통제 가능한 양적 지표를 사용하여 평가를 하면 '양적 평가'라 하고, 반대로 관찰과 측정과 통제가 어려운 질적 또는 주관적인 지표를 사용하여 평가를 하면 '질적 평가'라고 한다.

또 평가의 객관성 여부에 따라 '객관적 평가와 주관적 평가'로 구분할 수도 있다. 즉, 양적인 지표를 사용하고 타당도나 신뢰도가 높은 평가방법이나 도구를 사용하여 평가하면 '객관적 평가'라 하고, 반대로 질적이고 주관적인 지표를 사용하고 타당도나 신뢰도가 낮은 평가방법이나 도구를 사용하여 평가하면 '주관적 평가'라고 한다.

3) 준거

평가 준거에 따라 '상대 평가와 절대 평가'로 구분할 수 있다. 즉, 객관적 비교준거집단을 미리 만들거나 정해 놓고, 특정 평가대상의 비교준거집단내 상대적 위치를 평가하면 '상대 평가' 또는 '규준지향적 평가'라 한다. 그러나 객관적 비교준거가 아닌 주관적 또는 객관적이지 않은 절대준거를 미리 만들거나 정해 놓고, 특정 평가대상의 절대준거내 상대적 위치를 평가하면 '절대 평가'라고 한다.

4) 대상의 수

평가 대상의 수에 따라 '개인 평가와 집단 평가'로 구분할 수 있다. 즉, 평가 대상의 수가 1인이면 '개인 평가'라 하고, 이와는 달리 평가 대상이 2인 이상의 집단이라면 '집단 평가'라고 한다.

5) 시점

평가의 시점에 따라 '사전 평가, 초기 평가, 중간 또는 과정 평가, 종결 또는 성과 평가, 사후 평가'로 구분할 수 있다. 즉, 평가를 하는 시점이 집단상담을 시작하기 이전이면 '사전 평가'라 한다. 또 평가를 하는 시점이 집단상담의 초기이면 '초기 평가'라 하고, 평가를 하는 시점이 집단상담의 중기이면 '중간 또는 과정 평가'라 하며, 평가를 하는 시점이 집단상담의 후반기이면 '종결 평가 또는 성과 평가'라 하고, 평가를 하는 시점이 집단상담이 끝난 이후이면 '사후 평가'라고 한다.

6) 목적

평가의 시점과 목적에 따라 '진단 평가, 형성 평가, 총괄 평가'로 구분하기도 한다. 즉, 집단상담이 시작되기 이전 또는 집단상담 초기에 집단구성원들의 기초선 상태를 진단하기 위한 목적으로 실시하는 평가를 '진단 평가'라 하고, 집단상담이 진행되고 있는 중간 시점에서 구성원들의 목표성취 정도, 그리고 집단상담 내용이나 방법 등을 점검 및 개선하기 위한 목적으로 실시하는 평가를 '형성 평가'라 하며, 집단상담이 끝나는 시점에서 집단상담 목표의 성취 정도나 집단상담 효과를 총괄적으로 파악하기 위한 평가를 '총괄 평가'라고 한다.

7) 범주

평가 범주에 따라 '반응행동 평가, 집단상담 활동 평가, 집단상담 회기 평가, 집단상담 평가'로 구분할 수 있다. 즉, 평가를 하는 범주가 특정한 반응행동이면 '반응행동 평가'라 하고, 평가를 하는 범주가 특정한 상담활동이면 '집단상담 활동 평가'라 하며, 평가를 하는 범주가 특정한 회기이면 '집단상담 회기 평가'라 하고, 평가를 하는 범주가 전체 집단상담이면 '집단상담 평가'라고 한다.

3. 집단상담 평가의 과정

집단상담 평가는 주체, 대상, 내용, 도구, 시점, 목적 등의 다양한 측면들을 고려해야 하는 복잡한 과정이다. 가령 집단상담 평가의 주체에 따라 평가과정이 달라질 수 있다. 예를 들어, 집단상담 평가의 1차적 주체인 상담자가 자신의 상담개입을 평가할 때, 집단상담 구성원이 자기반응을 평가를 할 때, 그리고 상담기관에서 사업운영을 평가할 때는 서로 평가과정이 달라질 수 있다. 또한 집단상담 평가의 대상이나 내용이 무엇이냐에 따라 평가과정은 달라질 수 있다. 예를 들어, 평가대상이나 내용이 사전에 개발한 집단상담 프로그램일 때, 상담자의 상담개입일 때, 그리고 상담기관의 사업운영일 때는 서로 평가과정이 달라질 수 있다. 또한 집단상담 평가 시점이 집단상담을 시작하기 이전 시점인지, 첫 회기 시점인지, 중간회기 시점인지, 종결회기나 종결 이후의 시점인지에 따라 평가과정이 달라질 수 있다. 또한 집단상담 평가는 목적에 따라 평가과정이 달라질 수 있다. 예를 들어 단순히 상담실무에서 사례관리나 성과를 높이기 위한 목적으로 평가를 할 때와 연구목적으로 평가를 할 때나 수련중인 상담자의 지도감독 목적으로 평가를 할 때는 서로 평가과정이 달라질 수 있다. 따라서 집단상담 평가과정을 결정할 때는 주체, 대상, 내용, 도구, 시점, 목적 등의 다양한 측면들을 고려해야 한다. 상기된 여러 가지 측면들을 고려할 때 집단상담 평가의 과정은 '평가계획 수립, 정보수집과 평가, 그리고 원인 및 가치 설명, 대안 제시'의 순으로 설명할 수 있다.

1) 평가계획 수립

집단상담 평가는 다양한 요소들을 고려해야 하는 복잡한 과정이기 때문에 사전에 평가계획을 수립하는 것이 바람직하다. 일반적으로 집단상담 평가는 집단상담 계획 또는 집단상담 프로그램 개발 단계에서부터 고려되어야 한다.

(1) 평가계획의 구성요소

집단상담 평가계획을 수립하고 한다면 '평가목적, 평가목표, 평가내용과 일정'을 포함시키는 것이 바람직하다.

- **평가목적** 평가계획에는 집단상담 평가를 실시해야 하는 필요성이나 추구하는 목적을 기술하는 것이 바람직하다.

- **평가목표** 평가계획에는 집단상담 평가의 결과로서 산출하고자 하는 구체적인 목표를 기술하는 것이 바람직하다.

- **평가내용과 일정** 평가계획에는 구체적인 평가내용별 일정을 기술하는 것이 바람직하다. 즉 집단상담 평가목표를 성취하기 위한 하위 절차, 그리고 집단상담 평가과정에서 예상되는 난관 등을 고려하여 구체적인 하위 평가내용들을 도출하고, 이렇게 도출한 하위 평가내용들에 대해 각각 언제 평가를 시작해서 언제 평가를 완료할 것인지에 대한 구체적인 일시를 명시하는 것이 바람직하다.

(2) 집단상담 평가의 설계

집단상담 평가계획을 수립하려면, 그 이전에 집단상담 평가의 설계를 고려해야 한다. 일반적으로 집단상담 평가는 '사후 평가, 사전사후 비교평가, 집단 간 비교평가'의 세 가지 유형으로 설계할 수 있다.

① 사후 평가

먼저 집단상담 평가는 사후 평가 방식으로 설계할 수 있다. 사후 평가란 집단상담 사후에 평가를 실시하는 방식이다. 즉, 집단상담의 종결시점, 또는 종결된 이후의 시점에서 집단상담 이전, 집단상담 진행과정, 집단상담 진행결과에 대해 평가하는 방식이다. 사후 평가는 다소 객관성이 떨어지는 단점이 있지만 실용적이어서 상담현장에서 가장 많이 사용된다. 예를 들면, 상담실무에서 집단상담 종결시점 또는 종결 이후의 시점에서 실시하는 집단상담 총괄평가들은 사후 평가 방식을 많이 사용한다.

사후 평가 방식은 다양한데, 구체적인 사후 평가 방식들을 예시하면 다음과 같다.

- **질문지 평가** '사후 평가 질문지'를 제작하여, 구성원들에게 평가 질문지에 응답하게 한 후, 구성원들의 응답한 내용을 토대로 실시하는 평가이다.

- **만족도 평가** 사후 평가 질문지의 한 형태로서 '사후 만족도 질문지'를 제작하여, 구성원들에게 만족도 질문지에 응답하게 한 후, 구성원들의 응답한 내용을 토대로 실시하는 평가이다.

- **주관적 평가지수** 집단상담이 종결되는 시점 또는 종결된 이후에, 구성원들에게 주관적 평가지수를 사용하여 스스로 자기평가를 하도록 하고, 구성원들이 보고하는 자기평가 점수를 토대로 실시하는 평가이다.

- **면접평가** 사후 심층면접을 실시하여, 구성원들이 면접에서 응답한 내용을 토대로 실시하는 평가이다.

- **관련인 면접평가** 사후 부모나 가족, 교사, 복지사 등의 관련인과 면담을 실시하여 구성원의 상태나 반응행동에 대한 정보를 수집하고, 이를 토대로 실시하는 평가이다.

- **행동관찰** 집단상담 종결시점에서 구성원의 반응행동들을 관찰하여 정보를 수집하고, 이를 토대로 실시하는 평가이다. 또는 사후 생활장면에서 부모 등에게 구성원의 반응행동들을 관찰하여 정보를 수집하게 하고, 이를 토대로 실시하는 평가이다.

- **시험** 시험지를 제작하여, 집단상담 종결시점에서 구성원들에게 응시하게 한 후, 구성원들의 응시한 내용을 토대로 실시하는 평가이다.

• 수행 평가　발표, 토론, 역할놀이, 작품제작, 과제 등의 수행평가를 제작하여, 집단상담 종결시점에서 구성원들에게 수행하게 한 후, 구성원들의 수행과정과 수행결과에 대한 정보를 수집하고, 이를 토대로 실시하는 평가이다.

• 생활변화 평가　사후 생활변화 조사를 실시하여 식사행동, 수면행동, 등교행동, 공부행동, 게임행동, 성적, 진학, 취업, 급료, 결혼 등의 생활변화 정보들을 수집하고, 이를 토대로 실시하는 평가이다.

• 출석률 평가　집단상담이 종결된 이후에 구성원들의 집단상담 출석률을 확인하고 이를 토대로 실시하는 평가이다.

② 사전사후 비교평가

집단상담 평가는 '사전사후 비교평가 방식'으로 설계를 할 수도 있다. 사전사후 비교평가란 집단상담이 시작되기 이전인 사전, 그리고 집단상담이 종결된 이후인 사후에 평가를 실시하고, 이 둘을 비교하는 평가 방식이다. 사전사후 비교평가는 상대적으로 객관성이 높기 때문에 보다 객관성이 강조될 때 많이 사용된다. 구체적인 사전사후 비교평가 방식들을 예시하면 다음과 같다.

• 사전사후 심리평가　사전사후에 똑같은 표준화된 심리검사를 사용하여 검사를 실시하고, 사전사후의 검사결과들을 서로 비교하여 실시하는 평가이다.

• 사전사후 진단평가　사전사후에 DSM이나 ICD를 사용하여 똑같은 진단평가를 실시하고, 사전사후의 진단평가 내용들을 서로 비교하여 실시하는 평가이다.

• 사전사후 주관적 평가지수　사전사후에 구성원들에게 주관적 평가지수를 사용하여 스스로 자기평가를 하도록 하고, 사전사후에 구성원들이 보고하는 자기평가 점수를 서로 비교하여 실시하는 평가이다.

- 사전사후 면접평가 　사전사후에 똑같은 심층면접을 하여 면접평가를 실시하고, 사전사후에 구성원들이 심층면접에 응답한 내용을 서로 비교하여 실시하는 평가이다.

- 사전사후 관찰평가 　사전사후에 똑같은 행동관찰을 하여 관찰평가를 실시하고, 사전사후에 구성원들에게 관찰된 행동을 서로 비교하여 실시하는 평가이다.

- 사전사후 관찰실험평가 　사전사후에 실험조건에서 보이는 반응행동에 대해 관찰평가를 실시하고, 사전사후 실험조건에서 보이는 반응행동을 서로 비교하여 실시하는 평가이다.

③ 집단 간 비교평가

집단상담 평가는 '집단 간 비교평가 방식'으로 설계를 할 수도 있다. 집단간 비교평가란 집단상담 처치집단과 통제집단(또는 비교집단)을 비교하여 실시하는 평가이다. 집단간 비교평가는 상대적으로 객관성이 가장 높기 때문에 집단상담 연구와 같이 보다 과학적인 접근이 요구될 때 사용된다. 구체적인 집단 간 비교평가 방식을 예시하면 다음과 같다.

- 통제집단 비교평가 　모든 것이 동일한 통제집단을 만든 후, 처치집단에는 집단상담을 실시하고, 통제집단에는 집단상담을 실시하지 않는다. 그리고 각 집단에 대해 사후 또는 사전사후 평가를 실시한 후, 집단을 서로 비교하여 평가하는 방식이다.

- 비교집단 비교평가 　집단상담 처치변인 외에 모든 것이 동일한 비교집단을 만든 후, 처치집단에는 처치변인이 포함된 집단상담을 실시하고, 비교집단에는 처치변인이 포함되지 않은 집단상담을 실시한다. 그리고 각 집단에 대해 사후 또는 사전사후 평가를 실시한 후, 집단을 서로 비교하여 평가하

는 방식이다.

- 통제 및 비교집단 비교평가   통제집단과 비교집단을 모두 만든 후, 집단상담 및 평가를 실시하고, 이들 집단을 서로 비교하여 평가하는 방식이다.

2) 정보수집과 평가

집단상담 평가는 평가계획을 수립하고 나서 관련 정보를 수집하고 이를 토대로 평가를 해 나간다. 이렇게 정보를 수집하고 평가를 해 나가는 방법을 유형화하면 면접, 심리검사, 관찰, 실험, 그리고 질적 평가로 구분하여 설명할 수 있다.

(1) 면접

면접법(interview)은 상담자의 질문에 대한 구성원의 언어적 응답 내용, 그리고 면접이 시행되는 조건에서 보이는 구성원의 반응행동을 관찰하여 얻은 자료에 근거하여 평가를 하는 방법을 말한다.

면접법은 분류준거에 따라 여러 가지로 구분할 수 있는데, 먼저 목적에 따라 '진단 면접과 치료 면접'으로 구분할 수 있다. 즉, 현재의 상태를 진단하는 것이 목적인 경우를 '진단 면접'이라 하고, 심리치료, 문제해결, 학습 및 성장을 촉진하는 것이 목적인 경우를 '치료 면접'이라 한다. 또한 인원수에 따라 '개별 면접과 집단 면접'으로 구분할 수 있다. 즉, 구성원 1인과 개별적으로 면접할 경우를 '개별 면접'이라 하고, 2인 이상의 집단으로 면접할 경우를 '집단 면접'이라 한다. 또한 구조화 정도에 따라 '비구조화 면접, 구조화 면접, 반구조화 면접'으로 구분할 수 있다. 즉, 면접계획을 수립하지 않고 비형식적으로 면접을 진행하면 '비구조화 면접'이라 하고, 체계적인 면접계획을 수립하여 계획된 형식과 순서에 따라 면접을 진행하면 '구조화 면접'이라 하며, 잠정적 지침으로서의 개괄적인 면접계획을 수립하고 이에 따라 면접을 진행하면서 동시에 상황에 따라 유연한 비형식적 형태의 면접을 병행하면 '반구조화 면접'이라 한다. 일반적으로 구조화 또는 반구조화 면접을 할 때는 보조적인 평가 도구들이 사용된다. 예를 들면 상담자용 또는 구성원용 '질문 목록, 질문지, 체크리스트, 평정 척도'와 같은 것들이 사용된다. 보조적인 평가 도구들은 제작해서 사용하기도 하고, 이미 만들어진 기존의 질문지나 척도를 선택해서 사용하기도 한다.

면접법을 통한 집단상담 평가는 특정 시점에서만 이루어지지 않고, 전 과정에서 이루어진다. 예를 들면, 집단상담 이전에 실시하는 심리평가, 진단평가, 선별평가, 위기평가 등을 포함하는 신청 및 접수면접은 주로 면접법을 기반으로 이루어진다. 또한 집단상담이 시작된 이후에 이루어지는 문제평가, 회기평가, 중간평가, 총괄평가, 그리고 사후 평가 등도 주로 면접법을 통해 이루어진다.

면접법이 집단상담 전체 과정에서 사용되긴 하지만 어느 시점이냐에 따라 면접법 유형은 조금씩 달라질 수 있다. 예를 들어, 집단상담 이전에 평가를 할 때는 '치료 면접 보다는 진단 면접, 집단 면접 보다는 개별 면접, 비구조화 면접 보다는 구조화 및 반구조화 면접'을 더 선호하는 경향이 있다. 그리고 본 집단상담에서 평가를 할 때는 '진단 면접과 치료 면접'이 병행되고, '개별 면접 보다는 집단 면접, 구조화된 면접 보다는 반구조화 및 비구조화 면접'을 더 선호하는 경향이 있다. 그리고 집단상담이 끝난 이후에 평가를 할 때는 '치료 면접 보다는 진단 면접, 집단 면접 보다는 개별 면접, 엄격하게 구조화된 면접 보다는 융통성 있는 반구조화 및 비구조화 면접'을 더 선호하는 경향이 있다.

한편, 비구조화 면접은 상담자의 주관성이 많이 개입되기 때문에 상대적으로 객관성이 부족하다는 문제점을 지니고 있다. 비구조화 면접의 객관성을 보완하기 위해 개발된 방법이 구조화 면접이다. 구조화 면접에서는 객관성을 높이기 위해 면접과정을 구체적으로 계획하고, 이 계획에 따라 면접을 진행하도록 한다. 그러나 구조화된 면접도 상담자의 주관성을 완전히 배재시키기 어렵다는 문제점을 가지고 있다. 더불어 면접을 통해 수집된 정보들은 수치화가 어렵다는 문제점도 가지고 있다. 따라서 면접은 대체로 양적 평가라고 하기보다는 질적 평가에 가깝다고 할 수 있다.

(2) 심리검사

심리검사란 '심리검사에 대한 구성원의 응답내용, 그리고 심리검사가 시행되는 조건에서 보이는 구성원의 반응행동을 관찰하여 얻은 자료에 근거하여 평가를 하는 방법'이다.

심리검사는 분류준거에 따라 여러 가지로 구분할 수 있는데, 먼저 표준화 여부에 따라 '표준화 검사와 비표준화 검사'로 구분할 수 있다. 즉, 검사의 제작과정에서 타당도와 신뢰도를 검증하였기 때문에 객관성이 인정되고, 규준을 가지고 있어서 검사에서 얻은 점수가 모집단 내에서 상대적으로 어느 위치에 해당하는지를 알 수 있게 하며, 매뉴얼을 가지고 있어서 검사 실시, 채점, 해석을 표준화된 절차에 따라 실시할 수 있는 검사를 '표준화 검사'라 한다. 이와는 달리 검사의 제작과정에서 타당도와 신뢰도를 검증하지 않았거나, 검증을 했더라도 타당도와 신뢰도가 너무 낮아서 객관성이 없거나, 규준이 마련되지 않아 점수를 객관적으로 설명하기 어렵고, 매뉴얼이 없어서 검사 실시, 채점, 해석을 일관되게 하기 어려운 검사들을 '비표준화 검사'라 한다. 또한 검사 방식에 따라 '객관식 검사와 투사 검사'로 구분할 수 있다. 즉, 주관식이 아닌 객관식 형태로 만들어진 검사를 '객관식 검사'라 하고, 모호한 자극을 제시하여 내적 정신과정이 투사되도록 만들어진 검사를 '투사 검사'라고 한다. 또한 검사 내용에 따라 '능력 검사와 성향 검사'로 구분할 수 있다. 즉 수행능력을 측정하는 검사를 '능력 검사'라 하고, 특성이나 성향을 측정하는 검사를 '성향 검사'라고 한다. 또한 검사 인원수에 따라 '개인 검사와 집단 검사'로 구분할 수 있다. 즉 개별적으로 실시하는 검사를 '개인 검사'라 하고, 집단적으로 실시하는 검사를 '집단 검사'라고 한다.

집단상담 평가에서 심리검사의 사용이 면접처럼 일반적인 것은 아니다. 바꿔 말하면 심리검사는 항시 사용하는 방법이기 보다는 필요한 상황에서만 사용하는 방법이라고 할 수 있다. 심리검사는 대체로 객관적인 평가가 요구되는 상황에서 사용하는 경향이 있다. 예를 들어 실험 논문을 쓸 때, 외부 의뢰를 받아서 집단상담을 실시하는데 외부 의뢰기관에서 객관적 성과 보고서를 요구할 때, 특

수 목적성 사업의 일환으로 집단상담을 실시하는 상황에서 사업 목적상 객관적
성과 보고서를 작성해야 할 때와 같이 객관적인 평가가 요구되는 상황에서 사용
하는 경향이 있다.

그리고 집단상담 과정에서 심리검사가 실시되는 시점을 보면, 심리검사는 집
단상담이 '시작되기 이전'과 집단상담이 '종결되는 시점, 또는 종결 직후'에 상대
적으로 더 많이 사용하는 경향이 있다.

심리검사 도구는 '새로 심리검사를 만들어서 사용하는 방법'과 '기존의 심리검
사를 선택해서 사용하는 방법'이 있다. 먼저 특정 집단상담에 맞게 심리검사 제
작한 후, 이를 집단상담 평가에 사용하는 방법은 현실적으로 연구 능력, 경제적
문제, 장기간의 시간과 에너지 투자 등과 같은 많은 어려움이 따른다. 하지만 만
약 집단상담 평가를 위해 심리검사 도구를 새로 만들어서 사용해야 하는 상황이
라면 아래의 〈표 11-1〉과 같은 절차로 심리검사 도구를 제작할 수 있다.

ㅇㅇㅇ **표 11-1 심리검사 도구 제작 절차**

- 심리검사 개발 계획을 수립한다.
- 구성개념을 조작적으로 정의한다. 하위 요소를 구성하고, 각 하위개념을 조작적으로 정의
  한다.
- 예비 문항을 구성한다.
- 예비 검사를 실시한다. 이어 문항을 수정한다.
- 본 검사 문항을 구성한다.
- 표집과 본 검사를 실시한다.
- 타당도와 신뢰도 검증한다. 규준을 설정한다.
- 검사 사용설명서를 제작한다.

실제 집단상담 평가에서는 새로 심리검사 도구를 만들어서 사용하는 경우는
거의 없고 보통은 기존의 심리검사를 선택해서 사용하는 방법을 주로 사용한
다. 그런데 기존의 심리검사들 중에서 특정 집단상담 평가에 적합한 심리검사
도구를 선택하는 것도 생각처럼 쉬운 작업은 아니다. 일반적으로 심리검사를
선택할 때는 다음과 같은 사항들을 고려해야 한다.

첫 번째 고려사항은 '측정 변인과 대상'이다. 즉, 심리검사들은 각각 측정하고 자 하는 변인과 대상이 서로 다르다. 이 때문에 특정 집단상담 평가에서 측정하 고자 하는 변인이나 대상이 심리검사에서 측정하고자 하는 변인이나 대상과 일 치하는 지를 확인해야 한다. 그런데 실무에서는 특정 집단상담 평가에서 측정 하고자 하는 변인이나 대상과 일치하는 심리검사 도구를 찾기 어려울 때가 많이 있다. 그 이유는, 일치하는 심리검사가 없기 때문일 수도 있고, 이미 적합한 심 리검사가 개발되어 있지만 상담자가 모르고 있기 때문일 수도 있으며, 상담자가 알고 있다고 하더라도 구입이 용이하지 않기 때문일 수도 있다. 이런 문제를 해 결하려면 어렵지만 심리검사 도구를 직접 제작해서 사용하거나, 심리검사에 대 해 잘 알고 있는 임상심리학자의 자문을 구하거나, 심리검사 도구를 모아놓은 도서나 연구자료들을 구입해서 보거나, 극단적인 경우 평가 변인을 심리검사에 맞추는 등의 방안들이 모색되어야 한다.

두 번째 고려사항은 '심리검사의 객관성'이다. 즉, 기존의 심리검사들 중에는 객관성이 높은 검사들도 있고 반대로 낮은 검사들도 있다. 이 때문에 심리검사 를 선택할 때는 가급적 객관성이 높은 검사를 선택하는 것이 바람직하다. 구체 적으로 객관성이 높은 검사란 '신뢰도와 타당도의 점수가 유의미하게 높은 검 사, 전국 규모의 규준을 가진 검사, 신뢰로운 매뉴얼이 있는 검사' 등을 말한다.

세 번째 고려사항은 '심리검사의 실용성'이다. 즉, 기존의 심리검사들 중에는 실용성이 높은 검사들도 있고 반대로 낮은 검사들도 있다. 이 때문에 심리검사 를 선택할 때는 가급적 실용성이 높은 검사를 선택하는 것이 바람직하다. 구체 적으로 실용성이 높은 검사란 '소요되는 비용이 적은 검사, 쉽게 구입 및 이용 가능한 검사, 검사의 실시나 채점이나 해석이 용이한 검사, 평가 용도뿐만 아니 라 진단 및 치료적 용도로도 활용 가능한 검사' 등을 말한다.

네 번째 고려사항은 '상담자의 평가 능력'이다. 즉 기존의 심리검사들 중에는 상담자의 높은 전문성을 요하는 검사들도 있고 반대로 높은 전문성을 요하지 않 는 검사들도 있다. 예를 들면, 기존의 심리검사들 중에는 비전공자라고 하더라 도 요강만 보면 실시, 채점, 해석이 가능한 검사들도 있다. 또 비전공자는 어렵고 심리측정 및 평가에 대한 전문지식을 가진 사람이 요강을 보면서 실시, 채점, 해석이 가능한 검사도 있다. 또 심리측정 및 평가에 대한 전문지식을 가진 사람이라도 요강을 보는 것만으로는 부족하고 검사에 대한 소정의 단기교육을 받아야만 실시, 채점, 해석이 가능한 검사도 있다. 또 단기교육으로는 안되고 장기교육을 받아야 실시, 채점, 해석이 가능한 검사도 있다. 따라서 심리검사를 선택할때는 가급적 집단상담자의 평가 능력에 맞는 검사를 선택하여 사용하는 것이 바람직하다.

(3) 관찰

구성원의 문제행동은 내적 심리상태를 반영한다. 동시에 환경에 대한 반응 및 결과이기도 하다. 또한 그 개인이 살아 온 역사적 맥락을 반영하는 것이기도 하다. 따라서 구성원의 문제행동을 이해하려면 문제행동 이면의 내적 심리상태를 이해하는 것도 중요하지만 문제행동이 일어나는 현장의 상황에 대한 이해도 중요하다. 행동이 일어나는 바로 그 현장에서 문제행동을 확인하는 방법이 관찰이다. 다시 말하면, 관찰이란 문제행동이 일어나는 생생한 현장을 보면서 정보를 수집하고, 이를 토대로 평가를 실시하는 방법이다. 즉, '문제행동, 그리고 문제행동을 유발시키는 선행사건, 그리고 문제행동을 강화하는 후속사건을 관찰하여 얻은 정보자료에 근거하여 평가를 하는 방법'이다.

관찰은 분류준거에 따라 여러 가지로 구분할 수 있는데, 먼저 구조화 여부에 따라 '자연적 또는 비체계적 관찰, 그리고 인위적 또는 체계적 관찰'로 구분할 수 있다. 즉, 인위적 조작을 가하지 않은 자연 그대로의 상태에서 관찰하는 것을 '자연적 또는 비체계적 관찰'이라 하고, 객관성을 높이기 위해 자연적 상태가 아닌 특정 변인과 조건들을 인위적으로 통제하는 상태에서 관찰하는 것을 '인위적 또는 체계적 관찰'이라 한다. 또한 관찰 장소에 따라 '실생활 관찰과 실험실 관찰'로 구분할 수도 있다. 즉, 관찰하는 장소가 구성원들의 일상생활 공간이라면 '실생활 관찰'이라 하고, 관찰하는 장소가 실험실 또는 상담실 공간이라면 '실험실 또는 상담실 관찰'이라 한다.

집단상담 평가에서 관찰의 사용은 일반적인 것이 아니다. 바꿔 말하면, 관찰법은 항시 사용하는 방법이 아니라 필요한 상황에서만 사용하는 다소 특수한 방법이라고 할 수 있다. 예를 들어, 관찰법은 집단상담을 시작하기 이전에 구성원을 선별할 목적으로 사전 모임을 실시할 때 아주 드물게 사용되기도 한다. 본 집단상담에서도 드물게 관찰법이 사용되는데, 예를 들면 교육집단에서 별도의 관찰자를 두거나 관찰 카메라를 설치해서 집단을 관찰하게 한 후 평가에 활용할 수 있다. 종종 집단상담 활동의 일환으로 관찰이 활용되기도 하는데, 예를 들면 구성원들을 A집단과 B집단으로 나눈 후, A집단에게는 일정한 활동을 하게 하고, 나머지 B집단에서는 A집단을 관찰하게 한 후, 나중에 서로 피드백을 주고받도록 하기도 한다. 집단상담 사후관리에서도 드물게 관찰법이 사용되는데, 예를 들면 수용시설에서 소속 구성원들을 대상으로 집단상담을 실시한 후, 그 변화양상을 보기 위해 실생활 관찰을 실시할 수 있다.

(4) 실험

실험이란 과학적인 실험을 통해 객관적 정보를 수집하고 이를 토대로 평가를 하는 방법이다. 즉 '독립변인을 인위적으로 조작한 후, 독립변인의 조작으로 인해 종속변인에 나타나는 현상에 대한 정보를 수집하고, 이를 토대로 독립변인과 종속변인 간의 관계, 즉 인과관계를 밝혀 나가는 방법'이다.

실험은 상황에 따라 실험실 실험과 현장 실험으로 구분할 수 있다. 즉, 인위적으로 만들어진 실험실에서 이루어지는 실험실 실험과 인위적이지 않은 실생활 현장에서 이루어지는 현장 실험으로 구분할 수 있다. 또한 실험은 변인통제의 정도에 따라 실험, 준실험, 비실험으로 구분할 수 있다. 즉, 대상표집, 실험변인 조작, 외부변인 통제 등과 같은 실험이 갖추어야 할 조건들을 충분히 갖추고 있으면 실험이라 하고, 실험과 비슷하지만 실험이 갖추어야 할 조건들을 충분히 갖추고 있지 않으면 준실험 또는 유사실험이라 하며, 실험이 갖추어야 할 조건들을 거의 갖추고 있지 않으면 비실험이라고 한다. 또한 실험은 시점에 따라 예비실험과 본실험으로 구분할 수 있다. 즉, 실제 실험에 앞서 예비적으로 실험을 실시해 보는 것을 예비실험이라 하고, 예비실험 이후에 실제로 하는 실험을 본 실험이라 한다.

집단상담 평가에서 실험은 많이 사용하지 않으나 종종 집단상담 프로그램 개발과 효과 검증을 위한 연구목적으로 사용하는 경우가 있다.

(5) 질적 평가

집단상담 평가를 실시할 때는 우선적으로 양적 평가 방법으로 실시하려고 노력해야 한다. 하지만 양적 평가 방법들은 객관성 확보를 위한 요구사항들이 너무 많다. 이 때문에 객관성 확보를 위한 요구사항들에 맞추려고 해야 하고, 그러다 보면 집단상담의 본질 또는 중요한 요소가 누락되거나 변형 및 왜곡될 소지도 많아지게 된다. 예를 들면, 평가 대상에 대한 조작적 정의를 하는 과정에서 집단상담의 본질적인 요소가 누락되거나 변형되거나 왜곡될 수 있다. 또한 수치화를 하는 과정에서도 집단상담의 본질적인 요소가 누락되거나 변형되거나 왜곡될 수 있다. 또한 양적 평가에서 요구하는 조건에 맞추다보면 시간과 에너지가 많이 소모된다. 그리고 양적 평가 방법을 사용하다 보면, 집단상담 평가가 수단이 아닌 목적으로 변질되는 경우가 종종 발생한다. 예를 들어, 불안 감소와 행복감이 증진되는 것보다는 불안 감소 점수가 낮아지거나 행복감 점수가 높아지는 것이 더 중요하고 우선시 될 수 있다. 또 주관적 점수보다 다른 구성원들과 비교해서 더 많이 나아지는 것이 더 중요하고 우선시될 수 있다. 그리고 양적 평가를 위해서는 심리측정 및 평가에 대한 전문적 능력이 요구되고, 이 때문에 전문성을 증진시키기 위한 교육을 상당기간 받아야 하는 문제점도 있다.

상기된 양적 평가의 단점들은 보완하는 것이 질적 평가이다. 집단상담 평가에서 '질적 평가 방법'이란 양적 지표가 아닌 질적이거나 주관적인 지표를 사용하여 평가하는 방법을 말한다. 사실 집단상담 실무에서는 질적 평가가 양적 평가보다 훨씬 더 많이 사용된다. 예를 들면, 면접법들 중에서 엄격하게 통제된 구조화된 면접을 제외하면 대부분 질적 평가 방법들이다. 면접에서 활용되는 보조 평가 도구들도 대부분 질적 평가 도구들이다. 심리검사도 표준화된 검사 보다는 비표준화된 검사들을 훨씬 더 많이 사용한다. 대다수의 표준화되지 않는 질문지나 체크리스트 등은 질적 평가 방법들이다. 또 관찰법도 엄격하게 통제된 체계적 관찰을 제외하면 대체로 질적 평가 방법들을 사용한다. 또한 집단상담 기획과정에서 이루어지는 '요구조사, 수요조사', 그리고 집단상담 접수면접이나 사전 모임에서 이루어지는 '심리평가, 진단평가, 선별평가, 위기평가' 등은 대체로 질적 평가 방법들을 사용한다. 또한 집단상담 과정에서 이루어지는 '문제평가, 회기평가, 과정평가', 그리고 후반기에 이루어지는 '총괄평가' 등은 대체로 질적 평가 방법들을 주로 사용한다. 또한 집단상담 사후관리 과정에서 이루어지는 '집단상담 사업평가, 집단상담 프로그램 평가, 사후 만족도 평가' 등도 대체로 질적 평가 방법들을 사용한다. 따라서 집단상담자는 양적 평가 방법뿐만 아니라 질적 평가 방법에 대해서도 잘 알고 있어야 한다.

3) 원인 및 가치 설명, 대안 제시

집단상담 평가에서 '평가계획, 정보수집과 평가' 이후에, 종종 집단상담 현상에 대한 설명, 그리고 대안 제시가 요구되기도 한다. 즉, 사전 계획, 진행과정, 결과 현상이 나타난 원인, 그리고 그 수준이나 성취여부, 효율성에 대한 설명, 더 나아가 대안 계획, 대안 진행과정, 대안 결과에 대한 제시가 요구되기도 한다.

예를 들어, 구성원들에게 만족도 질문지를 작성하게 하여 응답을 받았다고 가정하자. 그리고 만족도 질문지의 1번 문항이 '집단상담에 대해 어느 정도 만족하십니까?'였고, 이 문항에 대해 구성원 12명이 모두 응답하였다. 그리고 1번 문항에 대한 12명의 응답내용을 분석하였더니 11명이 만족이라고 응답했고 1명이 불만족이라고 응답했다고 가정하자.

집단상담 평가에서는 '1번 문항에 11명이 만족이라 응답하고, 1명이 불만족이라고 응답한 현상'이 일어난 이유에 대한 설명을 요구할 수 있다. 또한 12명 중 11명이 만족이고 1명이 불만족이면 '만족도의 수준은 어느 정도인지'를 판단하여 기술하도록 요구할 수 있다(가령, 만족도를 백분율로 환산하여 92%의 만족도라고 판단하여 기술할 수 있다). 또한 '목표의 성취 정도 또는 성과 여부'를 판단하여 기술하도록 요구할 수 있다(가령, 사전 집단상담 계획에서 목표로 설정한 '90%의 만족도'를 근거로 '집단상담 목표를 성취했다'. 또는 '집단상담은 성공적이다'라고 기술할 수 있다. 그리고 대상자들이 비자발적인 집단폭력 피해 여학생들이었다는 점, 그리고 16회기의 집단상담 회기들 중에 4회기 동안 의사소통 훈련을 했었다는 점, 그리고 집단상담 결과로서 구성원들의 자기표현과 주장과 공감행동의 증가, 이와 관련해서 학급내 인기의 증가, 출석율 증가, 성적의 증가 등의 현상이 나타난 점 등을 종합하여 '집단상담은 매우 효과적이다'라고 기술할 수 있다).

그리고 더 나아가 대안 계획, 대안 진행과정, 대안 결과에 대한 제시를 요구할 수 있다(가령, '집단폭력 피해 여학생의 경우, 집단상담 프로그램 개발 또는 집단상담 계획 과정에서 의사소통 회기를 포함시킬 필요가 있다.' 그리고 학기 중에 주중으로 실시한 이전 집단상담과 비교할 때 앞으로는 '방학 중에 집중방식으로 실시하는 방안을 우선적으로 고려해야 한다'라고 기술할 수 있다).

4) 기타

앞에서 집단상담 평가의 과정을 '평가계획 수립, 정보수집과 평가, 그리고 원인 및 가치 설명, 대안 제시'의 순으로 설명하였다. 그런데 집단상담 평가의 과정은 집단상담 실무 과정에 따라 구분할 수도 있다. 예를 들면, '집단상담 기획과정에서의 평가, 접수면접 과정에서의 평가, 집단상담 진행과정에서의 평가, 집단상담 종결 이후 과정에서의 평가'와 같이 구분할 수도 있다.

첫째, 집단상담 기획 과정에서의 평가란 욕구조사나 요구조사나 수요조사나 현황조사, 집단상담 프로그램 개발, 집단상담 평가계획 수립 및 평가도구 개발 등의 집단상담 기획 과정에서 이루어지는 평가를 의미한다. 예를 들면, '욕구평가, 요구평가, 수요평가, 현황평가, 집단상담 프로그램 개발 평가' 등이 이에 해당한다.

둘째, 접수면접 과정에서의 평가란 본 집단상담을 시작하기 이전의 접수면접

과정에서 이루어지는 평가를 의미한다. 예를 들면, '심리평가, 진단평가, 기초선
평가, 선별평가, 위기평가, 위기개입 평가' 등이 이에 해당한다.

셋째, 집단상담 과정에서의 평가란 첫 회기부터 종결회기까지의 집단상담이
진행되는 과정에서 이루어지는 평가를 의미한다. 예를 들면, '문제평가, 회기평
가, 과정 또는 중간평가, 종결시점 평가, 결과측정 및 성과평가' 등이 에에 해당
한다.

넷째, 집단상담 종결 이후 과정에서의 평가란 본 집단상담이 종결된 이후에
이루어지는 평가를 의미한다. 예를 들면, '사후 평가, 사후 구성원 만족도 평가,
집단상담 프로그램 평가, 사후지도 평가' 등이 이에 해당한다.

[부록 1] 집단상담 회기 평가지

집단상담 회기 평가지

1. 본 회기의 전체과정을 회상해 본다면, 어떤 일들이 기억나십니까?

_____

_____

2. 본 회기의 경험에 대한 주관적 만족도를 10점 척도로 평점 한다면, 구체적으로 몇 점을 주시
   겠습니까? (10은 매우 만족, 5는 중간 만족, 0은 전혀 만족 없음)

_____

_____

3. 본 회기에서 배운 것이 있다면, 구체적으로 무엇입니까?

_____

_____

4. 본 회기를 경험하면서 느낀 아쉬움이나 후회, 그리고 반성되는 점이 있다면, 구체적으
   로 무엇입니까?

_____

_____

5. 본 회기에서 배운 것을 일상생활에 실천하는 것과 관련된 개인적인 결심이나 다짐, 또
   는 계획이 있다면, 구체적으로 무엇입니까?

_____

_____

[부록 2] 집단상담 프로그램 평가 질문지

전체 집단상담 프로그램 평가 질문지

1. 본 집단상담 프로그램에 참가하기로 결정하고 난 이후부터 지금까지의 집단상담의 전체 과정들을 회상해 본다면, 어떤 일들이 기억나십니까?

_____

_____

2. 본 집단상담에서 자신의 목표를 어느 정도 성취하였습니까? 성취정도를 10점 척도로 평점 한다면 몇 점을 주시겠습니까? (예. 10은 완전 성취, 5는 반정도 성취, 0은 무성취)

_____

_____

3. 본 집단상담에서 얻은 것들이 있다면, 구체적으로 무엇입니까?

_____

_____

4. 본 집단상담을 하면서 느낀 아쉬움이나 후회, 그리고 반성되는 점이 있다면, 구체적으로 무엇입니까?

_____

_____

5. 본 집단상담에서 배운 것을 일상생활에 실천하는 것과 관련된 개인적인 결심이나 다짐, 또는 계획이 있다면, 구체적으로 무엇입니까?

_____

_____

6. 집단상담 지도자나 집단 구성원들에게 인사나 감사의 말을 전하고 싶은 것이 있습니까?

_____

_____

제12장
집단상담 수퍼비전

| 권경인 |

이 장은 집단상담 수퍼비전에 대한 내용이다. 집단상담 영역에서의 수퍼비전의 필요성에 대해 살펴보고, 대표적인 집단상담 수퍼비전 모델로 집단작업 수퍼비전 모델(SGW)(Rubel & Okech, 2006)을 제시하였다. 집단상담 수퍼비전의 요구사항에 대한 탐색을 통하여 경력별 집단상담 수퍼비전의 요구를 이해하고, 이를 집단상담 수퍼비전에 적용할 수 있도록 하였다. 더불어 집단상담과 관련하여 현장에서 필요로 하는 집단상담 사례보고서 모형(권경인, 2010)을 제시하여 실제 수퍼비전 상황에서 사례보고서 양식으로 활용할 수 있도록 하였다.

1. 집단상담 수퍼비전의 필요성

상담에서 수퍼비전은 유능한 상담자로서의 능력을 계발하기 위한 필수적인 요소다(Altfeld & Bernard, 1997; Bernard & Goodyear, 1998; Conyne, 1997; Wilsonm Rapin, & Haley-Banez, 2004). 수퍼비전은 상담의 효과를 높이고, 내담자 보호를

위해 상담활동에 포함되어야 하는 중요한 요소로 자리 잡아 가고 있다. 또한 수퍼비전은 상담자 교육에서 중심적인 역할을 차지하고 있으며, 상담자의 성장과 발전을 촉진하는 동시에 실제 상담 운영에 있어 자율성을 획득하는 것을 돕는다 (Bernald & Goodyear, 1998; Bradley & Ladany, 2001; Campbell, 2000).

집단상담이 활성화되어 집단상담에 대한 요구가 커져 가고, 집단상담 수퍼비전과 관련된 탐색이 시도되어 왔다. 하지만 수퍼비전과 관련된 많은 문헌들과 연구는 개인상담의 맥락 위주로 이루어졌다. 개인상담을 토대로 한 연구나 문헌들을 일방적으로 집단상담에 적용할 때는 제한점을 가질 수밖에 없다. 집단상담은 개인상담과 구별된 특징을 가지고 있다. 개인의 심리 내적 측면에 초점을 둔 개인상담과 달리 집단상담은 몇 가지 차원의 역동으로 나누어 살펴보아야 한다. 즉, 집단상담은 집단원의 개인적인 차원, 집단원, 집단상담자, 집단 내의 하위집단 간에 발생하는 대인관계 차원, 집단 전체를 포함하는 전체 집단 차원으로 나누어 볼 수 있다. 집단상담자는 이에 대한 이해와 개입 방식을 알고 있어야 하므로(Donigian & Malnati, 1997; Kline, 2003), 개인상담보다 훨씬 다양한 과제를 감당해야 한다(권경인, 2007). 집단상담은 집단의 힘을 활용하여 집단원들을 변화시키려는 시도이며, 집단 현상과 다양한 역동에 대한 이해를 기반으로 이루어지는 상담활동이므로, 집단상담자는 이에 대해 심층적으로 이해하고 있어야 한다. 또한 집단상담자는 개인상담자가 경험하는 것보다 더욱 복잡한 전이와 역전이를 극복하고, 집단에 대한 개입과 개념화를 위한 지식과 기술을 갖추고 있어야 한다(Corey, 2004; Rubel & Okech, 2007; Yalom, 1995).

수퍼비전은 집단상담자의 성장과 발달을 위해, 그리고 집단의 효과적인 진행을 위해 필요한 작업임에도, 집단에 초점을 둔 수퍼비전 모델에 대한 탐색은 시작 단계에 있다. 이는 집단상담이라는 방법론에 대한 수퍼비전의 성과를 낮추었고, 집단상담 수퍼비전의 발전에 제한점이 되어 왔다. 다양한 형태의 집단 작업에 있어 효과적인 수퍼비전을 위해서는 집단상담의 특성에 초점을 둔 다양한 수퍼비전 모형의 개발 및 활용에 대한 노력이 필요하다.

2. 집단상담 수퍼비전 모델

상담에서 다양한 수퍼비전 모델이 제시되어 왔으나 수퍼비전에 대한 대부분의 보고서는 개인상담에 집중되어 있다. 그럼에도 집단상담 수퍼비전과 관련된 연구들이 간헐적으로 이루어져 왔다(Altfeld & Bernard, 1997; DeLucia-Waack, 2002, 1999; Hagg Granello & Underfer-Bablis, 2004; Newman & Lovell, 1993, Okech & Rubel, 2007; Rubel & Okech, 2006). Altfeld와 Bernard(1997), Newman과 Lovell(1993)은 집단상담의 수퍼비전 과정모델에 대해 기술했다. Hagg Granello 와 Underfer-Bablis(2004)는 집단상담 수퍼바이지(수련생)들의 인지적 복합성을 증진시키기 위한 수퍼비전 모델에 대한 연구를 했다. DeLucia-Waack (1999)은 섭식장애를 가진 집단원들과 작업하는 여성 집단상담자들의 역전이에 대한 확인과 대처에 초점을 둔 집단상담 수퍼비전 모델에 대한 연구를 수행했다. Rubel 과 Okech(2006)는 변별모델(Bernard, 1979)을 개인 차원, 상호작용 차원, 전체 집단 차원과 접목한 집단 작업 수퍼비전 모델(Supervision of Group Work Model: SGW)을 제시하고 있다. Okech와 Rubel(2007)은 집단상담에서 다양성 문제에 잘 대처하기 위한 집단상담 수퍼비전에 대한 탐색을 하였다. 집단상담 수퍼비전의 대표적 모델로 Rubel과 Okech(2006)의 집단 작업 수퍼비전 모델(SGW)을 살펴보고자 한다.

SGW 모델은 개념화, 개인화와 개입 기술, 이와 유사한 자각의 범위, 지식 및 다양성에 필요한 기술을 강조한다(Rubel & Okech, 2007). Bernard(1979)의 변별모델(Discrimination Model)에 근거한 SGW 모델은 집단상담 수퍼비전의 특수성을 감안하여 발전되었다. 집단상담 수퍼비전의 특수성은 집단이 다양한 환경으로부터 초래하는 집단 전체로서의 차원뿐 아니라 일대일 관계 그리고 하위집단에서 발생하는 대인 차원에 대한 이해와 개입 능력을 포괄해야 한다는 점이다(Rubel & Okech, 2006). 집단상담자가 훈련 중에 집단에서 개인적인 차원에 지나치게 집중하는 것은 흔한 일이며, 이러한 실수는 집단의 기능에 부정적인 영향을 미칠 수 있다(Donigian & Malnati, 1997; Kline, 2003).

SGW 모델은 집단상담 수퍼비전에 있어 역할, 초점, 상호작용 수준이라는 세 가지 차원에 대해 강조하고 있다. SGW 모델의 첫 번째 차원은 수퍼바이저의 역할로서 교사(teacher), 상담자(counselor/facilitator), 자문가(consultant)로서의 역할을 포함하고 있다(Rubel & Okech, 2007). 두 번째 차원은 기술에 대한 것으로 개입 기술(intervention skills)과 개념화 기술(conceptualization skills), 개인화 기술(personalization skills)에 대한 것이다. 세 번째 차원은 상호작용 수준으로 개인적인(individual), 대인관계적인(interpersonal subsystem), 전체로서의 집단(group-as-a-system) 차원의 집단상담자의 기술 역량을 강조한다.

SGW 모델의 역할, 초점, 상호작용 수준에 대해 간략히 살펴보면 다음과 같다. 먼저 역할 차원에서 첫째, 교사의 역할은 수퍼바이지(수련생)의 학습적 경험

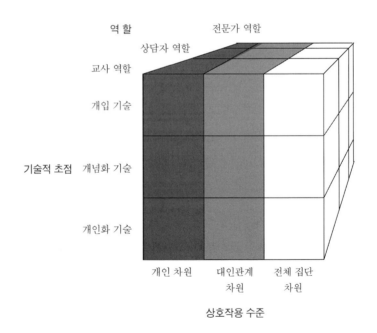

[그림 12-1] 집단 작업을 위한 수퍼비전 모델

출처: Rubel & Okech(2006). p. 116.

을 돕는 것, 즉 집단상담에서 수퍼바이지(수련생)의 부족한 지식을 확인하고 필요한 정보를 제공하는 것이다. 둘째, 상담자(촉진자) 역할은 상담과 수퍼비전 과정에 대한 수퍼바이지(수련생)의 정서적 욕구에 대한 탐색과 조력을 제공하는 것이다. 셋째, 자문가 역할은 수퍼비전의 초점을 분명히 하고, 이러한 초점 안에 잠재된 문제를 찾아내며, 필요한 정보, 관점, 조력을 제공하는 한편 수퍼바이지(수련생)들 스스로 해결책을 탐색하는 것을 격려하고 지지하는 것이다.

기술적 초점 차원에서는, 첫째, 개입 기술은 상담 과정에서 관찰 가능하고 목적이 있는 수퍼바이지(수련생)의 행동을 의미한다. 개인상담에서 강조되는 개인적 기술은 집단 기술로 활용되기도 하지만 집단의 상호작용 측면을 다루는 데 있어서는 제한점이 있다. 피드백의 제공, 집단원 간의 의사소통을 명확하게 하기, 경계 설정, 과정 관찰 등에 대한 기술은 집단상담을 위한 독특한 기술이다. 수퍼바이저는 수퍼바이지(수련생)가 이러한 기술을 잘 사용할 수 있도록 지원해야 할 뿐만 아니라 문화적으로 적절한 대안을 만들어 낼 수 있도록 도울 수 있어야 한다. 둘째, 개념화 기술은 상담 회기 동안 생성된 정보 중에서 중요한 주제를 식별하여 사례를 이해하는 능력이며, 이러한 이해로부터 개입 방안을 만들어 내는 것이다. 집단상담자들은 개인 차원에서뿐만 아니라 대인 간 차원에서, 또 전체 집단 차원에서 개념화 기술을 가지고 있어야 하며, 수퍼비전에서 이를 지원해야 한다. 수퍼바이저들은 집단치료 이론, 집단발달 이론, 의사소통 이론 등에 대해 이해하고 있어야 한다. 셋째, 개인화 기술은 상담자가 상담 회기에서 자신을 효과적으로 활용하여 확인하는 능력을 의미한다. 집단상담자가 효과적인 집단 중재를 위해서 집단원 또는 집단원 간의 상호작용, 집단 전체에 대한 상담자의 정서적 반응을 자각하는 것은 중요하다. 집단상담 수퍼바이저는 수퍼바이지(수련생)들의 개인화 문제를 확인하고 개인화 기술의 개발을 돕는다.

상호작용 수준은, 첫째, 개인적 수준의 상호작용으로 집단에서 한 명의 집단원에게 초점을 맞춘 경우를 말한다. 개인 수준의 초점은 필수적이며, 집단 상호작용의 다른 수준까지 영향을 미친다. 수퍼바이저는 수퍼바이지(수련생)가 개인적 수준의 집단원의 행동을 이해하는 것을 돕는다. 둘째, 대인 간 수준은 대인간 또는 하위집단 차원의 상호작용으로 집단원 간, 집단상담자와 집단 내의 하위집단 간 또는 협동 집단상담자 간에 발생하는 상호작용 등을 포함한다. 이 수준의 상호작용을 이해하고, 조성하며, 관리하는 것이 집단원 사이의 상호작용의 발전과 배움을 위해 필수적이다. 수퍼바이지(수련생)들이 집단원들과 하위집단과의 상호작용을 효과적으로 중재할 수 있도록 돕는 것이 중요한 과제다. 예를 들면, 두 집단원 간의 피드백을 구조화한다든지, 집단원 간의 공감 및 관계를 촉진하고, 피드백을 장려하며, 하위집단의 경계에 개입하는 것 등이다. 셋째, 전체로서의 집단 수준은 단일 조직과 같이 전체 집단으로서 상호작용하는 것으로, 집단상담자는 집단 전체가 경험하는 것에 대해 설명할 수 있어야 한다. 집단 전체의 불안, 집단의 발달단계, 집단 응집력의 수준, 집단 규범, 집단발달을 저해하는 문제 등이 포함된다. 수퍼비전에서 전체 집단 수준에 개입하는 기술 등에 대한 조력이 요구된다.

수퍼바이저는 기술 범위와 집단상담 상호작용 단계에 균형 있는 관심을 유지해야 하며, 교사로서, 상담자로서, 자문가로서의 역할을 적절하게 감당하여야 한다. 다차원적인 영역과 수준별로 적절한 집단상담 수퍼비전 요소를 확인하고, 이를 효과적으로 수퍼바이지(수련생)에게 전달하는 것이 중요하다.

3. 집단상담 수퍼비전의 경력별 요구 사항

집단상담 수퍼비전의 효과적인 실시를 위해서 현장에서 상담자들이 원하는 수퍼비전의 요구에 대한 이해가 선행되어야 한다. 상담자들은 각 발달단계에 따라 수퍼비전에 대한 다양한 요구를 하며, 단계별로 중요한 요구 사항이 있다. 이를 확인하는 것은 효과적인 수퍼비전을 위해 필요한 부분이다. 이미선과 권경인(2009)은 현장의 집단상담자들을 대상으로 집단상담 수퍼비전 교육 요구를 상담자들의 경력 수준에 따라 분석하였다. 이를 위해 집단상담을 운영해 본 집단상담자 214명을 대상으로 요구분석을 실시하였다. 연구 결과, 집단상담 수퍼비전에 있어 크게 여섯 가지 교육 내용 영역과 하위 내용을 확인하였고, 집단상담자들의 경력 수준에 따른 교육 요구의 우선순위를 살펴보았다. 구체적인 내용은 다음과 같다.

• 집단상담 수퍼비전에 대한 집단상담자들의 요구

집단상담 수퍼비전에 대한 집단상담자들의 요구는 다음과 같다.

첫째, 집단상담 수퍼비전에서 다루고 싶은 부분으로는 전이와 역전이, 저항, 상담 기법, 적절한 개입, 직면, 공감, 알아차리기, 감정 다루기, 지금-여기, 목표 설정, 문제 이해, 집단원 이해, 상담자 이해, 상호작용 촉진, 갈등 해결, 의사소통 기술, 역동, 분위기 조성, 초기 관계 형성, 전체적인 과정, 구조화 등의 영역으로 나누어 볼 수 있다. 이 중에 집단 안에서 일어나는 역동에 대해 파악하고 다루기에 관한 것이 많았으며, 저항을 다루는 기법, 전체적으로 흐름을 다루는 기술이나 기법에 대해서도 수퍼비전에서 다루고 싶다는 요구가 많았다.

둘째, 집단상담 운영 시 겪는 어려움으로는 저항, 침묵, 지나치게 주도적인 집단원, 상담 기법, 적절한 개입, 직면, 유머, 상담자의 두려움, 상호작용 촉진 방법, 의사소통 방법, 갈등 해결, 역동, 전체적인 구조화, 첫 회기의 어색함, 시간 관리, 다양성 다루기, 아동·청소년 집단, 구조화 집단, 상담자 이해 등 19가지 영역으로 나타났다. 특히, 집단상담자들은 스스로 집단상담을 잘 운영하고 있는지에 대한 의문과 두려움으로 어려움을 느끼고 있었다. 그리고 집단 안에서 갈등과 침묵, 저항에 대한 적절한 대처 방법이나 기술적인 면에 대한 어려움을 느끼고 있는 것으로 나타났다.

셋째, 집단상담 수퍼비전을 통해 향상시키고 싶은 상담자의 능력으로는 저항에 대한 처리, 개입 능력, 효과적인 직면, 경청과 공감 능력, 감정 표현, 내담자 스스로 통찰할 수 있도록 하는 능력, 지금-여기, 목표 설정, 내담자의 핵심 문제 파악 능력, 집단원을 이해하며, 민감하게 대처하는 능력, 집단과 개인 이해, 집단 응집력과 세심함, 의사소통 기술, 자연스러움, 집단의 흐름을 파악하고 통찰하는 능력, 상담자에 대한 이해와 자세 등을 향상시키고 싶다고 하였다.

넷째, 수퍼바이저에게 바라는 점은 역전이, 상담 기술, 직면, 지금-여기, 목표 전략, 상담자 이해, 상호작용 방법, 역동, 자연스러운 흐름, 집단 전체 파악, 구체적이고 정확한 문제해결 방법, 객관적 시각, 수퍼바이지(수련생)의 강점과 단점에 대한 피드백, 저렴한 비용 등이었다. 특히, 수퍼바이저의 성향에 대해 바라는 점이 많았으며, 공감과 격려를 잘하는 수퍼바이저를 원하는 것으로 나타났다.

다섯째, 집단상담 수퍼비전을 받을 때 아쉬웠던 점으로는 시간 부족, 구체적인 설명 부족, 자료 부족, 수퍼바이저와의 갈등, 불충분한 사례 개념, 수퍼비전의 체계 부분, 집단의 전체적인 부분을 다루지 못한 것, 능력을 향상시킬 수 있는 구체적인 피드백의 부족 등으로 드러났다.

• 경력 수준에 따른 집단상담 수퍼비전 교육 내용 영역별 교육 요구도 비교

집단상담 수퍼비전 교육 내용의 여섯 가지 영역에서 경력 수준별 교육 요구도의 차이를 분석하였다. 경력 수준별 수퍼비전 요구도는 〈표 12-1〉과 같다.

ooo **표 12-1** 집단상담자 경력 수준에 따른 수퍼비전 교육 내용 영역별 요구도 차이 검증(ANOVA)

경력 수준		① 초심	② 중간	③ 숙련	합계	F	사후 검증
		평균 (표준편차)	평균 (표준편차)	평균 (표준편차)	평균 (표준편차)		
개념화	요구도	48.19(20.32)	44.16(15.82)	35.37(12.89)	44.49(18.37)	7.877**	①>②>③
상호작용 및 의사소통	요구도	48.24(19.99)	41.63(15.85)	37.32(11.32)	44.15(17.89)	6.901**	①>②=③
집단역동	요구도	56.42(25.88)	49.69(19.84)	43.03(17.42)	51.81(23.24)	5.638**	①>②=③
개입 기술	요구도	52.92(24.51)	43.65(16.36)	37.56(13.49)	47.17(21.36)	9.803***	①>②=③
상담 계획 및 구조화	요구도	49.33(21.88)	38.46(12.85)	32.83(10.77)	42.89(18.97)	15.823***	①>②=③
집단상담자	요구도	49.21(21.68)	42.77(16.61)	34.83(14.7)	44.49(19.77)	8.986***	①>②=③

** $p < .01$, *** $p < .001$

이 결과에 따르면, 모든 영역에서 경력 수준의 발달에 따라 교육 요구도에 차이가 있음을 알 수 있다(p > .01). '개념화' 영역의 교육 요구도에서 세 집단이 이질적인 집단으로 나타났으나(①>②>③), 그 밖의 다른 영역 '상호작용 및 의사소통' '집단역동' '개입 기술' '상담 계획 및 구조화' '집단상담자'의 교육 요구도에서는 중간 수준의 상담자와 숙련 상담자 집단이 동질집단으로, 초심 상담자 집단은 이질집단으로 나타났다(①>②>③ ⇒ ①>②=③). 이 결과를 자세히 보기 위해 집단상담 수퍼비전 교육 내용의 여섯 가지 영역에서 초심ㆍ중간 수준ㆍ숙련 집단상담자 간에 집단상담 수퍼비전 요구의 우선순위를 제시하면 〈표 12-2〉와 [그림 12-2]와 같다.

○○○ **표 12-2** 집단상담자 경력 수준에 따른 수퍼비전 교육 내용 영역별 순위 (단위: %)

순위	초심	중간	숙련
1	집단역동(56.42)	집단역동(49.69)	집단역동(43.03)
2	개입 기술(52.92)	개념화(44.16)	개입 기술(37.56)
3	상담 계획 및 구조화(49.33)	개입 기술(43.65)	상호작용 및 의사소통(37.32)
4	집단상담자(49.21)	집단상담자(42.77)	개념화(35.37)
5	상호작용 및 의사소통(48.24)	상호작용 및 의사소통(41.65)	집단상담자(34.83)
6	개념화(48.19)	상담 계획 및 구조화(38.46)	상담 계획 및 구조화(32.83)

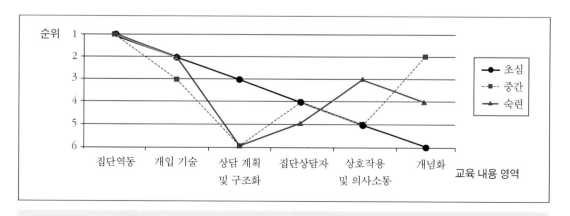

[그림 12-2] 집단상담자 경력 수준에 따른 수퍼비전 교육 내용 영역별 순위 그래프

공통적으로 '집단역동'(51.81)에 대해 제일 우선으로 다루기를 원하며, '개입기술'(47.17), '집단상담자'(44.49), '개념화'(44.49), '상호작용 및 의사소통'(44.15), '상담 계획 및 구조화'(42.89) 순으로 나타났다. '집단역동'(51.81)의 평균이 다른 평균 분포에 비해 높은 것으로 볼 때, 집단상담자들이 수퍼비전에서 다룰 내용 중 가장 중요하게 생각하는 것으로 볼 수 있다. 가장 낮은 요구를 보인 '상담 계획 및 구조화'(42.89)는 중간 수준 상담자(38.46)와 숙련 상담자(32.83)에게서 낮았고, 초심 상담자(49.33)는 보통 수준의 요구를 나타내므로, 경력이 증가할수록 '상담 계획 및 구조화'에 비중을 두지 않는 것으로 볼 수 있다.

'개념화'는 경력 수준 간 요구 순위가 다르게 나타났는데, 초심 상담자(6)는 요구도가 제일 낮았으며, 중간 수준 상담자(2)는 높은 요구 순위를, 숙련 상담자(4)는 보통의 요구 순위를 나타내고 있다. 그리고 '상호작용 및 의사소통'은 숙련 상담자(3)가 중간 수준 상담자(5)와 초심 상담자(5)보다 높은 교육 요구 순위를 나타냈다.

- 상담자의 경력 수준에 따른 수퍼비전 교육 내용 영역별 하위 내용에 대한 교육 요구도 비교

수퍼비전 교육 요구에 대한 경향성을 집단상담자들의 경력 수준에 따라 비교해 보면 세 집단 간의 교육 요구의 차이를 통해 집단 간의 특징을 찾아낼 수 있다. 집단상담 수퍼비전 교육 요구의 집단 간 차이를 좀 더 구체적으로 살펴보기 위해, 영역별 하위 교육 내용에 대한 교육 요구의 경향성을 상담자의 경력 수준에 따라 비교해 보았다. 상담자들의 경력 수준에 따른 영역별 내용에 대한 전체의 교육 요구 우선순위는 〈표 12-3〉과 같다.

ㅇㅇㅇ 표 12-3 경력 수준에 따른 영역별 하위 내용에 대한 교육 요구 우선순위

영역	수퍼비전 교육 내용	초심순위	중간순위	숙련순위	전체순위
개념화	• 집단원의 호소 문제 파악 능력	14	21	15	16
	• 집단원에 대한 빠르고 정확한 이해	28	14	21	21
	• 지금-여기와 내담자의 핵심 문제 연결하기	18	3	22	13
	• 작업을 위해 연결할 적합한 대상자 파악	39	31	41	39
	• 집단 안에 숨겨진 안건 파악	35	16	28	28
	• 집단의 분위기 및 전체적인 흐름을 파악하는 통찰력	34	19	26	28
상호작용 및 의사소통	• 소극적인 집단원에 대한 상호작용 촉진 방법	33	39	27	30
	• 집단 밖 문제를 상호작용 작업으로 전환	41	33	24	38
	• 집단 전체 응집력을 높이는 상호작용 촉진 방법	24	26	23	25
	• 집단원의 언어적·비언어적 메시지 경청 및 이해	32	28	31	32
	• 집단원이 말하거나 느낀 것의 심층적인 의미의 포착 및 반영	20	15	3	15
	• 집단원 간의 갈등 시 의사소통 기술	13	12	12	14
	• 집단의 소통 방식에 대한 의사소통을 다루는 능력	31	20	11	23
집단역동	• 집단원의 심리 내적 역동 이해	8	17	7	9
	• 집단 내 대인 간 역동 이해	10	10	4	8
	• 전체로서 집단역동 이해	15	8	5	10
	• 어려운 집단역동의 대처	1	1	1	1
	• 집단역동에 대한 다양한 개입 방법	2	2	2	2
개입 기술	• 침묵에 대한 대처 및 개입	29	40	33	35
	• 비자발적이거나 무기력한 집단원에 대한 개입	22	35	16	27
	• 문제를 소유하지 않고 피드백을 거부하는 집단원	5	22	16	11
	• 현 작업 상태 유지하기와 끼어들기의 시점 파악	25	13	18	18
	• 집단 참여의 적절한 분배	38	36	38	41
	• 적절한 개입 시기 및 수준의 결정	11	32	20	17
	• 부정적이거나 강렬한 감정의 처리	3	9	13	3
	• 집단 과정의 분석 및 활용	12	11	10	12
	• 효율적 직면	4	7	14	5
	• 전이 감정의 인식 및 생산적 활용	7	6	6	6
	• 집단원들 사이의 갈등 처리 기술	6	3	9	4
상담 계획 및 구조화	• 개인에 대한 목표를 효과적으로 다룸	16	27	24	20
	• 개인의 목표와 집단의 목표의 조합	17	24	34	22
	• 집단원들과 합의된 전체 목표를 설정	27	30	39	30
	• 구조화 집단상담 프로그램의 효율적 운영	26	38	32	33
	• 시간제한 집단의 한계 및 효율적 운영 방법	36	41	37	40
	• 집단상담 초기 회기(1~3회기)의 운영 및 구조화	30	37	36	34

집단상담자	• 집단상담자의 역전이	9	5	8	7
	• 협동 집단상담자 간의 갈등	40	29	30	37
	• 집단상담자에 대한 공격의 처리	23	18	18	19
	• 집단 안에서 상담자 자신에 대한 이해	19	25	29	24
	• 상담자의 한계 인식 및 수용	21	22	35	26
	• 윤리적 딜레마	37	34	40	36

세 집단에서 공통적으로 교육 요구의 우선순위가 높은 내용, 즉 각 경력 수준에서 요구의 우선순위가 상위 14위(34%)에 속하는 내용과 우선순위가 하위 14위(34%)에 속하는 내용을 살펴보면 〈표 12-4〉와 같다.

°°° **표 12-4** 경력 수준 집단에서 공통적으로 교육 요구가 높은 내용과 낮은 내용

요구도	수퍼비전 교육 내용(초심 · 중간 · 숙련 상담자의 요구 순위)
높음	• 어려운 집단역동의 대처(1-1-1) • 집단역동에 대한 다양한 개입 방법(2-2-2) • 부정적이거나 강렬한 감정의 처리(3-9-13) • 집단원들 사이의 갈등 처리 기술(6-3-9) • 효율적 직면(4-7-14) • 전이 감정의 인식 및 생산적 활용(7-6-6) • 집단상담자의 역전이(9-5-8) • 집단 내 대인 간 역동 이해(10-10-4) • 집단 과정의 분석 및 활용(12-11-10) • 집단원 간의 갈등 시 의사소통 기술(13-12-12)
낮음	• 집단 참여의 적절한 분배(38-36-38) • 시간제한 집단의 한계 및 효율적 운영 방법(36-41-37) • 작업을 위해 연결할 적합한 대상자 파악(39-31-41) • 협동 집단상담자 간의 갈등(40-29-30) • 윤리적 딜레마(37-34-40) • 침묵에 대한 대처 및 개입(29-40-33) • 집단상담 초기 회기(1~3회기)의 운영 및 구조화(30-37-36) • 집단원의 언어적 · 비언어적 메시지 경청 및 이해(32-28-31) • 소극적인 집단원에 대한 상호작용 촉진 방법(33-39-27) • 집단원들과 합의된 전체 목표의 설정(27-30-39)

경력 집단 간 공통적으로 높은 교육 내용을 보면, '어려운 집단역동의 대처'(1-1-1)가 가장 높으며, '집단역동에 대한 다양한 개입 방법'(2-2-2) 역시 높았다. 이는 세 집단 모두 공통적으로 가장 중요하다고 인식하고 있는 것으로 볼수 있다. 또한 '부정적이거나 강렬한 감정의 처리'(3-9-13)와 '효율적 직면'(4-7-14)은 초심 상담자가 숙련 상담자에 비해 상대적으로 더 중요시하고 있다. 반면 숙련 상담자는 '집단 내 대인 간 역동 이해'(10-10-4)를 초심 및 중간 수준 상담자 집단에 비해 높은 순위로 요구하고 있다. 그리고 중간 수준 상담자는 '집단원들 사이의 갈등 처리 기술'(6-3-9), '집단상담자의 역전이'(9-5-8)에서 다른 수준의 상담자보다 높은 요구 순위를 보였다. 이는 초심 상담자와 중간 수준 상담자는 집단원과의 관계(개입 기술), 역동에 대한 요구가 많고, 숙련 상담자들은 집단 역동에 대한 요구가 높은 것을 알 수 있다.

경력 집단 간 공통적으로 낮은 교육 내용을 보면, '집단 참여의 적절한 분배'(38-36-38), '시간제한 집단의 한계 및 효율적 운영 방법'(36-41-37), '작업을 위해 연결할 적합한 대상자 파악'(39-31-41), '집단원의 언어적·비언어적 메시지 경청 및 이해'(32-28-31) 등이 있다. 낮은 교육 요구 순위에서도 초심 상담자가 중간 수준 상담자에 비해 '침묵에 대한 대처 및 개입'(29-40-33), '시간제한 집단의 한계 및 효율적 운영 방법'(36-41-37), '집단상담 초기 회기(1~3회기)의 운영 및 구조화(30-37-36)'에서는 높은 요구를 보이며, '협동 집단상담자 간의 갈등'(40-29-30)에서는 초심 상담자보다 중간 수준의 상담자가 높은 요구를 보이고 있다. 그리고 초심 상담자와 숙련 상담자 사이에서는 초심 상담자가 '집단원들과 합의된 전체 목표 설정'(27-30-39)을 더 요구하고 있다. 중간 수준 상담자와 숙련 상담자 사이에서는 중간 수준 상담자가 숙련 상담자보다 높이 요구하는 '작업을 위해 연결할 적합한 대상자 파악'(39-31-41), '윤리적 딜레마'(37-34-40)가 있으며, 숙련 상담자가 중간 수준 상담자보다 요구가 높은 '소극적인 집단원에 대한 상호작용 촉진 방법'(33-39-27)이 있다.

다음은 각 상담자의 발달단계별 집단의 요구 순위를 바탕으로 요구되는 내용의 차이를 분석했다. 한 집단에서는 요구 순위가 높지만 다른 집단에서는 요구

○○○ **표 12-5** 초심·중간·숙련 상담자 집단에서 차별되는 교육 요구 내용

경력	교육 내용
초심	• 문제를 소유하지 않고 피드백을 거부하는 집단원 • 적절한 개입 시기 및 수준의 결정 • 개인의 목표와 집단의 목표 조합 • 상담자의 한계 인식 및 수용
중간	• 집단원에 대한 빠르고 정확한 이해 • 지금-여기와 내담자의 핵심 문제 연결 • 집단 안에 숨겨진 안건 파악 • 집단의 분위기 및 전체적인 흐름을 파악하는 통찰력
숙련	• 집단 밖 문제를 상호작용 작업으로 전환 • 집단원이 말하거나 느낀 것의 심층적인 의미의 포착 및 반영 • 집단의 소통 방식에 대한 의사소통을 다루는 능력 • 비자발적이거나 무기력한 집단원에 대한 개입

순위가 낮을 수 있으므로 각 집단에서 중요하게 다뤄야 할 내용을 알아 둘 필요가 있다. 경력 집단 간에 14위(34%) 이상의 차이를 보이는 내용을 정리하면 〈표 12-5〉와 같다.

경력별 집단에서 차별되는 교육 요구는 한 집단이 다른 한 개 이상의 집단과 교육 요구의 우선순위가 14위(34%) 이상 차이가 나는 경우에 한해서 우선순위의 유의미한 차이가 있는 것을 정리한 것이다. 가장 많은 차이를 보이는 내용은 '적절한 개입 시기 및 수준의 결정'(11-32-20)으로 초심 상담자 집단은 높은 요구 수준을 나타냈으나 중간 수준 상담자 집단은 상대적으로 낮은 요구를 보였다. 숙련 상담자 집단의 경우 '상호작용 및 의사소통' 영역의 내용을 높이 요구하는 반면, 초심 상담자들은 낮은 요구를 나타내 차이가 있는 것으로 보이며, 숙련 상담자들은 '개념화'와 관련된 내용의 요구가 높은 반면, 다른 집단은 낮았다. 초심 상담자의 경우 '개입 기술' 영역의 내용을 높이 요구하지만, 중간 수준 상담자 집단은 상대적으로 낮은 요구를 나타내 차이가 났다.

• 경력 수준에 따른 수퍼비전 교육 내용의 세 가지 차원별 교육 요구도 비교

집단상담 수퍼비전에서 차원은 상호작용에서 나타나는 차원을 말한다. 이는 개인적인 차원, 대인관계 차원, 집단 전체로서의 차원으로 구별된다. 차원에 대한 경력별 수퍼비전 요구도를 알아봄으로써 경력별 집단상담자가 수퍼비전 교육 내용 세 가지 차원과 관계가 있는지 알아보았다. 경력별로 수퍼비전 교육 요구도에 따른 차이 검증 결과 교육 요구도는 〈표 12-6〉과 같다.

○○○ **표 12-6** 집단상담자 경력 수준에 따른 수퍼비전 교육 내용의 차원별 교육 요구도 차이 검증

경력 수준		① 초심 평균 (표준편차)	② 중간 평균 (표준편차)	③ 숙련 평균 (표준편차)	합계 평균 (표준편차)	F	사후 검증
개인 차원	요구도	51.80(21.64)	43.04(14.04)	36.79(12.67)	46.28(19.03)	11.814***	①>②=③
	요구 순위	1	2	2	1		
대인 관계 차원	요구도	49.32(20.40)	42.81(15.48)	36.54(12.84)	45.19(18.34)	8.115***	①>②=③
	요구 순위	3	3	3	3		
집단 전체 차원	요구도	50.32(20.40)	43.09(14.88)	36.91(12.10)	45.56(18.22)	9.772***	①>②=③
	요구 순위	2	1	1	2		

*** $p < .001$

집단상담자 경력 수준에 따른 수퍼비전 교육 요구 차원의 차이 검증 결과를 보면, 세 가지 차원에서 경력 수준에 따라 유의한 차이가 있음을 볼 수 있다($p?.001$). 구체적으로 '개인 차원'에서 초심 상담자의 교육 요구도는 51.80, 중간 수준 상담자의 교육 요구도는 43.04, 숙련 상담자의 교육 요구도는 36.79였으며, 사후 검증 결과 초심 상담자 집단이 이질집단, 중간 수준 상담자와 숙련 상담자 집단이 동질집단으로 나타났다(①>②=③). '대인관계 차원'에서 초심 상담자의 교육 요구도는 49.32, 중간 수준 상담자의 교육 요구도는 42.81, 숙련 상

담자의 교육 요구도는 36.54였으며, 사후 검증 결과, 초심 상담자 집단이 이질 집단, 중간 수준 상담자와 숙련 상담자 집단이 동질집단으로 나타났다(① > ② = ③). 마지막으로 '집단 전체 차원'에서 초심 상담자의 교육 요구도는 50.32, 중간 수준 상담자의 교육 요구도는 43.09, 숙련 상담자의 교육 요구도는 36.91이었으며, 사후 검증 결과 초심 상담자 집단이 이질집단, 중간 수준 상담자와 숙련 상담자 집단이 동질집단으로 나타났다(① > ②=③).

초심 상담자들은 개인 차원에 대한 교육 요구가 가장 높았고, 중간 수준 및 숙련 상담자들은 집단 전체 차원에 대한 수퍼비전 요구가 높은 것으로 나타났다. 현장에서 이루어지는 집단상담 수퍼비전에서는 상담자 경력에 따라 주요 교육 요구를 반영한 효과적인 수퍼비전을 제공해야 할 것이다.

4. 집단상담 수퍼비전 사례보고서 모형

효과적인 수퍼비전을 위해서 다양한 측면의 고려가 필요하다. 즉, 효과적인 수퍼비전의 내용과 과정, 수퍼바이저와 수퍼바이지(수련생)에 대한 이해 등이 요구된다. 여러 연구자들은 수퍼비전이 어떠한 내용으로 어떤 과정을 거쳐 이루어져야 하는지에 대한 모델을 개발해 왔다(Blocher, 1993; Hess, 1987; Hill, Charles & Reed, 1981; Loganbill, Hardy & Delworth, 1982; Skovholt & R?nestad, 1995; Stoltenberg & Delworth, 1987).

더불어 수퍼비전을 위해 상담의 세부적 과정 및 내용에 대한 여러 형태의 보고서 양식이 요구되었고, 현장의 필요에 의해 이를 개발하여 사용하고 있다. 수퍼비전을 위한 사례 기록은 상담의 효율성과 상담자의 전문성을 높이기 위한 활동이며, 초심 상담자들에게는 더욱 중요한 정보로 활용 가치가 높다고 할 수 있다. 사례 기록은 사례에 대한 올바른 기억과 이해를 가능하게 하고, 상담자의 역량을 제고하며, 상담 관련 연구를 위한 자료로 활용될 수 있다. 더불어 상담 의뢰 시 전문가 간의 정보 교환을 위해서도 중요하며, 전문가 보호를 위해서도 필요하다(김창대, 2004).

수퍼비전 관련 연구들의 전체적인 동향과 마찬가지로 많은 연구들이 개인상담의 맥락에서 이루어졌고, 사례보고서와 관련해서도 집단상담 영역에서 수퍼비전 사례보고서에 대한 탐색은 미진한 상태다. 효과적인 집단상담 수퍼비전을 위해서는 체계적인 집단상담 과정 및 내용에 대한 기술을 필요로 한다. 집단상담 과정은 주제와 상호작용에 대한 것이기 때문에 개인상담보다 복잡하며(Conyne, 1997; Corey, 2004; Yalom, 1995) 구조와 과정을 서술하는 데 좀 더 주의를 기울여야 한다(DeLucia-Waack, 2002; Stockton, 1996). 집단상담 수퍼비전 사례보고서는 한두 명의 집단상담자, 집단상담자와 집단원, 집단상담자와 다양한 집단원들, 집단원 간의 상호작용이 모두 포함되어야 한다. 더불어 집단원들의 문제, 집단원 간의 갈등, 전이와 역전이, 집단의 발달단계, 집단원의 목표 및 집단 전체의 목표, 개입에 대한 평가 등을 포함해야 한다(Borders, 1991; Christensen & Kline, 2001; DeLucia-Waack, Bowman, & Bowman, 1989; DeLucia-Waack, 1999). 또한 효과적인 수퍼비전을 위해서 개인 차원뿐만 아니라 상호작용 차원, 집단 전체 차원을 함께 고려해야 하며(Donigian & Malnati, 1997; Kline, 2003; Rubel & Okech, 2007), 이를 사례보고서에 담아낼 수 있어야 한다.

복잡한 과정과 내용이 담긴 집단상담 수퍼비전 사례보고서를 통해서 얻는 유익은 여러 가지다. 먼저 집단상담자들에게 수퍼비전 이전에 집단에서 무엇이 일어나고 있는지를 생각하는 데 도움이 되는 틀(framework)로 활용될 수 있으며, 집단의 진행, 역동, 집단원의 행동에 대한 정보를 조직화하는 데도 도움이 된다. 또한 수퍼비전에서 보아야 할 중요한 것이 무엇인지를 결정할 수 있도록 도우며, 초심 집단상담자들에게는 집단상담과 관련하여 중요 이슈들에 대한 정보를 제공하기도 한다(DeLucia-Waack, 2002).

집단상담 수퍼비전 과정 및 모델 개발에 대한 연구와 더불어 DeLucia-Waack (2002)은 집단상담 수퍼비전에 참여하는 초심 상담자들이 사용할 수 있도록 집단 회기를 계획하고 정리하는 지침을 제시하고 있다. 구체적인 내용은 다음 〈표 12-7〉과 같다.

ㅇㅇㅇ **표 12-7** 집단상담 회기 기록지

▶ 집단 과정 기록

- 날짜: • 회기: • 집단 리더:
- 참석 인원: • 사전 통보 후 결석한 집단원: • 무단결석한 집단원:

- **회기 주제**
  - 내용:
  - 과정:

- **집단에 대한 기록**
  - 도입:
  - 작업:
  - 종결:

- **집단원에 대한 기록**
  - 집단원 A:
  - 집단원 B:
  - 집단원 C:

▶ 집단 회기 진행

- **집단에 대한 의견**
  - 의견:
  - 과정:
  - 특별한 집단원:
  - 수퍼비전 중 논의되어야 할 것:

- **개입 전략 평가**
  - 실행 기능:
  - 주요 기여:
  - 보살핌:
  - 감정 자극:

* 위의 4가지 각각에 대해 작업된 것은 무엇인가?

* 작업하지 않은 것은? (그리고 다음 회기에 무엇을 다르게 작업할 것인가?)

• **치료적 요인에 관련된 결정적 사건**

집단에서 이번 주에 일어난 가장 중요한 사건 3가지를 간략하게 묘사해 보기 그리고 이를 치료적 요인에 근거하여 어떻게 설명할지 적어 보기

①
②
③

• **역전이-특수한 집단원 대하기**

당신이 생각나는 집단원에 대해 느끼는 감정을 간략하게 묘사해 보기. 당신이 그 집단원을 대하는 행동은 어떠한가? 당신의 행동은 어떤 것에 근거하는가? 당신의 반응은 집단원이 집단 안에서 하고 있는 무언가에 근거하는가? 아니면 당신과 다른 사람의 관계에 근거하는가? 앞으로 그 집단원에게 반응하기 위해 무엇을 할 수 있는가?

①
②

• **특정한 사건이나 집단 주제 다루기-사건에 대해 간략하게 묘사하기**

사건의 결과로 인해 당신에게서 나타나는 감정, 다른 상황에서 당신에게 남아 있는 것, 행동이 무엇에 근거하고 있는지, 이 사건에 관련된 당시의 행동이나 이슈는 무엇인지, 향후 상호작용에서 당신이 무엇을 다르게 할 수 있는지 적어 보기

• **테이프 전사-테이프의 20분가량의 분량을 선택하고 다음 양식을 따라서 전사하기**

- 리더의 진술
- 집단원의 진술
- 종결
- 가능한 대답, 반응

출처: DeLucia-Waack(2002).

집단상담 회기 기록지나 집단상담 개념화에 대한 새로운 탐색은 몇몇 학자들에 의해 시작되었지만, 대부분의 경우 수퍼비전 사례보고서 양식보다는 집단상담 회기보고서 양식에 집중되어 있다는 것을 알 수 있다(Brown & Spenser, Dlin, 1990; Cheston, 1991).

현장에서 집단상담 수퍼비전 사례보고서의 필요성 및 중요성은 점차로 커져 감에도 불구하고, 이에 대한 구체적인 연구나 탐색은 미미하고, 수퍼비전을 받는 수퍼바이저나 수퍼바이지(수련생)에 의해서 임의적으로 사용되고 있는 경우

가 대부분이다. 그나마 개인상담 영역은 기존의 연구와 문헌 검토를 통해 사례 발표 양식이 만들어졌고, 오랜 시간 많은 수퍼비전의 진행 가운데 어느 정도 전 문가의 합의를 거쳐 사례보고서 양식이 갖추어졌다는 평가를 할 수 있다. 한편 집단상담 영역에서 수퍼비전 사례보고서는 문헌 검토나 이론적 배경에 의해서 제시된 형태를 찾아보기 어렵고, 전문가들에 의해 합의될 기회가 부족했다. 실 제 집단이 활성화된 기관이나 전문가들에게 집단상담 수퍼비전 사례보고서 양 식을 요구했을 때, 수퍼바이지(수련생)가 작성해 오는 양식에 따라 수퍼비전이 이루어지며, 기관이나 전문가 차원에서 제시하는 사례보고서의 양식이 없는 경 우가 대부분이었다(권경인, 2010). 집단상담 수퍼비전 사례보고서에 이론적 배 경이나 집단의 특성에 따라 다양한 요소가 포함되어야 한다는 점에서 획일화된 사례보고서의 요소를 제시하는 데는 한계가 있을 것이다. 그러나 보다 효율적 인 집단상담 수퍼비전을 위해서는 개인상담과 차별화되는 집단상담 수퍼비전 사례보고서의 주요 요소를 탐색할 필요가 있다.

권경인(2010)은 집단상담 수퍼비전의 사례보고서에 포함되어야 하는 주요 요 소들이 무엇인지를 탐색하고, 이에 대한 전문가적 합의를 거쳐 집단상담 수퍼 비전 사례보고서 모형을 개발하였다. 이를 위해 먼저 우리나라에서 집단상담과 집단상담 수퍼비전이 활발하게 이루어지고 있는 대표적인 학회, 대학 상담센터, 사설 상담센터의 집단상담 수퍼비전 사례보고서를 수합하였다. 더불어 집단상 담 사례보고서와 관련된 연구들을 검토하여 각 연구에서 제시하는 집단상담 수 퍼비전 사례보고서의 주요 구성 요소를 탐색하였다. 이를 통하여 집단상담 수 퍼비전 사례보고서에 포함되는 요소를 추출해 내고, 이 요소들을 가지고 32명 의 집단상담 전문가들의 합의 과정을 거쳤다. 다양한 이론적 입장의 집단상담 전문가들에게 집단상담 수퍼비전의 효율성을 높이고, 수퍼바이지(수련생)들에 게 집단 진행의 중요한 측면을 고려하도록 도울 수 있는 요소를 추출하고자 하 였다. 집단상담 전문가들의 합의 과정을 도출하기 위해서 이 연구는 델파이 방 법(Delphi method)을 사용하였다.

집단상담 수퍼비전 사례보고서의 중요 요소로 확인된 79문항은 1차 설문지로 작성되었다. 이는 문헌 검토와 기존에 우리나라에서 이루어지고 있는 집단상담 수퍼비전 사례보고서의 요소를 확인한 결과다. 이러한 1차 설문을 시작으로 하여 2차, 3차에 걸친 설문 결과를 검토하여, 최종 델파이 조사인 3차 델파이의 결과를 전체 문항의 중요도에 대한 평균과 표준편차, CVR(Content Validity Ratio)로 제시하였다. 다음 중요도에 대해 전체 평균이 6.0 이상 CVR이 1.00인 경우를 제시하여 중요도 부분에서도 상위에 위치하는 항목을 제시함으로써 집단상담 수퍼비전 사례보고서에 포함되어야 할 중요한 요소들을 제시하였다. 또한 중요도 평가의 평균 및 CVR을 중심으로 하여 중요 요소들을 영역별로 정리하여 집단상담 수퍼비전 사례보고서의 모형을 제시하였다.

중요도가 높은 순서대로 각 항목을 재배치했을 때 중요도 평균이 6.0 이상, CVR이 1인(최대값) 경우를 제시하면 다음 〈표 12-8〉과 같다. 그중에서도 중요도 평균 6.5 이상, CVR이 1인 경우를 정리해 보면 다음과 같다. 집단역동 분석, 수퍼비전을 통해서 얻고자 하는 것, 수퍼바이저로부터 도움받고 싶은 점, 집단원들의 상호작용, 집단 진행 과정(집단상담 운영기록지), 집단상담 평가, 중대 사건, 개인별 변화(집단원별 사전·사후), 회기의 집단역동 및 개인 평가, 효과적 개입, 집단원에 대한 진술(집단에서의 모습과 특징), 회기별 집단 과정 역동의 양상, 집단원 간과 '집단역동'에 대해 매우 중요하게 평가하고 있는 것으로 보인다.

이를 주요 범주별로 살펴보면 수퍼비전 사례보고서에 포함될 가장 중요한 첫 번째 범주는 '집단상담 역동'(중요도 평균=6.91, CVR=1.0)이다. 여기에 포함되는 요소로 '집단원 간의 상호작용' '집단원 간의 역동', 회기별 집단 과정의 역동 양상, 회기의 집단역동 및 개인 평가, 리더와 집단원 간의 역동, 협동 집단상담자와 집단원 간의 역동 등이 포함된다. 두 번째 주요 범주는 '집단 과정'으로 회기 평가 및 개선안, 치료적 요인, 중대 사건, 효과적 개입, 집단의 주요 사건, 집단 진행 과정, 회기에서 다루었던 주제 등이 포함된다. 세 번째 주요 범주는 '집단상담 평가' 부분인데, 여기에는 개인별 변화, 개입 전략 평가, 집단에 대한 상담자의 평가, 집단에 대한 집단원의 평가 등 다각적 평가가 포함된다. 네 번째 주요 범주는 '집단상담 목표'로, 집단상담 단기 목표, 집단상담 장기 목표, 집단

ooo **표 12-8** 중요도 및 내용타당도가 높은 항목(중요도 평균=6.0, 이상 CVR=1)

집단상담 사례보고서 항목 내용	평균	표준편차	CVR
집단역동 분석	6.91	.30	1.00
수퍼비전을 통해서 얻고자 하는 것	6.88	.34	1.00
수퍼바이저로부터 도움받고 싶은 점	6.88	.34	1.00
집단원들의 상호작용	6.84	.37	1.00
집단 진행 과정(집단상담 운영기록지)	6.78	.42	1.00
집단상담 평가	6.78	.49	1.00
중대 사건	6.75	.51	1.00
개인별 변화(집단원별 사전·사후)	6.75	.44	1.00
회기의 집단역동 및 개인 평가	6.75	.44	1.00
효과적 개입	6.72	.46	1.00
집단원에 대한 진술, 집단에서의 모습, 특징	6.72	.53	1.00
회기별 집단 과정 역동의 양상	6.72	.46	1.00
집단원 간 역동	6.72	.46	1.00
회기에서 다뤄졌던 주제(내용 쟁점, 과정 쟁점)	6.72	.58	1.00
회기 평가 및 개선안	6.69	.54	1.00
집단에 대한 기록(집단의 주요 사건)	6.69	.54	1.00
집단원의 저항 및 대응	6.69	.54	1.00
집단 과정(내용)	6.66	.55	1.00
치료적 요인	6.66	.48	1.00
집단 운영 방법과 형태	6.59	.62	1.00
집단원 개별 목표	6.59	.50	1.00
축어록	6.59	.50	1.00
개입 전략 평가	6.53	.57	1.00
집단상담 성과	6.38	.49	1.00
리더와 집단원 간 역동을 글로 기술	6.34	.48	1.00
집단상담 접근 방식	6.31	.54	1.00
집단에 대한 집단상담자의 평가	6.31	.54	1.00
집단에 대한 집단원들의 평가	6.28	.46	1.00
프로그램의 목적	6.28	.52	1.00
집단상담 전체의 목표	6.28	.58	1.00
집단원에 대한 기록	6.25	.51	1.00
집단상담 전략	6.22	.55	1.00
역전이	6.22	.42	1.00
진행 시 리더가 겪었던 어려움	6.19	.54	1.00
참석자	6.16	.52	1.00
집단 프로그램 소개	6.16	.57	1.00
금주 주제(회기 주제)	6.09	.39	1.00
협동 집단상담자와 집단원 간의 역동	6.03	.47	1.00

※ 음영 처리: 중요도 평균 ≥ 6.5 이상, CVR =1인 경우

전체의 목표, 집단원 개별 목표 모두 중요도에서 평균 6점 이상을 받았고, CVR도 0.93~1.00으로 높았다. 집단상담의 목표에 있어서 개인 차원, 전체 차원, 장기 · 단기 차원의 목표를 여러 차원으로 설정하고 이를 제시하는 것이 중요하다고 전문가들은 평가하였다. 역동을 기술하는 것을 중시하면서도 '특정 시점을 정하고 집단원과 집단상담자(평균=6.22, CVR=0.93), 집단원들 간(평균=6.16, CVR=0.93), 전체 역동(평균=6.03, CVR=0.93)' 등에 대해 집중하는 방식을 중요하게 평가하고 있다. 더불어 집단 과정에 대해서도 '전환에 대한 상세한 기술'(평균=5.94, CVR=1)을 중요하게 평가하였다. 이러한 항목들은 집단에서 보이는 현상을 수퍼비전 사례보고서에서 그대로 드러낼 수 있기를 기대하는 항목이라고 할 수 있다. 집단상담 프로그램에 대해서는 프로그램의 목적, 운영 방법 등이 중요한 항목으로 평가되고 있다. 집단 축어록(평균=6.59, CVR=1)이나 녹음 자료(평균=5.84, CVR=0.93), 비디오 자료(평균=6.03, CVR =0.93) 중에서는 현실성을 감안한 축어록 자료에 대한 중요도 평가가 가장 높았다. 이러한 결과를 통합하여 실제 집단상담 수퍼비전 사례보고서를 핵심적 요소로만 정리한 요약형 모형과 중요한 정보를 최대한 포함하는 통합형 모형 형태로 정리하였다.

집단상담 수퍼비전 사례보고서 요약형은 전문가들의 평가가 중요도 평가에서 평균 6점 이상, CVR 1.0 이상으로, 전문가 모두가 중요도 평가가 5, 6, 7점 이상을 표시한 항목들로 구성되었다. 세부 내용은 9개의 주요 범주와 30개의 주요 요소다. 9개 주요 범주는 집단 소개, 집단 프로그램, 집단상담 목표, 집단원, 집단 과정, 집단역동, 집단상담 평가, 수퍼비전에서 도움받고자 하는 것, 축어록 부분이다. 구체적인 내용은 〈표 12-9〉에 제시하였다.

집단상담 수퍼비전 사례보고서 통합형은 통합 형식으로 모형 1의 주요 범주와 주요 요소를 토대로 하면서 중요도 평균 6점 이상, CVR이 1점이 안 되는 항목 또는 중요도 평균이 6점 이하지만 CVR이 1점인 경우를 포함하였다. 이 모형은 9개 범주와 45개의 주요 요소로 제시되었으며, 9개 주요 범주는 요약형의 주요 범주와 일치한다. 주요 요소로 '집단 소개'에서 집단상담의 종합적 기술, '집단 프로그램'에서 구조화 집단 시 회기 프로그램의 역할 및 중요도, '집단상담 목

ooo 표 12-9 중요도 및 내용타당도가 높은 항목(중요도 평균=6.0, 이상 CVR=1)

주요 범주	주요 요소
집단 소개	• 집단상담 접근 방식 • 집단상담 전략 • 집단 운영 방법과 형태
집단 프로그램	• 집단 프로그램 소개 • 프로그램 목적
집단상담 목표	• 집단상담 전체의 목표
집단원	• 집단원에 대한 진술, 집단에서의 모습과 특징 • 집단원 개별 목표
집단 과정	• 참석자 • 금주 주제(회기 주제) • 회기 평가 및 개선안 • 치료적 요인 • 중대 사건 • 효과적 개입 • 회기에서 다뤄졌던 주제(내용 쟁점, 과정 쟁점) • 집단원의 저항 및 대응 • 역전이
집단역동	• 리더와 집단원 간의 역동을 글로 기술 • 협동 집단상담자와 집단원 간의 역동 • 집단원 간 역동 • 회기별 집단 과정의 역동 양상 • 집단원들의 상호작용
집단상담 평가	• 집단에 대한 집단상담자의 평가 • 집단에 대한 집단원들의 평가 • 개인별 변화(집단원별 사전 · 사후) • 집단상담 성과 • 개입 전략 평가
수퍼비전에서 도움받고자 하는 것	• 진행 시 리더가 겪었던 어려움 • 수퍼비전을 통해서 얻고자 하는 것
축어록	• 축어록

◦◦◦ 표 12-10 집단상담 수퍼비전 사례보고서 모형 2(통합형–성인)

주요 범주	주요 요소
집단 소개	• 수퍼바이저 명, 수퍼바이지(수련생) 명 • 집단상담 접근 방식 • 배경이 되는 집단상담 이론 • 집단상담 전략 • 집단 운영 방법과 형태 • 종합적 기술(이론적 접근 및 프로그램 목표에 따른 과정과 성과 대안에 대한 종합적 기술)
집단 프로그램	• 집단 프로그램 소개 • 프로그램 목적 • 구조화 집단 시 회기 프로그램이 전체에서 가지는 역할 및 중요도
집단상담 목표	• 집단상담 전체의 목표 • 집단상담 장기 목표 • 집단상담 단기 목표
집단원	• 집단원에 대한 진술, 집단에서의 모습과 특징 • 집단 출석률 • 집단원 개별 목표 • 이전 상담 경험 • 집단원들의 회기에 따른 변화 과정 기술
집단 과정	• 참석자 • 회기, 일시, 진행 시간 • 금주 주제(회기 주제) • 회기 평가 및 개선안 • 치료적 요인 • 중대 사건 • 효과적 개입 • 회기에서 다뤄졌던 주제(내용 쟁점, 과정 쟁점) • 집단원의 저항 및 대응 • 역전이 • 전환에 대한 상세한 기술(진행 중 전환이라고 할 수 있는 부분에 대한 상세 기술)
집단역동	• 리더와 집단원 간의 역동을 글로 기술 • 협동 집단상담자와 집단원 간의 역동 • 집단원 간 역동

집단역동	• 회기별 집단 과정 역동의 양상 • 특정 시점을 정하고, 전체 역동에 대해 수퍼바이지(수련생)가 궁금한 것 • 특정 시점을 정하고, 집단원과 집단상담자와의 상호작용 및 역동에서 수퍼바이지(수련생)가 궁금한 것 • 특정 시점을 정하고, 특정 집단원들 간의 상호작용 및 역동에서 수퍼바이지(수련생)가 궁금한 것
집단상담 평가	• 집단에 대한 집단상담자의 평가 • 집단에 대한 집단원들의 평가 • 개인별 변화(집단원별 사전 · 사후) • 개입 전략 평가 • 집단상담 성과 • 집단원들이 집단 체험을 통해 학습한 점
수퍼비전에서 도움받고자 하는 것	• 진행 시 리더가 겪었던 어려움 • 수퍼비전을 통해서 얻고자 하는 것
축어록 및 비디오 자료	• 축어록 • 집단 비디오 자료(최소 10~20분)

표'에서 집단의 단기 및 장기 목표가 첨가되었고, '집단원'에서는 집단 출석률, 이전 상담 경험, 회기에 따른 변화 과정 등이 포함되었다. '집단 과정'에서는 회기, 일시, 진행 시간, 전환에 대한 상세한 기술이 첨가되었다. '집단역동'에 대해서는 특정 시점을 정해 두고, 전체 역동, 집단원과 집단상담자, 특정 집단원들 간의 상호작용 및 역동에 대한 탐색이 첨가되었다. '집단상담 평가'에서는 집단원들이 집단 체험을 통해 학습한 점을 포함시켰고, '축어록'뿐만 아니라 '비디오 자료'를 제시할 것을 첨가하였다.

권경인(2010)은 성인 집단상담 수퍼비전 사례보고서에 아동 · 청소년 상담 전문가의 자문을 통해 아동 · 청소년 수퍼비전 사례보고서 양식을 개발하였다. 이는 성인 집단상담 수퍼비전 사례보고서 델파이 과정에서 아동 · 청소년 중심의 집단상담 수퍼비전 사례보고서 모형에 포함시킬 요소로 거론된 것들을 토대로 아동 · 청소년 집단상담 전문가의 자문 과정을 통한 개발 절차를 거쳤다. 구체적인 보고서 양식은 〈표 12-11〉과 같다.

ㅇㅇㅇ **표 12-11 아동 · 청소년 집단상담 수퍼비전 사례보고서 양식 모형**

주요 범주	주요 요소
집단 소개	• 수퍼바이저 명, 수퍼바이지(수련생) 명 • 집단상담 접근 방식 • 배경이 되는 집단상담 이론 • 집단상담 전략 • 집단 운영 방법과 형태 • 종합적 기술(이론적 접근 및 프로그램 목표에 따른 과정과 성과 대 안에 대한 종합적 기술)
집단 프로그램	• 집단 프로그램 소개 • 프로그램 목적 • 구조화 집단 시 회기 프로그램이 전체에서 가지는 역할 및 중요도 • 구조화 활동에 대한 소개
집단상담 목표	• 집단상담 전체의 목표 • 집단상담 장기 목표 • 집단상담 단기 목표 • 상담 의뢰자, 상담 의뢰처 • 의뢰자가 제안하는 목표
집단원	• 부모와의 관계 • 부모의 부부 친밀도 • 출생 순위 및 형제와의 관계 • 또래와의 관계 • 기관이나 학교에서의 적응 상황 • 집단원에 대한 진술, 집단에서의 모습과 특징 • 집단 출석률 • 집단원 개별 목표 • 이전 상담 경험 • 약물 복용 • 집단원들의 회기에 따른 변화 과정 기술
집단 과정	• 참석자 • 회기, 일시, 진행 시간 • 금주 주제(회기 주제) • 회기 평가 및 개선안 • 치료적 요인 • 중대 사건 • 효과적 개입

집단 과정	• 회기에서 다뤄졌던 주제(내용 쟁점, 과정 쟁점) • 집단원의 저항 및 대응 • 역전이 • 전환에 대한 상세한 기술(진행 중 전환이라고 할 수 있는 부분에 대한 상세 기술)
집단역동	• 리더와 집단원 간의 역동을 글로 기술 • 협동 집단상담자와 집단원 간의 역동 • 집단원 간 역동 • 회기별 집단 과정 역동의 양상 • 특정 시점을 정하고, 전체 역동에 대해 수퍼바이지(수련생)가 궁금한 것 • 특정 시점을 정하고, 집단원과 집단상담자와의 상호작용 및 역동에서 수퍼바이지(수련생)가 궁금한 것 • 특정 시점을 정하고, 특정 집단원들 간의 상호작용 및 역동에서 수퍼바이지(수련생)가 궁금한 것
집단상담 평가	• 집단에 대한 집단상담자의 평가 • 집단에 대한 집단원들의 평가 • 개인별 변화(집단원별 사전 · 사후) • 집단원에 대한 교사의 평가 • 집단원에 대한 부모의 평가 • 개입 전략 평가 • 집단상담 성과 • 집단원들이 집단 체험을 통해 학습한 점
수퍼비전에서 도움받고자 하는 것	• 진행 시 집단상담자가 겪었던 어려움 • 수퍼비전을 통해서 얻고자 하는 것
축어록 및 비디오 자료	• 축어록 • 집단 비디오 자료(최소 10~20분) • 매체 활용 시 사진 자료(미술, 동작, 모래놀이 등)

성인 대상의 집단상담 수퍼비전 사례보고서와 아동 · 청소년 대상의 집단상담 수퍼비전 사례보고서는 유사한 요소들을 중요하게 다루면서도 아동 · 청소년의 경우에 몇 가지 차이점을 지니는 것으로 보인다.

첫째, 집단원에 대한 보고에서 부모와 관계, 부부 친밀도, 출생 순위, 형제 관계, 또래 관계, 기관이나 학교에서의 적응 상태 등 주요 타인과 환경에 대한 탐색을 성인보다 훨씬 면밀하게 제시해야 한다는 점에서 차이를 가진다.

둘째, 상담 목표에서도 집단이나 개인에 대한 목표와 함께 의뢰자나 의뢰처의 목표를 동시에 확인하고 설정해야 한다는 것을 강조한다는 점에서도 차이가있다. 이는 아동·청소년의 경우 의뢰자가 부모인 경우나 학교를 통한 경우가많고, 이들의 호소 문제에 대한 탐색이 목표 설정에 중요한 의미를 가지기 때문이라고 생각된다.

셋째, 집단상담 평가 영역에서도 집단원들이나 집단상담자의 평가 외에 부모나 교사의 평가를 주목할 필요가 있다고 나타난다. 아동이나 청소년의 경우 이들의 변화에 대한 중요한 판단을 제시할 수 있는 대상으로 부모나 교사를 활용하는 것이 필요하다.

넷째, 집단 프로그램 영역에서 구조화 프로그램에 대한 자세한 소개가 강조되는데, 이는 아동·청소년 프로그램의 상당수가 구조화된 프로그램으로 제시되기 때문인 것으로 보인다.

다섯째, 축어록 및 비디오 자료를 제시하는 영역에서 매체 활용 시 사진 자료를 제시하는 것이 아동·청소년의 경우 필요하다고 나타난다. 실제 미술, 동작, 모래놀이 등에 대한 회기별 사진이나 주요 변화를 나타낼 수 있는 사진 자료를 활용하는 것은 아동·청소년 수퍼비전에 있어 효율적인 측면이 있다.

집단상담 사례보고서 양식(실제)

위의 연구를 기반으로 한 집단상담 사례보고서의 실제 양식을 상담현장에서 사용할 수 있는 실제 양식으로 제시하면 다음과 같다.

I. 집단 소개

1. 집단상담 접근방식

- (반)구조화 집단상담
- 게슈탈트 집단상담 (배경이 되는 집단상담 이론 간단히 작성)

2. 집단운영 방법과 형태

1) 집단운영 방법 : 주 1회 2시간, 10회 (20시간)
2) 형　　　　태 : 특이사항 기록
3) 집단　구성 : 리더 1명, 코리더 1명, 집단원 ○○명

II. 집단 프로그램

1. 집단프로그램 소개

_____

_____

2. 프로그램 목적

_____

_____

3. 회기별 주제 및 활동

회기	주제		전체 프로그램에서 각 회기의 역할과 의의
1	주제:		
	활동:		
2	주제:		
	활동:		
-	주제:		
	활동:		
-	주제:		
	활동:		
10	주제:		
	활동:		

Ⅲ. 집단상담 목표

1. 집단상담 전체의 목표

_____

_____

2. 집단상담 장기 목표

_____

_____

3. 집단상담 단기 목표

_____

_____

IV. 집단원

1. 집단원의 이해 및 개별 목표

별칭	별칭의미	집단원 이해 및 개인별 목표
별님		목표 :
		가족 :
		인상 : 특성 : 주요정서 :
달님		목표 :
		가족 :
		인상 : 특성 : 주요정서 :
햇 님		목표 :
		가족 :
		인상 : 특성 : 주요정서 :
꽃님		목표 :
		가족 :
		인상 : 특성 : 주요정서 :
바람 님		목표 :
		가족 :
		인상 : 특성 : 주요정서 :

2. 집단 출석률(총 ○○명 중 □□명 수료)

회기 \ 집단원	별님	달님	햇님	꽃님	바람님	출석
1	○	○	○	○	○	10/10
2	○	○	○	-	○	9/10
3	○	○	○	○	○	10/10
~	○	-	○	○	-	8/10
10	○	○	○	○	○	10/10

Ⅴ. 집단과정

1. 회기보고서

□ 회기	일시: 201○. ○. ○○. 시간: 10:00~12:00 (120분)
참석자	별님, 달님, 햇님, 꽃님, 바람님, ..., 사랑(코리더), 열매(리더)
회기주제	
준비물	8절지 6장, 채색도구, 명찰, A4용지, 볼펜
회기평가 및 개선안	• 자기소개 시간에 달님의 강렬한 자기 개방에 대해 리더가 범위를 지어 제안하였는데, 이것이 집단 참여의 자유로움을 방해 했는지 점검
다뤄졌던 주제 (내용, 과정쟁점)	• 별칭 소개를 통해 자신의 가장 중요한 대상 및 감정에 대해 인식. • 집단에서 나타나는 자신의 상호작용 패턴에 대해 알아보고 개인별 목표 및 집단 목표를 다루면서 친밀감 형성
집단원의 저항 및 대응	• (별님 → 리더) 리더가 너무 젊은데 집단상담 지도자 경험이 있는지 질문함. 1회기 내내 리더를 관찰하는 듯 참여를 보임.
진행 중 전환에 대한 상세한 기술	달님 : "_____" 집단원 전체 : 침묵 리더 : "_____"
회기 평가	

VI. 집단역동

1. 집단역동 분석

1) 리더-집단원간 역동(○: 동조 · 지지, △: 보통, ×: 불편)

-	별님	달님	햇님	꽃님	바람님
리더(열매)	△	△	×	○	○
코리더(사랑)	○	△	○	○	○

2) 리더-코리더의 역동 (둘의 역동이 있었다면)

3) 집단원간 역동(리더 및 코리더 제외)

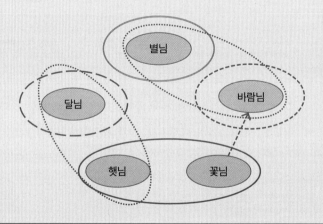

⬭ (점선)	**바람님** 적절한 자기 공개와 소통을 하지만 감정이나 느낌을 표현하기 어려워하는 집단
⬭ (긴점선)	**달님** 전체를 관망하는 집단. 자연스럽게 집단이 흘러가길 바람
⬭ (실선)	**햇님, 꽃님** 집단원들에게 촉진적 질문이나 탐색적 질문을 많이 함. 집단원의 깊은 곳을 탐색하려고 함
⬭ (가는실선)	**별님** here and now 느낌과 감정에 초점을 맞춤

	별님-바람님, 달님-햇님 서로에게 힘을 실어주고 싶어 함
- - - - - - ►	꽃님 → 바람님 탐색적 질문, 직면

VII. 집단상담 평가

1. 집단원들의 평가(집단원이 작성한 피드백)

- "_____"
- "_____"
- "_____"
- "_____"
- "_____"

2. 개인별 변화(집단원별 사전 사후)

사전	별칭	목표	사후
	별님		
	달님		

	햇님		
	꽃님		
	바람님		

Ⅷ. 수퍼비전에서 도움받고자 하는 것

1. 진행시 어려움

- " _____ "
- " _____ "
- " _____ "
- " _____ "
- " _____ "

2. 수퍼비전을 통해서 얻고자 하는 것

- " _____ "
- " _____ "
- " _____ "
- " _____ "
- " _____ "

축어록

집단원	내용
별님 1	" _____ "
달님 1	
열매 1	
별님 2	
열매 2	
별님 3	
햇님 1	

집단상담 사례발표 양식 (설명) :

○ 집단소개

* 해당 집단상담 접근방식(구조화, 반구조화, 비구조화 등)과 배경이 되는 집단상담이론(게 슈탈트, T-집단 등), 집단운영 방법과 형태(집단프로그램의 일시, 장소, 대상자, 지도자)를 간단히 제시한다.

○ 집단프로그램 소개

* 해당 집단프로그램의 소개와 주요 목적을 간략히 제시하고 회기별 프로그램에 대한 기술을 하면 됩니다. 구조화 집단 시, 회기별 활동명, 주요 활동내용, 회기의 목표 등을 기술한다.

○ 집단상담목표

* 해당 집단프로그램 전체의 목표, 장기 목표, 단기 목표를 세분화시켜서 기술한다.

예를 들어, 대인관계증진이라는 프로그램의 경우, 집단상담 전체의 목표는 프로그램을 통해 대인관계에서 어려움을 경험하고 있는 사람들끼리 피드백을 통해 집단원 개개인이 자신의 어려움을 이해하고 변화를 촉진할 수 있는 지점을 인식해보기와 같이 집단 전체가 가지고 가야할 목표를 기술해주시고, 장기 목표는 집단원들이 프로그램이 끝날 때 개인적으로 이루어져야 할 목표, 단기 목표는 장기 목표를 가기 위한 회기 내에서의 목표를 쓴다.

○ 집단원

* 해당 집단프로그램에 참여하는 집단원에 대한 진술한다.

집단원의 별칭, 성별, 나이, 학년, 주호소문제, 집단원의 주요정서, 행동 특성, 집단원의 출석사항, 집단원의 개별 목표, 이전 상담 경험 등등을 간략하게 기술한다.

○ 집단 과정

* 해당 집단프로그램이 진행되면서 중요하게 나타난 주제, 과정 등의 내용들을 기술한다. 기본적으로 회기보고서를 통해 참석자, 회기주제, 준비물, 회피평가 및 개선안, 다뤄졌던 주제(내용 및 과정에서 나타난 쟁점), 집단원의 저항 및 대응, 진행 중 전환에 대한 상세한 기술, 회기평가 등의 내용이 들어가시면 됩니다. (보고서 샘플에 회기보고서 양식에 적혀있는 예시를 보고, 참고해서 서술하시면 됩니다)

○ 집단역동

* 해당 집단상담에서 나타났던 집단역동에 대해서 기술한다. 대표적 역동은 집단 전체 역동, 대인간 역동이 있고, 리더와 집단원, 집단원과 집단원의 역동을 분리해서 표시할 수도 있다.

리더-집단원간 역동을 알아보기 쉽게 표현해주시고(예를 들면, 동조 지지는 ○, 보통은 △, ×는 불편 등) 리더와 코리더가 함께 참여했다면 그 둘의 역동도 기술한다.

집단원간 역동은 대인간 역동에서 천체적으로 두드러지는 갈등관계, 긍정적인 관계, 융합된 관계, 무관심한 관계 등 다양한 관계 역동의 표시를 통해 표시할 수 있다. 샘플에서 제시된 그림처럼 한 눈에 알아보기 쉽게 역동을 그림으로 제시하고 대표적인 대인간 역동을 글로 기술할 수 있다.

특별히 수퍼비전을 위해서 지도를 받고 싶은 특정시점에 대한 중요한 역동이 있다면 그 시점에 대한 역동을 그림과 글로 진술해도 된다.

○ 집단상담 평가

* 해당 집단프로그램에 대한 평가를 기술한다.

집단에 대한 집단상담자의 평가(집단프로그램의 사전 계획에 기술된 집단상담 프로그램의 시간, 장소, 대상, 목표 회기별 내용 등이 집단상담 결과나 과정 효율성에 비추어 보았을 때 효과적이었는지 여부를 서술)와 집단에 대한 집단원들의 평가로 만족도 평가나 회기평가, 평가 소감

등이 이에 해당된다.

집단원 개인별 평가는 표로 만들어서 집단원별로 사전 모습과 사후 모습을 제시함으로써 어떠한 변화가 있는지 기술하면 된다. 추가적으로 리더가 개입전략의 평가와 성과가 있었던 측면은 어떤 요소(예를 들어, 집단상담자가 설정해놓은 목표에 대한 성취와 미성취에 관련하여 상담자가 어떤 역할이나 행동을 했는지 그 역할이 기능적이었는지 역기능적이었는지 등의 내용이 기술)가 있었는지 기록한다.

○ 수퍼비전에서 도움 받고자 하는 것

* 해당 집단프로그램을 진행하면서 리더가 겪었던 어려움과 수퍼비전을 통해서 얻고자 하는 부분을 기술한다.

○ 축어록 및 비디오 자료

* 집단상담 수퍼비전을 위해 수퍼비전 받고 싶은 중요한 부분 20-30분 분량 이상을 축어록으로 제시한다. 또는 녹화 자료가 있다면 이 부분 역시 수퍼비전 받고 싶은 부분을 20-30분 분량을 비디오 자료로 제시한다.

집단상담 수퍼비전은 우리나라나 서구에서 아직 기초적인 개념을 확인하는 초기 단계에 있다. 집단상담자들의 효율적인 훈련과 교육을 위해서는 집단상담 수퍼비전에 대한 차별화 모델의 지속적인 개발에 관심을 가져야 한다. 또한 다양한 이론과 상황에 적합한 집단상담 수퍼비전 방식에 대한 탐색도 이루어져야 할 것이다. 이는 집단상담의 효과를 증대시키고, 집단원을 보호하며, 집단상담자의 전문성 확보를 위한 집단상담 영역의 중요한 과제다.

[참고문헌]

강진령(2005). 집단상담의 실제. 서울: 학지사.

강진령(2008). 상담심리 용어사전. 경기: 양서원.

강진령(2011). 집단상담의 실제(2판). 서울: 학지사.

구본용(1988). 우리나라 대학에서의 집단상담의 활용현황. 대학생활연구, 6. 한양대학교, 17-40.

권경인(2007). 한국 집단상담 대가의 발달과정 분석. 서울대학교 박사학위 논문.

권경인, 지희수(2010). 집단상담 숙련 전문가의 발달 특성 분석. 상담학연구, 11, 1075-1098.

권경인(2010). 집단상담 수퍼비전 사례기록 모형 개발. 상담학연구, 11(1), 153-169.

김동충(1986). 천부경과 단군신화. 서울: 기린원.

김명권, 김창대, 박애선, 전종국, 천성문 공역(2000). 집단상담 과정과 실제. 서울: 시그마 프레스.

김성회(1999). 집단상담에서의 문제해결은 어떻게 하는가? 집단상담연구, 2, 77-102.

김여옥(1977). 심성개발의 실제. 서울: 광덕문화사.

김정곤 외(1995). 한국 전통사상의 특성연구. 한국정신문화원.

김정부(1983). T 집단 체험을 통한 공감적 이해 증대. 전남대학교 석사학위 논문.

김정희(1983). Peer Counseling 효과에 대한 연구. 지도상담, 5. 계명대학교.

김정희(1986). 집단상담의 유형이 상담효과에 미치는 영향. 지도상담, 11. 계명대학교.

김정희(1994). 구조적 집단상담 프로그램. 지도상담. 계명대학교.

김정희(1995). 심리극 기법을 활용한 집단상담 프로그램. 발달상담연구, 3. 한국발달상담 학회.

김정희(1997). 청소년 상담모형 모색. 발달상담연구, 4. 한국발달상담학회.

김정희(1999). 치료적 요인으로서의 사랑. 지도상담, 23. 계명대 학생생활연구소, 51-84.

김정희(2000). 사랑의 정서중진을 위한 집단상담 프로그램. 교육학 연구, 17, 1. 계명대
　　　학교.

김정희(2007). 이형득의 본성실현 상담. 한국상담학회 연차대회 자료집.

김정희(2008). 군상담: 자아정체성 확립 집단상담 프로그램. 3사관학교 출판부.

김정희(2008). 군상담: 품성덕목 함양 집단상담 프로그램. 3사관학교 출판부.

김진숙(1999). 집단상담의 시작은 어떻게 하는가? 집단상담연구, 2, 7-30.

김진숙, 김창대, 박애선, 유동수, 전종국, 천성문 공역(2007). 집단상담 과정과 실제. 서울:
　　　시그마프레스.

김진숙, 유동수, 전종국, 한기백, 이동훈, 권경인 공역(2016). 집단상담 과정과 실제. 서울:
　　　센게이지러닝.

김창대 외(2004). 상호작용중심의 집단상담. 서울: 시그마프레스.

김창대(2004). 사례기록 및 관리. 서울대학교 교육학과 세미나 자료.

김춘경 역(2006). 집단상담 전략과 기술. 서울: 시그마프레스.

김춘경, 정여주(2001). 상호작용 놀이를 통한 집단상담. 서울: 학지사.

김춘경, 최웅용 공역(2005). 집단상담 기법. Cengage Learning.

김춘경, 박정순, 최윤정, 김성혜, 이정은 외(2011). 아동집단상담 프로그램. 서울: 학지사.

노상우, 송재홍, 천성문, 이영순, 이연숙(1999). 아동·청소년을 위한 집단상담. 서울: 문음사.

노안영(2011). 집단상담 이론과 실제. 서울: 학지사.

노안영(2018). 상담심리학의 이론과 실제(2판). 서울: 학지사.

박현경, 이영희(2004). 집단상담 참가자의 개인주의-집단주의 성향, 상담자 역할기대
　　　및 치료적 요인 연구. 한국심리학회지 상담 및 심리치료, 571-596.

박태수, 고기홍(2007). 개인상담의 실제. 서울: 학지사.

설기문(1998). 한국 집단상담 운동의 발전과정과 전망. 집단상담연구, 1, 7-33.

설기문(1999). 집단상담에서 저항과 갈등은 어떻게 처리하는가? 집단상담연구, 2, 31-52.

설기문(2002). 인간관계와 정신건강. 서울: 학지사.

송호수(1983). 한민족의 뿌리사상, 국민윤리회(편). 한국의 전통사상. 서울: 형설출판사.

양명숙, 한재희, 전재경, 김윤희, 진선해(2017). 집단상담 사례와 프로그램 개발의 실제. 서
　　　울: 학지사.

유동수(2005). 감수성 훈련: 진정한 나를 찾아서. 서울: 학지사.

윤관현, 이장호, 최송미(2006). 집단상담 원리와 실제. 서울: 법문사.

이명수(1985). 인의 연구-교육학적 접근. 서울: 양서원.

이미선, 권경인(2009). 집단상담자 경력에 따른 집단상담 수퍼비전 교육내용 요구분석. 상담학연구, 10(2), 911-931.

이상로, 이형득(1971) 행동 변화를 위한 소집단 활동으로서의 encounter 운동. 학생지도연구, 4(1), 30-46.

이윤주, 유동수(2009). 감수성 훈련 집단상담의 치료적 요인 분석. 상담학연구, 10(4), 2013-2030.

이윤주, 신동미, 선혜연, 김영빈(2000). 초심상담자를 위한 집단상담 기법. 서울: 학지사.

이장호(1992). 집단상담 지도자 육성을 위한 훈련 프로그램. 대학생활연구, 10. 한양대학교 학생생활연구소.

이장호, 강숙정(2011). 집단지도자와 집단상담 경험자를 위한 집단상담의 기초: 원리와 실제. 서울: 박영사.

이장호, 김정희(1992). 집단상담의 원리와 실제. 서울: 법문사.

이장호, 이재창(1992). 집단상담 및 훈련 프로그램의 활용. 서울: 한양대학교 학생생활연구소.

이장호(2011). 상담심리학(4판). 서울: 박영사.

이재창(1992). 진로탐색 프로그램의 활용. 대학생활연구, 10. 한양대학교 학생생활연구소.

이형득(1973). 상담 및 심리치료의 새로운 방법. 서울특별시 교육연구원, 학생지도, 15, 113-122.

이형득(1979). 생애발달을 위한 상담모형. 동산 신태식박사 고희기념논집. 계명대학교 출판부.

이형득(1982). 인간관계훈련의 실제. 서울: 중앙적성출판사.

이형득(1986). 집단상담의 실제. 서울: 중앙적성출판사.

이형득(1986). 역설적 상담, 대학카운슬러협의회(편), 상담의 이론과 실제. 서울: 중앙적성출판사.

이형득(1992). 상담이론. 서울: 교육과학사.

이형득(1993). 본성실현 집단상담 프로그램. 계명대학교 학생생활연구소, 18, 1-41.

이형득(1998). 자기성장 집단상담의 단계별 발달과정. 집단상담연구, 1, 35-61.

이형득(2003). 본성실현상담. 서울: 학지사.

이형득, 김성회, 설기문, 김창대, 김정희(2006). 집단상담. 서울: 중앙적성출판사.

이형득, 설기문(1993). 우리나라 발달상담 운동의 역사와 성과. 발달상담연구, 창간호, 한국발달상담학회, 1-26.

이형득, 김정희, 설기문(1980). 자기성장을 위한 학습프로그램. 지도상담, 2. 계명대학교.

이형득, 김성회, 설기문, 김창대, 김정희(2002). 집단상담. 서울: 중앙적성출판사.

임성문(1987). 성장을 위한 집단훈련의 부정적 효과. 학생생활연구, 11. 충북대학교 학생생활연구소.

장혁표, 강호기(1987). 감수성 훈련의 원리와 실제. 서울: 형설출판사.

전종국(1998). 집단상담에서 지금-여기 개입의 정당화 및 적용. 집단상담연구, 창간호, 97-112.

조현춘, 조현재, 이희백, 천성문 공역(1999). 집단심리상담의 이론과 실제. 서울: 시그마프레스.

주은선, 주은지 공역(2009). 15가지 집단상담 기술. Cengage Learning.

천성문, 박명숙, 박순득, 박원모, 이연순, 전은주, 정봉희(2011). 상담심리학의 이론과 실제(2판). 서울: 학지사.

천성문, 함경애, 박명숙, 김미옥(2017). 집단상담 이론과 실제. 서울: 학지사.

최해림, 장성숙 공역(2008). 집단정신치료의 이론과 실제(5판). 서울: 하나의학사.

함영희(1988). 자아개념 발달을 위한 T-집단 활동의 효과. 이화여자대학교 대학원 석사학위 논문.

이형득(1977). The development of a global human relationship training model: an integration of eastern-western thoughts and method. Unpublished doctoral dissertation, Saint Louis University.

Altfeld, D., & Bernard, H. (1997). An experiential group model for group psychotherapy supervision. In C. E. Watkins, Jr. (Ed.), *Handbook of Psychotherapy Supervision* (pp. 381-399). New York: John Wiley & Sons.

Altfeld, D. A., & Bernard, H. S. (1997). An experiential group model for group psychotherapy supervision. In C. E. Watkins Jr. (Ed.), *Handbook of psychotherapy supervision* (pp. 381-399). New York: John Wiley & Sons.

American Group Psychotherapy Association (2001). *Principle group psychotherapy.* N.Y.: Author.

Association for Specialists in Group Work (ASGW). (2000). *Professional standards for the training of group workers.* Alexandria, VA: Author.

Batel, M. M., & Johnson, C. D. (1972). *Group leadership: A manual for group counseling leaders.* Denver, Colorado: Love Publishing Company.

Bednar, R. L., & Kaul, T. J. (1978). Experiential group research: current perspectives. In S. L. Garfield & A. E. Bergin (Eds.), *Handbook of psychotherapy and behavior change.* New York: Wiley.

Benson, H. (1989) Your maximum mind, N.Y.: Grove Press.

Berger, E. M. (1962). Zen Buddhism, general psychology, and counseling. *Journal Counseling Psychology, 9*(2), 122-127.

Bernard, J. M. (1979). Supervisory training: A discrimination model. *Counselor Education and Supervisory, 19*, 60-68.

Bernard, J. M., & Goodyear, R. K. (1992). *Fundamentals of clinical supervision*. Needham Heights, MA: Allyn & Bacon.

Bernard, J. M. (1979). Supervision training: A discrimination model. *Counselor Education and supervision, 19*, 60-68.

Bernard, J. M., & Goodyear, R. K. (1998). *Fundamentals of clinical supervision* (2nd ed.). Needham Heights, MA: Allyn & Bacon.

Billington, R. (1997). *Understanding eastern Philosophy*. Lodon: Routledge.

Bliss, E. C. (1984). *Doing it now*. New York: Bantam Books.

Blocher, D. H. (1993). Toward a cognitive developmental approach to counseling supervision. *The Counseling Psychologist, 11*(1), 27-34.

Blumberg, A. (1973). Laboratory education and sensitivaty training. In Goleembiewsky, R. T., & Blumberg, A. (Eds.), *Sensitivity training and laboratory approach*. Itasca. Illinois F.E. Peacock Publicsher.

Bogdan, R. C., & Biklen, S. K. (1992). *Qualitative Research for Education*. Boston: Allyn and Bacon.

Bonner, H. (1959). *Group dynamics: principles and applications*. New York: Ronald Press.

Borders, L. D. (1991). A systematic approach to peer group supervision. *Journal of Counseling & development, 69*, 249-252.

Brabender, V. (2002). *Introduction to group therapy*. N.Y.: Wiley.

Bradley, L. J., & Ladany, N. (Eds.) (2001). *Counselor supervision: Principles, process and practice* (3rd ed.). Philadelphia: Brunner-Routledge.

Bradford, L. P., Gibb, J. R., & Benne (1964). *T-Group Theory and Laboratory Method: innovation in re-education*. New york John Willy & Sons.

Brammer, L. M., Abrego, P. J., & Shostrom, E. L. (1993). *Therapeutic counseling and psychotherapy* (6th ed.). Upper Saddle River, NJ: Prentice Hall.

Brown, R. (1988). Group Processes. *Dynamics within and between groups*. Oxford: Blackwell.

Brown, R. A., Spenser, A. S., & Dlin, R. (1990). Formulation in group, or understanding what is going on. *Group, 14*(2), 69-79.

Burke, T. P. (1996). *The major religions.* Cambridge, Mass.: Blackwel.

Campbell, J. M. (2000). *Becoming an effective supervision: A workbook for counselors and psychotherapists.* Philadelphia, PA: Accelerated Development.

Cheston, S. E. (1991). A case presentation paradigm: A Model for efficient use of small group or individual counselor supervision. *The Clinical Supervisor, 9*(2), 149-159.

Chodron, P. (1991). *The wisdom of no escape and the path of loving-kindness.* Boston: Shambhala.

Christensen, T., & Kline, W. (2001). Anxiety as a condition for learning in group supervision. *The Journal for specialists in Group Work, 25*, 385-396.

Conyne, R. (1997). A developing framework for processing experience and events in group work. *The Journal for specialists in Group Work, 22*, 167-174.

Corey, G. (1991). *Theory and practice of Counseling and Psychotherapy* (4th ed.). International Thomas Publishing and Sigma Press.

Corey, G. (1995). *Theory and practice of group counseling* (4th ed.). Pacific Grove, CA: Brooks/Cole.

Corey, G. (2000). *The theory and practice of group counseling* (5th ed.). Belmont, CA: Brooks/Cole.

Corey, G. (2009). *Theory and practice of counseling and psychotherapy* (8th ed.). Belmont, CA: Brooks/Cole.

Corey, M. S., & Corey, G. (2002). *Group: Process and practices* (6th ed.). Pacific Grove, CA: Brooks/cole.

Corey, G. (2004). *The theory and practice of group counseling* (7th ed.). New York: Brooks/Cole Publishing Co.

Corey, G., Corey, M. S., Callanan, P., & Russell, J. M. (2004). *Group techniques* (3rd ed.). Belmont, CA: Brooks/Cole.

Custer, D. (1988). *The miracle of mind power.* New York: Prentice Hall Press.

Dagley, J., Gazda, G. M., & Pistole, M. C. (1986). Groups. In M. O. Lewis, R. Hayes, & J. A. Lewis (Eds.), *The Counseling Profession.* Itasca, IL: Peacock.

Denning, M., & Philips, O. (1998). *Practical guide to creative visualization.* St. Paul, Minnesota: Llewellyn Publications.

DeLucia-Waack, J. (2002). A written guide for planning and processing group sessions in anticipation of supervision. *The Journal for Specialists in Group Work, 27*,

341-357.

DeLucia-Waack. J. L. (1999). Supervision for counselors working with eating disorder groups: Countertransference issies related to body image, food, and weight. *Journal of Counseling & development, 77*, 379-388.

DeLucia-Waack. J. L. (2002). A written guide for planning and processing group sessions in anticipation of supervision. *The Journal for specialists in Group Work, 27*(4), 341-357.

DeLucia-Waack. J. L., Bownan, V. E., & Bowman, R. L. (1989). The use of parallel process in supervision and group counseling to facilitate counselor and client growth. *The Journal for specialists in Group Work, 14*, 232-238.

Dinkmeyer, D. C., & Muro, J. J. (1979). *Group Counseling: Theory & Practice* (2nd ed.). IL: F. E. Peacock.

Dilts, R. B., & DeLozer, J. A. (2000). *Encyclopedia of systematic Neuro-Linguistic Programming and NLP new coding.* Scotts Valley, CA: NLP University Press.

Donigian, J., & Malnati, R. (1997). *Systemic group therapy: A triadic model.* Pacific Grove, CA: Brooks/Cole.

Douglas, D. (1979). *Group process in social work: a theoritical synthasis.* New York. John Willey & Sons.

Dyer, W. (1980). *The sky's the limit.* New York: Pocket Books.

Faith, M. S., Wong, F. Y., & Carpenter, K. M. (1995). Group sensitivity training: update, meta-analysis, and recommendations. *Journal of Counseling Psychology, 42*(3), 390-399.

Fezler, W. (1989). *Creative imagery: How to visualize in all five senses.* New York: Fireside Book.

Forsyth, D. R. (1990). *Groupdynamics* (2nd ed.). Belmont, CA: Wadsworth.

Fromm, E., Suzuki, D. T., & Martino, R. D. (1960). *Zen Buddhism and Psychoanalysis.* New York: Harper & Row.

Gladding, S. T. (1991). *Group Work: A Counseling Specialty.* New York: Merrill.

Gazda, G. M. (1971). *A group counseling: A developmental approach.* Boston: Allyn and Bacon.

Gazda, G. M., Ginter, E. J., & Horne, A. M. (2002). *Group counseling and group psychotherapy: Theory and application.* Pacific Grove. CA: Brooks/Cole.

Gillett, R. (1992). *Change your mind, change your world.* New York: A Fireside

Book.

Golembiewski, R. T., & Blumberg, A. (1973). *Sensitivity training and the laboratory approach: Readings about concepts and applications* (2nd ed.). Itasca, Ill.: F. E. Peacock.

Haag Granello, D., & Underfer-Babalis, J. (2004). Supervision of group work: A model to increase supervisee cognitive complexity. *The Journal for Specialists in Group Work, 29*, 159-173.

Hall, L. M., & Belnap, B. P. (1999). *The sourcebook of magic: A comprehensive guide to the technology of NLP, Bancyfelin.* UK: Crown House Publishing.

Hansen, J. C., Warner, R. W., & Smith, E. M. (1976). *Group counseling: theory and process.* Chicago: Rand McNally College Publishing Company.

Hartman, J. J. (1979). Small group methods of personal change. *Annual Review of Psychology, 30*, 453-476.

Haworth, M. R. (1994). *Child psychotherapy: practice and theory.* New Jersey: Prentice-Hall.

Hess, A. K. (1987). Psychotherapy supervision: Stages, Buber and theory of relationship. *Professional Psychology: Theory, Research, and Practice, 18*, 251-259.

Highhouse, S. (2002). A History of the T-Group and Its Early Applications in Management Development. *Group Dynamics: Theory, Research, and Practice, 6*(4), 277-290.

Hill, C, E., Charles, D., & Reed, K. G. (1981). A longitudinal analysis of counseling skills during doctoral training in counseling psychology. *Jorunal of Counseling Psychology, 28*, 428-436.

Jacobs, E. D., Masson, R. L., & Harvill, R. L. (1994). *Group Counseling: Strategies and Skills* (2nd ed.). Pacific Grove, CA: Brooks/Cole Co.

Jacobs, E. D., Masson, R. L., & Harvill, R. L. (2002). *Group Counseling: Strategies and Skills* (4nd ed.). Pacific Grove, CA: Brooks/Cole Co.

Johnson, D. W. (1972). *Reaching out: Interpersonal effectiveness and self-actualization.* Englewood Cliffs, New Jersey: Prentice-Hall.

Johnson, D. W., & Johnson, F. P. (1982). *Joining together: Group theory and group skills* (2nd ed.). Englewood Cliffs, N. J.: Prentice-Hall.

Kemp, C. G. (1970). *Perspectives on group process: A foundation for counseling with groups.* Boston: Houghton Mifflin Company.

Knowles, J. W. (1964). *Group counseling*. Philadelphia: Fortress Press.

Kline, W. (2003). *Interactive Group Counseling and Therapy*. Upper Saddle River, N.J.: Merrill/Prentice Hall.

Kottler, J. A. (2001). *Advanced group leadership*. Pacific Grove, CA: Brooks/Cole.

Kolb, D. A. (1984) *Experiential Learning. Experience as the source of learning and development*. Englewood Cliffs, NJ.: Prentice-Hall.

Lakin, M. (1972). Sensitivity training, diversity awareness, and intergroup conflicts on university campuses: some reactions and some background. *Academic Questions, 7*(3), 80-86.

Lewin, K. (1935). *A dynamic theory of personality*. New York: McGraw-Hill.

Lewin, K. (1936). *Principles of topological psychology*. New York: McGraw-Hill.

Lewin, K. (1948). *Resolving social conflicts: Selected papers on group dynamics*. Gertrude W. Lewin (Ed.). New York: Harper & Row.

Lewin, K. (1951). *Field theory in social science; selected theoretical papers*. D. Cartwright (Ed.). New York: Harper & Row.

Lewin, K., & Lippitt, R. (1938). An experimental approach to the study of autocracy and democracy. *A preliminary note, Sociometry, 1*, 292-300.

Lewin, K., Lippitt, R., & White, R. (1939). Patterns of aggressive behaviour in experimentally created "social climates", *Journal of Social Psychology, 10*, 271-99.

Liberman, M. A. (1999). *Group counseling*. New York: Holt, Reinhart Winston Inc.

Lindzey, G., Hall, C. S., & Thompson, R. F. (1978). *Psychology* (2nd ed.). Harper & Row.

Loganbill, C., Hardy, E., & Delworth, U. (1982). Supervision: A Conceptual Model. *The Counseling Psychologist, 10*(1), 3-42.

Lubin, B., & Eddy, W. B. (1973). The laboratory training model: rationale, method, and some thoughts for the furture. In R.T. Golembiewski & Blumberg (Eds.), *Sensitivity training and the laboratory approach* (2nd ed.). Itasca, III.: F.E. Peacock.

Marrow, A. J. (1969). *The practical theorist*. New York: London Basic Books.

Moxnes, P. (1999). Understanding role: A psychodynamic model for role differentiation in groups. *Group Dynamics: Theory, Research, and practices, 3*, 99-113.

Napier, R. W., & Gershenfeld, M. K. (1973). *Groups: Theory and experience*. Boston:

Houghton Mifflin Co.

Newman, J., & Lovell, M. (1993). A description of a supervision group for group counselors. *Counselor Education and Supervision, 33*, 22-31.

Okech, J. E. A., & Rubel, D. (2007). Diversity competent group work supervision: An Application of the Supervision of group work model(SGW). *Journal for Specialists in Group Work, 32*, 245-266.

Perls, F. (1951, 1977). *Gestalt Therapy: Excitement and Growth in the Human Personality*. New York: Julian.

Reid, C. (1969). *Groups alive-church alive: The effective use of small groups in the local church*. New York: Harper & Row.

Reid, K. E. (1981). *From Character Building to Social Treatment. The history of the use of groups in social work*. Westpoint, Conn.: Greenwood Press.

Rogers, C. R. (1970). *Encounter groups*. New York: Harper & Row.

Rubel, D., & Okech, J. E. A. (2006). The supervision of group work model: Adapting the discrimination model for the supervision of group workers. *Journal for Specialists in Group Work, 32*, 113-134.

Schein, E. (1995). Kurt Lewin's Change Theory in the Field and in the Classroom: Notes Toward a Model of Managed Learning, Systems Practice, http://www. solonline. org/res/wp/10006.html

Schutz W. (1973). *Elements of Encounter*. Big Sur, Calif.: Joy Press.

Shaffer, J., & Galinsky, M. D. (1989). *Models of group therapy* (2nd ed.). Englewood Cliffs, NJ: Prentice Hall.

Skovholt, T. M., & R nestad, M. H. (1995). *The evolving professional self: Stages and themes in therapist and counselor development*. New York: John Wiley & Sons.

Smith, M. K. (2001). Kurt Lewin, groups, experiential learning and action research, the encyclopedia of informal education, http://www.infed.org/thinkers/et-lewin.htm

Stimpson, D. V. (1975). T-group training to improve counseling skills. *Journal of Psychology, 89*, 89-94.

Stoltenberg, C. D., & Delworth, U. (1987). *Supervising counselors the therapists: A developmental approach*. San Francisco: Jossey-Bass.

Stoller, F. H. (1972). Marathon groups: toward a conceptual model. In L. N. Solomon

& B. Berzon (Eds.), *New perspectives on encounter groups*. San Fransisco: Jossey-Bass.

Suised, D. L. (1968). *International Encycloredia of the Social Science, 5*. Macmllian Free Press Company.

Stockton, R. (1996). *Development aspects of group work(Motion Picture)*. Alexandria, VA: Association for Specialists in Group Work.

Stone, W. (1996). *Group psychotherapy*. New York: Guilford Publication.

Slavson, S. R. (1964). *A textbook in analytic group psychotherapy*. New York: International University Press.

Tannenbaum, R., Weschler, I. R., & Massarik, F. (1973). The role of the trainer, In R. T. Golembiewski & B. Blumberg (Eds.), *Sensitivity training and the laboratory approach* (2nd ed.). Itasca, III.: F.E. Peacock.

Toseland, R. W., & Rivas, R. F. (1984). *An Introduction to Group Work Practice*. New York: Macmillan Co.

Truax, C. B., & Carkhuff, R. R. (1967). *Toward effective counseling and psychotherapy*. Chicago: Aldine.

Tuckman, B. W. (1972). Developmental sequence in small groups. In R. C. Diedrich & H. A. Dye (Eds.), *Group procedures: Purposes, and outcomes, selected readings for the counselor*. Boston: Houghton Mifflin.

Tuckman, B. W., & Jensen, M. A. C. (1977). Stages of small group development revisited. *Group and Organizational Studies, 2*, 419-427.

Ullman, D. (2000) Kurt Lewin: His Impact on American Psychology, or Bridging the Gorge between Theory and Reality, http://www.sonoma.edu/psychology/os2db/history3.html

Weitzman, Elliot D., Kripke, Daniel F., McGregor, Peter, Goldmacher, Donald, Nogeire, Chris (1970). Acute reversal of the sleep-waking cycle in man. *Archives of Neurology, 22*(6), 483-489.

Weschler, I. R., Massarik, F., & Tannenbaum, R. (1962). The self in process: A sensitivity training emphasis, In R. T. Golembiewski & Blumberg (Eds.), *Sensitivity training and the laboratory approach* (2nd ed.). Itasca, III.: F.E. Peacock.

Wilson, F. R., Rapin, L. S., & Haley-Banez, L. (2004). How teaching group work can be guided by foundational documents: Best practice guidelines, diversity principles, training standards. *The Journal for Specialists in Group Work, 29*, 19-30.

Wolf, A. (1969). *The psychoanalysis of groups.* In H. M., Ruitenbeek (Ed.), Group therapy today. Chicago: Aldine Atherton.

Wolf, A., & Schwartz, E. K. (1962). *Psychanalysis in groups.* New York: Grune and Stratton.

Yalom, I. D. (1975). *The theory and practice of group psychotherapy* (2nd ed.). NY: Basic Books.

Yalom, I. D. (1995). *The theory and practice of group psychotherapy* (4th ed.). New York: Basic Books.

Yalom, I. D. (2001). Understanding Group Psychotherapy Volume II: Inpatient Group Psychotherapy. *The International journal of group psychotherapy, 51*(2), 283-288.

[찾아보기]

내용

[저자 소개]

정성란

경북대학교 교육학박사(교육심리 및 상담심리 전공)

현 계명문화대학교 사회복지상담과 교수

고기홍

동아대학교 교육학박사(교육상담 전공)

현 계명대학교 타블라 라사 칼리지 교수

김정희

계명대학교 교육학박사(상담심리 전공)

현 사단법인 한국발달상담연구소/해피인상담연구소 소장

권경인

서울대학교 교육학박사(교육상담 전공)

현 광운대학교 상담복지정책대학원 상담심리치료학과 교수

이윤주

서울대학교 교육학박사(교육상담 전공)

현 영남대학교 교육학과 교수

이지연

이화여자대학교 심리학박사(상담심리 전공)

현 인천대학교 교육대학원 상담심리전공 교수

천성문

영남대학교 교육학박사(상담심리 전공)

현 부경대학교 평생교육상담학과 교수

 KCA 한국상담학회 상담학 총서 04

집단상담 (2판)
Group Counseling (2nd ed.)

2013년 3월 30일 1판 1쇄 발행
2018년 9월 10일 1판 6쇄 발행
2019년 3월 25일 2판 1쇄 발행
2022년 8월 10일 2판 4쇄 발행

지은이 • 정성란 · 고기홍 · 김정희 · 권경인 · 이윤주 · 이지연 · 천성문
펴낸이 • 김진환
펴낸곳 • (주) 학지사

04031 서울특별시 마포구 양화로 15길 20 마인드월드빌딩
대표전화 • 02)330-5114   팩스 • 02)324-2345
등록번호 • 제313-2006-000265호

홈페이지 • http://www.hakjisa.co.kr
페이스북 • https://www.facebook.com/hakjisabook

ISBN 978-89-997-1808-3 93180

정가 20,000원

이 도서의 국립중앙도서관 출판시도서목록(CIP)은 서지정보유통지
원시스템 홈페이지(http://seoji.nl.go.kr)와 국가자료공동목록시스템
(http://www.nl.go.kr/kolisnet)에서 이용하실 수 있습니다.
(CIP 제어번호: CIP2019009789)

출판미디어기업 학지사

간호보건의학출판 학지사메디컬 www.hakjisamd.co.kr
심리검사연구소 인싸이트 www.inpsyt.co.kr
학술논문서비스 뉴논문 www.newnonmun.com
교육연수원 카운피아 www.counpia.com